100% 합격을 위한
해커스금융의 특별

하루 10분 개념완성 자료집 [PDF]

WMCXUPMECC8J

해커스금융 사이트(fn.Hackers.com) 접속 후 로그인 ▶ 우측 상단의 [교재] 클릭 ▶
좌측의 [무료 자료 다운로드] 클릭 ▶ 본 교재 우측의 [다운로드] 클릭 ▶ 위 쿠폰번호 입력 후 이용

이론정리+문제풀이 무료 인강

해커스금융 사이트(fn.Hackers.com) 접속 후 로그인 ▶ 우측 상단의 [무료강의] 클릭 ▶
과목별 무료강의 중 [은행/외환자격증] 클릭하여 이용

* 본 교재 강의 중 일부 회차에 한해 무료 제공됩니다.

▲
무료강의
바로가기

무료 바로 채점 및 성적 분석 서비스

해커스금융 사이트(fn.Hackers.com) 접속 후 로그인 ▶ 우측 상단의 [교재] 클릭 ▶
좌측의 [바로채점/성적분석 서비스] 클릭 ▶ 본 교재 우측의 [채점하기] 클릭하여 이용

▲
바로 채점 및
성적 분석 서비스 바로가기

무료 시험후기/합격수기

해커스금융 사이트(fn.Hackers.com) 접속 후 로그인 ▶ 상단메뉴의 [은행/외환] 클릭 ▶
좌측의 [학습게시판 → 시험후기/합격수기] 클릭하여 이용

▲
합격수기
바로가기

20%
할인쿠폰

최종핵심정리+문제풀이 동영상강의

D549V504Z189Q185

해커스금융 사이트(fn.Hackers.com) 접속 후 로그인 ▶ 우측 상단의 [마이클래스] 클릭 ▶
좌측의 [결제관리 → My 쿠폰 확인] 클릭 ▶ 위 쿠폰번호 입력 후 이용

* 유효기간: 2025년 12월 31일까지(등록 후 7일간 사용 가능, ID당 1회에 한해 등록 가능)
* 외환전문역 Ⅰ 종 개념완성+문제풀이 강의에만 적용 가능(이벤트/프로모션 적용 불가)
* 이외 쿠폰 관련 문의는 해커스금융 고객센터(02-537-5000)로 연락 바랍니다.

금융자격증 1위* 해커스금융
무료 바로 채점&성적 분석 서비스

* [금융자격증 1위] 주간동아 선정 2022 올해의 교육 브랜드 파워 온·오프라인 금융자격증 부문 1위

한 눈에 보는 서비스 사용법

Step 1.
교재에 있는 모의고사를 풀고
바로 채점 서비스 확인!

Step 2.
[교재명 입력]란에
해당 교재명 입력!

Step 3.
교재 내 표시한 정답
바로 채점 서비스에 입력!

Step 4.
채점 후 나의 석차, 점수,
성적분석 결과 확인!

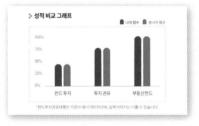

실시간 성적 분석 결과 확인

개인별 맞춤형 학습진단

**실력 최종 점검 후
탄탄하게 마무리**

합격의 기준, 해커스금융 fn.Hackers.com

바로 이용하기 ▶

해커스
외환전문역 I종

최종핵심정리문제집

해커스금융

▌이 책의 저자

민영기

학력
동국대학교 일반대학원 졸업(박사, 북한화폐경제전공)

경력
현 | 해커스금융 온라인 및 오프라인 전임교수
　　금융투자협회 등록교수
　　성공회대학교 사회융합자율학부 외래교수
전 | 한국금융연수원 등록교수
　　상명대학교 리스크관리·보험학과 외래교수
　　동국대학교 일반대학원 연구교수

강의경력
현 | 해커스금융 동영상강의
전 | 삼성증권, 씨티은행, 하나대투증권, 메리츠증권, 현대해상 강의
　　(펀드투자상담사)
　　국민은행, 기업은행, 신한생명, 알리안츠생명 강의(투자설계)
　　EBS강의(2019, 2006년), RTN 출연

저서
북한의 화폐와 시장(2019년 교육부 우수도서 선정)
민영기 증권투자상담사 예상문제집
금융투자협회 길라잡이 시리즈
부동산펀드투자상담사 이론·문제집
은행FP 이론·문제집, 부동산학개론, 회계원리
증권·펀드투자권유대행인 최종핵심정리문제집
파생상품·증권·펀드투자권유자문인력 최종핵심정리문제집

외환전문역 Ⅰ종 학습방법,
해커스가 알려드립니다.

방대한 학습량과 높은 난도의 외환전문역 시험을 완벽하게 대비할 수 있도록
해커스는 외환전문역 합격자들의 학습방법을 분석하고
한국금융연수원의 최신 개정된 기본서 내용을 바탕으로
최신 출제 경향을 철저히 분석하여 교재에 반영하였습니다.

「해커스 외환전문역 Ⅰ종 최종핵심정리문제집」은
개념 이해 및 빈출포인트 파악부터 실전 마무리까지
한 권으로 합격할 수 있도록 구성하였습니다.

「해커스 외환전문역 Ⅰ종 최종핵심정리문제집」을 통해
외환전문역 Ⅰ종 시험을 준비하는 수험생들 모두가 합격의 기쁨을 느끼고
더 큰 목표를 향해 한걸음 더 나아갈 수 있기를 바랍니다.

해커스 외환전문역 Ⅰ종 학습방법

1. 대표 문제를 통해 시험에 나오는 개념을 이해한다.
2. 풍부한 출제예상문제를 통해 실전 감각을 향상한다.
3. 학습상태를 점검하여 약점을 확인하고 완전히 극복한다.
4. 최신 출제경향이 철저히 반영된 모의고사로 마무리한다.

목차

제1과목 | 외환관리실무

제2과목 | 외국환거래실무

제3과목 | 환리스크관리

시험에 자주 나오는 개념만 모아놓은
하루 10분 개념완성 자료집
핵심 내용을 빠르게 정리할 수 있습니다.
해커스금융(fn.Hackers.com)

핵심만 콕콕 짚은
명품 동영상강의
학습효율을 높여 단기 합격이 쉬워집니다.
해커스금융(fn.Hackers.com)

해커스 외환전문역 Ⅰ종 학습방법

1단계 대표 문제를 통해 시험에 나오는 **개념**을 **이해**한다.

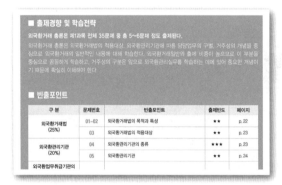

출제경향·학습전략·빈출포인트 파악

효율적인 학습을 위한 출제경향 및 학습전략과 빈출포인트를 수록하였습니다. 빈출포인트에서는 빈출포인트별 출제비중과 출제빈도를 알 수 있어 시험에 나오는 내용 위주로 단기간 학습이 가능합니다.

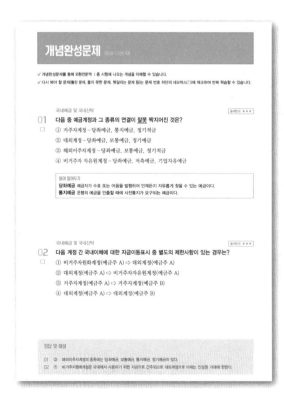

문제를 통한 개념 이해

개념완성문제를 통해 외환전문역 Ⅰ종 시험에 나오는 개념을 이해할 수 있습니다.

또한 시험에 자주 나오는 개념을 알 수 있도록 출제빈도를 ★~★★★로 표기하였고, '용어 알아두기'를 통해 생소한 전문 용어를 쉽게 이해할 수 있습니다.

2단계 풍부한 출제예상문제를 통해 **실전 감각**을 **향상**한다.

출제예상문제 제2장 | 대고객 외환실무

✔ 출제예상문제를 통해 다양한 외환전문역 I종 문제를 풀어볼 수 있습니다.
✔ 다시 봐야 할 문제(틀린 문제, 풀지 못한 문제, 헷갈리는 문제 등)는 문제 번호 하단의 네모박스(□)에 체크하여 반복 학습할 수 있습니다.

출제빈도 ★★★ 최신출제유형

01 다음 중 외화예금거래의 특징에 대한 설명으로 옳지 않은 것은?
□
① 원화를 대가로 외화예금을 거래할 경우 환율이 개입된다.
② 외화예금은 다양한 통화로 예치가 가능하며, 예금금리도 통화의 종류에 따라 달리 적용된다.
③ 환율변동에 따른 환리스크 헤지수단을 제공하지 못하는 한계점이 있다.
④ 각 계정별로 가입주체 및 예치 또는 처분이 가능한 범위가 제한되어 있다.

출제빈도 ★★

02 개인사업자인 외국인거주자가 개인사업자 자격으로 예금거래를 하고자 하는 경우 개설 및 적용되는 계정은?
□
① 거주자계정   ② 대외계정
③ 해외이주자계정   ④ 외국인거주자계정

출제빈도 ★★★ 최신출제유형

03 외화예금 업무처리 기준에 대한 내용으로 옳은 것은?
□
① 외화보통예금 등 요구불 외화예금, 외화정기예금 등은 기한을 정할 필요가 없다.
② 외화예금을 개설할 때에는 신청인으로부터 외화예금 거래신청서와 기타 필요한 서류를 받고, 거래에 사용할 인감 또는 서명을 신고받는다. 다만, 예금주가 국제금융기구 등인 경우에는 진위 여부가 확인된 전신 또는 서신으로 신고를 갈음할 수 있다.
③ 외화예금을 원화로 입금하는 경우에는 입금 당시의 대고객 전신환매입율을 적용하고 외화예금의 원리금을 원화로 지급하는 경우에는 지급 당시 대고객 전신환매도율을 적용한다.
④ 외화예금의 이자를 계산할 때 지급단위는 예수통화의 보조단위 미만까지 해야 한다.

정답 및 해설

16 ④ ① 주식형 펀드 중 성장형 펀드(어그레시브 그로스 펀드)는 시장예측을 종목 선정보다 중요하게 여겨, 주로 경기분석 후 종목을 선정해 투자하는 Top-down 방식을 취한다.
② 채권형 펀드 중 하이일드채권펀드는 국제기준 투자등급 BB 이하의 미국 하이일드채권에 집중투자하는 펀드로서, 위험 중간형의 고수익 채권형 펀드이다.
③ 채권혼합형인 글로벌 자산배분 펀드에 대한 설명이다.

17 ③ 부동산 펀드로 기대하는 수익률은 각종 구조적인 위험과 유동성 리스크를 감안하여 판단해야 하므로 표면 예상수익률만으로는 평가할 수 없다.

18 ② '나, 라'는 해외펀드 상담잔말 및 유의사항으로 적절한 설명이다.
가. 해외펀드 상담 시에는 예상수익률을 제시해서는 안 된다.
다. 환매수수료 없이 같은 상품 내 다른 종류의 펀드로 전환이 가능하다.
마. 해외펀드 투자는 환율 차이를 목적으로 하여서는 안 된다.

19 ② 은행은 판매회사이며, 투자에 대한 책임은 고객에게 있음을 설명해야 한다.
[참고] [해외펀드 투자 상담 시 유의사항]
・예상수익률을 제시하지 않는다.
・예금자 보호대상이 아님을 설명한다.
・원금 손실 발생 가능성을 설명한다.
・환율변동에 따른 리스크 발생 가능성을 설명한다.
・투자설명서의 내용을 설명하고 교부한다.
・은행은 판매회사이며, 투자에 대한 책임은 고객에게 있음을 설명한다.

다양한 문제로 실전 감각 향상

출제예상문제를 통해 외환전문역 I종 시험에 나올 확률이 높은 다양한 문제를 풀어봄으로써 실전 감각을 향상시킬 수 있습니다.

또한 시험에 자주 나오는 출제포인트를 알 수 있도록 출제빈도를 ★~★★★로 표기하였고, '최신출제유형'을 통해 최근 어떤 출제포인트가 시험에 출제되었는지 확인할 수 있습니다.

명쾌한 해설 제공

명쾌한 해설을 제공하여 문제를 보다 쉽고 확실하게 이해할 수 있습니다.

3단계 학습상태를 점검하여 **약점**을 확인하고 **완전히 극복**한다.

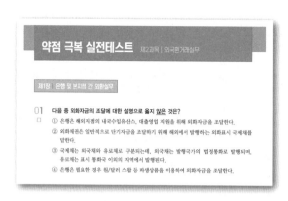

과목별 실전테스트

'약점 극복 실전테스트'는 실제 시험 과목별 출제 문항 수와 동일한 구성으로 수록되어 있어 개념 완성문제와 출제예상문제에서 익힌 내용을 점검할 수 있습니다.

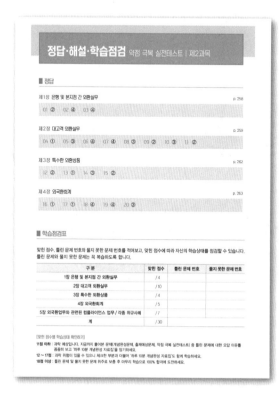

학습점검을 통해 약점 극복

각 문제에 대한 정답 및 상세한 해설을 제공하여 문제 풀이 후 틀린 내용을 확실히 짚고 넘어갈 수 있습니다.

또한 학습점검표를 통해 자신의 학습상태를 점검 하고, 점검 결과에 따라 보충 학습하여 약점을 완 전히 극복할 수 있습니다.

4단계 최신 출제경향이 철저히 반영된 **모의고사**로 **마무리**한다.

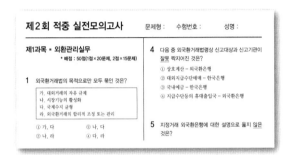

실전 마무리

실제 시험과 동일한 구성 및 난이도의 실전모의고사 2회분을 수록하여 시험 전 최종 마무리할 수 있도록 하였습니다. 이를 통해 자신의 실력을 정확하게 확인하고 실전 감각을 극대화할 수 있습니다.

OMR 답안지 제공

실제 시험과 동일한 환경에서 풀어볼 수 있도록 OMR 답안지를 수록하였습니다. OMR 답안지를 활용하여 실제 시험시간에 맞춰 풀어본다면 더욱 실전에 철저히 대비할 수 있습니다.

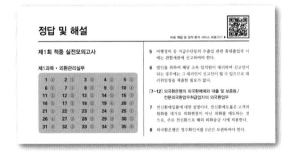

상세한 해설 제공

학습한 내용을 이해하기 쉽도록 문제별로 상세한 해설을 수록하였으며, 바로 채점 및 성적 분석 서비스를 통해 취약점을 파악하고 약점을 보완할 수 있습니다.

단기 합격의 길로 안내할, 동영상강의와 함께하고 싶다면?
해커스금융 – fn.Hackers.com

외환전문역 Ⅰ종 **자격시험 안내**

▌외환전문역 Ⅰ종이란?

금융기관의 외환업무 중 외국환 법규 및 외환거래실무를 이해하고 고객의 외화 자산에 노출되는 각종 외환리스크를 최소화시키는 등 주로 개인 외환과 관련된 직무를 담당

▌자격시험 안내

■ 시험 일정*

회 차	시험일	시험시간	원서접수일**	합격자발표
제50회	7/6(토)	10:00~12:00	5/28(화)~6/4(화)	7/19(금)
제51회	11/23(토)		10/15(화)~10/22(화)	12/6(금)

  * 자세한 시험 일정은 한국금융연수원 홈페이지(www.kbi.or.kr)에서도 확인할 수 있습니다.
 ** 원서접수는 시작일 오전 10시부터 마감일 오후 8시까지만 가능하므로 유의하시기 바랍니다.

■ 시험과목 및 문항 수, 배점

시험과목		주요 검정내용	문항 수	배 점*	과락기준
제1과목	외환관리실무	외국환거래 일반	35	50	20점 미만 득점자
		지급과 자본거래			
		현지금융/해외직접투자			
제2과목	외국환거래실무	은행 및 본지점 간 외환실무	25	30	12점 미만 득점자
		대고객 외환실무			
		특수한 외환상품			
		외국환회계			
		외국환업무와 관련된 컴플라이언스 업무			
제3과목	환리스크관리	외환의 개념	20	20	8점 미만 득점자
		환리스크의 개요와 실행방안			
		선물환거래/통화선물/스왑/통화옵션 등 전반적인 이해			
합 계			80	100	

* 제1과목과 제2과목에는 배점 2점짜리 문제가 각각 15개, 5개 출제됩니다.

■ 시험 정보

시험주관처	한국금융연수원
원서접수처	한국금융연수원 홈페이지(www.kbi.or.kr)
시험시간	120분
응시자격	제한 없음
문제형식	객관식 4지선다형
합격기준	시험과목별로 100점 만점을 기준으로 하여 **과목별 40점 이상**이고 **전과목 평균이 60점 이상인 자**

가장 궁금해하는 **질문 BEST 4**

Q1 외환전문역 I종 자격증을 독학으로 취득할 수 있을까요?

A **네, 누구나 독학으로 자격증 취득이 가능합니다.**
본 교재의 개념완성문제와 출제예상문제를 통하여 시험에 출제되는 주요 개념 및 문제를 정리하고, 약점 극복 실전테스트를 통해 학습상태를 점검하여 약점을 확인하고 극복한 후 적중 실전모의고사 풀이를 통해 실전 감각을 익힌다면, 독학으로도 충분히 자격증 취득이 가능합니다.

Q2 외환전문역 I종 시험에 합격하기 위해서는 얼마 동안 공부를 해야 하나요?

A **4주 정도 공부하면 누구나 합격할 수 있습니다.**
이론 내용을 충분히 이해하고 최신 출제경향이 반영된 문제를 반복 학습한다면 누구나 단기에 자격증을 취득하는 것이 가능합니다. 본 교재에는 문제에 '출제빈도'와 '최신출제유형' 표시가 되어 있어 시험에 자주 나오는 문제 및 최신 출제경향에 대한 파악이 가능하여 우선순위 학습을 통해 단기 합격이 더욱 쉬워집니다.

Q3 꼭 최신 개정판 교재로 시험 준비를 해야 하나요?

A **최신 개정판으로 학습하는 것이 가장 정확합니다.**
외환전문역 I종 시험 문제는 매년 개정되는 한국금융연수원의 표준교재 내용을 토대로 출제되기 때문입니다.

Q4 기출문제 샘플은 어디서 풀어볼 수 있나요?

A **한국금융연수원 홈페이지(www.kbi.or.kr)에서 다운로드 받아 풀어보실 수 있습니다.**
한국금융연수원 홈페이지의 [자격]–[자격시험안내]–[외환전문역 I종]–[I종 샘플문제]에서 다운받으실 수 있습니다.

과목별 **단기 합격전략**

외환전문역 Ⅰ종 시험 합격자들의 학습방법을 철저히 분석한 결과와 해커스금융만의 합격노하우를 담은 합격전략입니다.

- 외환전문역 Ⅰ종은 금융기관의 외환업무 중 주로 개인고객의 외환과 관련된 내용을 다루는 자격시험입니다.
- '제1과목 외환관리실무'와 '제2과목 외국환거래실무'는 학습할 분량이 조금 많은 편이나, 본 교재에서 다루고 있는 내용을 충분히 반복 학습한다면 시험을 대비하는 데 큰 지장이 없습니다.
- '제3과목 환리스크관리'는 외환과 관련된 금융 이론을 다루고 있으므로 금융 관련 지식이 있는 학습자는 수월하게 해결할 수 있습니다.

제1과목 외환관리실무 — 제1과목에서는 총 35문제가 출제됩니다.

제5장 자본거래에서 가장 많은 문제가 출제되므로 확실히 학습해야 합니다.

- **제1장 외국환거래 총론** [5~6 문항]
  외국환관리기관별로 각각 어떤 업무를 담당하는지, 대외거래의 형태는 어떻게 구성되는지 암기해야 해요. 특히, 거주자와 비거주자를 구별하는 문제는 자주 출제되니 숙지하세요.

- **제2장 외국환은행의 외국환매매와 대출 및 보증등 / 전문외국환업무취급업자의 외국환업무** [4~6 문항]
  영수확인서 징구제도, 외국환의 매입과 매각, 외국환은행의 대출이 시험에 자주 나오므로 꼼꼼하게 학습하세요. 환전영업자의 업무에 대한 전반적인 내용을 이해해야 해요.

- **제3장 지급과 영수** [4~5 문항]
  국민인거주자와 외국인거주자 및 비거주자의 지급을 비교하며 학습하세요. 또한 해외여행자, 해외이주자, 재외동포의 개념 및 관련된 숫자를 암기하고, 해외여행경비, 해외이주비, 재외동포 재산반출에서는 절차를 이해해야 해요.

- **제4장 지급등의 방법 / 지급수단등의 수출입** [4~5 문항]
  상계, 상호계산 등 지급방법에 따른 신고예외사항이 무엇인지, 어느 기관에 신고해야 하는지 구별해서 암기하세요.

- **제5장 자본거래** [9~11 문항]
  예금계정과 관련된 내용 중 계정별 개념과 특징을 암기하고, 증권 취득 시 거주자와 비거주자의 투자절차, 거주자의 해외 부동산 취득, 외국기업 국내지사와 외국기업 국내법인의 비교 문제가 자주 출제되니 이 부분을 중점적으로 학습하면 고득점을 받을 수 있어요.

- **제6, 7장 현지금융 / 해외직접투자, 보고·검사 및 사후관리·제재 / 외국인 국내 직접투자(외국인투자촉진법) / 대외무역법규** [5~8 문항]
  현지금융에서는 현지금융의 대상, 신고자를 중심으로 학습하세요. 또한 해외직접투자에서는 정의, 내용변경신고, 사후관리, 국내기업의 해외지사를, 외국인 국내 직접투자에서는 정의, 외국인투자 신고절차 등을 중점적으로 학습하세요. 대외무역법규에서는 용어 및 대외무역 실무에 대한 전반적인 내용을 암기하세요.

제2과목 외국환거래실무　제2과목에서는 총 25문제가 출제됩니다.

제2장 대고객 외환실무에서 가장 많이 출제되므로 확실히 학습해야 합니다.
제1과목에 나왔던 내용이 반복되어 출제되므로 소홀히 학습해서는 안 됩니다.

- **제1장 은행 및 본지점 간 외환실무** [3~4 문항]
  외화자금의 조달, SWIFT의 장점, 미달환의 발생원인, 환포지션의 형태를 주의 깊게 학습하세요.
- **제2장 대고객 외환실무** [8~10 문항]
  모든 내용이 중요하니 전반적으로 꼼꼼하게 학습하되, 외화예금의 종류, 외화예금계정에 따른 예수 및 처분내용, 당발송금과 타발송금의 업무처리절차를 중점적으로 학습하는 것이 좋아요.
- **제3장 특수한 외환상품** [4~6 문항]
  통화옵션 합성상품 종류의 개념을 이해하고, 수익증권과 뮤추얼펀드의 차이를 비교하면서 학습하세요.
- **제4장 외국환회계** [3~5 문항]
  자산계정과 부채계정에는 어떤 계정과목이 있는지 구별하여 암기하고, 환포지션별로 환율의 변화에 따른 손익 여부를 이해하세요.
- **제5장 외국환업무와 관련된 컴플라이언스 업무 / 각종 위규사례** [2~5 문항]
  학습분량은 많으나 출제문항 수가 적고, 수출환어음 매입 및 추심, 직접투자 신고 시 점검사항, 해외직접투자 시 위규사례 등 시험에 나오는 부분이 한정되어 있으니 이 부분을 집중적으로 학습하는 것을 추천해요.

제3과목 환리스크관리　제3과목에서는 총 20문제가 출제됩니다.

생소한 개념으로 인해 많은 수험생들이 학습에 어려움을 느끼지만, 본 교재를 충실히 학습하면 충분히 고득점할 수 있습니다. 특히, 외환과 관련하여 발생된 위험을 어떠한 상품 또는 전략으로 해결할 수 있는지에 초점을 두고 학습하시기 바랍니다.

- **제1장 외환거래와 외환시장** [2~4 문항]
  환율의 표시방법, 환율포지션에 따른 환리스크 관리방법에 대해서 확실히 학습해야 이후에 배우는 내용을 수월하게 이해할 수 있어요.
- **제2장 환리스크관리** [2~4 문항]
  환리스크의 유형과 내부적·외부적 관리기법의 개념을 확실히 정리해 놓는 것이 좋아요.
- **제3장 선물환거래와 외환스왑** [3~5 문항]
  단어도 생소하고 개념도 이해하기 어렵지만 시험에 반드시 나오니 꼼꼼히 학습하세요.
- **제4장 선 물** [2~4 문항]
  선물과 선도거래 비교, 선물의 특징 등이 자주 출제되며 특정 상황에서 헤지하기 위해 어떠한 선물포지션을 취하여야 하는지를 중점적으로 학습하세요.
- **제5장 스 왑** [3~4 문항]
  통화스왑이 어떠한 거래 메커니즘으로 구분되는지를 정확히 이해하는 것이 좋아요.
- **제6장 옵 션** [4~6 문항]
  콜옵션, 풋옵션, 이색옵션들까지 학습해야 할 내용이 많지만, 어떠한 상황에서 이러한 전략들을 활용하는지를 중점적으로 학습하면 쉽게 시험에 대비할 수 있어요.

학습플랜

'주말집중 플랜'과 '평일 플랜' 중 자신의 상황에 적합한 플랜을 선택하여 효율적으로 학습하세요.

주말집중 플랜

평일 학습이 어려운 직장인 분들에게 추천해요.

2주 완성 학습플랜

교재에 수록된 문제 중 출제빈도가 가장 높은 별 3개(★★★) 문제를 중심으로 2주 만에 시험 준비를 마칠 수 있어요.
전공자 또는 다른 금융·무역 관련 자격증 취득 경험이 있는 학습자에게 추천해요.

	토요일	일요일					
	1일 (9h*) ☐	**2일** (8h) ☐	**3일** (2h) ☐	**4일** (2h) ☐	**5일** (4h) ☐	**6일** (4h) ☐	**7일** (4h) ☐
1주	제1과목 제1~3장 p.20~77	제1과목 제4~6장 p.78~129	제1과목 제7장 p.130~145	제1과목 약점 극복 실전테스트 + 복습 p.146~164	제2과목 제1장 p.168~181	제2과목 제2장 p.182~211	제2과목 제3~4장 p.212~243
	8일 (8h) ☐	**9일** (9h) ☐	**10일** (4h) ☐	**11일** (4h) ☐	**12일** (3h) ☐	**13일** (3h) ☐	**14일** (4h) ☐
2주	제2과목 제5장 약점 극복 실전테스트 + 복습 p.244~277	제3과목 제1~4장 p.280~331	제3과목 제5~6장 p.332~359	제3과목 약점 극복 실전테스트 + 복습 p.360~371	제1회 적중 실전모의고사	제2회 적중 실전모의고사	최종 마무리 학습

* 괄호 안의 (숫자h)는 내용별 분량과 난이도에 따라 분석한 해당 날짜의 권장학습시간입니다.

4주 완성 학습플랜

교재의 모든 내용을 4주간 집중적으로 학습할 수 있어요.
비전공자 또는 다른 금융·무역 관련 자격증 취득 경험이 없는 학습자에게 추천해요.

	토요일	일요일					
1주	**1일** (6h*) ☐ 제1과목 제1장 p.20~39	**2일** (5h) ☐ 제1과목 제2장 p.40~59	**3일** (2h) ☐ 제1과목 제3장 p.60~77	**4일** (2h) ☐ 제1과목 제4장 p.78~93	**5일** (2h) ☐ 제1과목 제5장 p.94~103	**6일** (2h) ☐ 제1과목 제5장 p.104~115	**7일** (2h) ☐ 제1과목 제6장 p.116~129
2주	**8일** (5h) ☐ 제1과목 제7장 p.130~145	**9일** (5h) ☐ 제1과목 약점 극복 실전테스트 p.146~164	**10일** (2h) ☐ 제1과목 전체 내용 복습	**11일** (2h) ☐ 제2과목 제1장 p.168~181	**12일** (2h) ☐ 제2과목 제2장 p.182~193	**13일** (3h) ☐ 제2과목 제2장 p.194~211	**14일** (2h) ☐ 제2과목 제3장 p.212~229
3주	**15일** (6h) ☐ 제2과목 제4장 p.230~243	**16일** (6h) ☐ 제2과목 제5장 p.244~261	**17일** (2h) ☐ 제2과목 약점 극복 실전테스트 p.262~277	**18일** (2h) ☐ 제2과목 전체 내용 복습	**19일** (2h) ☐ 제3과목 제1장 p.280~293	**20일** (2h) ☐ 제3과목 제2장 p.294~305	**21일** (2h) ☐ 제3과목 제3장 p.306~311
4주	**22일** (5h) ☐ 제3과목 제3장 p.312~321	**23일** (5h) ☐ 제3과목 제4장 p.322~331	**24일** (3h) ☐ 제3과목 제5~6장 p.332~359	**25일** (3h) ☐ 제3과목 약점 극복 실전테스트 p.360~371	**26일** (3h) ☐ 제3과목 전체 내용 복습	**27일** (2h) ☐ 제1회 적중 실전모의고사 제2회 적중 실전모의고사	**28일** (2h) ☐ 최종 마무리 학습

* 괄호 안의 (숫자h)는 내용별 분량과 난이도에 따라 분석한 해당 날짜의 권장학습시간입니다.

학습플랜

평일 플랜

평일 학습이 가능한 예비 금융전문가 분들에게 추천해요.

2주 완성 학습플랜

교재에 수록된 문제 중 출제빈도가 가장 높은 별 3개(★★★) 문제를 중심으로 2주 만에 시험 준비를 마칠 수 있어요.
전공자 또는 다른 금융·무역 관련 자격증 취득 경험이 있는 학습자에게 추천해요.

	1일 (7h*) □	2일 (6h) □	3일 (6h) □	4일 (4h) □	5일 (7h) □
1주	제1과목 제1~2장 p.20~59	제1과목 제3~4장 p.60~93	제1과목 제5~6장 p.94~129	제1과목 제7장 약점 극복 실전테스트 + 복습 p.130~164	제2과목 제1~2장 p.168~211

	6일 (7h) □	7일 (7h) □	8일 (7h) □	9일 (8h) □	10일 (8h) □
2주	제2과목 제3~4장 p.212~243	제2과목 제5장 약점 극복 실전테스트 + 복습 p.244~277	제3과목 제1~4장 p.280~331	제3과목 제5~6장 약점 극복 실전테스트 + 복습 p.332~371	제1회 적중 실전모의고사 제2회 적중 실전모의고사 최종 마무리 학습

* 괄호 안의 (숫자h)는 내용별 분량과 난이도에 따라 분석한 해당 날짜의 권장학습시간입니다.

4주 완성 학습플랜

교재의 모든 내용을 4주간 집중적으로 학습할 수 있어요.
비전공자 또는 다른 금융·무역 관련 자격증 취득 경험이 없는 학습자에게 추천해요.

	1일 (5h*) ☐	**2일** (4h) ☐	**3일** (3h) ☐	**4일** (3h) ☐	**5일** (4h) ☐
1주	제1과목 제1장 p.20~39	제1과목 제2~3장 p.40~77	제1과목 제4장 p.78~93	제1과목 제5장 p.94~115	제1과목 제6장 p.116~129
	6일 (3h) ☐	**7일** (3h) ☐	**8일** (4h) ☐	**9일** (3h) ☐	**10일** (3h) ☐
2주	제1과목 제7장 p.130~145	제1과목 약점 극복 실전테스트 + 복습 p.146~164	제2과목 제1장 p.168~181	제2과목 제2장 p.182~193	제2과목 제2장 p.194~211
	11일 (4h) ☐	**12일** (4h) ☐	**13일** (4h) ☐	**14일** (2h) ☐	**15일** (2h) ☐
3주	제2과목 제3~4장 p.212~235	제2과목 제4~5장 p.236~261	제2과목 약점 극복 실전테스트 + 복습 p.262~277	제3과목 제1장 p.280~293	제3과목 제2장 p.294~305
	16일 (4h) ☐	**17일** (5h) ☐	**18일** (4h) ☐	**19일** (5h) ☐	**20일** (5h) ☐
4주	제3과목 제3~4장 p.306~331	제3과목 제5~6장 p.332~359	제3과목 약점 극복 실전테스트 + 복습 p.360~371	제1회 적중 실전모의고사 제2회 적중 실전모의고사	최종 마무리 학습

* 괄호 안의 (숫자h)는 내용별 분량과 난이도에 따라 분석한 해당 날짜의 권장학습시간입니다.

해커스 **외환전문역** Ⅰ**종** 최종핵심정리문제집

제1과목
외환관리실무
[총 35문항]

■ 출제경향 및 학습전략

외국환거래 총론은 제1과목 전체 35문제 중 총 5~6문제 정도 출제된다.

외국환거래 총론은 외국환거래법의 적용대상, 외국환관리기관에 따른 담당업무의 구별, 거주성의 개념을 중심으로 외국환거래의 일반적인 내용에 대해 학습한다. 외국환거래일반의 출제비중이 높으므로 이 부분을 중심으로 꼼꼼하게 학습하고, 거주성의 구분은 앞으로 외국환관리실무를 학습하는 데에 있어 중요한 개념이기 때문에 확실히 이해해야 한다.

■ 빈출포인트

구 분	문제번호	빈출포인트	출제빈도	페이지
외국환거래법 (25%)	01~02	외국환거래법의 목적과 특성	★★	p. 22
	03	외국환거래법의 적용대상	★★	p. 23
외국환관리기관 (20%)	04	외국환관리기관의 종류	★★★	p. 23
	05	외국환관리기관	★★	p. 24
외국환업무취급기관의 등록과 업무범위 (5%)	06	외국환업무의 등록과 범위	★★	p. 24
외국환거래일반 (50%)	07	거주성	★★★	p. 25
	08	거래형태 등 구분	★★★	p. 25
	09~10	외국환거래의 사전적/사후적 관리	★★	p. 26
	11~13	거래당사자의 신고와 외국환은행의 업무처리 일반	★★★	p. 27~28

제1과목 **외환관리실무**

$\vdots$

제1장
외국환거래 총론

✓ 개념완성문제를 통해 외환전문역 Ⅰ종 시험에 나오는 개념을 이해할 수 있습니다.

✓ 다시 봐야 할 문제(틀린 문제, 풀지 못한 문제, 헷갈리는 문제 등)는 문제 번호 하단의 네모박스(□)에 체크하여 반복 학습할 수 있습니다.

외국환거래법의 목적과 특성

출제빈도 ★★

01 다음 중 외국환거래법의 목적에 해당한다고 볼 수 <u>없는</u> 것은?

□
① 외국환거래의 자유 보장

② 시장기능의 안정화

③ 외국환거래의 합리적 조정 또는 관리

④ 통화가치의 안정

외국환거래법의 목적과 특성

출제빈도 ★★

02 외국환거래법이 금융실명거래법보다 우선 적용하는 내용이 <u>아닌</u> 경우는?

□
① 보고업무

② 제재조치

③ 검사업무

④ 외환전산망 자료송부업무

정답 및 해설

01 ③ 외국환거래의 합리적 조정 또는 관리는 외국환관리법의 목적에 있던 내용으로, 외국환관리법이 외국환거래법으로 제정 및 시행되면서 삭제되었다.

02 ② 다음의 사항에 해당하는 경우 외국환거래법이 금융실명거래법 규정에 우선 적용된다.
    • 외국환거래법의 실효성을 위한 보고 및 검사업무 관련 사항인 경우
    • 외환전산망 등으로 전자문서에 의한 통보나 자료송부의 경우

외국환거래법의 적용대상　　　　　　　　　　　　　　　　　　　　출제빈도 ★ ★

03 다음 중 외국환거래법령상 지급수단이 <u>아닌</u> 것은?

① 정부지폐

② 전자화폐

③ 금(金)

④ 약속어음

용어 알아두기

정부지폐 정부가 직접 발행한 지폐로서, 법률에 의해 지불수단으로 통용되는 힘이 부여된 지폐이다.

전자화폐 이전 가능한 금전적 가치가 전자적 방법으로 저장되어 발행된 증표 또는 그 증표에 관한 정보이다.

외국환관리기관의 종류　　　　　　　　　　　　　　　　　　　　출제빈도 ★ ★ ★

04 외국환거래법 시행령에서 정한 기획재정부장관의 권한 위임 및 위탁에 대한 내용으로 올바르지 <u>않은</u> 것은?

① 기획재정부장관은 권한의 일부를 금융위원회, 증권선물위원회, 관세청장, 국세청장, 한국은행총재, 금융감독원장, 외국환업무취급기관 등의 장에게 위임·위탁할 수 있다.

② 업무를 담당하는 자와 그 소속 임직원은 법률에 의한 벌칙 적용에 있어서는 공무원으로 간주한다.

③ 외국환중개회사에 대한 업무감독과 사후관리는 한국은행총재의 통제하에 있다.

④ 환전영업자의 등록에 관한 권한은 관세청장에게 위임하며, 관세청장은 기획재정부장관의 승인을 받아 위임받은 권한의 일부를 세관의 장에게 재위임할 수 있다.

정답 및 해설

03　③　금(金)은 지급수단이 아니라 귀금속에 해당한다.

04　①　국세청장은 기획재정부장관이 그 권한을 위임 또는 위탁할 수 없는 기관이다.

---

05 다음 외국환관리기관 중 한국은행의 외국환업무로 볼 수 <u>없는</u> 것은?

① 외국환의 매매 및 파생상품거래

② 외환거래의 사후관리 및 정보교환 등을 위한 외환시장 안정협의회의 운영

③ 외국정부로부터의 외화자금의 차입

④ 국제금융기구에 대한 출자 및 융자

06 다음 중 거주자와 비거주자 간 금전 대차의 중개업무를 할 수 <u>없는</u> 외국환업무취급기관은?

① 투자매매업자

② 신탁업자

③ 신용협동조합

④ 여신전문금융업자

정답 및 해설

05 ② 외환거래의 사후관리 및 정보교환 등을 위한 외환시장 안정협의회의 운영은 기획재정부의 외국환업무에 해당한다.
- 한국은행의 외국환업무
  - 외국환의 매매 및 파생상품거래
  - 외화자금 및 외국환의 보유와 운용
  - 정부 및 그 대행기관, 국내금융기관으로부터의 외화예금의 수입
  - 외국의 금융기관, 국제금융기구, 외국정부와 그 대행기관 또는 국계연합기구로부터의 예금의 수입
  - 외국에 있는 금융기관 또는 외국정부로부터의 외화자금의 차입
  - 채무의 인수 및 보증
  - 국제금융기구에 대한 출자 및 융자
  - 외국환은행에 대한 외화자금의 융자
  - 귀금속의 매매
  - 외국중앙은행으로부터의 원화예금의 수입
  - 대외환거래 계약 체결
  - 기타 제1호 내지 제11호의 업무에 부대되는 업무
06 ③ 신용협동조합은 거주자와 비거주자 간 금전 대차의 중개업무가 제한된다.

07 다음 중 거주성 구분에 대한 설명으로 <u>잘못된</u> 것은?

☐ ① 국내 취업 외국인은 거주기간을 불문하고 거주자로 본다.

② 비거주자란 거주자 외의 개인 및 법인이다.

③ 대한민국 국민으로서 1년 이상 외국에 체재하게 되면 비거주자가 된다.

④ 대한민국 국민으로서 외국에서 영업활동에 종사하면 비거주자이다.

08 다음 대외거래의 형태 중 경상거래에 해당하지 <u>않는</u> 것은?

☐ ① 이전거래

② 투자수익

③ 컨설팅용역

④ 해외직접투자

용어 알아두기

이전거래 거주자와 비거주자 사이에 무상으로 주고받는 거래이다.
컨설팅용역 전문가에게 상담·자문 등의 컨설팅을 맡기는 계약이다.

정답 및 해설

07 ③ 대한민국 국민으로서 2년 이상 외국에 체재해야 비거주자가 된다.
• 대상별 거주자와 비거주자의 구분

구 분	거주자	비거주자
대한민국 국민	• 대한민국 재외공관에 근무할 목적으로 외국에 파견되어 체재하고 있는 자(외교관) • 비거주자였던 자로서 국내에서 3개월 이상 체재하고 있는 자	• 외국에서 영업활동에 종사하고 있는 자 • 외국에 있는 국제기구에서 근무하고 있는 자 • 2년 이상 외국에 체재하고 있는 자(일시 귀국의 목적으로 귀국하여 3개월 이내의 기간 동안 체재한 경우 그 체재 기간은 2년에 포함되는 것으로 봄)
외국인	• 국내에서 영업활동에 종사하고 있는 자 • 국내에서 6개월 이상 체재하고 있는 자	• 국내에 있는 외국정부의 공관 또는 국제기구에서 근무하는 외교관·영사 또는 그 수행원이나 사용인 • 외국정부 또는 국제기구의 공무로 입국하는 자 • 거주자였던 외국인으로서 출국하여 외국에서 3개월 이상 체재 중인 자

08 ④ 대외거래에는 경상거래와 자본거래가 있다. 이전거래, 투자수익, 컨설팅용역은 경상거래에 해당하나, 해외직접투자는 자본거래에 해당한다.

09 다음 중 외국환거래법령상 신고대상과 신고기관이 <u>잘못</u> 짝지어진 것은?

① 지급수단등의 수출입 – 관할세관

② 대외지급수단매매 – 한국은행

③ 상호계산 – 한국은행

④ 해외차입·대출 – 한국은행

> **용어 알아두기**
> **상호계산** 동일한 거래처와 계속 거래를 할 경우에 발생하는 일정기간의 거래내역을 대변 또는 차변에 기입한 후, 주기적으로 채권과 채무를 정산하여 서로 소멸시키는 제도이다.

10 거래외국환은행 지정대상으로 옳은 것은?

① 국내직접투자를 하고자 하는 자

② 사전송금방식 수입거래

③ 거주자의 연간 미화 10만불 이상 자본거래 영수

④ 재외동포 국내 재산반출

정답 및 해설

09 ③ 상호계산은 외국환은행에 신고하여야 한다.

10 ④ 지정거래대상은 다음과 같다.
  ㉠ 거주자의 증빙서류미제출 지급, 거주자의 해외예금, 거주자의 대북투자, 거주자의 외화증권발행, 거주자의 외화자금 차입 및 처분, 거주자의 연간 미화 10만불 이하 자본거래 영수 등
  ㉡ 해외지사 설치비, 영업기금, 유지활동비 지급 및 사후관리
  ㉢ 해외직접투자를 하고자 하는 자, 현지금융을 받고자 하는 자
  ㉣ 비거주자의 국내증권 발행, 외국인 또는 비거주자의 국내보수·소득·보험금·연금의 지급, 국내지사의 설치 영업자금 도입 및 영업수익 대외송금, 환전영업자
  ㉤ 해외체재비·해외유학경비, 해외이주비, 재외동포 국내 재산반출

11 다음 중 신고서를 제출할 때 대리위임장을 제출하여야 하는 경우는?

① 관련 법령에 의거 대리하여 신고하는 경우

② 법인을 위하여 해당 소속 임직원이 대리하여 신고인이 되는 경우

③ 외국에 있는 자 또는 비거주자인 당사자나 본인을 위하여 국내에 있는 자가 신고인이 되는 경우

④ 당사자가 미성년자 등의 무능력자이거나 노약자로서 그 가족이나 친지가 대리하여 신고인이 되는 경우

12 다음은 외국환거래 신고의 처리기간이다. 괄호 안에 들어갈 숫자의 합은 얼마인가?

- 외국환은행장의 신고수리업무 : (   )영업일 이내
- 외국환은행장의 신고업무 : (   )영업일 이내

① 5

② 7

③ 9

④ 11

제1과목 외환관리실무

해커스 외환전문역 1종 최종핵심정리문제집

정답 및 해설

11　①　관련 법령에 의거 대리하여 신고하는 경우에는 대리위임장, 본인 및 대리인의 실명확인증표로 대리인임을 확인하여야 한다.

12　③　괄호 안의 숫자를 더하면 '9'이다.
- 외국환은행장의 신고수리업무 : (7)영업일 이내
- 외국환은행장의 신고업무 : (2)영업일 이내

13 다음 중 거래자별 지정등록 실명번호에 대한 연결이 <u>잘못</u> 짝지어진 것은?

① 법인 – 사업자등록번호

② 개인사업자 – 대표자의 주민등록번호

③ 외국인거주자, 외국인비거주자 – 여권번호

④ 재외동포, 해외이주자 – 주민등록번호

용어 알아두기

재외동포 해외에 사는 한국인과 한국계 외국인을 일컫는 표현으로, 재외국민과 유사하나 재외국민은 한국국적
자를 가리키는 표현이므로 재외동포가 좀 더 광범위한 표현이다.

정답 및 해설

13 ④ 재외동포, 해외이주(예정)자는 여권번호로 지정등록하여야 한다.

fn.Hackers.com

✓ 출제예상문제를 통해 다양한 외환전문역 Ⅰ종 문제를 풀어볼 수 있습니다.

✓ 다시 봐야 할 문제(틀린 문제, 풀지 못한 문제, 헷갈리는 문제 등)는 문제 번호 하단의 네모박스(□)에 체크하여 반복 학습할 수 있습니다.

출제빈도 ★★

01 다음 중 외국환거래법의 목적에 해당하지 <u>않는</u> 것은?

□

① 대외거래의 원활화

② 외국환거래의 합리적 조정

③ 국제수지의 균형

④ 시장기능의 활성화

출제빈도 ★★

02 다음 중 외국환거래법의 법률적 성격으로 옳은 것은?

□

① 외국환거래법은 성격상 임의법규이다.

② 법률 위반 시 해당 법률행위는 무효화된다.

③ 외국환거래법은 법에 정해진 벌칙적용이 없다.

④ 외국환거래법은 법에 정해진 벌칙적용만 있고 법률행위 자체의 사법상 효력에는 영향이 없는 특별법이다.

출제빈도 ★★

03 다음 중 외국환거래법이 적용되지 <u>않는</u> 거래행위는?

□

① 대한민국에서 하는 외국환거래

② 외국에 주소를 둔 개인과 외국에 본사가 있는 법인이 하는 외화표시거래

③ 외국에서 거래되었으나 대한민국에 그 효과가 발생하는 대한민국과 외국 간의 거래

④ 국내에 있는 개인이 외국에서 그 개인의 재산 또는 업무에 관하여 한 행위

출제빈도 ★★

04 다음 중 외국환거래법의 적용대상에 대한 설명으로 옳지 <u>않은</u> 것은?

① 외국환에는 대외지급수단, 외화증권, 외화파생상품, 외화채권이 포함된다.

② 지급수단은 정부지폐, 은행권, 주화 등이 있으며, 액면가격을 초과하여 매매되는 금화 등은 주화에서 제외한다.

③ 외국에서 비거주자 간에 대한민국의 원화를 거래하는 경우에는 외국환거래법이 적용되지 않는다.

④ 귀금속은 금, 합금, 지금(地金), 유통되지 않는 금화 등 금을 주재료로 하는 가공품을 말하며, 외국환에 해당하지 않는다.

출제빈도 ★★   최신출제유형

05 다음 중 대외지급수단이 <u>아닌</u> 것은?

① 우편환 ② 신용장과 환어음

③ 전신에 의한 지급지시 ④ 무기명양도성예금증서(CD)

정답 및 해설

01 ② 외국환거래의 합리적 조정은 과거 외국환관리법에 규정되었던 내용으로 외국환거래법이 제정·시행되면서 삭제되었다.

02 ④ ① 외국환거래법은 성격상 강행법규이다.
② 외국환거래법은 단속규정의 하나이기 때문에 법률 위반 시 해당 법률행위가 무효화되는 것은 아니고, 법률행위의 단속을 목적으로 그것을 금지하거나 제한한다.
③ 외국환거래법은 법에 정해진 벌칙적용만 있다.

03 ② 외국에 주소를 둔 개인과 외국에 본사가 있는 법인이 하는 외화표시거래는 외국환거래법이 적용되지 않는다.

04 ③ 외국환거래법은 외국환만을 대상으로 하지 않는다. 외국에서 비거주자 간에 대한민국의 원화를 거래하는 경우에도 다른 법률을 적용하기가 마땅하지 않아, 외국환거래법이 적용된다.

05 ④ 무기명양도성예금증서(CD)는 대외지급수단이 아니라 증권(외화증권)에 해당한다.

06 다음 중 외국환거래법의 적용대상에 대한 설명으로 옳지 <u>않은</u> 것은?

☐ ① 대한민국과 외국 간의 거래 또는 지급·영수의 경우 외국환거래법이 적용된다.

② 대한민국에서 외국통화로 표시된 증권을 거래하는 행위는 외국환거래법이 적용된다.

③ 대한민국 내에서 행하는 거주자 간 원화거래는 외국환거래법이 적용되지 않는다.

④ 비거주자 간에 외국통화로 표시된 채권을 거래하는 행위는 외국환거래법의 적용을 받는다.

07 다음의 업무를 담당하는 기관은 무엇인가?

☐
> • 외국환업무취급기관의 등록 및 감독
> • 외국환평형기금의 운용 및 관리
> • 외국환거래의 정지 등 긴급조치

① 기획재정부   ② 한국은행

③ 외국환은행   ④ 금융감독원

08 다음 중 외국환관리기관의 업무에 대한 설명으로 옳지 <u>않은</u> 것은?

☐ ① 외국환의 매매 및 파생상품거래, 귀금속의 매매 등 외국환업무는 한국은행이 수행한다.

② 외국환평형기금은 급격한 환율변동에 따른 외환시장의 안정과 외국환거래를 원활하게 하기 위하여 국가재정법에 따라 설립된 기금을 말한다.

③ 외국환은행은 기획재정부로부터 위탁받아 지급등의 신고업무, 환전영업자의 등록업무를 수행한다.

④ 금융위원회는 법규를 위반한 거래당사자에게 경고, 과태료 부과 등의 행정처분 업무도 담당하고 있다.

09 다음 외국환관리기관 중 환전영업자의 등록 및 변경업무는 어느 기관이 담당하는가?

출제빈도 ★★★ 최신출제유형

① 기획재정부 　　　　　　　　　② 관세청

③ 외국환은행 　　　　　　　　　④ 금융감독원

10 다음 외국환업무 중 한국은행의 업무로만 모두 묶인 것은?

출제빈도 ★★★

가. 외환정책의 수립 및 집행	나. 채무의 인수 및 보증
다. 외국환의 매매 및 파생상품거래	라. 외국환포지션 관리
마. 외국환의 발행	

① 가, 나, 라 　　　　　　　　　② 나, 다, 라

③ 나, 다, 마 　　　　　　　　　④ 다, 라, 마

정답 및 해설

06 ④ 비거주자 간에 외국통화로 표시된 채권을 거래하는 행위는 외국환거래법의 적용을 받지 않는다.

07 ① 기획재정부의 업무에 해당한다.

08 ③ 지급등의 신고업무는 한국은행의 업무에 해당하며, 환전영업자의 등록업무는 관세청의 업무에 해당한다.

09 ② 환전영업자의 등록, 변경, 폐지, 취소 관련 업무는 관세청이 담당하며, 외국환업무취급기관의 등록 및 감독은 기획재정부의 업무이다.

10 ② '나, 다, 라'는 한국은행의 업무이다.
　　　　가. 기획재정부의 업무이다.
　　　　마. 외국환은행의 업무이다.

11 기획재정부장관은 외국환거래법에 의한 권한의 일부를 법령이 정하는 바에 의하여 일정한 기관에게 위임·위탁할 수 있다. 다음은 어느 기관이 위임·위탁받아 처리하는 업무인가?

> • 외국환업무취급기관(기타 전문외국환업무취급업자) 감독, 외환건전성 규제
> • 행정처분, 과징금 및 과태료 부과·징수

① 관세청장 　　　　　　　　　　② 한국은행총재

③ 외국환은행의 장 　　　　　　　④ 금융위원회(금융감독원)

12 다음 중 외국환업무의 등록에 대한 설명으로 옳지 <u>않은</u> 것은?

① 외국환업무를 업으로 하려는 자는 충분한 자본·시설 및 전문인력을 갖추어 미리 기획재정부장관에게 등록하여야 한다.

② 한국수출입은행, 중소기업은행, 체신관서는 외국환업무의 등록의무가 없다.

③ 외국환업무를 등록하려는 자는 금융위원회가 정한 자본규모 및 재무구조가 적정하여야 한다.

④ 외국환업무에 2년 이상 종사한 경력이 있는 자 또는 기획재정부장관이 정하는 교육을 이수한 자를 영업소별로 2명 이상 확보하여야 한다.

13 다음의 업무를 수행하는 외국환업무취급기관은?

> • 외화대출 및 외화대출채권의 매매
> • 외화표시 시설대여 및 외화리스채권의 매매
> • 외화표시 할부금융 및 외화표시 할부금융채권의 매매

① 투자매매업자 　　　　　　　　② 집합투자업자

③ 상호저축은행 　　　　　　　　④ 여신전문금융회사

출제빈도 ★★★

14 다음 중 외국환거래법상 거주성 구분에 대한 설명으로 옳지 <u>않은</u> 것은?

① 국내에 주소 또는 거소를 둔 개인은 모두 거주자이다.

② 국내에 소재하고 있는 모든 외국계 회사는 거주자이다.

③ 외국환거래법상의 거주성 구분은 소득세법에서 정한 과세를 위한 거주성 구분과 동일하다.

④ 비거주자란 거주자 외의 개인 및 법인을 말한다.

출제빈도 ★★★

15 다음 중 외국환거래법령상 거주자에 해당하지 <u>않는</u> 자는?

① 외국에 있는 국제기구에서 근무하고 있는 대한민국 국민

② 국내에서 영업활동에 종사하고 있는 외국인

③ 거주자에 의하여 주로 생계를 유지하는 동거가족

④ 대한민국 재외공관에서 근무할 목적으로 외국에 파견되어 체재하고 있는 대한민국 국민

정답 및 해설

11 ④ 금융위원회(금융감독원)에 위임·위탁할 수 있는 업무이다.

12 ② 체신관서는 외국환업무의 등록의무가 없으나, 한국수출입은행, 중소기업은행은 등록의무가 있다.

13 ④ 여신전문금융회사의 업무이다.

14 ③ 외국환거래는 외국환거래법령상의 거주성 구분을 따르며, 소득세법에서 정한 과세를 위한 거주성 구분과는 다르다.

15 ① 외국에 있는 국제기구에서 근무하고 있는 대한민국 국민은 비거주자이다.

16 다음 중 외국환거래법령상 비거주자는?

① 법률상 대리권이 없는 비거주자의 대한민국에 있는 지점, 출장소, 그 밖의 사무소

② 비거주자였던 자로서 입국하여 국내에 3개월 이상 체재하고 있는 대한민국 국민

③ 2년 이상 외국에 체재하고 있는 대한민국 국민

④ 6개월 이상 국내에서 체재하고 있는 외국인

17 다음 중 외국환거래법령상 거주성에 대한 연결이 <u>잘못</u> 짝지어진 것은?

① 국내에서 영업활동에 종사하고 있는 외국인 – 거주자

② 국내에 있는 국제기구에서 근무하는 외국인 – 거주자

③ 외국에 있는 국제기구에서 근무하는 대한민국 국민 – 비거주자

④ 거주자였던 외국인으로서 출국하여 외국에서 3개월 이상 체재 중인 자 – 비거주자

18 다음 중 외국환거래법령상 거주성에 대한 설명으로 옳지 <u>않은</u> 것은?

① 외국인비거주자는 국내 입국 후 6개월이 경과하여야 거주자가 된다.

② 국내 영업소에 근무하는 외국인은 체재기간에 상관없이 모두 거주자이다.

③ 해외유학을 목적으로 출국한 자는 모두 비거주자이다.

④ 대한민국에 소재하는 외국공관에 파견근무 중인 외국대사와 영사 등의 외국인은 체류기간에 관계없이 비거주자이다.

19 다음 대외거래의 형태 중 자본거래에 해당하는 것으로만 모두 묶인 것은?

① 여행, 운수, 보험 ② 이전거래, 지사경비, 컨설팅용역

③ 예금(신탁), 금전대차, 해외직접투자 ④ 급료, 임금, 투자수익

20 신고등의 절차에 의하는 외국환거래 중 연결이 잘못된 것은?

① 다자간 복합상계 거래 – 한국은행 총재 신고

② 역외계정과 일반계정과의 자금이체 – 기재부장관의 허가

③ 해외직접투자, 해외지사설치, 현지금융 – 외국환은행의 장 신고

④ 5천만불 초과 해외차입 – 금융위원회의 허가

정답 및 해설

16 ③ 2년 이상 외국에서 체재하고 있는 대한민국 국민은 비거주자이다.
   ① ② ④ 모두 거주자이다.

17 ② 국내에 있는 국제기구에서 근무하는 외국인은 비거주자이다.

18 ③ 해외유학을 목적으로 출국한 자는 현지에서 2년 이상 체재한 경우에 한하여 비거주자로 인정한다.

19 ③ ① 여행, 운수, 보험은 경상거래 중 무역외거래(서비스·용역)에 해당한다.
   ② 이전거래, 지사경비는 경상거래 중 무역외거래(서비스·용역)에 해당하고, 컨설팅용역은 경상거래 중 무역거래에 해당한다.
   ④ 급료, 임금, 투자수익은 경상거래 중 무역외거래(소득·이자)에 해당한다.

20 ④ 5천만불 초과 해외차입은 기획재정부장관의 신고사항이다.

21 외국환거래 중 지속적인 한도관리나 사후적으로 관리의 필요성이 있는 거래는 거래당사자가
하나의 외국환은행을 통해서만 거래가 가능하도록 하고, 타 외국환은행에서는 동 거래가 불
가능하도록 하는 거래외국환은행 지정제도를 시행하고 있다. 다음 중 거래외국환은행 지정대
상이 <u>아닌</u> 것은?

① 거주자의 해외예금

② 재외동포 국내 재산반출

③ 해외지사 설치 및 영업기금 지급

④ 거주자의 국내증권 발행

22 외국환은행에 대한 외국환거래 신고절차에 대한 설명으로 옳지 <u>않은</u> 것은?

① 법인을 위하여 해당 소속 임직원이 대리하여 신고인이 되는 경우에는 대리위임장을 제출할
필요가 없다.

② 동일한 행위 또는 거래에 관한 당사자 또는 본인이 2인 이상인 경우에는 그 당사자 또는
본인의 연명으로 신고하거나, 대표자를 정하여 대표자 명의로 신고할 수 있다.

③ 신고서는 국문으로 작성하여 제출하는 것이 원칙이다.

④ 신고는 당해 행위나 거래를 착수 또는 개시한 직후에 이루어져야 한다.

23 거래당사자의 신고와 외국환은행의 업무처리에 대한 설명으로 옳은 것은?

① 외국환은행은 신고서를 접수·검토하여 서류상에 하자가 있는 경우에는 서류의 보완을 요
구할 수 있고, 이러한 요구에는 횟수의 제한이 없다.

② 외국환은행의 장은 규정에서 별도로 정한 경우를 제외하고, 7영업일 이내에 신고수리업
무를 처리하여야 한다.

③ 해외직접투자신고서 및 해외부동산취득신고수리서의 유효기간은 6개월을 원칙으로 한다.

④ 신고를 받은 자가 유효기간 이내에 그 신고를 받은 행위나 거래를 하지 아니한 경우 외국
환은행은 그 신고를 취소할 수 있다.

출제빈도 ★★★

24 지정거래 외국환은행의 지정업무 처리절차에 대한 설명으로 옳지 <u>않은</u> 것은?

① 외국환은행의 장은 거래자의 실명번호로 지정등록하여야 하는데, 외국인거주자, 외국인 비거주자, 재외동포는 여권번호로 지정등록하여야 한다.

② 연간 금액을 관리해야 하는 경우의 연간 기준은 매년 1월 1일~12월 31일로 한다.

③ 거래외국환은행을 지정한 자는 지정관리기간 내에 거래외국환은행의 지정을 취소할 수 없 지만, 다른 외국환은행으로의 변경은 가능하다.

④ 법인의 경우 거래외국환은행의 지정은 부득이한 경우를 제외하고는 공장, 지점 또는 사업부 단위로 하여야 한다.

출제빈도 ★★★

25 다음 보기의 외환거래에 해당하는 신고 등의 올바른 구분은?

- 대외지급수단매매
- 상계, 제3자 지급, 5만불 초과 본지사수출선수금, 3년 초과 D/A 수출
- 개인(사업자)의 해외차입
- 5만불 초과 해외예금, 해외대출
- 외국환은행신고대상 외(증권, 부동산, 파생, 역외펀드, 기타자본)

① 외국환은행의 장 확인사항 ② 한국은행총재 신고사항

③ 기획재정부장관 허가사항 ④ 금융감독원 신고수리사항

정답 및 해설

21 ④ 거주자의 국내증권 발행은 지정거래대상이 아니다.

22 ④ 신고는 당해 행위나 거래를 착수 또는 개시하기 전에 이루어져야 한다.

23 ② ① 서류의 보완요구 등은 원칙적으로 1회에 한한다.
    ③ 해외직접투자신고서 및 해외부동산취득신고수리서의 유효기간은 1년을 원칙으로 한다.
    ④ 신고를 받은 자가 유효기간 이내에 그 신고를 받은 행위나 거래를 하지 아니한 경우 그 신고를 무효로 한다.

24 ④ 법인의 경우 거래외국환은행의 지정은 부득이한 경우를 제외하고는 업체단위로 하여야 한다.

25 ② 한국은행총재 신고사항
    • 대외지급수단매매
    • 상계, 제3자 지급, 5만불 초과 본지사수출선수금, 3년 초과 D/A 수출
    • 개인(사업자)의 해외차입
    • 5만불 초과 해외예금, 해외대출
    • 외국환은행신고대상 외(증권, 부동산, 파생, 역외펀드, 기타자본)
    • 은행 신고사항이 아닌 신고거래
    • 역외금융회사 해외직접투자

■ 출제경향 및 학습전략

외국환은행의 외국환매매와 대출 및 보증등 / 전문외국환업무취급업자의 외국환업무는 제1과목 전체 35문제 중 총 4~6문제 정도 출제된다.

외국환은행의 외국환매매와 대출 및 보증등 / 전문외국환업무취급업자의 외국환업무는 매매환율, 외국환의 매입 또는 매각, 외국환은행의 대출, 환전영업자의 외국환업무가 주요 학습내용이다. 외국환업무는 거주성을 기준으로 취급이 달라지고, 신고대상기관별로 신고사항을 구분하고 있으므로 이 점에 유의하여 학습해야 한다.

■ 빈출포인트

구 분	문제번호	빈출포인트	출제빈도	페이지
외국환의 매매 (60%)	01	외국환업무	★★	p. 42
	02	매매환율	★	p. 42
	03	현물환과 선물환	★★	p. 43
	04~05	외국환의 매입	★★★	p. 43~44
	06	외국환의 매각	★★★	p. 44
외국환은행의 대출과 보증등 (20%)	07	외국환은행의 원화대출	★★★	p. 45
	08	예금 계정의 구분	★★★	p. 46
	09	외국환포지션과 역외계정	★★	p. 47
전문외국환업무 취급업자의 외국환업무 (20%)	10	환전영업자의 외국환업무	★★	p. 47
	11~12	소액해외송금업자의 외국환업무	★	p. 48
	13	농협은행과 수협은행의 사무위탁	★★★	p. 49

제1과목 **외환관리실무**

:
:

제2장
외국환은행의 외국환매매와 대출 및 보증등 /
전문외국환업무취급업자의 외국환업무

✓ 개념완성문제를 통해 외환전문역 Ⅰ종 시험에 나오는 개념을 이해할 수 있습니다.

✓ 다시 봐야 할 문제(틀린 문제, 풀지 못한 문제, 헷갈리는 문제 등)는 문제 번호 하단의 네모박스(□)에 체크하여 반복 학습할 수 있습니다.

외국환업무 출제빈도 ★ ★

01 **외국환업무의 등록과 변경에 대한 다음 설명 중 옳지 않은 것은?**

□

① 외국환업무의 등록신청은 한국은행총재에게 제출하여야 한다.

② 외국환은행의 등록을 하고자 하는 자는 당해 금융회사 등의 설립인가서 사본 또는 이에 갈음하는 서류를 제출해야 한다.

③ 외국환은행은 외국환거래당사자가 이 규정에 의한 신고 등을 회피하고자 하는 거래를 중개·알선해서는 안 된다.

④ 등록사항의 변경이나 외국환업무의 폐지를 신고하고자 하는 자는 외국환업무등록내용변경신고서를 기획재정부장관에게 제출하여야 한다.

매매환율 출제빈도 ★

02 **외국환은행의 대고객 매매율에 대한 설명으로 옳지 않은 것은?**

□

① 시장상황에 따라 하루에 수차례 변경고시 될 수 있다.

② 고객의 원화를 대가로 외화현찰이 아닌 외화를 매도하는 것을 전신환매도율이라고 한다.

③ 여행자수표 매도율은 통상 전신환매도율보다 높고 현찰매도율보다 낮은 환율로 정해진다.

④ 해외 외화송금 시 적용하는 매매율은 전신환매입률이다.

정답 및 해설

01 ① 외국환업무의 등록신청은 기획재정부장관에게 제출하여야 한다.

02 ④ 해외 외화송금 시 적용하는 매매율은 전신환매도율이다.

현물환과 선물환

03 외국환거래에 대한 내용으로 올바르지 <u>않은</u> 것은?

① 현물환거래란 대외지급수단의 매매계약일의 제3영업일 이내에 현물이 수도결제되는 거래이다.

② 현물환거래에는 당일결제(Value Today), 익일결제(Value Tomorrow), 익익일결제(Value Spot)거래가 있다.

③ 선물환거래는 대외지급수단의 매매계약일의 제3영업일 이후 결제가 이루어지는 거래이다.

④ 선물환거래의 결제일(Value Date)은 대개 제3영업일로부터 1주일, 1개월, 2개월, 3개월, 6개월, 1년으로 정하여 거래하고 있다.

외국환의 매입

04 영수확인징구제도에 대한 설명 중 옳지 <u>않은</u> 것은?

① 대상자는 외국인거주자 및 비거주자를 제외한 국민인 거주자에 한한다.

② 영수확인서에 기재된 영수사유(무역거래, 무역외거래, 자본거래)에 상관없이 단순 이전거래로 간주하여 매입처리한다.

③ 외국통화 또는 외국수표의 매입인 경우 영수확인징구대상이며, 외국으로부터 송금된 타발송금의 매입 및 외화예치업무에 적용하지 않는다.

④ 거래당사자는 영수확인서를 외국환은행에 제출하여야 하며, 외국환은행은 이를 5년간 보관하여야 한다.

용어 알아두기
징 구 돈이나 물건 따위를 내놓으라고 요구하는 것이다.

정답 및 해설

03 ① 현물환거래란 대외지급수단의 매매계약일의 제2영업일 이내에 현물이 수도결제되는 거래로서 당일결제(Value Today), 익일결제(Value Tomorrow), 익익일결제(Value Spot)거래가 있다. 원화 대 미달러화의 매매기준율 산출 시 현물환거래 중 익익일결제(Value Spot)거래를 기준으로 하고 있다.

04 ③ 외국통화 또는 외국수표의 매입인 경우 영수확인징구대상이 아니며, 외국으로부터 송금된 타발송금의 매입 및 외화예치업무에 적용한다.

05 다음 중 외국인거주자 및 비거주자로부터 외국환을 매입하는 경우에 관한 설명으로 <u>잘못된</u> 것은?

① 동일자·동일인 기준 미화 2만불 초과 시에는 처분사유를 확인하여야 한다.

② 처분목적이나 사유를 알 수 없는 경우에는 단순 이전거래로 간주하여 매입할 수 있다.

③ 동일자·동일인 기준 미화 2만불 이하 대외지급수단을 매입하는 경우에는 매입제한이 없다.

④ 휴대소지한 대외지급수단의 금액이 동일자·동일인 기준 미화 2만불 이하인 경우 및 매입제한이 없는 외국공관원 등은 입증서류가 없어도 매입이 가능하다.

06 다음 중 소지목적의 외국환매각에 대한 설명으로 옳지 <u>않은</u> 것은?

① 대상은 국민인 거주자에 한하고, 외국인거주자는 제외된다.

② 매각금액의 한도에는 제한이 없다.

③ 외국통화의 매각은 가능하지만, 여행자수표의 매각은 불가하다.

④ 동일자 기준 미화 1만불 초과 시 국세청 및 관세청에 통보된다.

용어 알아두기

여행자수표 해외여행 중 현금의 도난·분실 등의 위험을 방지하기 위해 고안된 것으로, 해외여행자가 여행 중 현금 대신 사용할 수 있는 수표이다.

정답 및 해설

05 ② 처분목적이나 사유를 알 수 없는 경우에는 해외재산반입자금으로 간주하여 매입할 수 있다.

06 ③ 외국통화는 물론 여행자수표의 매각도 가능하다.

출제빈도 ★★★

07 외국환은행이 비거주자에게 동일인 기준으로 원화 400억원을 대출하는 경우 어느 기관에 신
☐ 고해야 하는가?

① 기획재정부장관

② 외국환은행장

③ 한국은행총재

④ 신고예외사항에 해당한다.

정답 및 해설

07 ③ 원화/외화대출 차주와 신고등 절차

대출구분	거주성	내용/조건		신고등 절차
외화대출 $	거주자	해외송금 실수요 자금에 한함		한은세칙/절차 따름
	비거주자	차주 자신의 담보나 신용		신고 예외
		국내 거주자의 보증, 담보 제공		한국은행 신고(차주)
원화대출 ₩	거주자	제한 없음(외국인거주자 포함)		신고 예외(국민인 비거주자 포함)
	비거주자	동일인 10억 이하		신고 예외
		10억 초과~300억 이내	자기 담보/신용	외국환은행 신고
			거주자 담보/신용	한국은행 신고(차주)
		300억 초과 한국은행		한국은행 신고(차주)

08 다음 중 예금의 계정별 명칭 및 개설대상자에 대한 내용으로 서로 맞지 <u>않는</u> 것은?

① 거주자계정, 거주자외화신탁계정 – 거주자(외국인 제외)

② 외화증권투자전용 외화계정 – 외국인투자자

③ 대외계정, 비거주자외화신탁계정 – 비거주자, 외국인

④ 비거주자 자유원계정 – 비거주자, 외국인

정답 및 해설

08 ② 예금의 계정별 명칭 및 개설대상자와 용도

	예금/신탁계정	개설대상자	비 고
외화 예금	거주자계정, 거주자외화신탁계정	거주자(외국인 제외)	주민등록증, 사업자등록증
	대외계정, 비거주자외화신탁계정	비거주자, 외국인	여권, 해외소재법인등 실명증표
	해외이주자계정	해외이주자, 재외동포	해외이주비, 재외동포재산반출용도
원화 예금	비거주자 원화계정	비거주자	국내사용자금
	비거주자 자유원계정, 비거주자원화신탁계정	비거주자, 외국인	대외계정과 동일
투자 전용 계정	외화증권투자전용 외화계정	거주자	해외증권투자
	투자전용 외화계정	투자중개/매매업자	투자통합계좌
	투자전용 대외계정, 투자전용 비거주자 원화계정	외국인투자자	투자자금의 예치처분
	원화증권전용 외화계정	예탁결제원	비거주자 주식예탁증서 발행

09 다음 외국환포지션과 역외계정에 대한 사항 중 올바르지 <u>못한</u> 내용은?

① 외국환은행의 종합매입초과포지션 한도는 자기자본의 50%까지이다.

② 한국수출입은행의 종합매입초과포지션 한도는 외화자금 대출잔액의 150%까지이다.

③ 외국환은행의 종합매각초과포지션 한도는 자기자본의 100%까지이다.

④ 역외계정과 일반계정 간의 자금이체는 기획재정부장관의 허가를 받아야 한다.

10 환전영업자의 지정거래 외국환은행업무에 대한 설명으로 옳지 <u>않은</u> 것은?

① 환전영업자는 관할세관장 발행 환전영업자등록증, 사업자등록증을 거래외국환은행에 제출하여 지정등록을 신청해야 한다.

② 지정거래 외국환은행은 환전증명서관리대장에 환전증명서의 교부·반납·폐기 내용 기재 관리하여야 하며 폐기 반납의 경우 반납확인서를 교부하여야 한다.

③ 지정거래 외국환은행은 환전영업자로부터 외국통화 및 여행자수표를 제한 없이 매입할 수 있다.

④ 환전영업자는 지정거래 외국환은행에 신청하여 교부받은 반기 외국환거래내역신청·확인서를 첨부하여 환전업무현황을 반기별로 익월 10일까지 한국은행총재에게 보고해야 한다.

용어 알아두기

환전증명서 외화로 환전 시 은행에서 발행되는 증명서를 말하며, 다른 나라의 통화로 재환전할 때 이 증명서를 요구하는 경우가 많다.

정답 및 해설

09 ③   외국환은행의 종합매각초과포지션 한도는 각 외국통화별 매각초과액의 합계액 기준으로 전월말 자기자본의 50%에 상당하는 금액까지이다.

10 ④   환전영업자는 지정거래 외국환은행에 신청하여 교부받은 반기 외국환거래내역신청·확인서를 첨부하여 환전업무현황을 반기별로 익월 10일까지 관할세관장에게 보고해야 한다.

11 소액해외송금업 업무절차에 대한 설명으로 <u>틀린</u> 것은?

① 건당 지급 및 수령 범위는 각각 미화 5천불 이하이다.

② 소액송금업자는 자기 명의로 은행에 개설된 전용계좌를 통해서만 고객에게 자금을 지급하거나 수령해야 하나, 예외직으로 투자매매업자, 투자중개업자 또는 신용카드업자를 통한 거래를 허용한다.

③ 소액해외송금업자는 송금업무 수행과정에서 정산 및 거래내역을 기록하고 3년간 보관하여야 한다.

④ 법규 위반 시 적용되는 과태료부과 등 제재업무는 기획재정부에서 담당하고 있다.

12 소액해외송금업과 소액외화이체업을 비교한 내용으로 옳은 것은?

① 소액외화송금업은 외국환은행과 위·수탁을 통하여 소액외화이체업을 영위할 수 있다.

② 소액이체업의 위탁업무는 지급과 수령인 별로 각각 미화 3천불 이내로 하며 동일인당 연간 누계 미화 2만불 이내로 하므로 소액해외송금업과 다른 기준이다.

③ 소액외화이체업도 소액해외송금업과 동일하게 거래외국환은행지정, 외국인보수소득, 여행경비규정의 제한을 받지 않는다.

④ 관할세관장은 외국환은행과 수탁기관의 사무처리에 대하여 검사기능을 가진다.

정답 및 해설

11 ③ 소액해외송금업자는 송금업무 수행과정에서 정산 및 거래내역을 기록하고 5년간 보관하여야 한다.

12 ③ ① 소액외화이체업은 외국환은행과 위·수탁을 통하여 소액외화이체업을 영위할 수 있다.
② 소액이체업의 위탁업무는 지급과 수령인 별로 각각 미화 5천불 이내로 하며 동일인당 연간 누계 미화 5만불 이내로 하므로 소액해외송금업과 동일하다.
④ 금융감독원장은 외국환은행과 수탁기관의 사무처리에 대하여 검사기능을 가진다.

출제빈도 ★★★

13 농협은행과 수협은행은 동일인망 연간 미화 5만불 이하 거래의 경우에 한하여 신용협동조합에 일정한 업무를 위탁할 수 있다. 다음 중 그 위수탁업무의 범위에 해당하지 <u>않는</u> 것은?

① 건당 미화 5천불 이하 지급

② 거주자의 증빙서류미제출 송금

③ 비거주자 및 외국인거주자의 국내 보수 소득 등의 지급

④ 유학경비, 해외이주비, 재외동포재산반출을 위한 지급

정답 및 해설

13 ④ 농협은행과 수협은행은 동일인당 연간 미화 5만불 이하 거래의 경우에 한하여 다음의 범위 내에서 일정한 업무를 위탁할 수 있다.
- 건당 미화 5천불 이하 지급 등
- 거주자의 증빙서류미제출 송금(01 지정거래)
- 비거주자 및 외국인거주자의 국내 보수 소득 등의 지급(규정 제 4-4조)

✔ 출제예상문제를 통해 다양한 외환전문역 Ⅰ종 문제를 풀어볼 수 있습니다.

✔ 다시 봐야 할 문제(틀린 문제, 풀지 못한 문제, 헷갈리는 문제 등)는 문제 번호 하단의 네모박스(□)에 체크하여 반복 학습할 수 있습니다.

출제빈도 ★

01 다음 중 외국환업무의 등록과 변경에 대한 설명으로 옳지 <u>않은</u> 것은?

□
① 외국환업무의 등록신청은 기획재정부장관에게 하여야 한다.

② 외국환업무의 등록을 하고자 하는 자는 당해 금융회사 등의 최근 대차대조표 및 손익계산서 등을 제출해야 한다.

③ 외국환은행은 외국환거래당사자가 외국환거래규정에 의한 신고등을 회피하고자 하는 거래를 중개·알선해서는 안 된다.

④ 한국은행총재는 고객의 거래 또는 지급등이 외국환거래법에 의한 허가를 받았거나 신고를 하였는지의 여부를 확인하여야 한다.

출제빈도 ★　　최신출제유형

02 다음 중 외국환은행의 대고객 매매율에 대한 설명으로 옳지 <u>않은</u> 것은?

□
① 매매기준율, 전신환 매매율, 현찰 매매율, 여행자수표 매도율은 모두 대고객 매매율에 해당한다.

② 시장상황에 따라 하루에 수차례 변경고시될 수 있다.

③ 주로 전신환으로 해외 외화송금 시에 적용되는 환율은 전신환매도율이다.

④ 여행자수표 매도율은 통상 전신환매도율보다 높고, 현찰매도율보다 낮은 환율로 정해진다.

출제빈도 ★★★

03 외국환은행이 외국환을 매입하고자 하는 경우에는 매각하고자 하는 자의 당해 외국환의 취득
□ 이 신고등의 대상인지 여부를 확인하여야 하지만, 예외적으로 이러한 취득경위의 확인의무를 면제하고 있다. 다음 중 취득경위의 확인이 면제되는 거래에 해당하지 <u>않는</u> 것은?

① 동일자·동일인으로부터 미화 2만불 이하인 대외지급수단을 매입하는 경우

② 동일자·동일인으로부터 2회 이상 매입하는 경우에는 회당 매입금액이 미화 2만불 이하인 경우

③ 정부, 지방자치단체, 외국환업무취급기관 및 환전영업자로부터 대외지급수단을 매입하는 경우

④ 거주자로부터 당해 거주자의 거주자계정 및 거주자외화신탁계정에 예치된 외국환을 매입하는 경우

출제빈도 ★★★ 최신출제유형

04 다음 중 영수확인제도에 대한 설명으로 옳은 것은?

① 외국인거주자도 징수대상이다.

② 외국환은행은 거래당사자로부터 제출받은 영수확인서를 보관하여야 하며, 영수사유는 단순 이전거래로 간주하여 처리한다.

③ 거래당사자는 영수확인서를 외국환은행에 제출하여야 하며, 외국환은행은 이를 3년간 보관해야 한다.

④ 영수확인서에 기재된 영수사유(무역거래, 무역외거래, 자본거래)에 따라 매입하여야 한다.

출제빈도 ★★★

05 동일자·동일인을 기준으로 일정 금액의 지급수단을 매입하는 경우 외국환은행은 매월별로 익월 10일 이내에 매입에 관한 사항을 국세청장 및 관세청장에게 통보하여야 한다. 다음 중 동일자·동일인을 기준으로 하여 국세청장 및 관세청장에게 통보하여야 하는 외국환은행의 매입금액은 얼마인가?

① 미화 1만불 이상

② 미화 1만불 초과

③ 미화 2만불 이상

④ 미화 2만불 초과

정답 및 해설

01　④　고객의 거래 또는 지급등이 외국환거래법에 의한 허가를 받았거나 신고를 하였는지의 여부를 확인하는 것은 외국환업무취급기관의 의무이다.

02　①　매매기준율은 대고객 매매율에 해당하지 않는다.

03　②　동일자·동일인으로부터 2회 이상 매입하는 경우에는 이를 합산한 금액이 미화 2만불 이하인 경우에 한한다.

04　②　① 외국인거주자는 징수대상이 아니다.
　　　　③ 거래당사자는 영수확인서를 외국환은행에 제출하여야 하며, 외국환은행은 이를 5년간 보관해야 한다.
　　　　④ 영수확인서에 기재된 영수사유(무역거래, 무역외거래, 자본거래)에 상관없이 단순 이전거래로 간주하여 매입처리한다.

05　②　동일자·동일인 기준 미화 1만불 초과인 대외지급수단을 매입하는 경우 외국환은행은 매월별로 익월 10일 이내에 매입에 관한 사항을 국세청장 및 관세청장에게 통보하여야 한다.

06 외국환은행의 업무 중 외국환의 매입과 관련된 설명으로 옳지 <u>않은</u> 것은?

① 국민인 거주자는 동일자·동일인 기준하여 미화 2만불을 초과하는 경우, 취득 경위를 입증하는 서류가 있어야만 매입이 가능하다.

② 외국환은행은 거주자인 국민, 국내법인 및 단체 등으로부터 동일자·동일인 2만불 초과의 대외지급수단을 매입하는 경우 당해 외국환의 취득이 신고등의 대상인지 여부를 확인하여야 한다.

③ 외국인거주자 또는 비거주자로부터 외국환을 매입하는 경우 매입증명서, 영수증, 계산서 등이 중복 발행되지 않도록 해야 한다.

④ 외국환은행의 장은 제출받은 지급등의 증빙서류 및 취득 경위 입증서류를 확인한 후 해당 서류를 고객에게 반환하여야 한다.

07 외국인거주자 및 비거주자로부터 외국환을 매입하는 경우에 관한 설명으로 옳은 것은?

① 동일자·동일인 기준 미화 2만불 초과 시에는 처분사유 확인을 면제받는다.

② 비거주자 중 국내소재 외국공관 및 공관원으로부터 매입하는 경우에는 매입 제한이 있다.

③ 처분목적이나 사유를 알 수 없는 경우에는 해외재산반입자금으로 간주하여 매입할 수 있다.

④ 외화대체거래로 외화예금에 예치하는 경우에는 처분사유를 확인해야 한다.

08 외국환은행이 수행하는 거주자에 대한 매각과 관련한 사항 중 옳지 <u>않은</u> 설명은?

① 국내에서 외화예금을 하기위해 외국환은행은 전신환을 매도한다.

② 내국지급수단으로 거주자계정 및 거주자외화신탁계정 예치를 위한 매각은 2만불 한도 내에서 가능하다.

③ 거주자가 다른 외국환은행으로 이체하기 위한 매각은 별도의 증빙서류가 필요 없다.

④ 자본거래에 따른 대외지급은 신고등의 조건과 절차를 이행하여야 한다.

출제빈도 ★★★

09 다음은 외국환의 매입에 대한 설명이다. 괄호 안에 들어갈 숫자의 합은 얼마인가?

- 외화현찰·수표(T/C)금액이 동일자 (　　　)만불 초과 시 외국환신고(확인)필증, 대외지급수단 매매 신고필증 등의 취득경위 입증서류를 확인하여야 한다.
- 외국환은행은 외국인거주자 또는 비거주자로부터 외국환을 매입하는 경우, (　　　)회에 한하여 외 국환매입증명서·영수증·계산서 등 외국환의 매입을 증명할 수 있는 서류를 발행·교부하여야 한다. (2천불 이하는 면제함)

① 2

② 3

③ 5

④ 6

출제빈도 ★★

10 외국환은행은 일정한 사유가 있는 경우에 한하여 거주자에게 내국지급수단을 대가로 외국환 을 매각할 수 있다. 다음 중 거주자에 대한 매각사유로 옳지 <u>않은</u> 것은?

① 외국환을 매입하고자 하는 자가 당해 외국환을 인정된 거래 또는 지급에 사용하기 위한 경우

② 거주자(외국인거주자 포함)가 외국통화, 여행자수표를 소지할 목적으로 매입하는 경우

③ 내국지급수단으로 거주자계정 및 거주자외화신탁계정의 예치를 위하여 매각하는 경우

④ 다른 외국환은행

정답 및 해설

06 ① 취득 경위를 입증하는 서류를 제출하지 않은 경우에도 단순이전거래로 간주하여 매입이 가능하다.

07 ③ ① 동일자·동일인 기준 미화 2만불 초과 시에는 처분사유를 확인해야 한다.
② 비거주자 중 국내소재 외국공관 및 공관원으로부터 매입하는 경우에는 매입 제한이 없다.
④ 외화대체거래로 외화예금에 예치하는 경우에는 처분사유를 확인할 필요가 없다.

08 ② 원화로 외화예금을 하는 거래이며 외국환집중제도가 단계적으로 폐지되면서 현재는 예치금액에도 한도제한이 없다. 이 경우 국세청 및 관세청 통보대상에도 해당되지 않는다.

09 ② 괄호 안의 숫자를 더하면 '3'이다.

- 외화현찰·수표(T/C)금액이 동일자 (2)만불 초과 시 외국환신고(확인)필증, 대외지급수단 매매신고필증 등의 취득경위 입증서류를 확인하여야 한다.
- 외국환은행은 외국인거주자 또는 비거주자로부터 외국환을 매입하는 경우, (1)회에 한하여 외국환매입증명서·영수 증·계산서 등 외국환의 매입을 증명할 수 있는 서류를 발행·교부하여야 한다. (2천불 이하는 면제함)

10 ② 거주자에 대한 매각은 외국인거주자를 제외한 국민인 거주자를 대상으로 한다.

11 다음 중 외국인거주자에게 외국환을 매각하는 경우에 대한 설명으로 옳지 <u>않은</u> 것은?

① 국내에서 외국환을 매각한 실적 범위 내까지 재매각이 가능하다.

② 국내에서 취득한 외국인 근로자의 급여는 대외지급을 위한 매각이 가능하다.

③ 일반 해외여행경비는 미화 1만불 이내에서 매각 가능하며, 여권에 매각사실을 표시한다.

④ 대외계정을 처분하여 비거주자 자유원계정에 예치하기 위한 외국환의 매각은 가능하다.

12 비거주자에 대한 외국환의 매각에 관한 설명으로 옳지 <u>않은</u> 것은?

① 최근 입국일 이후 당해 체류기간 중 외국환을 매각한 실적 범위 내까지 재매각이 가능하다.

② 주둔군인에 대해 매각실적을 초과하여 매각이 가능하다.

③ 매각실적이 없는 경우에는 미화 1만불 이내의 재매각이 가능하고, 그 매각금액을 거래자의 여권에 표시하여야 한다.

④ 비거주자가 외국환을 매각하여 바로 송금하지 않고 외화예금인 대외계정에 예치하는 경우 송금으로 보아 대외지급 시 필요한 신고등의 절차가 반드시 먼저 이루어져야 한다.

13 외국인거주자 또는 비거주자에게 외국환신고(확인)필증을 발행·교부하는 기준이 되는 외국환의 매각금액은 얼마인가?

① 미화 1만불 이하

② 미화 1만불 초과

③ 미화 5만불 이하

④ 미화 5만불 초과

14 외국환대출에 대한 설명으로 옳지 <u>않은</u> 것은?

① 거주자가 외화대출을 하는 경우 외국환거래규정상 신고예외대상으로 원칙상 금액 또는 용도에 제한이 없으나, 한국은행의 외국환거래업무취급세칙에서 용도를 제한하고 있다.

② 비거주자가 외화대출을 하는 경우 원칙상 제한이 있으나, 다른 거주자의 담보제공이나 보증이 있는 경우에는 제한이 없다.

③ 현지법인을 차주로 하여 은행이 역외금융대출방식(역외계정)의 외화대출인 경우에는 현지금융규정을 적용하며 외국환은행 신고대상이다.

④ 외국인거주자는 제한 없이 원화대출을 받을 수 있으나 해외송금 시에는 한국은행신고를 거쳐야 한다.

15 외국환은행의 대출에 관한 다음 설명 중 한국은행총재에게 신고하여야 하는 경우는?

① 외국인거주자가 동일인 기준 50억원의 원화대출을 받고자 하는 경우

② 거주자가 해외사용 실수요 목적으로 50억원의 외화대출을 받고자 하는 경우

③ 비거주자가 국내 거주자의 보증, 담보제공으로 외화대출을 받고자 하는 경우

④ 비거주자가 동일인 기준 50억원의 원화대출을 받고자 하는 경우

정답 및 해설

11 ④ 비거주자 자유원계정을 처분하여 대외계정에 예치하기 위한 외국환의 매각은 가능하다.

12 ② 주둔군인에 대해 매각실적 범위 이내에서 매각이 가능하다.

13 ② 외국인거주자 또는 비거주자에게 미화 1만불을 초과하여 외국통화 또는 여행자수표를 매각하는 경우에는 외국환신고(확인) 필증을 발행·교부하여야 한다.

14 ② 비거주자가 외화대출을 하는 경우 원칙상 제한이 없으나, 다른 거주자의 담보제공이나 보증이 있는 경우에는 비거주자가 한국은행총재에게 신고하여야 한다.

15 ③ ① 외국인거주자도 제한 없이 원화대출을 받을 수 있다. 다만, 해외송금 시에는 한국은행총재에게 신고하여야 한다.
② 한국은행총재에게 신고할 필요는 없고, 외국환은행으로 하여금 대출취급 시 용도 증빙서류를 확인하도록 의무를 부과하고 있다.
④ 외국환은행장 신고대상이다.

16 다음 중 외국환은행이 국내에서 비거주자에게 원화자금을 대출하고자 하는 경우 신고예외 사항에 해당하지 <u>않는</u> 것은?

① 국내소재 외국공관 및 공관원 등의 비거주자에 대한 원화자금 대출

② 비거주자 자유원계정(당좌예금에 한함)을 개설한 비거주자에 대한 2영업일 이내의 결제 자금을 위한 당좌대출

③ 외국인비거주자에 대한 원화자금 대출

④ 동일인 기준 10억원 이하(다른 외국환은행의 대출 포함)의 원화자금 대출

17 다음 중 비거주자가 원화·외화대출을 받고자 할 때 신고기관이 나머지 세 개와 다른 것은?

① 비거주자의 350억원 원화대출

② 거주자의 담보로 인한 비거주자의 50억원 원화대출

③ 거주자의 보증으로 인한 비거주자의 15억원 외화대출

④ 비거주자의 20억원 원화대출

18 다음 중 외국환은행의 보증과 예금 및 신탁에 대한 설명으로 옳지 <u>않은</u> 것은?

① 외국인거주자는 외화자금 예치를 위한 거주자계정 및 거주자외화신탁계정을 개설할 수 있다.

② 외국인거주자가 국내원화증권·장내파생상품 투자용 원화자금 및 외화자금을 각각 예치하는 경우 투자전용 비거주자원화계정 및 투자전용 대외계정을 개설할 수 있다.

③ 비거주자 간 거래에 관하여 비거주자로부터 국내재산을 담보로 제공받아 보증하는 경우 한국은행총재에게 신고하여야 한다.

④ 거주자인 채무자와 비거주자인 채권자의 인정된 거래에서 채권자인 비거주자에 대하여 보증을 하는 경우 신고예외거래에 해당한다.

19 환포지션(Exchange Position)에 대한 설명으로 올바르지 <u>못한</u> 것은?

① 환포지션(Exchange Position)이란 외국환 매매거래의 결과 남아 있는 잔량의 상태라고 할 수 있다.

② 외화자산(채권)이 부채(채무)보다 큰 경우를 매도초과포지션(Oversold Position 또는 Short Position)이라 한다.

③ 환포지션의 파악은 외환 매매손익의 정확한 산출과 외화자금 조정 및 원화자금 부담을 줄이는 데 유용하다.

④ 원화가 개입되지 않고 거래되는 동종 외화 간의 대체거래 시에는 환율이 개입되지 않으므로 포지션이 발생하지 않는다.

20 다음 중 외국환포지션과 역외계정에 대한 설명으로 옳지 않은 것은?

① 현물외화자산잔액 및 선물외화자산잔액의 합계액과 현물외화부채잔액 및 선물외화부채잔액의 합계액과의 차액에 상당하는 금액은 종합포지션이다.

② 환율 상승 시 매입초과포지션에는 환차손, 매도초과포지션에는 환차익이 발생한다.

③ 한국수출입은행의 종합매입초과포지션 한도는 외화자금 대출잔액의 150%에 해당하는 금액까지이다.

④ 외국환은행이 역외계정에 예치목적을 위해 미화 5천만불을 초과하는 외화증권을 상환기간 1년 초과의 조건으로 발행하고자 하는 경우 기획재정부장관에게 신고하여야 한다.

정답 및 해설

16 ③ 국민인 비거주자에 대한 원화자금 대출은 신고예외사항이다.

17 ④ 비거주자의 10억 초과~300억 이내의 원화대출(자기 담보·신용)은 외국환은행에 신고하여야 한다.
① ② ③ 한국은행에 신고하여야 한다.

18 ① 외국인거주자는 외화자금 예치를 위한 거주자계정 및 거주자외화신탁계정의 개설대상에서 제외된다.

19 ② 외화자산(채권)이 부채(채무)보다 큰 경우를 매입초과포지션(Overbought Position 또는 Long Position)이라 하고 외화부채가 자산보다 큰 경우를 매도초과포지션(Oversold Position 또는 Short Position), 외화채권과 채무가 일치하는 균형상태를 스퀘어포지션(Square Position 또는 Flat Position)이라 한다.

20 ② 환율 상승 시 매입초과포지션에는 환차익, 매도초과포지션에는 환차손이 발생한다.

21 다음 중 환전업무의 등록과 환전업무에 대한 설명으로 옳지 않은 것은?

① 환전업무의 등록은 한국은행총재에게 하여야 하나, 등록변경 및 등록폐지는 외국환은행의 장에게 하여야 한다.

② 환전영업자는 한글 및 외국어가 표시된 환전업무 영위 표지를 하여야 하며 매일 환전영업자의 외국환매매율을 영업장에 게시하여야 한다.

③ 일반 환전영업자는 거주자나 비거주자 모두로부터 원화를 대가로 외국통화 및 여행자수표를 매입할 수 있다.

④ 관세청장은 기획재정부장관으로부터 위탁받은 환전영업자에 대한 실지검사를 통해 위규사항에 대하여 제재조치를 취할 수 있다.

22 다음 중 환전영업자의 업무에 대한 설명으로 옳지 않은 것은?

① 일반 환전영업자가 외국인거주자 또는 비거주자로부터 외국통화 등을 매입하는 경우에는 1회에 한하여 외국환매입증명서를 발행·교부하여야 한다.

② 동일자 2천불 초과의 외국환매각은 거주자에게만 가능하며, 그 범위도 거주자가 당초 매각한 실적 범위 내에서 재환전만 가능하다.

③ 무인환전기기를 이용한 비대면 환전업무의 경우 동일자·동일인 기준 미화 2천불(환전장부 전산관리 시 4천불) 이하로 외국통화 등을 매입 또는 매각할 수 있다.

④ 온라인방식의 비대면 환전업무의 경우 동일자·동일인 기준 미화 2천불(환전장부 전산관리 시 4천불) 이하로 외국통화 등을 매입 또는 매각할 수 있다.

23 환전영업자는 지정거래 외국환은행을 통해서만 외국환 매매거래를 해야 한다. 다음 설명 중 옳지 않은 것은?

① 환전영업자가 개인사업자인 경우에는 대표자 실명증표번호로 지정등록하여야 한다.

② 환전영업자는 환전업무현황을 반기별로 익월 10일까지 관할세관장에게 보고해야 한다.

③ 지정거래 외국환은행은 환전영업자로부터 외국통화 및 여행자수표를 제한없이 매입할 수 있다.

④ 지정거래 외국환은행은 환전영업자에게 외국통화 및 여행자수표를 매각할 수 있다.

24 다음 중 소액해외송금업과 소액외화이체업을 비교한 내용으로 옳지 <u>않은</u> 것은?

① 소액외화이체업은 독자적인 소액해외송금업과는 달리 외국환은행과 위·수탁계약을 통하여 소액외화이체업을 영위할 수 있다.

② 소액외화이체업의 수탁자는 자기자본 3억원 이상, 외환전문인력 1명 이상 확보 등의 요건을 갖추어야 한다.

③ 소액해외송금업의 경우 건당 지급 및 수령 범위는 각각 미화 5천불 이하로 하며 연간누계 미화 5만불 이내로 한다.

④ 소액외화이체업은 거래외국환은행 지정, 외국인거주자 보수 등의 소득, 해외여행경비 규정의 제한을 받는다는 점에서 소액해외송금업과 차이가 있다.

25 외국환은행은 지급등의 사무에 대하여 비금융회사(소액외화이체업자)에게 사무위탁을 할 수 있다. 다음 중 이에 대한 내용으로 옳지 <u>않은</u> 것은?

① 자기자본(영업기금)이 3억원 이상인 국내기업 등에게 업무를 위탁할 수 있다.

② 업무위탁을 받은 소액외화이체업자는 전산설비와 운영조직을 갖추어야 한다.

③ 수탁자는 사무처리를 원활히 하기 위해 전문인력을 2명 이상 확보해야 한다.

④ 실명거래확인 지원을 받아 신청서 접수 및 지급등의 업무가 가능하다.

정답 및 해설

21 ① 환전업무의 등록, 등록변경, 등록폐지는 모두 관세청장에게 하여야 한다.

22 ② 동일자 2천불 초과의 외국환매각은 비거주자에게만 가능하며, 그 범위도 비거주자가 당초 매각한 실적 범위 내에서 재환전만 가능하다.

23 ④ 매각 가능한 외국환은 외국통화에 한하며, 여행자수표는 매각이 불가하다.

24 ④ 소액외화이체업은 소액해외송금업과 동일하게 거래외국환은행 지정, 외국인거주자 보수 등의 소득, 해외여행경비 규정의 제한을 받지 않는다.

25 ③ 소액외화이체업자가 등록하기 위해서는 외국환은행으로부터 위탁받은 사무처리를 위한 이체정보시스템 등 전산설비와 운영조직 및 전문인력을 1명 이상 확보해야 한다.

■ 출제경향 및 학습전략

지급과 영수는 제1과목 전체 35문제 중 총 4~5문제 정도 출제된다.

지급과 영수에서는 증빙서류미제출 송금, 해외여행경비, 해외이주비, 재외동포 재산반출, 통보대상기관을 학습한다. 이 장은 각 빈출포인트별로 문제가 골고루 출제되므로, 특정 부분에 집중하여 학습하기보다는 전체적으로 내용을 숙지하는 것이 중요하다. 통보대상기관의 경우 담당기관별 통보대상이 조금씩 다르므로 철저하게 암기해야 한다.

■ 빈출포인트

구 분	문제번호	빈출포인트	출제빈도	페이지
거주성별 지급등의 절차 (30%)	01	지급등의 제한	★★★	p. 62
	02	외국환은행을 통한 거래	★★	p. 62
	03	거주자의 증빙서류미제출 송금	★★★	p. 63
	04	외국인거주자 및 비거주자의 지급	★★	p. 64
해외여행경비 (20%)	05	해외여행자의 구분	★★	p. 65
	06	해외여행경비의 지급절차	★★★	p. 65
해외이주비 (20%)	07~08	해외이주비의 지급	★★★	p. 66
재외동포 재산반출 (20%)	09	재외동포 재산반출	★★★	p. 67
국세청장, 관세청장, 금융감독원장 앞 통보 (10%)	10	통보대상기관	★★	p. 67

제1과목 **외환관리실무**

제3장
지급과 영수

✔ 개념완성문제를 통해 외환전문역 Ⅰ종 시험에 나오는 개념을 이해할 수 있습니다.

✔ 다시 봐야 할 문제(틀린 문제, 풀지 못한 문제, 헷갈리는 문제 등)는 문제 번호 하단의 네모박스(□)에 체크하여 반복 학습할 수 있습니다.

지급등의 제한

출제빈도 ★★★

01 지급등의 제한에 대한 설명으로 옳지 <u>않은</u> 것은?

① 지급등에서 지급이 아닌 영수거래는 우리나라에 국부유출이 없는 거래이므로 제한사항이 거의 없다.

② 거래당사자는 지급등에 관하여 조약 및 일반적으로 승인된 국제법규와 국내법령에 반하는 행위와 관련한 지급등을 하여서는 안 된다.

③ 지급등의 절차에서 기준이 되는 것은 거주성과 거래유형 및 거래금액등에 따라 처리절차를 나누어 신고등에 따르도록 한다.

④ 한국은행총재는 외국환거래법규를 적용받는 지급 또는 영수와 관련하여 환전절차, 송금절차, 재산반출절차 등 필요한 사항을 정할 수 있다.

외국환은행을 통한 거래

출제빈도 ★★

02 다음 중 외국환은행을 통한 거래에 대한 설명으로 <u>틀린</u> 것은?

① 외국환은행을 통한 거래인 영수와 지급 모두 제한이 많다.

② 모든 외국환거래를 외국환은행을 통해 이루어지도록 일원화하면 은행 창구에서 규정 적용 시 통일성을 기하기 쉽다.

③ 해외여행경비 또는 해외유학경비 등은 은행을 통하지 않고 직접 비거주자에게 지급할 수 있도록 예외사항을 두고 있다.

④ 거래외국환은행 지정대상거래의 모든 대외지급과 영수는 반드시 지정거래은행을 통해 이루어져야 한다.

정답 및 해설

01 ④ 한국은행총재가 아닌 기획재정부장관이 정할 수 있다.

02 ① 외국환은행을 통한 거래 중 영수에는 제한규정이 많지 않고 지급의 경우에만 제한이 많은 편이다.

거주자의 증빙서류미제출 송금

출제빈도 ★★★

03 거주자의 증빙서류미제출 송금에 관한 설명으로 옳지 않은 것은?

① 대상자 : 거주자(외국인 포함)인 개인, 법인, 단체 등

② 지급은행 : 거래외국환은행으로 지정하여 이 은행을 통해 송금이 가능함

③ 지급목적 : 소액경상대가, 소액자본거래대가의 지급

④ 지급한도 : 건당 5천불 초과 연간누계 미화 10만불

정답 및 해설

03　①　거주자의 증빙서류미제출 송금
- 거주자가 지급증빙서류를 제출할 수 없는 사유가 발생한 경우 : 해외 친지 등에게 생활보조금이나 경조사비 지급, 회사 간의 소액경상대가 지급, 기타 소액자본거래대가 지급 등
- 대상자 : 거주자(외국인 제외)인 개인, 법인, 단체 등
- 지급한도 : 건당 5천불 초과 연간누계 미화 10만불(10만불 초과 시 지급확인서 제출 대상)

04 다음 중 외국인거주자 및 비거주자의 대외지급절차를 비교한 설명으로 옳지 <u>않은</u> 것은?

① 외국인거주자는 최근 입국일 이후 외국으로부터 인정된 절차에 따라 영수 또는 휴대수입한 대외지급수단의 범위 내에서 지급이 가능하다.

② 외국인거주자 및 비거주자의 국내 보수, 보험금 등은 증빙서류를 제출하는 경우 그 증빙서류의 범위 내에서 송금 및 환전이 가능하다.

③ 외국인거주자 및 비거주자는 연간 누계 미화 5만불 범위 내에서 증빙서류가 없는 경우에도 송금이 가능하다.

④ 외국인거주자의 해외여행경비의 지급은 1만불 이내에 한하고, 이 경우 여권상에 환전사실을 기재하여야 한다.

정답 및 해설

04 ① 비거주자는 최근 입국일 이후 외국으로부터 인정된 절차에 따라 영수 또는 휴대수입한 대외지급수단의 범위 내에서 지급이 가능하다.

• 외국인거주자 및 비거주자의 대외지급 절차 비교

사유구분		외국인거주자	비거주자
매각실적 범위 내 재환전		전체 매각실적 범위	최근 입국 후 매각실적
보수, 소득, 보험금, 연금	증빙서류 제출	증빙서류 범위 내	
	증빙서류 없음	연간 누계 5만불	
미화 1만불 이하 소액지급		일반여행경비	재환전
투자과실 (증권, 부동산, 법인)		인정된 거래일 것	

05 다음 해외체재자에 대한 설명에서 괄호 안에 들어갈 말을 알맞게 짝지은 것은?

> 상용, (가), 공무를 목적으로 외국에 체재하는 자 또는 (나) 미만의 기간에 걸쳐 국외연수를 목적으로 외국에 체재하는 자를 말한다. 다만, 국내거주기간이 (다) 미만인 외국인거주자는 제외한다.

가	나	다
① 문 화	3월	3년
② 연 수	6월	5년
③ 기 술	3월	3년
④ 문 화	6월	5년

06 다음 중 해외여행경비의 지급절차에 대한 설명으로 옳은 것은?

① 일반해외여행경비가 미화 5만불 초과 시 세관에 신고 후 출국하여야 한다.

② 해외유학생경비 지급 시 국내 졸업학력은 고등학교 졸업 이상이어야 한다.

③ 단체해외여행경비는 여행사 명의로 지급하거나, 여행자별로 개별 환전해야 한다.

④ 외국인거주자는 미화 1만불 이내까지 해외여행경비를 지급할 수 있다.

정답 및 해설

05 ④ 상용, (문화), 공무를 목적으로 외국에 체재하는 자 또는 (6월) 미만의 기간에 걸쳐 국외연수를 목적으로 외국에 체재하는 자를 말한다. 다만, 국내거주기간이 (5년) 미만인 외국인거주자는 제외한다.

06 ④ ① 일반해외여행경비가 미화 1만불 초과 시 세관에 신고 후 출국하여야 한다.
　　　② 해외유학생경비 지급 시 국내 졸업학력 제한은 없다.
　　　③ 단체해외여행경비는 여행사 명의로만 지급이 가능하고, 여행자별 개별 환전은 불가하다.

07 **다음 중 해외이주비의 지급에 대한 설명으로 옳지 않은 것은?**

☐　① 해외이주자와 달리 해외이주예정자는 주민등록등본을 제출하여야 한다.

　② 해외이주자와 해외이주예정자는 세대별 지급누계총액이 10만불 초과 시 관할세무서 발행의 자금출처확인서를 제출하여야 한다.

　③ 해외이주자와 해외이주예정자는 세대주의 여권번호로 거래외국환은행에 지정등록하여야 한다.

　④ 세대주와 세대원의 구분이 없는 경우에는 이주자 중 2인 이상의 여권번호로 거래외국환은행에 지정등록하여야 한다.

08 **다음 중 해외이주비의 지급 방법에 대한 설명으로 옳지 않은 것은?**

☐　① 국내이주의 경우 해외이주신고확인서 발급일부터 3년 이내에 지정거래 외국환은행을 통하여 지급한다.

　② 해외이주비의 지급금액은 지급누계 미화 10만불 이하로 제한된다.

　③ 해외이주예정자는 해외이주비의 지급 후 1년 이내에 영주권 등을 취득하였음을 입증하는 서류를 지정거래 외국환은행의 장에게 제출하여야 한다.

　④ 해외이주비 지급을 재외동포의 국내 재산반출과 중복하여 적용할 수 없다.

정답 및 해설

07　④　세대주와 세대원의 구분이 없는 경우에는 이주자 중 1인의 여권번호로 지정등록한다.

08　②　해외이주비의 지급한도에는 제한이 없다.

09 재외동포 국내 재산반출에 대한 설명으로 옳지 <u>않은</u> 것은?

① 반출신청금액은 지정거래 외국환은행을 통하여 지급해야 한다.

② 송금방식 또는 외화현찰이나 여행자수표로도 지급할 수 있다.

③ 대한민국 국민으로서 외국의 영주권 자격을 취득한 자는 재외동포의 범위에 해당하지 않는다.

④ 해외이주법에 의한 해외이주자로서 외국 국적을 취득한 자는 재외동포 범위에 해당한다.

10 다음 외국환거래 중 관세청장 앞 통보대상이 <u>아닌</u> 것은?

① 증빙서류미제출 지급

② 해외체재자의 여행경비 지급

③ 해외이주비의 지급

④ 수출입대금의 지급

용어 알아두기

해외체재자 상용, 문화, 공무, 국외연수(6월 미만)를 목적으로 30일을 초과하여 외국에 체재하는 자이다.

정답 및 해설

09 ③ 대한민국 국민으로서 외국의 영주권 또는 이에 준하는 자격을 취득한 자는 재외동포 범위에 해당한다.

10 ② 해외체재자의 여행경비 지급은 관세청장 앞으로 통보되지 않는다.

✔ 출제예상문제를 통해 다양한 외환전문역 Ⅰ종 문제를 풀어볼 수 있습니다.

✔ 다시 봐야 할 문제(틀린 문제, 풀지 못한 문제, 헷갈리는 문제 등)는 문제 번호 하단의 네모박스(□)에 체크하여 반복 학습할 수 있습니다.

출제빈도 ★★★

01 다음 중 외국환지급등의 절차에 대한 설명으로 옳지 <u>않은</u> 것은?

□

① 해외송금을 한다면 그 송금의 원인에 따라 확인, 신고, 신고수리, 허가등의 절차를 사전에 거친 후 송금해야 한다.

② 건당 미화 5천불을 초과하는 지급등을 하고자 하는 자는 외국환은행의 장에게 지급등의 증빙서류를 제출하여야 한다.

③ 지급등의 증빙서류는 FAX, E-mail, 또는 스캔방식 등의 전자방식을 통하여 제출할 수 있다.

④ 사전개산지급을 하고자 하는 자는 외국환은행의 장에게 지급등의 증빙서류를 제출하여야 한다.

출제빈도 ★★★

02 다음 중 거주자의 증빙서류미제출 송금에 대한 설명으로 옳지 <u>않은</u> 것은?

□

① 외국인을 제외한 거주자인 개인과 법인 및 단체를 대상으로 한다.

② 소액경상대가 또는 소액자본거래대가의 지급을 목적으로 한다.

③ 지급한도는 연간 누계금액 미화 5만불 이내이다.

④ 지정거래 외국환은행을 통하여 송금이 가능하다.

출제빈도 ★★★ 최신출제유형

03 다음 중 거주자의 증빙서류제출이 면제되는 지급에 해당하지 <u>않는</u> 것은?

□

① 해외 친지들에게 경조사비 지급

② 해외 친지들에게 생활비 지급

③ 연간 10만불 이하 소액자본거래

④ 해외직접투자, 해외지사, 해외부동산 취득거래

출제빈도 ★★★

04 다음 중 증빙서류제출이 면제되는 지급의 통보제도에 관한 설명으로 옳지 <u>않은</u> 것은?

① 건당 5천불 초과 송금 연간누계금액이 1만불 초과 시에는 국세청 및 금융감독원에 통보된다.

② 건당 1천불 초과 시에는 관세청 및 금융감독원에 통보된다.

③ '연간'은 1월 1일부터 12월 31일까지를 의미한다.

④ 건당 5천불 이하의 송금은 송금누계에 포함되지 않고, 지정거래대상에서도 제외된다.

출제빈도 ★★★

05 거주자의 증빙서류 제출의무가 면제되는 지급 등에 속하지 <u>않는</u> 것은?

① 정부 또는 지방자치단체의 지급

② 거래 또는 행위가 발생하기 전에 하는 지급(사전개산지급)

③ 전년도 수출실적이 3천만불 이상인 기업의 송금방식수출 대금의 영수

④ 소액 자본거래 지급의 경우

정답 및 해설

01 ④ 사전개산지급의 경우 지급등의 증빙서류를 제출하지 않아도 된다. 다음의 증빙서류를 제출하지 않아도 되는 거래는 외국
환은행의 장에게 당해 거래의 내용을 설명하고 절차에 따른 확인은 받아야 한다.
• 사전개산지급
• 거주자의 증빙서류미제출 송금
• 정부 또는 지방자치단체의 지급
• 일정 규모 이상인 수출입업체의 지급

02 ③ 지급한도는 연간 누계금액 미화 10만불 이내이다.

03 ④ 해외직접투자, 해외지사, 해외부동산 취득거래는 증빙서류제출의 면제대상이 아니다.

04 ② 건당 5천불 초과 시에는 관세청 및 금융감독원에 통보된다.

05 ④ 소액 자본거래 영수의 신고예외요건
• 자본거래로서 거주자(외국인거주자 제외)의 건당 영수금액이 미화 5천불 초과 10만불 이내일 것
• 연간 영수누계금액이 미화 10만불을 초과하지 않을 것
참고 실무적으로 거주자가 해외차입이 필요한 경우 신고하지 않고 비거주자로부터 연간 10만불 이내 소액자금을 빌려올
수 있음

06 다음 중 사전지급에 대한 설명으로 옳은 것은?

① 지급신청서의 좌측상단에 사전지급임을 표시해야 한다.

② 해외여행경비, 해외이주비 및 재외동포의 국내 재산반출의 경우 사전지급제도가 적용된다.

③ 지급신청일로부터 60일 이내에 지급금액을 증빙하는 서류 등을 징구하여 정산하여야 한다.

④ 지급금액의 100분의 20 이내에서는 정산의무를 면제할 수 있다.

07 다음은 송금방식 무역거래 시 증빙서류의 제출이 면제되는 거래에 대한 설명이다. 괄호 안에 들어갈 말로 옳은 것은?

> • 전년도 수출실적이 미화 (A) 이상인 기업의 송금방식 수출대금의 영수 및 전년도 수입실적이 미화 (A) 이상인 기업의 송금방식 수입대금의 지급
> • 자본거래로서 외국인거주자를 제외한 거주자의 거래 건당 영수금액이 미화 (B) 초과 (C) 이내이고, 연간 영수누계금액이 미화 (C)을 초과하지 않은 거래

	A	B	C
①	3천만불	5천불	10만불
②	3천만불	1만불	10만불
③	5천만불	5천불	5만불
④	5천만불	1만불	5만불

08 거주자의 지급등 절차와 관련한 설명으로 <u>잘못된</u> 것은?

① 지급의 사유와 금액을 입증하는 서류를 제출하지 않은 연간 지급누계액 미화 10만불 이내 거래의 경우에는 '이전거래'로 간주하여 지급한다.

② 해외여행경비, 해외이주비, 재외동포의 재산반출은 사전개산지급의 대상이 아니다.

③ 사전개산지급의 경우 50일 이내 정산하되, 지급금액의 10% 이내에서 정산의무를 면제할 수 있다.

④ 전년도 수출실적이 미화 3천만불 이상인 기업의 송금방식 수출대금의 수령 및 전년도 수입실적이 미화 3천만불 이상인 기업의 송금방식 수입대금의 지급의 경우는 증빙서류 제출이 면제되며, 면제대상으로 선정된 후 수출입 실적이 감소해도 계속하여 면제 적용을 받을 수 있다.

09 다음 중 외국인거주자 및 비거주자의 대외지급절차에 대한 설명으로 옳지 <u>않은</u> 것은?

① 외국인거주자와 비거주자는 모두 전체 매각실적 범위 내에서 재환전이 가능하다.

② 외국인거주자의 해외여행경비 지급은 미화 1만불 이내에 한하며, 여권상에 환전사실을 기재하여야 한다.

③ 국내에서의 고용, 근무에 따라 취득한 국내 보수로서 연간누계 미화 5만불 범위 내에서는 증빙서류가 없는 경우에도 지정거래은행 등록만으로 대외지급이 가능하다.

④ 매각실적이 없는 비거주자에게는 별도로 미화1만불 범위 내에서 재환전을 허용하고 있으며, 송금 또는 환전으로 처리할 수 있다.

10 일반해외여행경비의 지급한도는?

① 제한 없음

② 동일자 2만불

③ 건당 3만불

④ 동일자 10만불

정답 및 해설

06 ③ ① 지급신청서의 우측상단에 사전지급임을 표시해야 한다.
② 해외여행경비, 해외이주비 및 재외동포의 국내 재산반출의 경우 사전지급제도를 적용할 수 없다.
④ 지급금액의 100분의 10 이내에서 정산의무를 면제할 수 있다.

07 ① • 전년도 수출실적이 미화 (3천만불) 이상인 기업의 송금방식 수출대금의 영수 및 전년도 수입실적이 미화 (3천만불) 이상인 기업의 송금방식 수입대금의 지급은 증빙서류의 제출이 면제된다.
• 자본거래로서 외국인거주자를 제외한 거주자의 거래 건당 영수금액이 미화 (5천불) 초과 (10만불) 이내이고, 연간 영수누계금액이 미화 (10만불)을 초과하지 않은 거래는 증빙서류의 제출이 면제된다.

08 ③ 사전개산지급의 경우 지급신청일로부터 60일 이내에 지급금액을 증빙하는 서류 등을 징구하여 정산하여야 하며 부득이하다고 인정되는 경우에는 그 지급금액의 10% 이내에서 정산의무를 면제할 수 있다.

09 ① 외국인거주자는 전체 매각실적 범위 내에서 재환전이 가능하지만, 비거주자는 최근 입국일 이후의 매각실적 범위 내에서만 재환전이 가능하다.

10 ① 일반해외경비의 지급한도는 폐지되었다.

11 다음 중 해외여행자에 대한 설명으로 옳지 <u>않은</u> 것은?

① 30일 초과 6개월 미만의 기간에 걸쳐 국외연수를 목적으로 외국에 체재하는 자는 해외체재자이다.

② 일반해외여행자란 해외체재자 및 해외유학생에 해당하지 아니하는 거주자인 해외여행자이다.

③ 국내거주기간이 5년 미만인 외국인거주자로서 상용, 문화 등을 목적으로 30일을 초과하여 외국에 체재하는 자는 해외체재자이다.

④ 영주권자가 아닌 국민이 외국의 교육기관에서 6월 이상의 기간에 걸쳐 수학할 목적으로 외국에 체재하는 경우는 해외유학생에 해당된다.

12 다음 중 일반해외여행경비의 지급에 대한 설명으로 옳지 <u>않은</u> 것은?

① 일반해외여행경비는 증빙서류가 없는 경우에는 휴대수출 이외에 송금도 허용된다.

② 일반해외여행자는 금액에 제한 없이 여행경비를 환전할 수 있으며, 1만불 초과 시 출국세관에 신고하고 출국하여야 한다.

③ 법인은 법인 명의로 환전하거나, 법인 명의의 신용카드 등으로 소속 임직원에게 일반해외여행경비를 지급할 수 있다.

④ 일반해외여행경비는 동일자 1만불 초과 환전 시 국세청 및 관세청에 통보된다.

13 해외유학생의 요건에 해당하지 <u>않는</u> 것은?

① 영주권자가 아닌 국민

② 국내 거주기간이 5년 이상인 외국인

③ 해외이주자

④ 유학경비를 지급하는 부 또는 모가 국민인 거주자

출제빈도 ★★★   최신출제유형

14 다음 중 해외체재비 및 해외유학경비에 대한 설명으로 옳지 <u>않은</u> 것은?

① 해외체재자 및 해외유학생이 해외여행경비를 지급하고자 하는 경우에는 거래외국환은행을 지정해야 하지만, 동반가족은 지정등록대상이 아니다.

② 해외유학생은 해외에 체재하는 동안 매년별로 외국교육기관의 장이 발급하는 재학증명서 등 재학사실을 입증할 수 있는 서류를 제출하여야 한다.

③ 해외유학경비 지급 시 국내 졸업학력의 제한은 없으며, 연령에 따른 지급금액의 제한도 없다.

④ 해외유학경비는 직접 휴대출국하는 것이 불가능하다.

출제빈도 ★★★

15 다음 중 해외여행경비에 대한 설명으로 옳은 것은?

① 일반해외여행경비는 1만불을 초과하여 휴대출국할 수 없다.

② 해외유학생이 1만불을 초과하여 휴대출국하는 경우 거래외국환은행은 외국환신고(확인)필증을 발행·교부하여야 한다.

③ 단체해외여행경비는 지급한도에 제한이 없으며, 휴대반출은 가능하지만 송금은 불가하다.

④ 법인명의여행경비는 1만불 초과 휴대출국 시 세관신고를 하여야 하고, 송금도 가능하다.

정답 및 해설

11	③	6개월 미만의 기간에 걸쳐 국외연수를 목적으로 외국에 체재하는 자는 해외체재자에 해당하지만, 국내거주기간이 5년 미만인 외국인거주자는 제외한다.
12	①	일반해외여행경비는 증빙서류가 없는 경우에는 원칙상 송금방식으로 할 수 없으며, 휴대수출하여야 한다.
13	③	해외이주자는 해외유학생의 요건에 해당하지 않는다.
14	④	해외유학경비는 직접 휴대출국이 가능하며, 1만불을 초과하여 휴대출국하는 경우 거래은행은 외국환신고(확인)필증을 발행·교부해야 한다.
15	②	① 일반해외여행경비는 금액에 제한 없이 휴대출국할 수 있으나, 1만불 초과 휴대출국 시에는 세관에 신고하여야 한다. ③ 단체해외여행경비는 휴대반출 및 송금이 모두 가능하다. ④ 법인명의여행경비는 송금이 불가하다.

출제빈도 ★ 최신출제유형

16 다음 주요 해외여행경비 지급 중 휴대반출과 송금이 모두 가능한 내용끼리 묶인 것은?

① 증빙서류를 소지하지 않은 일반해외여행경비, 해외체재비

② 해외체재비, 단체해외연수경비

③ 단체해외여행경비, 법인명의여행경비

④ 법인명의여행경비, 해외체재비

출제빈도 ★★★

17 다음 중 해외이주비의 지급에 대한 설명으로 옳지 <u>않은</u> 것은?

① 해외이주자는 여권, 비자 사본 또는 영주권 사본, 주민등록등본 등을 제출해야 한다.

② 해외이주자의 경우 해외이주신고확인서는 지정거래은행이 원본을 징구한다.

③ 현지이주 시 해외이주비의 지급기한은 재외공관으로부터 최초로 거주여권을 발급받은 날로부터 3년 이내까지이다.

④ 건당 1만불 초과 지급 시 관세청에 통보된다.

출제빈도 ★★★

18 해외이주비 지급에 대한 설명으로 옳지 <u>않은</u> 것은?

① 지급금액에는 제한이 없다.

② 해외이주자는 외교부에서 발행하는 해외이주신고확인서를 제출해야 한다.

③ 지정거래외국환은행에 관련 서류를 제출하여 정해진 날로부터 2년까지 해외이주비를 송금할 수 있다.

④ 외화현찰 또는 여행자수표로 휴대출국이 가능하다.

19 다음 중 재외동포의 반출대상 재산에 대한 설명으로 옳지 <u>않은</u> 것은?

☐

① 본인 명의 부동산을 매각하여 금융자산으로 보유하고 있는 경우의 매각대금은 반출대상 재산에 포함된다.

② 본인 명의 국내예금(외화예금 제외), 신탁계정관련 원리금, 증권매각대금은 반출대상 재산에 포함된다.

③ 본인 명의 예금 또는 부동산을 담보로 하여 외국환은행으로부터 취득한 원화대출금은 반출대상 재산에 포함된다.

④ 본인 명의 부동산의 임대보증금은 반출대상 재산에 포함된다.

20 다음은 재외동포 국내 재산반출에 대한 설명이다. 괄호 안에 들어갈 숫자의 합은 얼마인가?

☐

- 여행자수표(T/C), 외화현찰의 (   )만불 초과 휴대반출 시 지정거래은행은 외국환신고(확인)필증을 발행·교부하여야 한다.
- 부동산매각자금 확인서는 부동산소재지 또는 신청자의 최종 주소지 관할세무서장이 발행하며, 확인서 신청일 현재 부동산 처분일로부터 (   )년이 경과하지 아니한 경우에 한하여 발급한다.

① 4

② 5

③ 6

④ 7

정답 및 해설

16　②　해외체재비와 단체해외여행(연수)경비의 경우 휴대반출 및 송금이 모두 가능하다.

17　①　주민등록등본은 해외이주예정자가 제출해야 할 서류이다.

18　③　지정거래외국환은행에 관련 서류를 제출하여 정해진 날로부터 3년까지 해외이주비를 송금하거나 휴대수출의 방법으로 지급할 수 있다.

19　②　반출대상 재산인 본인 명의 국내예금에는 외화예금도 포함된다.

20　③　괄호 안의 숫자를 모두 더하면 '6'이다.

- 여행자수표(T/C), 외화현찰의 (1)만불 초과 휴대반출 시 지정거래은행은 외국환신고(확인)필증을 발행·교부하여야 한다.
- 부동산매각자금 확인서는 부동산소재지 또는 신청자의 최종 주소지 관할세무서장이 발행하며, 확인서 신청일 현재 부동산 처분일로부터 (5)년이 경과하지 아니한 경우에 한하여 발급한다.

21 다음 중 재외동포 재산반출에 대한 설명으로 옳지 <u>않은</u> 것은?

① 대한민국 국민으로서 외국의 영주권을 취득한 자는 재외동포에 해당된다.

② 외국인비거주자가 외국 국적 취득 후 국내부동산을 상속받은 경우 부동산등기부등본 등 상속에 의하여 취득하였음을 입증할 수 있는 서류를 제출해야 한다.

③ 건당 1만불 초과 시 국세청 및 금융감독원에 자동적으로 전산통보된다.

④ 부동산의 매각대금이 미화 10만불을 초과하는 경우 관할세무서장이 발행한 자금출처확인 서를 지정거래 외국환은행의 장에게 제출하여야 한다.

22 다음은 해외이주비 및 재외동포 국내 재산반출에 대한 설명이다. 괄호 안에 들어갈 말을 올바르게 나열한 것은?

> • 해외이주비 지급기한은 국내이주 시 해외이주신고확인서 발급일로부터 (A)까지이다.
> • 예금등 자금출처확인서는 예금등 재산의 지급누계가 (B)을 초과하는 경우에 제출해야 한다.

	A	B		A	B
①	3년	5만불	②	5년	5만불
③	3년	10만불	④	5년	10만불

23 다음 중 해외이주비 및 재외동포 국내 재산반출에 대한 설명으로 옳지 <u>않은</u> 것은?

① 해외이주자는 증빙서류를 제출받아 세대주의 여권번호로 거래외국환은행에 지정등록해야 한다.

② 해외이주비 지급을 재외동포의 국내 재산반출과 중복하여 적용할 수 없다.

③ 해외이주예정자는 해외이주비 지급 후 1년 이내에 영주권, 시민권, 비이민투자비자 또는 은퇴비자를 취득하였음을 입증하는 서류를 제출해야 한다.

④ 반출대상 재산에는 본인 명의 부동산 처분대금이 포함되며, 반출금액은 확인서 신청일 현재 부동산 시가를 기준으로 한다.

24 다음 중 국세청장 등에 대한 통보를 설명한 내용으로 틀린 것은?

□

① 모든 수출입대금의 지급 또는 영수는 관세청장에게 통보한다.

② 해외유학경비 지급금액이 연간 10만불을 초과하는 경우에는 국세청장 및 관세청장에게 통보한다.

③ 정부나 지방자치단체의 지급인 경우에는 국세청장 등에 대한 통보대상에서 제외된다.

④ 해외예금 송금액이 연간누계 미화 1만불을 초과하는 경우에는 국세청장 및 금융감독원장에게 통보한다.

정답 및 해설

21 ④ 부동산매각대금 이외의 예금등의 재산이 미화 10만불을 초과하는 경우 관할세무서장이 발행한 자금출처확인서를 지정거래 외국환은행의 장에게 제출하여야 한다.

22 ③ • 해외이주비 지급기한은 국내이주 시 해외이주신고확인서 발급일로부터 (3년)까지이다.
      • 예금등 자금출처확인서는 예금등 재산의 지급누계가 (10만불)을 초과하는 경우에 제출해야 한다.

23 ④ 반출금액은 당초 부동산 매각대금에 한한다.

24 ② 해외유학경비 지급금액이 연간 10만불을 초과하는 경우에는 국세청장 및 금융감독원장에게 통보한다.

■ 출제경향 및 학습전략

지급등의 방법/지급수단등의 수출입에서는 제1과목 전체 35문제 중 총 4~5문제 정도 출제된다.

지급등의 방법/지급수단등의 수출입에서는 상계 및 상호계산을 비롯한 지급등의 방법, 지급수단등의 수출입에 대한 내용을 학습한다. 특히, 신고예외사항과 담당기관별 신고사항을 구별하여 학습해야 한다. 일반적으로 신고예외사항은 신고를 이미 한 것과 같은 효과가 발생하였거나 경미한 사항의 경우를 말하고, 담당기관별 신고사항은 중요한 신고사항일 경우 상위의 기관에서 담당하는 것을 원칙으로 하므로, 이러한 점을 참고로 암기해야 한다.

■ 빈출포인트

구 분	문제번호	빈출포인트	출제빈도	페이지
상계 및 상호계산 (30%)	01	상계 및 상호계산	★★★	p. 80
기획재정부장관이 정하는 기간을 초과하는 지급등의 방법 (20%)	02	기획재정부장관이 정하는 기간을 초과하는 지급등의 방법	★★	p. 81
	03	대응수출입 의무	★★	p. 81
제3자 지급등의 방법 (10%)	04	제3자 지급등의 방법	★	p. 82
외국환은행을 통하지 아니하는 지급등의 방법 (10%)	05~06	외국환은행을 통하지 아니하는 지급등의 방법	★★	p. 82
지급수단등의 수출입 (30%)	07	지급수단등의 수출입신고	★★★	p. 83
	08~09	외국환신고(확인)필증	★★★	p. 83

제1과목 **외환관리실무**

· · · · ·

제4장
지급등의 방법 /
지급수단등의 수출입

✓ 개념완성문제를 통해 외환전문역 Ⅰ종 시험에 나오는 개념을 이해할 수 있습니다.

✓ 다시 봐야 할 문제(틀린 문제, 풀지 못한 문제, 헷갈리는 문제 등)는 문제 번호 하단의 네모박스(□)에 체크하여 반복 학습할 수 있습니다.

상계 및 상호계산

출제빈도 ★★★

01 다음 중 상계에 대한 설명으로 옳은 것은?

① 외국환거래에서 상계는 신고예외거래, 한국은행총재 또는 국세청장의 신고대상으로 구분한다.

② 다자간 복합상계는 외국환은행장의 신고대상에 해당한다.

③ 연계무역, 위탁가공무역 및 수탁가공무역에 의하여 수출대금과 관련 수입대금을 상계하고자하는 경우에는 신고를 해야 한다.

④ 상계는 국내기업과 외국기업 간의 채권 또는 채무를 일괄하여 상계하고자 하는 등 실질적으로 상계로 인정되는 경우를 포함한다.

용어 알아두기

연계무역 수출을 조건으로 수입을 허용하는 무역거래이다.

위탁가공무역 해외생산자에게 원자재를 제공하고 생산을 위임하여 생산된 제품을 다시 본국으로 들여오거나 제3국에 수출하는 무역거래형태이다.

수탁가공무역 상대방으로부터 위탁을 받아 가공한 뒤 수출하는 무역형태이다.

정답 및 해설

01 ④ ① 외국환거래에서 상계는 신고예외거래, 한국은행총재 또는 외국환은행장의 신고대상으로 구분한다.
　　② 다자간 복합상계는 한국은행총재의 신고대상에 해당한다.
　　③ 연계무역, 위탁가공무역 및 수탁가공무역에 의하여 수출대금과 관련 수입대금을 상계하고자 하는 경우에는 신고의무가 면제된다.

기획재정부장관이 정하는 기간을 초과하는 지급등의 방법　[출제빈도 ★★]

02 일정한 방법으로 수출입대금의 지급등을 하고자 하는 자는 한국은행총재에게 신고를 해야 한다. 다음 중 한국은행총재의 신고거래가 <u>아닌</u> 것은?

① 정부 또는 지방자치단체가 수입대금을 지급하는 경우

② 계약 건당 미화 5만불을 초과하는 본지사 간의 수출거래로서 수출대금을 물품의 선적 전에 영수하고자 하는 경우

③ 계약 건당 미화 5만불을 초과하는 본지사 간이 아닌 수출거래로서 수출대금을 물품의 선적 전 1년을 초과하여 영수하고자 하는 경우

④ 계약 건당 미화 2만불을 초과하는 수입대금을 선적서류 또는 물품의 영수 전 1년을 초과하여 송금방식에 의해 지급하고자 하는 경우

대응수출입 의무　[출제빈도 ★★]

03 다음 중 대응수출입 이행의무에 대한 설명으로 옳지 <u>않은</u> 것은?

① 수출입대금이 먼저 결제되고 물품이 나중에 이동되는 무역형태인 사전송금방식 수입거래는 선수금에 대응하여 물품통관을 해야 하는 의무를 부여하고 있다.

② 외국환은행이 수출입자로부터 이행보고를 받아 사후관리하고 보고하는 체계가 있었으나 2001년 1월 1일부터 이를 폐지하였다.

③ 건당 미화 5만불을 초과하는 수출대금을 물품의 선적 전에 영수한 자는 동 대금을 반환하거나 대응수출을 이행하여야 한다.

④ 선적서류 또는 물품의 영수 전에 송금방식에 의하여 건당 미화 3만불을 초과하는 대금을 지급한 자는 동 대금을 반환받거나 대응수입을 이행하여야 한다.

정답 및 해설

02　①　정부 또는 지방자치단체가 수입대금을 지급하는 경우는 신고예외거래에 해당한다.

03　④　선적서류 또는 물품의 영수 전에 송금방식에 의하여 건당 미화 2만불을 초과하는 대금을 지급한 자는 동 대금을 반환받거나 대응수입을 이행하여야 한다.

04 다음 중 제3자 지급등의 방법에 있어 신고예외거래가 <u>아닌</u> 것은?

① 국내의 수출업자가 거래의 당사자가 아닌 비거주자로부터 수출대금을 영수하는 경우

② 거래당사자인 거주자가 거래의 결제를 위하여 비거주자인 제3자에게 지급하는 경우

③ 거주자가 해외부동산 취득 자금을 매도인이 아닌 부동산 계약을 중개·대리하는 자에게 지급하는 경우

④ 거주자가 인터넷으로 물품을 수입하고 수입대금은 국내 구매대행업체를 통하여 지급하는 경우

05 다음 중 미화 1만불을 초과하는 대외지급수단을 휴대수출하여 지급하는 경우 지정거래 외국환은행장의 확인을 받지 <u>않아도</u> 되는 자는?

① 해외유학생   ② 해외이주자

③ 재외동포   ④ 일반해외여행자

06 향수회사인 A사는 미국에서 원료를 수입하고 대급을 지급하고자 한다. 거래대금은 10만불이고 대금의 지급은 A사의 직원인 B씨가 직접 가서 지불하려고 한다. 다음 중 신고등의 대상으로 적절한 것은?

① 기획재정부장관에게 신고

② 외국환거래은행장에게 신고

③ 한국은행장에게 신고

④ 신고예외

정답 및 해설

04 ② 거래당사자인 거주자가 거래의 결제를 위하여 비거주자인 제3자에게 지급하는 거래는 한국은행총재의 신고대상이다.

05 ④ 미화 1만불 초과 시 일반해외여행자는 관할세관의 장에게 신고하여야 한다.

06 ③ 물품수입대금(무역거래), 중개수수료(무역외거래), 해외투자금(자본거래) 등을 휴대반출하여 외국에서 직접 지급하고자 하는 경우에는 사전에 한국은행에 지급등의 방법신고를 하고 그 신고필증을 교부받는다.

07 다음 중 지급수단등의 수출입에 대한 규정에서 지급수단의 범위에 포함되지 <u>않는</u> 것은?

① 채 권 ② 내국지급수단

③ 원화증권 ④ 외화증권

08 외국환신고(확인)필증에 대한 설명으로 옳지 <u>않은</u> 것은?

① 세관이나 은행에서 발행한다.

② 세관은 확인대상이며 은행은 신고사항이다.

③ 1회에 한하여 이를 재발급할 수 있다.

④ 1만불 초과 시 거의 대부분 발행대상이다.

09 다음 중 외국환은행의 외국환신고(확인)필증 발행·교부대상이 <u>아닌</u> 것은?

① 해외유학경비 ② 단체여행경비

③ 일반해외여행경비 ④ 해외이주비

정답 및 해설

07　①　채권은 지급수단에 해당하지 않는다.

08　②　외국환신고(확인)필증(Declaration of Currency or Monetary Instruments)이란 과거 외국환등록증이라고 했던 것으로 세관은 신고대상이며 은행은 확인사항이다.

09　③　일반해외여행경비는 외국환신고(확인)필증의 발행·교부대상이 아니며, 세관에 직접 신고해야 한다.

✓ 출제예상문제를 통해 다양한 외환전문역 Ⅰ종 문제를 풀어볼 수 있습니다.

✓ 다시 봐야 할 문제(틀린 문제, 풀지 못한 문제, 헷갈리는 문제 등)는 문제 번호 하단의 네모박스(□)에 체크하여 반복 학습할 수 있습니다.

출제빈도 ★★★

01 다음 중 상계의 신고예외거래에 대한 설명으로 옳지 <u>않은</u> 것은?

□

① 일방의 금액(분할 지급은 합산함)이 미화 5천불 이하인 채권 또는 채무를 상계하고자 하는 경우

② 거주자가 거주자와 비거주자 간의 거래 또는 행위에 따른 채권 또는 채무를 규정에 의한 상호계산계정을 통하여 당해 거래의 당사자인 비거주자에 대한 채무 또는 채권으로 상계하고자 하는 경우

③ 연계무역, 중계무역에 의하여 수출대금과 관련 수입대금을 상계하고자 하는 경우

④ 외국항로에 취항하고 있는 국내 선박회사가 외국 선박회사와 공동운항계약을 체결하고 선복 및 장비의 상호 사용에 따른 채권과 채무를 상계하고자 하는 경우

출제빈도 ★★★

02 다음의 상계거래 중 한국은행총재의 신고사항으로 옳은 것은?

□

① 거주자 간에 외화표시 채권 또는 채무를 상계하고자 하는 경우

② 물품의 수출입대금과 당해 수출입거래에 직접 수반되는 중개 또는 대리점수수료 등을 상계하고자 하는 경우

③ 다국적 기업의 상계센터를 통하여 상계하거나 다수의 당사자의 채권 또는 채무를 상계하고자 하는 경우

④ 신용카드 발행업자가 외국에 있는 신용카드 발행업자로부터 영수할 금액과 당해 외국에 있는 신용카드 발행업자에게 지급할 금액(거주자의 신용카드 대외지급대금, 사용수수료 및 회비)을 상계하거나 그 상계한 잔액을 지급 또는 영수하는 경우

출제빈도 ★★★　　최신출제유형

03 **다음 중 상계에 대한 설명으로 옳지 않은 것은?**

① 외국환거래에서 상계는 신고예외거래, 한국은행총재 또는 기획재정부의 신고대상으로 구분한다.

② 연계무역, 위탁가공무역 및 수탁가공무역에 의하여 수출대금과 관련 수입대금을 상계하고자 하는 경우에는 신고의무가 면제된다.

③ 다자간 복합상계는 한국은행총재의 신고대상에 해당한다.

④ 상계는 국내기업과 외국기업 간의 채권 또는 채무를 일괄하여 상계하고자 하는 등 실질적으로 상계로 인정되는 경우를 포함한다.

출제빈도 ★★

04 **상계대상 채권·채무가 인정된 거래에 의한 것인지를 확인하고, 신고등의 대상거래인 경우에 해당 신고등을 하였는지를 확인하여야 하는 기관은?**

① 외국환은행의 장　　　　　　　　② 한국은행총재

③ 기획재정부장관　　　　　　　　④ 금융감독원장

정답 및 해설

01　③　중계무역에 의한 상계는 신고예외사항에 해당하지 않는다.

02　③　①②④ 신고예외거래에 해당한다.

03　①　외국환거래에서 상계는 신고예외거래, 한국은행총재 또는 외국환은행장의 신고대상으로 구분한다.

04　①　상계대상 채권·채무가 인정된 거래에 의한 것인지를 확인하고, 신고등의 대상거래인 경우에 해당 신고등을 하였는지를 확인하여야 하는 기관은 외국환은행의 장이다.

05 다음은 상계에 대한 설명이다. 괄호 안에 들어갈 숫자를 올바르게 나열한 것은?

> • 상계를 실시하는 자는 관계증빙서류를 (   )년간 보관하여야 한다.
> • 일방의 금액(분할 지급등의 경우는 합산한 금액)이 미화 (   )천불 이하인 채권 또는 채무를 상계
>   하고자 하는 경우에는 신고의무가 면제된다.

① 3 – 2   ② 3 – 5

③ 5 – 3   ④ 5 – 5

06 다음 중 상호계산에 대한 설명으로 옳지 <u>않은</u> 것은?

① 지정거래 외국환은행을 지정하여 등록한 후 신고해야 한다.

② 상호계산계정의 결산은 회계기간의 범위 내에서 월 단위 등 결산주기를 정하여 실시해야
한다.

③ 상호계산계정의 대차기 잔액은 매 결산기간 종료 후 6월 이내에 지정거래 외국환은행의
장에게 신고한 후 지급하거나 영수해야 한다.

④ 상호계산을 실시하는 자는 반드시 5년간 장부와 관계증빙서류를 보관해야 한다.

07 다음은 수출입거래 중 한국은행총재의 신고대상에 대한 설명이다. 괄호 안 A, B의 합은?

> 계약 건당 미화 (A)만불을 초과하는 본지사 간의 수출거래로서 무신용장 인수인도조건방식 또는 외상
> 수출채권 매입방식에 의하여 결제기간이 물품의 선적 후 또는 수출환어음의 일람 후 (B)년을 초과하는
> 경우 한국은행총재에게 신고하여야 한다.

① 6   ② 7

③ 8   ④ 9

출제빈도 ★★

08 계약 건당 미화 5만불을 초과하는 수출대금을 물품의 선적 전 1년을 초과하여 영수하고자 하
는 경우 한국은행총재에게 신고하여야 한다. 다음 중 신고대상 물품으로 옳은 것은?

① 선 박 ② 항공기

③ 자동차 ④ 철도차량

출제빈도 ★★

09 계약 건당 5만불 초과 수출대금 중 한국은행총재 신고거래에 해당하지 <u>않는</u> 것은?

① 본지사 간 D/A 만기일 3년 초과 수출거래

② 본지사 간 수출 선수금 영수

③ 수출선수금 영수 1년 후 물품수출

④ 계약 건당 미화 5만불을 초과하는 금의 미가공 재수출

정답 및 해설

05 ④ • 상계를 실시하는 자는 관계증빙서류를 (5)년간 보관하여야 한다.
  • 일방의 금액(분할 지급등의 경우 합산한 금액)이 미화 (5)천불 이하인 채권 또는 채무를 상계하고자 하는 경우에는 신
   고의무가 면제된다.

06 ③ 상호계산계정의 대차기 잔액은 매 결산기간 종료 후 3월 이내에 지정거래 외국환은행의 장에게 신고한 후 지급하거나 영수
   해야 한다.

07 ③ 계약 건당 미화 (5)만불을 초과하는 본지사 간의 수출거래로서 무신용장 인수인도조건방식 또는 외상수출채권 매입방식
   에 의하여 결제기간이 물품의 선적 후 또는 수출환어음의 일람 후 (3)년을 초과하는 경우 한국은행총재에게 신고하여야
   한다.

08 ③ ①②④ 신고제외대상이다.

09 ④ 계약 건당 미화 5만불을 초과하는 금을 미가공 재수출할 목적으로 수입하는 경우로서 수입대금을 선적서류 또는 물품의
   영수일부터 30일을 초과하여 지급하거나, 내수용으로 30일을 초과하여 연지급 수입한 금을 미가공 재수출하고자 하는 경
   우는 수입거래 중 한국은행총재 신고거래에 해당한다.

10 다음 중 대응수출입 이행의무가 발생하는 기준금액으로 잘못 연결된 것은?

① 본지사 간 D/A 3년 초과수출거래 – 계약 건당 5만불

② 사전송금 1년 이후 물품수입 – 계약 건당 2만불

③ 본지사 간 수출선수금영수 – 계약 건당 5만불

④ 금 수입후 미가공 재수출로 수입 시 30일 이후 결제조건 – 계약 건당 2만불

11 다음 제3자 지급등의 방법 중 신고예외대상이 <u>아닌</u> 것은?

① 거래당사자가 회원으로 가입된 국제적인 결제기구와 지급 또는 영수하는 경우

② 해외부동산취득 자금을 부동산 계약을 중개·대리하는 자에게 지급하는 경우

③ 거주자인 통신사업자가 통신망사용대가 결제를 당사자가 아닌 비거주자와 지급등을 하는 경우

④ 미화 5천불 이상의 금액을 제3자가 지급등을 하는 경우

12 다음 중 제3자 지급등의 방법에 대한 설명으로 옳지 <u>않은</u> 것은?

① 당사자인 거주자가 당사자가 아닌 비거주자로부터 영수하는 경우는 신고예외거래에 해당한다.

② 해외부동산취득 자금을 부동산 계약을 중개·대리하는 자에게 지급하는 경우에는 한국은행총재에게 신고하여야 한다.

③ 제3자 지급등의 방법으로 미화 5천불 이하의 금액을 지급하는 경우는 신고예외거래에 해당한다.

④ 외국환은행이 당해 외국환은행의 해외지점 및 현지법인의 여신과 관련하여 차주, 담보제공자 또는 보증인으로부터 여신원리금을 회수하여 지급하고자 하는 경우는 신고예외거래에 해당한다.

13 다음은 외국환은행을 통하지 아니하는 지급등의 방법 중 신고예외 지급대상인 여행경비 지급에 대한 설명이다. 괄호 안에 들어갈 말로 올바른 것은?

> 일반해외여행자(외국인거주자 제외)가 대외지급수단을 휴대수출하여 지급하는 경우에는 신고예외대상이지만, 미화 (A)을 초과하는 경우에는 (B) 후 휴대수출하여야 한다.

	A	B
①	1만불	지정거래 외국환은행장의 확인
②	5만불	관할세관의 장에게 신고
③	1만불	관할세관의 장에게 신고
④	5만불	지정거래 외국환은행장의 확인

14 다음 중 외국환은행을 통하지 아니하고 지급 또는 영수하는 경우 한국은행의 신고대상인 거래로 옳은 것은?

① 지급수단의 영수　　　　　　　② 해외이주비의 지급

③ 해외여행경비의 지급　　　　　④ 해외투자금의 지급

정답 및 해설

10　④　금 수입 후 미가공 재수출로 수입 시 30일 이후 결제조건의 기준금액은 계약 건당 5만불이다.

11　④　미화 5천불 이하의 금액을 제3자가 지급등을 하는 경우에 신고예외대상이 된다.

12　②　해외부동산취득 자금을 부동산 계약을 중개·대리하는 자에게 지급하는 경우는 신고예외거래에 해당한다.

13　③　일반해외여행자(외국인거주자 제외)가 대외지급수단을 휴대수출하여 지급하는 경우에는 신고예외대상이지만, 미화 (1만불)을 초과하는 경우에는 (관할세관의 장에게 신고) 후 휴대수출하여야 한다.

14　④　①②③ 신고예외대상이다.

15 다음 중 외국환은행을 통하지 아니하는 지급등의 방법에 대한 설명으로 옳지 <u>않은</u> 것은?

① 외항운송업자와 승객 간에 외국항로에 취항하는 항공기 또는 선박 안에서 매입, 매각한 물품대금을 직접 지급 또는 영수하는 경우에는 신고를 요하지 아니한다.

② 해외유학생이 미화 1만불을 초과하는 대외지급수단을 휴대수출하여 지급하는 경우에는 관할세관의 장에게 신고하여야 한다.

③ 거주자와 비거주자 간 또는 거주자와 다른 거주자 간의 건당 미화 1만불 이하의 경상거래에 따른 대가를 대외지급수단으로 직접 지급하는 경우에는 신고를 요하지 아니한다.

④ 외국에서의 해외여행경비를 본인 명의의 신용카드 등으로 지급하고자 하는 경우에는 신고를 요하지 아니한다.

16 다음 중 지급수단등의 수출입에 대한 규정에서 지급수단등에 해당하는 것으로만 모두 묶인 것은?

① 내국지급수단, 원화증권　　　　② 대외지급수단, 금(金)

③ 내국지급수단, 금제품　　　　　④ 외화증권, 채권

17 다음 중 지급수단등의 수출입 시 신고예외거래에 해당하지 <u>않는</u> 것은?

① 미화 1만불 이하의 원화당좌수표 수입

② 미화 5만불 상당의 약속어음 수입

③ 미화 1만불 이하의 원화표시 여행자수표 수입

④ 미화 5만불 상당의 기념용 화폐 수입

18 출제빈도 ★★

다음 중 지급수단등의 수출입 규정상 외국환은행장의 확인을 받아야 하는 경우에 대한 설명으로 옳지 <u>않은</u> 것은?

① 비거주자가 대외계정 또는 비거주자외화신탁계정에서 1만불을 초과하여 외화를 인출하는 경우

② 비거주자가 최근 입국일 이후 외국으로부터 영수하거나 휴대수입한 외화금액 범위 내에서 1만불 초과하여 재환전하는 경우

③ 외국인거주자가 외국으로부터 영수하거나 휴대수입한 외화금액 범위 내에서 1만불을 초과하여 재환전하는 경우

④ 비거주자가 해외여행경비 지급을 위하여 1만불을 초과하여 환전하는 경우

19 출제빈도 ★★

다음 중 지급수단등의 수출입에 관한 규정상 관할 세관장의 신고대상이 <u>아닌</u> 것은?

① 거주자가 미화 1만불을 초과하는 원화자기앞수표를 휴대수입하는 경우

② 비거주자가 미화 1만불을 초과하는 대외지급수단을 휴대수입하는 경우

③ 국민인 거주자가 미화 1만불을 초과하는 내국통화를 휴대수출하는 경우

④ 외국인거주자가 미화 1만불을 초과하는 원화현찰을 휴대수출하는 경우

정답 및 해설

15 ② 해외유학생이 미화 1만불을 초과하는 대외지급수단을 휴대수출하여 지급하는 경우에는 지정거래 외국환은행장에게 신고하여야 한다.

16 ① 지급수단등에는 대외지급수단, 내국지급수단, 원화증권 및 외화증권이 있으며, 채권 및 귀금속(금, 금제품)은 제외한다.

17 ① 미화 1만불 이하의 원화당좌수표 수입은 신고예외거래에 해당하지 않는다.

18 ④ 외국인거주자가 해외여행경비 지급을 위하여 1만불을 초과하여 환전하는 경우에 외국환은행장의 확인을 받아야 한다.

19 ④ 외국인거주자는 미화 1만불을 초과하는 원화현찰을 휴대수출할 수 없다. 다만, 외화의 경우 정당하게 소지한 경우라면 1만불 초과 시에는 외국환신고(확인)필증을 휴대하고 있을 것이기 때문에 별도의 신고절차가 없어도 휴대수출이 가능하다.

20 다음 중 지급수단등의 수출입에 대한 설명으로 옳은 것은?

① 지급수단등에는 대외지급수단, 내국지급수단, 원화증권 및 외화증권, 채권 등이 모두 포함된다.

② 약속어음, 환어음, 신용장을 수입하는 경우에는 금액에 관계없이 모두 신고예외대상이다.

③ 비거주자가 인정된 거래에 따른 대외지급을 위하여 송금수표 또는 우편환을 수출하는 경우에는 지정거래 외국환은행장의 확인을 받아야 한다.

④ 거주자가 자가화폐수집용 또는 기념용 화폐를 수출입하는 경우에는 금액에 관계없이 모두 신고예외대상이다.

정답 및 해설

20 ② ① 채권은 지급수단등에 포함되지 않는다.
       ③ 비거주자가 인정된 거래에 따른 대외지급을 위하여 송금수표 또는 우편환을 수출하는 경우는 신고예외대상에 해당한다.
       ④ 거주자가 자가화폐수집용 또는 기념용 화폐를 수출입하는 경우는 미화 5만불 상당액 이내의 금액에 한하여 신고예외대상에 해당한다.

21 다음 중 지급수단등의 수출입 규정상 신고예외거래가 <u>아닌</u> 것은?

① 미화 1만불 이하의 지급수단등을 수입하는 경우

② 외국환은행을 통하지 아니하는 지급등의 방법에 의하여 대외지급수단을 수출하는 경우

③ 자본거래의 신고를 한 자가 그 신고된 바에 따라 기명식증권을 수출입하는 경우

④ 거주자가 미화 1만불을 초과하는 대외지급수단을 휴대수입하는 경우

정답 및 해설

21 ④ 거주자가 미화 1만불을 초과하는 대외지급수단을 휴대수입하는 경우에는 관할세관의 장에게 신고하여야 한다.

■ 출제경향 및 학습전략

자본거래는 제1과목 전체 35문제 중 총 9~11문제 정도 출제된다.

자본거래는 학습분량이 상당하고 난도가 높은 편이다. 또한, 제1과목 외환관리실무에서 출제비중이 높은 장으로, 빈출포인트에서 문제가 골고루 출제되고 있기 때문에 모든 내용을 꼼꼼하게 학습해야 한다. 예금계정의 특징은 반드시 구별하여 이해하고, 빈출포인트별로 신고대상 및 절차를 중심으로 학습하는 것이 필요하다.

■ 빈출포인트

구 분	문제번호	빈출포인트	출제빈도	페이지
예금신탁계약에 따른 자본거래 (20%)	01~04	국내예금 및 국내신탁	★★★	p. 96~97
	05	해외예금 및 해외신탁	★★	p. 98
금전의 대차, 채무의 보증계약에 따른 자본거래 (10%)	06	금전의 대차계약	★★★	p. 98
	07	채무의 보증계약	★★	p. 99
대외지급수단, 채권·기타의 매매 및 용역계약에 따른 자본거래 (10%)	08	대외지급수단, 채권·기타의 매매 및 용역계약에 따른 자본거래	★★	p. 99
증권의 발행 (10%)	09	증권의 발행	★★★	p. 100
증권의 취득 (15%)	10	증권취득의 신고	★★★	p. 100
	11	증권의 투자	★★★	p. 101
부동산거래 (15%)	12~13	거주자의 외국부동산 취득	★★★	p. 101
	14	비거주자의 국내부동산 취득	★	p. 102
외국기업 등의 국내지사 (10%)	15	외국기업의 국내지사 및 국내 직접투자법인의 비교	★★	p. 102
기타 자본거래 (10%)	16~17	거주자와 비거주자 간 기타 자본거래	★★	p. 103

제1과목 **외환관리실무**

:

제5장
자본거래

✓ 개념완성문제를 통해 외환전문역 Ⅰ종 시험에 나오는 개념을 이해할 수 있습니다.

✓ 다시 봐야 할 문제(틀린 문제, 풀지 못한 문제, 헷갈리는 문제 등)는 문제 번호 하단의 네모박스(□)에 체크하여 반복 학습할 수 있습니다.

국내예금 및 국내신탁 · 출제빈도 ★★★

01 다음 중 예금계정과 그 종류의 연결이 잘못 짝지어진 것은?

□
① 거주자계정 – 당좌예금, 통지예금, 정기적금

② 대외계정 – 당좌예금, 보통예금, 정기예금

③ 해외이주자계정 – 당좌예금, 보통예금, 정기적금

④ 비거주자 자유원계정 – 당좌예금, 저축예금, 기업자유예금

> **용어 알아두기**
> **당좌예금** 예금자가 수표 또는 어음을 발행하여 언제든지 자유롭게 찾을 수 있는 예금이다.
> **통지예금** 은행의 예금을 인출할 때에 사전통지가 요구되는 예금이다.

국내예금 및 국내신탁 · 출제빈도 ★★★

02 다음 계정 간 국내이체에 대한 자금이동표시 중 별도의 제한사항이 있는 경우는?

□
① 비거주자원화계정(예금주 A) ⇨ 대외계정(예금주 A)

② 대외계정(예금주 A) ⇨ 비거주자자유원계정(예금주 A)

③ 거주자계정(예금주 A) ⇨ 거주자계정(예금주 B)

④ 대외계정(예금주 A) ⇨ 대외계정(예금주 B)

정답 및 해설

01 ③ 해외이주자계정의 종류에는 당좌예금, 보통예금, 통지예금, 정기예금이 있다.

02 ① 비거주자원화계정은 국내에서 사용하기 위한 자금으로 간주되므로 대외계정으로 이체는 인정된 거래에 한한다.

03 다음 중 예금거래 시 착안사항에 대한 설명으로 옳지 <u>않은</u> 것은?

① 외화예금은 신규 개설 시 계정구분을 명확히 하여 개설하여야 한다.

② 비거주자는 원화적금이 허용되지 않는다.

③ 계정구분이 명확하지 않은 경우 별단예금으로 처리한다.

④ 외국인거주자는 비거주자 자유원계정의 개설은 불가능하지만, 비거주자 원화계정의 개설은 가능하다.

> **용어 알아두기**
> **별단예금** 은행업무상 처리가 곤란한 예금이나 자금을 처리하기 위해 개설한 일시적, 편의적인 계정이다.

04 다음 중 예금계정의 예치와 처분에 대한 설명으로 옳지 <u>않은</u> 것은?

① 거주자계정으로 외화를 예치하는 경우 2만불 초과 시 취득경위 입증서류를 제출하여야 하고, 미제출 시 이전거래로 간주된다.

② 대외지급을 포함하여 거주자계정의 처분에는 제한이 없다.

③ 대외계정에서 외화현찰 등 휴대자금을 예치하는 경우 동일자 2만불 초과 시 외국환신고(확인)필증 또는 한국은행발행 신고필증을 제출하여야 한다.

④ 해외이주자계정에서 해외이주비의 경우 세대별 해외이주비 예치금액 합계가 미화 10만불 초과 시 자금출처확인서를 제출하여야 한다.

정답 및 해설

03 ④ 외국인거주자는 비거주자 자유원계정의 개설은 가능하나, 비거주자 원화계정의 개설은 불가능하다.
04 ② 거주자계정의 처분에는 제한이 없지만, 대외지급의 경우 인정된 거래에 한하여 처분이 가능하다.

출제빈도 ★★

05 다음 중 해외예금 및 해외신탁에 대한 설명으로 옳지 <u>않은</u> 것은?

① 외환자유화 이후 개인들도 동일자 5만불까지 지정거래은행 신고제로 전환하고 처분의 제한도 인정된 거래로 대폭 자유화하였다. 현재는 사후적으로 연간 1만불 초과 시 국세청 통보, 연간 1만불 초과 시 금융감독원 통보 및 잔액관리 등 사후관리 측면을 강화하는 방향으로 시행되고 있다.

② 외국에 체재하고 있는 거주자가 외화예금 또는 외화신탁거래를 하는 경우는 신고예외거래이다.

③ 국민인 거주자가 거주자가 되기 이전에 외국에 있는 금융기관에 예치한 외화예금 또는 외화신탁계정을 처분하는 경우는 신고예외거래이다.

④ 비거주자가 공공차관의 도입 및 관리에 관한 법률 또는 이 규정에 의한 거주자로부터의 외화자금차입과 관련하여 외화예금거래를 하는 경우는 신고예외거래이다.

출제빈도 ★★★

06 외국인투자촉진법에 의하여 일반 제조업을 영위하는 업체의 단기차입한도는 얼마인가?

① 외국인투자금액의 10% 범위 내

② 외국인투자금액의 25% 범위 내

③ 외국인투자금액의 50% 범위 내

④ 외국인투자금액의 75% 범위 내

정답 및 해설

05 ④ 거주자가 공공차관의 도입 및 관리에 관한 법률 또는 이 규정에 의한 비거주자로부터의 외화자금차입과 관련하여 외화예금거래를 하는 경우가 신고예외거래이다.

06 ③ 외국인투자촉진법에 의하여 일반 제조업을 영위하는 업체의 단기차입한도는 외국인투자금액의 50% 범위 이내이다.

07 채무의 보증계약에 대한 내용으로 옳지 <u>않은</u> 것은?

① 거주자 간의 거래, 법인의 해외차입, 외화획득 관련 거래, 수출입 등 일반경상거래, 실수요 인정된 거래 등은 신고예외거래로 규정하였다.

② 외국환업무취급기관인 투자매매, 중개업자나 시설대여회사의 현지법인에 대한 보증의 경우는 신고예외거래로 규정하였다.

③ 한국은행 신고대상은 상기 외 거주자와 비거주자 간 거래에서 다른 거주자가 보증한 경우 및 외국환은행이 보증하는 경우까지를 포함하고 있다.

④ 비거주자 간 거래로서 교포등의 여신이나 현지금융 관련 보증과 같이 인정된 거래가 아닌 경우 일반화된 거래로 볼 수 없기 때문에 한국은행총재의 신고대상이라 할지라도 일정 사유와 조건을 갖춘 경우에만 거래가 가능하다.

대외지급수단, 채권·기타의 매매 및 용역계약에 따른 자본거래

08 국내기업인 A주식회사는 사내복지 차원에서 직원들의 여가활동을 지원하기 위해 회사 명의로 베트남에 있는 골프장 회원권을 취득하고자 한다. 외국환거래규정상 누구에게 신고하여야 하는가?

① 신고예외

② 국세청장

③ 외국환은행의 장

④ 한국은행총재

정답 및 해설

07 ② 외국환업무취급기관인 투자매매, 중개업자나 시설대여회사의 현지법인에 대한 보증의 경우는 외국환은행의 신고사항으로 되어 있다.

08 ③ 거주자가 해외 골프회원권이나 기타 이용권을 취득하고자 하는 경우에 종전에는 한국은행에 신고하였으나 2005년 7월 1일 규정개정을 통하여 외국환은행 신고대상으로 절차를 완화하였다.

09 다음 중 증권발행에 따른 신고대상기관이 <u>잘못</u> 짝지어진 것은?

출제빈도 ★★★

① 거주자가 국내에서 외화증권을 발행 – 신고예외대상

② 비거주자가 외국에서 원화증권을 발행 – 기획재정부장관

③ 거주자가 외국에서 원화증권을 발행 – 지정거래 외국환은행의 장

④ 비거주자가 국내에서 외화증권을 발행 – 기획재정부장관

증권취득의 신고

출제빈도 ★★★

10 다음 중 거주자와 비거주자의 증권취득신고에 대한 설명으로 옳지 <u>않은</u> 것은?

① 외국인투자촉진법 규정에 의하여 인정된 외국인투자를 위하여 비거주자가 거주자로부터 증권을 취득하는 경우에는 신고를 요하지 않는다.

② 거주자가 국민인 비거주자로부터 국내에서 원화증권을 내국통화로 취득하는 경우에는 신고를 요하지 않는다.

③ 비거주자가 거주자로부터 상속·유증으로 증권을 취득하는 경우에는 신고를 요하지 않는다.

④ 비상장 내국통화표시 주식을 취득하는 경우로서 외국인투자촉진법에서 정한 외국인투자에 해당하지 아니하는 경우에는 지정거래 외국환은행의 장에게 신고하여야 한다.

정답 및 해설

09 ③   거주자가 외국에서 원화증권을 발행하는 경우 기획재정부장관이 신고대상기관이다.

10 ④   비상장 내국통화표시 주식을 취득하는 경우로서 외국인투자촉진법에서 정한 외국인투자에 해당하지 아니하는 경우에는 외국환은행의 장에게 신고하여야 하나, 지정거래은행에 등록할 필요는 없다.

증권의 투자

출제빈도 ★★★

11 다음 중 외국인투자자의 국내 원화증권투자절차에 대한 설명으로 옳지 <u>않은</u> 것은?

① 외국인투자자의 국내 원화증권투자는 본인 명의 투자전용 대외계정, 투자전용 비거주자 원화계정을 통하여야 한다.

② 외국인투자자의 투자전용계정은 여러 은행에 개설할 수 있다.

③ 외국인투자자에는 외국인 비거주자, 해외영주권자인 재외국민, 외국인거주자가 포함된다.

④ 금융투자업규정에 따라 모든 외국인투자자는 투자자 등록을 통해 등록번호(ID)를 부여받아야 한다.

거주자의 외국부동산 취득

출제빈도 ★★★

12 부동산거래규정 중 외국환은행의 신고수리 및 사후관리절차에 대한 내용으로 옳은 것은?

① 소유권을 인정하지 않는 특정 국가의 부동산 장기 사용권은 소유권 취득으로 간주하지 않는다.

② 주거용 및 투자 등 부동산을 중복하여 취득할 수 없다.

③ 주거목적 취득의 경우에 한하여 신고인과 그 배우자와의 공동명의 취득만 가능하며 그 외에는 공동명의 취득을 허용하지 않고 있다.

④ 부동산 임차보증금이 없거나 미화 1만불 이하인 부동산임차권 취득의 경우에는 신고예외사항이 아니다.

거주자의 외국부동산 취득

출제빈도 ★★★

13 해외부동산 사후관리보고에 대한 설명으로 옳지 <u>않은</u> 것은?

① 취득보고는 최종 부동산 취득대금 송금 후 3개월 이내에 한다.

② 보유보고는 신고수리 후 매 2년마다 한다.

③ 처분(변경)보고는 처분(변경) 후 6개월 이내에 한다.

④ 사후관리 불이행에 따른 사후관리은행의 이행 독촉 후, 60일 이내에 미이행하면 금융감독원장에 보고해야 한다.

정답 및 해설

11 ④ 영주권자인 국민인 비거주자 및 외국인거주자는 투자자 등록이 필요 없다.

12 ③ ① 소유권을 인정하지 않는 특정 국가의 부동산 장기 사용권은 소유권 취득으로 간주한다.
② 주거용 및 투자 등 부동산을 중복하여 취득할 수 있다.
④ 부동산 임차보증금이 없거나 미화 1만불 이하인 부동산임차권 취득의 경우에는 신고예외사항이며, 무역외거래(용역)로 확인하여 지급하면 된다.

13 ③ 처분(변경)보고는 처분(변경) 후 3개월 이내에 한다.

14 다음 중 비거주자의 국내부동산 취득의 신고예외대상이 <u>아닌</u> 것은?

☐

① 비거주자가 본인, 친족, 종업원의 거주용으로 국내에 있는 부동산을 임차하는 경우

② 국민인 비거주자가 국내에 있는 부동산 또는 이에 관한 권리를 취득하는 경우

③ 비거주자가 국내에 있는 비거주자로부터 토지 이외의 부동산 또는 이에 관한 권리를 취득하는 경우

④ 외국인 비거주자가 증여를 받아 국내에 있는 부동산 또는 이에 관한 권리를 취득하는 경우

15 다음 중 외국기업의 국내지사 및 국내 직접투자법인에 대한 설명으로 옳지 <u>않은</u> 것은?

☐

① 외국기업 국내지사는 비거주자가 지점 또는 사무소를 설치하는 업무를 수행한다.

② 외국기업 국내지사는 외국환거래법령 및 외국환거래규정이 규율한다.

③ 외국기업 국내지사는 수탁은행 본점이나 산업통상자원부지원센터에서 관할하고, 외국기업 국내법인은 외국환은행 각 영업점에서 관할한다.

④ 외국기업 국내법인은 증빙서류만 있으면 모든 은행에서 송금이 가능하다.

용어 알아두기

지 점 국내에서 수익을 발생시키는 영업활동을 영위하는 장소이다.

사무소 국내에서 수익을 발생시키는 영업활동을 영위하지 아니하고 업무연락, 시장조사, 연구개발활동 등 비영업적 기능만을 수행하는 장소이다.

정답 및 해설

14 ④ 증여에 의한 취득은 한국은행총재에게 신고하여야 한다.

15 ③ 외국기업 국내지사는 외국환은행 각 영업점에서 관할하고, 외국기업 국내법인은 수탁은행 본점이나 산업통상자원부지원센터에서 관할한다.

출제빈도 ★★

16 다음 거주자와 비거주자 간 기타 자본거래 중 신고예외거래가 <u>아닌</u> 것은?

☐

① 신용카드에 의한 현금서비스거래

② 신용장의 해외 양도

③ 종교단체의 해외선교자금 지급

④ 부동산 이외의 물품임대차계약(계약 건당 미화 3천만불 이하)

출제빈도 ★★

17 거주자와 다른 거주자 간 기타 자본거래 적용 범위에 포함되지 <u>않는</u> 것은?

☐

① 거주자와 비거주자 간의 임대차계약, 담보, 보증, 보험, 조합, 채무의 인수, 화해 기타 이와 유사한 계약에 따른 채권의 발생 등에 관한 거래

② 거주자가 해외에서 학교 또는 병원의 설립, 운영 등과 관련된 행위 및 그에 따른 자금의 수수

③ 거주자의 자금통합관리 및 그와 관련된 행위

④ 비거주자의 국내부동산 임차와 보험업에 의한 보험사업자의 보험거래

정답 및 해설

16 ④ 거주자와 비거주자 간에 계약 건당 미화 3천만불 이하인 부동산 이외의 물품임대차계약을 체결하는 경우에는 외국환은행장에게 신고하여야 한다.

17 ④ 비거주자의 국내부동산 임차와 보험업에 의한 보험사업자의 보험거래는 제외한다.

✓ 출제예상문제를 통해 다양한 외환전문역 Ⅰ종 문제를 풀어볼 수 있습니다.

✓ 다시 봐야 할 문제(틀린 문제, 풀지 못한 문제, 헷갈리는 문제 등)는 문제 번호 하단의 네모박스(□)에 체크하여 반복 학습할 수 있습니다.

출제빈도 ★★

01 다음 중 자본거래의 규정상 신고예외거래가 <u>아닌</u> 것은?

□

① 한국은행이 외국환업무로서 행하는 거래인 경우

② 거래당사자의 일방이 신고등을 한 거래인 경우

③ 해외직접투자의 거래 건당 지급등의 금액이 미화 5천불 이내인 경우

④ 해외부동산 및 해외직접투자를 제외한 자본거래로서 거주자의 거래 건당 영수금액이 미화 5천불 초과 10만불 이내이고, 연간 지급누계금액이 미화 10만불을 초과하지 않는 경우

출제빈도 ★★★   최신출제유형

02 다음 중 계정의 구분에 대한 설명으로 옳지 <u>않은</u> 것은?

□

① 거주자계정은 처분에 제한이 없으나, 대외지급은 인정된 거래에 한하여 처분 가능하다.

② 대외계정은 비거주자, 외국인거주자 및 재외공관직원이 개설하는 외화예금계정으로 예치에 제한이 있고, 처분에 제한이 없다.

③ 비거주자 자유원계정은 외국인거주자를 포함하는 비거주자가 개설하는 원화계정으로 대외계정처럼 대외송금에는 제약이 없으나 예치에는 제한이 있다.

④ 비거주자 원화계정은 원금 및 발생이자 모두에 대해서 해외송금에 제한이 없다.

출제빈도 ★★

03 비거주자가 원화예금계정에서 개설할 수 <u>없는</u> 계정과목은?

□

① 보통예금

② 기업자유예금

③ 정기적금

④ 정기예금

04 다음 중 대외지급이 인정된 자금으로서 대외계정에 예치대상이 <u>아닌</u> 것은?

① 외국인 근로자들의 보수·소득 지급 절차를 거친 자금

② 시민권자의 재외동포 재산반출절차를 거친 자금

③ 비거주자 원화계정에 예치된 원화자금

④ 신고등의 절차를 거쳐서 대외 송금을 할 수 있는 자금

05 다음 중 예금거래 시 착안사항에 대한 설명으로 옳지 <u>않은</u> 것은?

① 계정의 구분이 명확하지 않은 경우에는 별단예금으로 처리한다.

② 일반적으로 비거주자의 원화적금은 허용되지 않는다.

③ 외국인거주자는 비거주자 원화계정과 비거주자 자유원계정을 개설할 수 없다.

④ 대외계정의 처분 시 대외송금 등에 제약이 없는 대신 예치 시 제한이 있으므로 예치재원의 취득경위를 반드시 확인하여야 한다.

정답 및 해설

01 ③ 부동산거래 및 해외직접투자를 제외한 자본거래의 거래 건당 지급등의 금액이 미화 5천불 이내인 경우가 신고예외거래이다.

02 ④ 발생이자에 대해서는 해외송금에 제한이 없으나, 원금의 해외송금을 요청하는 경우 비거주자에 대한 매각한도규정에 해당할 때에만 가능하다.

03 ③ 비거주자가 원화예금계정에서 개설할 수 있는 계정과목은 당좌예금, 보통예금, 기업자유예금, 정기예금, 저축예금이다. 투자전용계정은 당좌예금, 보통예금에 한한다.

04 ③ 비거주자 자유원계정에 예치된 원화자금이 대외지급이 인정된 자금이다.

05 ③ 외국인거주자는 비거주자 자유원계정의 개설은 가능하나 비거주자 원화계정의 개설은 허용되지 않는다.

06 다음 중 예금계정의 종류별 예치 및 처분에 대한 설명으로 옳지 <u>않은</u> 것은?

① 거주자계정에서 원화재원으로 예치하는 경우에는 금액의 제한이 없다.

② 거주자계정에서 동일자 2만불 상당액을 초과하여 원화로 인출 시 처분사유를 확인하여야 하고, 처분사유 미확인 시 해외재산반입자금으로 처리한다.

③ 비거주자 원화계정은 처분할 때 이자송금은 자유롭지만, 원금은 반드시 인정된 거래 또는 한국은행총재에게 신고한 후 송금할 수 있다.

④ 대외계정에서 외화현찰 등으로 1만불을 초과하여 인출하고자 하는 경우에는 외국환신고 (확인)필증을 발행·교부하여야 한다.

07 다음 중 해외예금 및 해외신탁에 대한 설명으로 옳지 <u>않은</u> 것은?

① 국민인 거주자가 거주자가 되기 이전에 외국에 있는 금융기관에 예치한 외화예금 및 외화 신탁계정을 처분하는 경우에는 지정거래 외국환은행의 장에게 신고하여야 한다.

② 거주자가 건당(동일자·동일인 기준) 미화 5만불을 초과하여 국내에서 송금한 자금으로 예 치하고자 하는 경우에는 한국은행총재에게 예금거래 신고를 하여야 한다.

③ 거주자인 기관투자가는 예치한도에 제한이 없으므로 지정거래 외국환은행의 장에게 예금 거래 신고를 통하여 해외예금을 할 수 있다.

④ 외국에 체재하고 있는 거주자가 외화예금 또는 외화신탁거래를 하는 경우에는 신고를 요 하지 않는다.

08 다음은 거주자의 외화자금차입에 대한 설명이다. 괄호 안에 들어갈 말로 올바른 것은?

> (A)인 거주자가 비거주자로부터 과거 1년간 누계 미화 (B)을 초과하여 차입하고자 하는 경우에는 (C)을 경유하여 (D)에게 신고하여야 한다.

	A	B	C	D
①	영리법인	3천만불	지정거래 외국환은행	한국은행총재
②	영리법인	5천만불	지정거래 외국환은행	기획재정부장관
③	영리법인	3천만불	지정거래 외국환은행	한국은행총재
④	비영리법인	5천만불	한국은행	기획재정부장관

09 다음 중 외화자금의 차입에 대한 설명으로 옳지 <u>않은</u> 것은?

① 비영리법인이 비거주자로부터 외화자금을 차입하고자 하는 경우에는 지정거래 외국환은행을 경유하여 한국은행총재에게 신고하여야 한다.

② 고도기술업체가 외국인투자금액 범위 내에서 비거주자로부터 단기외화자금을 차입하고자 하는 경우에는 지정거래 외국환은행의 장에게 신고하여야 한다.

③ 정유회사 등 천연에너지 수입회사가 1년 이하의 단기외화자금을 차입하는 경우에는 거래 외국환은행의 장에게 신고하여야 한다.

④ 차입기간, 차입금리, 상환방법, 차입용도, 신고금액의 증액 등은 내용변경 신고대상에 해당한다.

10 거주자와 비거주자 간 금전을 대차하는 경우 한국은행 신고대상이 <u>아닌</u> 것은?

① 거주자가 비거주자로부터 원화자금을 차입하고자 하는 경우

② 거주자가 비거주자에게 10억원을 초과하는 원화자금을 대출하고자 하는 경우

③ 거주자가 비거주자에게 대출을 하고자 할 때 다른 거주자로부터 보증 또는 담보를 제공받아 대출하는 경우

④ 거주자가 비거주자에게 대출을 하는 경우

정답 및 해설

06 ② 대외계정에 대한 설명이다. 거주자계정은 입금재원을 불문하고 처분에 제한이 없다.

07 ① 신고예외거래에 해당한다.

08 ② (영리법인)인 거주자가 비거주자로부터 과거 1년간 누계 미화 (5천만불)을 초과하여 차입하고자 하는 경우에는 (지정거래 외국환은행)을 경유하여 (기획재정부장관)에게 신고하여야 한다.

09 ④ 신고금액의 증액은 내용변경 신고대상이 아니라 신규 신고대상이다.

10 ① 거주자가 비거주자로부터 원화자금을 차입하고자 하는 경우에는 지정거래 외국환은행의 장에게 신고하여야 한다.

11 다음 중 교포 등에 대한 여신의 대상자가 <u>아닌</u> 자는?

① 미국에서 유학 중인 시민권자

② 캐나다에서 유학 중인 영주권자

③ 중국에서 유학 중인 해외유학생

④ 국민인 비거주자가 전액출자하여 현지에 설립한 법인

12 채무의 보증계약 중 신고예외거래에 속하지 <u>않는</u> 것은?

① 거주자가 이 규정에 의해 인정된 거래를 함에 따라 비거주자로부터 보증을 받는 경우

② 거주자가 비거주자와 물품의 수출, 수입 또는 용역거래를 함에 있어서 보증을 하는 경우

③ 거주자가 해외여행경비, 해외이주비, 재외동포 재산반출을 위한 외국통화표시보증을 하는 경우

④ 파생상품거래에 관하여 신고등의 절차를 거친 거주자가 비거주자에게 보증을 하는 경우

13 거주자와 다른 거주자 간에 다음의 거래가 있는 경우 신고예외거래에 해당하지 <u>않는</u> 것은?

① 용역계약에 따른 외국통화로 지급받을 수 있는 채권의 발생 등에 관한 거래

② 지급수단으로 사용목적이 아닌 화폐수집용 및 기념용으로 외국통화를 매매하는 거래

③ 외국환은행이 거주자의 수입대금의 지급을 위하여 유네스코 쿠폰을 당해 거주자에게 매각하는 거래

④ 거주자 간 매매차익을 목적으로 동일자에 미화 2천불 이내에서 대외지급수단을 매매하는 거래

14 다음은 해외 골프회원권 등의 매입거래 시 통보에 대한 내용이다. 괄호 안에 들어갈 말을 올바르게 나열한 것은?

> 외국환은행은 해외 골프회원권 등의 취득금액이 건당 미화 (A)을 초과하는 경우에는 (B)에게, 건당 미화 (C)을 초과하는 경우에는 (D)에게 회원권 등의 매매내용을 (E)까지 통보하여야 한다.

	A	B	C	D	E
①	5만불	국세청장 및 관세청장	10만불	금융감독원장	익월 10일
②	10만불	금융감독원장	10만불	국세청장 및 관세청장	익월 20일
③	5만불	금융감독원장	5만불	국세청장 및 관세청장	익월 20일
④	10만불	국세청장 및 관세청장	5만불	금융감독원장	익월 10일

정답 및 해설

11 ① 교포 등에 대한 여신은 국민인 비거주자(영주권자, 해외파견·출장자, 유학생 등 해외체재자), 국민인 거주자(일반여행자 제외) 또는 국민인 비거주자가 전액출자하여 현지에 설립한 법인을 대상으로 한다.

12 ③ 거주자가 지급과 영수에서 규정한 지급을 위한 외국통화표시보증을 하는 경우 신고예외거래이나, 해외여행경비, 해외이주비, 재외동포 재산반출의 경우는 제외한다.

13 ④ 거주자 간 매매차익을 목적으로 하지 않는 거래로서 동일자에 미화 5천불 이내에서 대외지급수단을 매매하는 거래가 신고예외거래에 해당한다.

14 ④ 외국환은행은 해외 골프회원권 등의 취득금액이 건당 미화 (10만불)을 초과하는 경우에는 (국세청장 및 관세청장)에게, 건당 미화 (5만불)을 초과하는 경우에는 (금융감독원장)에게 회원권 등의 매매내용을 (익월 10일)까지 통보하여야한다.

출제빈도 ★ ★ ★

15 다음 중 증권의 발행에 대한 설명으로 옳지 <u>않은</u> 것은?

① 거주자가 국내에서 외화증권을 발행하고자 하는 경우에는 신고를 요하지 않는다.

② 거주자가 외국에서 원화증권을 발행하고자 하는 경우에는 기획재정부장관에게 신고하여야 한다.

③ 비거주자가 국내에서 외화증권을 발행하고자 하는 경우에는 신고를 요하지 않는다.

④ 비거주자가 외국에서 외화증권을 발행하고자 하는 경우에는 외국환거래법이 적용되지 않는다.

출제빈도 ★ ★ ★ 최신출제유형

16 다음 중 증권발행에 대한 설명으로 옳지 <u>않은</u> 것은?

① 거주자가 외국에서 원화증권을 발행하고자 하는 경우에는 외국환은행장 신고대상이다.

② 거주자가 국내에서 외화증권을 발행하고자 하는 경우에는 신고예외사항이다.

③ 비거주자가 국내에서 외화증권을 발행하고자 하는 경우에는 기획재정부장관 신고대상이다.

④ 비거주자가 외국에서 원화증권을 발행하고자 하는 경우에는 기획재정부장관 신고대상이다.

출제빈도 ★ ★

17 다음 중 거주자 및 비거주자의 증권취득에 대한 설명으로 옳지 <u>않은</u> 것은?

① 거주자가 국민인 비거주자로부터 국내에서 원화증권을 내국통화로 취득하는 경우에는 신고를 요하지 않는다.

② 국내기업이 사업활동과 관련하여 외국기업과의 거래관계의 유지를 위해 미화 5만불 이하의 당해 외국기업의 주식을 취득하는 경우에는 한국은행총재에게 신고하여야 한다.

③ 비거주자가 투자전용계정을 통한 투자절차에 의하여 원화증권을 취득하는 경우에는 신고를 요하지 않는다.

④ 국민인 비거주자가 거주자로부터 국내에서 원화증권을 취득하는 경우에는 신고를 요하지 않는다.

18 비거주자가 원화증권을 취득할 때 한국은행총재에게 신고하여야 하는 것은?

① 거주자로부터의 상속 또는 유증으로 인한 주식의 취득

② 투자전용계정을 통한 투자절차에 따른 주식의 취득

③ 국내에서 국민인 비거주자가 거주자로부터 주식의 취득

④ 거주자로부터 국내 법인의 비상장 채권 투자목적을 위한 직접 취득

19 외국환업무취급기관의 외국환업무로서 행하는 경우를 제외하고, 기관투자가가 신용파생결합증권을 매매하고자 하는 경우의 신고기관은?

① 한국은행총재

② 기획재정부장관

③ 외국환은행의 장

④ 금융감독원장

정답 및 해설

15 ③ 비거주자가 국내에서 외화증권을 발행하고자 하는 경우에는 기획재정부장관에게 신고하여야 한다.

16 ① 거주자가 외국에서 원화증권을 발행하고자 하는 경우에는 기획재정부장관 신고대상이다.

17 ② 국내기업이 사업활동과 관련하여 외국기업과의 거래관계의 유지를 위해 미화 5만불 이하의 당해 외국기업의 주식을 취득하는 경우에는 신고를 요하지 않는다. 단, 5만불 초과 시에는 한국은행총재에게 신고하여야 한다.

18 ④ 투자전용계정을 통하지 않고 주식 외 비상장 채권 등을 직접 취득하는 경우에는 한국은행에 신고하여야 한다.

19 ① 외국환업무취급기관의 외국환업무로서 행하는 경우를 제외하고, 기관투자가가 신용파생결합증권을 매매하고자 하는 경우에는 한국은행총재에게 신고하여야 한다.

20 다음 중 외국환은행장의 신고대상거래가 <u>아닌</u> 것은?

① 거주자가 비거주자로부터 해외 골프회원권을 취득하는 경우

② 영리법인이 해외에서 미화 5천만불 이하의 외화증권 발행

③ 국내 외국회사 직원들이 본사 등의 우리사주 취득과 관련한 자금의 송금

④ 비거주자가 국내법인의 비상장·비등록 주식 10% 이하를 취득하는 경우

21 다음 파생상품거래 중 한국은행총재의 조건부신고 대상거래는?

① 외국환업무취급기관에 위탁하지 않은 신용위험과 연계한 신용파생상품거래

② 차입, 증권발행, 기타의 자본거래 시 해당 자본거래와 직접 관련되는 파생상품거래를 해당 자본거래의 당사자와 하는 거래

③ 농산물, 광산물 등 금융상품이 아닌 상품을 대상으로 하는 거래

④ 액면금액의 20% 이상을 옵션프리미엄 등 선급수수료로 지급하는 거래

22 다음 중 거주자의 해외부동산 취득에 대한 설명으로 옳지 <u>않은</u> 것은?

① 정부가 외국에 있는 비거주자로부터 부동산 또는 이에 관한 권리를 취득하는 경우에는 신고를 요하지 않는다.

② 조세체납자, 해외이주수속 중인 개인 또는 개인사업자는 신청자격이 없다.

③ 부동산에 관한 임차권을 취득하는 경우 임차보증금이 미화 1만불을 초과하면 지정거래 외국환은행장에게 신고하여 수리를 받아야 한다.

④ 투자목적으로 부동산 소유권을 취득하는 경우 한국은행총재에게 신고하여 수리를 받아야 한다.

23 다음은 해외부동산 취득의 내신고수리절차에 대한 설명이다. 괄호 안에 들어갈 말을 올바르게 나열한 것은?

> 거주자가 외국부동산 매매계약이 확정되기 이전에 지정거래 외국환은행의 장으로부터 내신고수리를 받은 경우에는 매매대금의 (A)까지 외국부동산 취득대금을 우선 지급할 수 있다. 이 경우 내신고수리를 받은 날로부터 (B) 이내에 신고하여 수리를 받거나, 지급한 자금을 국내로 회수하여야 한다.

	A	B
①	100분의 10	3개월
②	100분의 20	3개월
③	100분의 10	6개월
④	100분의 20	6개월

24 해외 취득부동산의 내용변경 신고(수리)의 대상이 아닌 것은?

① 취득금액의 사후 변경
② 건물의 신축, 증축, 개축 등으로 인한 금액 변경
③ 모기지론 상환 등 국내송금액 변경
④ 신고 부동산과 다른 부동산 변경 취득

정답 및 해설

20 ③ 국내 외국회사 직원들이 행하는 본사 등의 우리사주 취득과 관련한 자금의 송금거래는 신고예외사항이다.

21 ④ 액면금액의 20% 이상을 옵션프리미엄 등 선급수수료로 지급하는 거래는 한국은행총재가 인정하는 거래타당성 입증서류를 제출하여야 하는 조건부신고 대상거래이다.

22 ④ 투자목적으로 부동산 소유권을 취득하는 경우는 지정거래 외국환은행의 신고수리사항이다.

23 ① 거주자가 외국부동산 매매계약이 확정되기 이전에 지정거래 외국환은행의 장으로부터 내신고수리를 받은 경우에는 취득예정금액의 (100분의 10)까지 외국부동산 취득대금을 지급할 수 있다. 이 경우 내신고수리를 받은 날로부터 (3개월) 이내에 신고하여 수리를 받거나, 지급한 자금을 국내로 회수하여야 한다.

24 ④ 당초 신고한 부동산과 다른 부동산 변경 취득의 경우는 내용변경 대상에서 제외하며 다른 부동산 취득으로 인한 신규 절차를 따라야 한다.

25 외국인토지법상 외국인 또는 외국법인이 국내의 토지를 취득하는 경우 해당 관청에 신고해야
□ 하는 기한은?

① 계약체결일로부터 30일　　　　　② 계약체결일로부터 60일

③ 토지취득일로부터 30일　　　　　④ 토지취득일로부터 60일

26 다음 중 비거주자의 국내부동산 취득신고에 대한 설명으로 옳지 <u>않은</u> 것은?

□ ① 비거주자가 본인의 거주용으로 국내에 있는 부동산을 임차하는 경우에는 신고를 요하지
않는다.

② 외국인비거주자가 상속으로 인하여 국내에 있는 부동산을 취득하는 경우에는 신고를 요
하지 않는다.

③ 외국으로부터 휴대수입 또는 송금된 자금으로 국내 부동산을 취득하는 경우에는 외국환
은행의 장에게 신고해야 한다.

④ 거주자와의 인정된 거래에 따른 담보권을 취득하는 경우에는 신고를 요하지 않는다.

27 다음 중 비거주자가 국내지사를 설치하고자 하는 경우 기획재정부장관의 신고대상은?

□ ① 보험업　　　　　　　　　　　② 방송업 등 공공성격 관련업

③ 유학알선업　　　　　　　　　　④ 정부행정 및 교육기관

28 국내지사가 외국의 본사로부터 영업기금을 도입하고자 하는 경우에는 지정거래 외국환은
행을 통하여 도입하여야 한다. 다음 중 영업기금으로 인정할 수 없는 경우에 해당하지 <u>않는</u>
것은?

① 원화자금인 경우

② 휴대수입한 자금인 경우

③ 송금처가 본사가 아닌 경우(본사를 대신하여 자금집중센터 등이 송금한 자금 제외)

④ 지정거래 외국환은행을 통하여 자금을 영수한 경우

29 다음 거주자와 비거주자 간 기타 자본거래에서 신고대상거래인 경우는?

① 신용카드에 의한 현금서비스거래

② 거주자가 물품의 수출과 관련하여 외국에 있는 금융기관이 발행한 신용장을 그 신용장
조건에 따라 비거주자에게 양도하는 경우

③ 거주자가 비거주자에게 부동산 이외의 물품을 무상으로 임대하는 경우

④ 거주자가 비거주자로부터 상속에 의한 채권의 발생 등의 당사자가 되는 경우

정답 및 해설

25 ② 외국인토지법상 외국인 또는 외국법인이 국내의 토지를 취득하는 경우 계약체결일로부터 60일 이내에 해당 관청에 신고
하여야 한다.

26 ④ 거주자와의 인정된 거래에 따른 담보권을 취득하는 경우에는 외국환은행의 장에게 신고해야 한다.

27 ① 자금의 융자, 해외금융알선 및 중개, 카드업무, 할부금융 등 은행업 이외의 금융 관련 업무와 증권, 보험 관련 업무를 하고
자 하는 자는 기획재정부장관에게 신고하여야 한다.
②③④ 국내지사를 설치할 수 없는 업종에 해당한다.

28 ④ 영업기금으로 인정할 수 없는 경우는 지정거래 외국환은행 이외의 은행을 통하여 자금을 영수한 경우이다.

29 ③ 거주자가 비거주자에게 부동산 이외의 물품을 무상으로 임대하는 경우에는 한국은행총재에게 신고하여야 한다. 다만,
거주자 무상임차하는 경우에는 신고예외사항이다.

금융 · 자격증 전문 교육기관 해커스금융
fn.Hackers.com

■ 출제경향 및 학습전략

현지금융 / 해외직접투자는 제1과목 전체 35문제 중 총 3~5문제 정도 출제된다.

현지금융 / 해외직접투자는 현지금융보다는 해외직접투자에서 출제빈도가 높다. 현지금융은 현지금융의 대상, 신고절차를 확인해야 하고, 해외직접투자는 해외직접투자의 정의, 신고절차, 사후관리, 해외직접투자와 해외지사의 비교 부분을 학습해야 한다.

■ 빈출포인트

구 분	문제번호	빈출포인트	출제빈도	페이지
현지금융 (15%)	01	현지금융의 적용범위 및 신고절차	★★	p. 118
해외직접투자의 신고 (35%)	02	해외직접투자의 정의	★★★	p. 118
	03~04	해외직접투자의 신고절차	★★	p. 119
	05	해외직접투자의 내용변경 신고 또는 보고	★★	p. 120
해외직접투자의 사후관리 (15%)	06	해외직접투자의 사후관리절차	★★	p. 120
국내기업의 해외지사 (35%)	07	비금융기관의 해외지사	★★	p. 120
	08	해외직접투자와 해외지사의 비교	★★	p. 121
	09	해외사무소의 설치	★★	p. 121

제1과목 **외환관리실무**

. . . . . .

제6장
현지금융 / 해외직접투자

✓ 개념완성문제를 통해 외환전문역 Ⅰ종 시험에 나오는 개념을 이해할 수 있습니다.

✓ 다시 봐야 할 문제(틀린 문제, 풀지 못한 문제, 헷갈리는 문제 등)는 문제 번호 하단의 네모박스(□)에 체크하여 반복 학습할 수 있습니다.

현지금융의 적용범위 및 신고절차

출제빈도 ★ ★

01 **다음 중 현지금융의 수혜대상자가 <u>아닌</u> 것은?**

□

① 국내법인의 해외지점

② 국내법인의 해외사무소

③ 국내법인의 현지법인

④ 현지법인이 50% 이상 출자한 자회사

> 용어 알아두기
>
> **현지금융** 외국에 진출한 기업이 외국의 금융기관으로부터 융자를 받아 자금을 조달하는 것을 의미한다.
> **현지법인** 외국환거래규정에 따라 신고등을 하여 설립한 외국에 있는 법인을 의미한다.

해외직접투자의 정의

출제빈도 ★ ★ ★

02 **다음 중 해외직접투자의 대상으로 옳지 <u>않은</u> 것은?**

□

① 외국법인의 주식 10%를 취득하는 투자

② 외국법인의 주식 7%를 취득하고 해당 법인에 임원을 파견

③ 외국법인에 대한 상환기간을 6개월로 하는 금전대여

④ 이미 투자한 외국법인의 주식의 추가 취득

정답 및 해설

01   ②   국내법인의 해외사무소는 현지금융의 수혜대상자가 아니다.

02   ③   해외직접투자의 대상이 되려면 외국법인에 대한 상환기간을 1년 이상으로 하는 금전대여이어야 한다. 따라서 외국법인에 대한 상환기간을 6개월로 하는 금전대여는 해외직접투자의 대상이 될 수 없다.

03 다음은 해외직접투자의 진행과정에 대한 설명이다. 괄호 안에 들어갈 내용이 순서대로 연결된 것은?

> 해외투자상담 ⇨ (　　　) ⇨ 서류심사 ⇨ (　　　) ⇨ 투자실행 ⇨ (　　　)

① 신고서교부 – 서류징구 – 내용변경신고

② 내용변경신고 – 신고서교부 – 서류징구

③ 서류징구 – 신고서교부 – 내용변경신고

④ 신고서교부 – 내용변경신고 – 서류징구

04 다음 중 해외직접투자의 신고절차에 대한 설명으로 옳지 <u>않은</u> 것은?

① 해외직접투자의 투자금액은 일반법인과 개인(개인사업자 포함) 모두 제한이 없다.

② 거래외국환은행은 투자사업별로 지정하는 것이 아니라 투자자별로 지정 등록한다.

③ 공동투자 시 투자비율이 각각 10% 미만인 경우에는 반드시 1개의 지정거래은행에서 각각 신고하여야 한다.

④ 매 송금 시마다 신용정보조회 및 납세증명서를 통하여 신용정보관리자 또는 조세체납자 여부를 확인하여야 한다.

정답 및 해설

03 ③ '해외투자상담 ⇨ (서류징구) ⇨ 서류심사 ⇨ (신고서교부) ⇨ 투자실행 ⇨ (내용변경신고)'의 순이다.

04 ③ 공동투자 시 1개의 지정거래은행에서 각각 신고하는 것이 원칙이나, 투자비율이 각각 10% 미만인 경우에는 반드시 1개의 지정거래은행에서 동시에 신고하여야 한다.

05 다음 중 해외직접투자의 내용변경 보고대상이 <u>아닌</u> 것은?

출제빈도 ★★

① 투자지분의 감액

② 해외직접투자 유효기간의 연장

③ 현지법인의 자회사 설립

④ 투자지분의 양도

06 다음 중 해외직접투자의 사후관리보고서와 그 제출기한의 연결이 <u>잘못</u> 짝지어진 것은?

출제빈도 ★★

① 해외직접투자 송금보고서 – 송금 즉시

② 외화증권취득보고서 – 투자금액 납입 후 6월 이내

③ 연간사업실적보고서 – 회계기간 종료 후 5월 이내

④ 청산보고서 – 청산자금 영수 후 6월 이내

07 다음 중 비금융기관의 해외지사 설치자격에 대한 설명으로 옳지 <u>않은</u> 것은?

출제빈도 ★★

① 과거 1년간 외화획득실적이 미화 1백만불 이상인 자는 해외지점을 설치할 수 있다.

② 공공기관 또는 금융감독원은 산업부의 인정이 있다면 해외지점을 설치할 수 있다.

③ 과거 1년간 외화획득실적이 미화 30만불 이상인 자는 해외사무소를 설치할 수 있다.

④ 과거 1년간 유치한 관광객수가 8천명 이상인 국제여행 알선업자는 해외사무소를 설치할 수 있다.

정답 및 해설

05 ② 해외직접투자 유효기간의 연장은 내용변경 신고대상이다.

06 ④ 청산보고서는 청산자금 영수 즉시 당해 신고기관의 장에게 제출하여야 한다.

07 ② 공공기관 또는 금융감독원은 해외지점이 아니라, 해외사무소를 설치할 수 있다.

08 다음 중 해외직접투자와 해외지사를 비교한 설명으로 옳지 <u>않은</u> 것은?

① 해외지점의 현지금융은 가능하지만, 해외사무소의 현지금융은 불가하다.

② 개인은 해외직접투자가 가능하지만, 비영리법인은 불가하다.

③ 개인은 해외지사의 투자가 불가능하다.

④ 해외지사를 폐쇄하는 경우 폐쇄 후 30일 이내에 지정거래 외국환은행의 장에게 폐쇄보고를 하여야 한다.

09 다음 중 국내기업의 해외사무소 설치와 관련한 내용으로 옳지 <u>않은</u> 것은?

① 해외사무소는 영업기금을 지급할 수 없다.

② 해외사무소 설치는 거래외국환은행 지정대상이다.

③ 해외사무소의 유지활동비 지급한도는 연간 미화 1백만불 이내이다.

④ 과거 1년간 외화획득실적이 30만불 이상인 자는 해외사무소를 설치할 수 있다.

정답 및 해설

08 ④ 해외지사를 폐쇄하는 경우 폐쇄 후 30일 이내가 아니라, 폐쇄 즉시 지정거래 외국환은행의 장에게 폐쇄보고를 하여야 한다.

09 ③ 해외사무소의 유지활동비 지급한도는 제한이 없다.

✔ 출제예상문제를 통해 다양한 외환전문역 Ⅰ종 문제를 풀어볼 수 있습니다.

✔ 다시 봐야 할 문제(틀린 문제, 풀지 못한 문제, 헷갈리는 문제 등)는 문제 번호 하단의 네모박스(□)에 체크하여 반복 학습할 수 있습니다.

출제빈도 ★★   최신출제유형

01 현지금융 수혜대상자에 대한 설명으로 옳지 않은 것은?
□
① 개인인 거주자이거나, 개인이 설치하거나 설립한 해외지점 및 현지법인은 수혜를 받을 수 없지만 개인사업자의 경우에는 수혜를 받을 수 있다.

② 외항운송업자 및 원양어업자의 경우 현지금융 수혜를 받을 수 없다.

③ 국내법인 해외사무소의 경우 현지금융 수혜를 받을 수 없다.

④ 국내법인 해외지점의 경우 현지금융 수혜를 받을 수 있다.

출제빈도 ★

02 다음 중 현지금융의 수혜대상자에 대한 설명으로 옳지 않은 것은?
□
① 개인인 거주자 또는 개인이 설치하거나 설립한 해외지점 및 현지법인은 현지금융의 수혜를 받을 수 없다.

② 외항운송업자 및 원양어업자, 해외건설 및 용역사업자 등은 현지금융의 수혜를 받을 수 있다.

③ 현지법인이 50% 이상 출자한 자회사는 현지금융의 수혜를 받을 수 있다.

④ 국내 개인이 해외투자한 경우에는 현지금융의 수혜를 받을 수 없으며, 국내법인이 해외투자한 경우에만 현지금융의 수혜를 받을 수 있다.

출제빈도 ★

03 다음 중 거주자 또는 현지법인등의 현지금융에 대한 설명으로 옳지 않은 것은?
□
① 현지법인등이 현지금융을 받고자 하는 경우로서 외국환은행의 보증이 있는 경우에는 본사가 지정거래 외국환은행의 장에게 신고하여야 한다.

② 거주자가 현지금융을 받고자 하는 경우로서 다른 거주자가 보증등을 하는 경우에는 다른 거주자가 본사의 지정거래 외국환은행에 신고하여야 한다.

③ 현지법인등이 현지금융을 받고자 하는 경우로서 본사가 보증등을 하는 경우에는 본사가 지정거래 외국환은행에 신고하여야 한다.

④ 거주자의 외화증권발행방식에 의한 미화 3천만불을 초과하는 현지금융은 지정거래 외국환은행에 신고하여야 한다.

출제빈도 ★

04 다음 중 현지금융의 내용변경 신고대상이 <u>아닌</u> 것은?

① 담보 종류   ② 증 액

③ 합병으로 인한 차주변경   ④ 합병으로 인한 보증인변경

출제빈도 ★

05 현지금융 신고절차 중 신고 전 확인사항이 <u>아닌</u> 것은?

① 거주자의 현지금융 또는 현지법인등의 현지금융인지 여부를 확인해야 한다.

② 국내기업인 거주자가 해외직접투자 투자자본금에 충당하기 위한 현지차입은 현지금융 신고대상이다.

③ 외국환은행보증서(Stand-by L/C) 발급 여부를 확인하여 여신취급에 따른 여신한도 등을 별도로 점검해야 한다.

④ 보증등의 방법이 외국환은행의 보증서 발급인지, 본사나 계열사 등의 직접 담보제공이나 보증인지 여부를 확인해야 한다.

정답 및 해설

01 ① 개인(개인사업자 포함)인 거주자이거나, 개인(개인사업자 포함)이 설치하거나 설립한 해외지점 및 현지법인인 경우에는 현지금융의 수혜를 받을 수 없다.

02 ② 외항운송업자 및 원양어업자, 해외건설 및 용역사업자 등은 비독립채산제지점이므로 현지금융의 수혜를 받을 수 없다.

03 ④ 거주자의 외화증권발행방식에 의한 미화 5천만불을 초과하는 현지금융은 지정거래 외국환은행을 경유하여 기획재정부장관에게 신고하여야 한다.

04 ② 증액은 신규 신고대상이다.

05 ② 국내기업인 거주자가 해외직접투자 투자자본금에 충당하기 위한 현지차입은 현지금융 신고대상이 아니며 거주자의 해외차입규정에 따른 신고를 하여야 한다.

06 다음 중 거주자의 해외직접투자에 해당하지 <u>않는</u> 것은?

① 외국법인의 경영에 참가하기 위한 투자비율이 10% 이상인 투자

② 투자비율이 10% 미만인 경우로서 해당 외국법인에 임원을 파견하는 경우

③ 해외자원개발을 위한 조사자금 및 해외자원의 구매자금을 지급하는 행위

④ 이미 투자한 외국법인에 대하여 상환기간을 1년 이상으로 하여 금전을 대여하는 것

07 국민인 거주자 개인이 미국에 해외직접투자를 하려고 한다. 다음 중 외국환은행 신고사항으로 해외직접투자 한도금액으로 옳은 것은?

① 금액제한 없음

② 미화 1백만불

③ 미화 3백만불

④ 미화 10만불

08 다음 중 해외직접투자 시 거래외국환은행의 지정 및 신고필증의 교부에 대한 설명으로 옳지 <u>않은</u> 것은?

① 거래외국환은행은 투자사업별이 아니라 투자자별로 지정한다.

② 신고필증에 신고번호를 부여하고 유효기간은 신고일로부터 1년까지이다.

③ 공동투자인 경우 반드시 연명으로 신고하여야 하고, 이 경우 투자비율이 가장 많은 거주자의 지정거래 외국환은행에서 신고한다.

④ 투자자 각각의 투자비율이 10% 미만인 공동투자의 경우에는 반드시 동일한 지정거래 외국환은행을 통하여 신고하여야 한다.

출제빈도 ★★

09 해외직접투자의 구체적 실행과 관련하여 투자자금 송금에 대한 내용으로 옳지 <u>않은</u> 것은?

① 해외직접투자를 신고한 지정거래은행에서 송금하여야 한다.

② 투자의 유효기간이 6개월이므로 기간 이내에 완료하여야 하며 미송금액은 무효이다.

③ 지급사유 코드를 송금과 대부투자로 구분하여 처리한다.

④ 현물출자 시 신고서와 현물출자 명세표에 의거해 통관신고 한다.

출제빈도 ★★

10 다음 중 해외직접투자의 내용변경 신고 또는 보고에 대한 설명으로 옳지 <u>않은</u> 것은?

① 투자지분의 증액은 신규에 준하므로 내용변경 보고대상에서 제외된다.

② 현지법인의 자회사 또는 손회사 설립 및 투자금액의 변경·청산 시 회계기간 종료 후 5월 이내에 내용변경 보고를 하여야 한다.

③ 투자자의 상호·소재지 변경, 투자자의 합병·분할의 경우는 사후보고대상에 해당한다.

④ 비거주자에게 지분을 전액이 아닌 일부만 양도하는 경우에는 해외직접투자 청산절차에 따라 처리하여야 한다.

정답 및 해설

06 ③ 해외자원개발사업 또는 사회간접자본개발사업을 위한 자금을 지급하는 행위는 해외직접투자에 해당하지만, 해외자원개발을 위한 조사자금 및 해외자원의 구매자금을 지급하는 행위 제외한다.

07 ① 일반법인과 개인 및 개입사업자 모두 투자금액에는 제한이 없다. 2006년 3월에 한도가 폐지되었다.

08 ③ 공동투자인 경우에도 1개의 지정거래은행에서 각각 신고하는 것을 원칙으로 한다. 다만, 투자자 2인 이상이 연명으로 신고할 수 있으며, 이 경우 투자비율이 가장 많은 거주자의 지정거래 외국환은행에서 신고한다.

09 ② 투자의 유효기간이 1년이므로 1년 이내에 투자를 완료하여야 하며 미송금액은 무효이다. 유효기간은 기일 내 연장이 가능하며, 유효기일 경과 후에는 3개월 이내 신청건에 한하여 3개월까지 연장이 가능하다.

10 ④ 비거주자에게 지분을 일부 양도하는 경우 양도시점의 순자산액에 비추어 양도가액이 적정한지 여부를 확인하여야 하며, 전액 양도하는 경우에는 해외직접투자 청산절차에 따라 처리하여야 한다.

출제빈도 ★★

11 해외직접투자 사후관리에 대한 내용으로 옳지 <u>않은</u> 것은?

① 투자금이 300만불 초과 시 연간사업실적보고서를, 200만불 초과~300만불 이하 시 현지법인투자현황표를 수출입은행 앞 보고해야 한다.

② 개인·개인사업자 및 법인의 투자, 부동산 관련업에 대한 투자, 주식을 출자한 투자는 신고내용과 연간사업실적보고서, 해외직접투자자 또는 현지법인의 청산, 휴·폐업 또는 소재불명 및 시민권 취득 등의 사실을 국세청, 관세청 및 금융감독원에 통보하고 있다.

③ 해외직접투자자 또는 투자한 현지법인이 휴·폐업, 개인투자자의 시민권 또는 영주권 취득 등으로 인해 보고서 등을 징구하는 것이 불가능하다고 사회관리은행이 인정하는 경우에는 해당 기간 중 사후관리를 중지한다.

④ 해외직접투자 사후관리은행은 투자자나 현지법인의 휴·폐업 또는 소재불명에 대한 사실확인 및 증빙자료를 보관하여야 하며, 한국은행총재에게 해외직접투자 사후관리의무면제보고서를 작성하여 제출해야 한다.

출제빈도 ★★

12 국제조세조정법상 해외현지법인등 관련 자료제출의무 대상자가 <u>아닌</u> 것은?

① 10% 이상 출자한 직접소유자

② 10% 미만 출자한 간접소유자

③ 투자금액 1억원 이상 직접소유자

④ 출자지분 10% 이상 간접소유자

출제빈도 ★★

13 해외자원개발사업 및 사회간접자본개발사업으로서 법인 형태가 아닌 투자의 외화증권(채권) 취득보고서 제출기한으로 옳은 것은?

① 투자 즉시   ② 투자 후 5월

③ 투자 후 6월   ④ 제출이 면제됨

출제빈도 ★

14 다음 중 금융기관의 해외직접투자 시 신고(수리)기관이 <u>다른</u> 하나는?

① 금융기관의 금융·보험업에 대한 해외직접투자

② 금융기관의 금융·보험업 이외에 대한 해외직접투자

③ 현지법인금융기관의 자회사 또는 손회사에 대한 투자

④ 금융기관의 역외금융회사 설립에 대한 투자

출제빈도 ★

15 다음은 역외금융회사의 설립신고에 대한 설명이다. 괄호 안에 신고기관을 순서대로 나열한 것은?

- 거주자(개인 및 개인사업자는 제외)가 역외금융회사 등에 대한 해외직접투자를 하고자 하는 경우에는 (A)에게 신고하여야 한다.
- 거주자의 현지법인(역외금융회사를 포함) 및 그 자회사, 손회사 또는 해외지점이 적용범위에 해당하는 투자를 하고자 하는 경우에는 역외금융회사(현지법인금융기관) 지점(자회사·손회사) 설립 신고서를 (B)에게 제출하여야 한다.

	A	B
①	한국은행총재	한국은행총재
②	금융감독원장	금융감독원장
③	한국은행총재	금융감독원장
④	금융감독원장	한국은행총재

정답 및 해설

11 ④ 해외직접투자 사후관리은행은 투자자나 현지법인의 휴·폐업 또는 소재불명에 대한 사실확인 및 증빙자료를 보관하여야 하며, 한국수출입은행장에게 해외직접투자 사후관리의무면제보고서를 작성하여 제출해야 한다.

12 ② 국제조세조정법상 해외현지법인 등 관련 자료제출의무 대상자는 10% 이상 출자 및 투자금액 1억원 이상, 출자지분 10%이상 직·간접소유자이다.

13 ④ 외화증권(채권)취득보고서는 투자금액 납입 또는 대여자금 제공 후 6월 이내에 제출해야 하지만, 해외자원개발사업 및 사회간접자본개발사업으로서 법인 형태가 아닌 투자의 경우에는 외화증권(채권)취득보고서 제출이 면제된다.

14 ① 금융위원회에 신고하여 수리를 받아야 한다.
②③④ 금융감독원장에게 신고하여야 한다.

15 ① · 거주자(개인 및 개인사업자는 제외)가 역외금융회사 등에 대한 해외직접투자를 하고자 하는 경우에는 (한국은행총재)에게 신고하여야 한다.
· 거주자의 현지법인(역외금융회사를 포함) 및 그 자회사, 손회사 또는 해외지점이 적용범위에 해당하는 투자를 하고자 하는 경우에는 역외금융회사(현지법인금융기관) 지점(자회사·손회사) 설립 신고서를 (한국은행총재)에게 제출하여야 한다.

16 다음 중 비금융기관의 해외지점 설치자격요건에 해당하는 것은?

☐ ① 과거 1년간 외화획득실적이 미화 30만불 이상인 자

② 과거 1년간 외화획득실적이 미화 1백만불 이상인 자

③ 과거 1년간 유치한 관광객 수가 8천명 이상인 국제여행 알선업자

④ 대외무역법에서 정하는 바에 의하여 무역업을 영위하는 법인으로서 설립 후 1년이 경과한 자

17 다음 중 비금융기관의 해외지사 설치에 대한 설명으로 옳지 않은 것은?

☐ ① 해외지사는 해외지점과 해외사무소로 구분되며, 해외사무소는 주로 시장조사, 연구개발 활동 등 비영업적 기능을 수행하기 위해 설치된다.

② 해외지점설치 신고 시 영업기금 지급신고를 동시에 하고자 할 경우 설치신고와 경비송금을 일괄신고방식으로 처리할 수 있다.

③ 해외지사의 경비지급내역은 국세청과 관세청에 모두 통보된다.

④ 해외사무소의 유지활동비 지급 시 주재원 수에 따른 지급한도에 제한이 있다.

18 해외지점의 영업활동 중 제한사항이 아닌 것은?

☐ ① 부동산 취득　　　　　　② 증권거래

③ 금전대여　　　　　　　④ 외화획득거래

19 해외지사의 폐쇄 시 지정거래 외국환은행의 장에 폐쇄보고를 하여야 하는 시기는?

출제빈도 ★   최신출제유형

① 폐쇄 즉시   ② 폐쇄 후 7일 이내

③ 폐쇄 후 30일 이내   ④ 폐쇄 후 60일 이내

출제빈도 ★★

20 다음 중 해외직접투자와 해외지사설치를 비교 설명한 내용으로 옳지 <u>않은</u> 것은?

① 해외직접투자와 해외지사설치 모두 지급금액에 제한이 없다.

② 해외직접투자와 해외지사설치 모두 개인의 투자가 가능하다.

③ 해외직접투자는 외화획득실적이 없어도 가능하나, 해외지사는 일정금액 이상 외화획득실적을 필요로 하는 등 자격조건이 있다.

④ 해외직접투자는 반드시 주채권은행, 여신최다은행 순으로 거래외국환은행을 등록하여야 한다.

정답 및 해설

16 ②   ①③④ 해외사무소 설치자격요건에 해당한다.

17 ④   과거 주재원 수에 따른 지급한도는 폐지되었다. 유지활동비 지급 시 송금한도는 제한이 없다.

18 ④   해외지점의 업무 범위 중에서 부동산 취득, 증권 관련 거래, 금전대여거래는 예외사항을 제외하고는 모두 한국은행총재의 신고수리사항으로 영업활동이 제한되어 있다.

19 ①   해외지사를 폐쇄할 때는 폐쇄 즉시 지정거래 외국환은행의 장에게 보고하여야 한다.

20 ②   개인은 해외직접투자가 가능하나, 해외지사는 원칙상 불가하다.

■ 출제경향 및 학습전략

보고・검사 및 사후관리・제재 / 외국인 국내 직접투자(외국인투자촉진법) / 대외무역법규는 제1과목 전체 35 문제 중 총 2~3문제 정도 출제된다.

보고・검사 및 사후관리・제재 / 외국인 국내 직접투자(외국인투자촉진법) / 대외무역법규에서는 외국인투자촉진법 내용이 주로 출제된다. 외국인 국내 직접투자(외국인투자촉진법)는 보고・검사 및 사후관리・제재와 대외무역법규보다 출제비중이 높으므로 집중하여 학습하는 것이 좋다. 외국인 국내 직접투자(외국인투자촉진법)의 경우 외국인투자의 신고절차, 수탁은행 본점과 영업점의 업무 구별의 내용이 특히 중요하다.

■ 빈출포인트

구 분	문제번호	빈출포인트	출제빈도	페이지
보고 및 검사 (5%)	01	보 고	★	p. 132
	02	검 사	★	p. 132
사후관리 및 제재 (5%)	03~05	사후관리 및 제재	★★	p. 133~134
외국인 직접투자 제도 (40%)	06	외국인 직접투자의 의의	★★	p. 134
외국인 직접투자의 신고절차 (30%)	07	외국인투자의 신고절차	★★	p. 134
	08	수탁은행 본점과 영업점의 업무 비교	★★	p. 135
대외무역 실무 (10%)	09	수출입실적의 인정 금액	★	p. 135
외화획득 (10%)	10	외화획득의 범위	★	p. 135

제1과목 **외환관리실무**

:

제7장
보고·검사 및 사후관리·제재/외국인 국내 직접투자(외국인투자촉진법) / 대외무역법규

✓ 개념완성문제를 통해 외환전문역 Ⅰ종 시험에 나오는 개념을 이해할 수 있습니다.

✓ 다시 봐야 할 문제(틀린 문제, 풀지 못한 문제, 헷갈리는 문제 등)는 문제 번호 하단의 네모박스(□)에 체크하여 반복 학습할 수 있습니다.

보고

출제빈도 ★

01 다음 중 금융정보분석원의 혐의거래보고 기준금액으로 옳은 것은?

① 외국환거래 – 미화 3천불 상당액 이상

② 외국환 이외의 거래 – 거래액 1천만원 이상

③ 외국환거래 – 미화 1만불 상당액 이상

④ 외국환 이외의 거래 – 보고 기준금액 없음

검사

출제빈도 ★

02 다음 중 한국은행의 검사대상 범위가 아닌 것은?

① 외국환거래당사자

② 외국환중개회사

③ 금융기관

④ 수출입거래 및 용역거래당사자

정답 및 해설

01 ④ 금융정보분석원의 혐의거래보고 기준금액은 폐지되었다. (2013. 11. 14. 법률개정)

02 ④ 수출입거래 및 용역거래당사자는 관세청의 검사대상 범위에 해당한다.

출제빈도 ★★

03 외국환법령 위반에 따른 제재조치에 대한 내용으로 옳지 <u>않은</u> 것은?

① 미화 5만불 이하 자본거래 위반 시 경고 조치된다.

② 20억원 초과 지급등의 방법 신고 위반 시 형벌이 적용된다.

③ 20억원 초과 자본거래 신고 위반 시 형벌이 적용된다.

④ 미화 1만불 이하 지급 등의 방법 위반 시 경고 조치된다.

출제빈도 ★★

04 다음은 외국환법령 위반에 따른 제재에 대한 설명이다. 괄호 안에 들어갈 내용으로 옳지 <u>않은</u> 것은?

> 기획재정부장관은 금융위원회, 금융감독원장 등에게 행정처분 및 부과 과태료 관련 제재조치 권한을 위임·위탁하였다. 외국환업무취급기관이 외국환법령을 위반한 경우의 (   )은/는 금융위원회(금융감독원장)에 위탁되어 있다.

① 경 고　　　　　　　　　② 행정형벌

③ 업무정지　　　　　　　　④ 과징금부과

정답 및 해설

03　②　50억원 초과 지급등의 방법 신고 위반 시 형벌이 적용된다.

04　②　외국환업무취급기관이 외국환법령을 위반한 경우의 경고, 업무정지, 과징금부과는 금융위원회(금융감독원장)에 위탁되어 있으며, (행정형벌(징역형, 벌금형 등))은 사법기관에서 담당하고 있다.

05 다음 중 외국환거래법규 위반자에 대해 외국환거래법령상 과태료를 부과할 수 있도록 수탁받은 자가 <u>아닌</u> 것은? `출제빈도 ★★`

① 국세청장

② 금융위원회

③ 관세청장

④ 금융감독원장

외국인 직접투자의 의의

06 다음 중 외국인 직접투자에 대한 설명으로 옳지 <u>않은</u> 것은? `출제빈도 ★★`

① 외국인이 시세차익을 얻을 목적으로 주식을 취득하는 경우에도 외국인투자에 해당한다.

② 외국인이 1억원 이상을 투자하여 대한민국법인이 발행한 의결권이 있는 주식 총수나 출자총액의 10% 이상을 소유하는 경우 외국인투자에 해당한다.

③ 투자비율이 10% 미만인 경우에도 기술의 제공·도입 또는 공동연구개발계약을 체결하면 외국인투자에 해당한다.

④ 기설립 외국인투자기업의 해외 모기업이 당해 외국인투자기업에 대부하는 5년 이상의 장기차관을 받는 경우도 외국인투자에 해당된다.

외국인투자의 신고절차

07 다음 중 외국인투자신고의 진행과정을 순서대로 나열한 것은? `출제빈도 ★★`

① 투자상담 ⇨ 투자신고 ⇨ 투자자금 도입 ⇨ 법인설립등기 ⇨ 투자기업 등록

② 투자신고 ⇨ 투자상담 ⇨ 투자자금 도입 ⇨ 법인설립등기 ⇨ 투자기업 등록

③ 투자신고 ⇨ 투자상담 ⇨ 투자자금 도입 ⇨ 투자기업 등록 ⇨ 법인설립등기

④ 투자상담 ⇨ 투자신고 ⇨ 투자자금 도입 ⇨ 투자기업 등록 ⇨ 법인설립등기

정답 및 해설

05 ① 국세청장은 외국환거래법규 위반자에 대하여 과태료를 부과할 수 없다.

06 ① 외국인투자에 해당하려면 기업의 경영활동에 참여하는 등 당해 법인 또는 기업과 지속적인 경제관계를 수립할 목적이 있어야 한다.

07 ① 외국인투자신고는 '투자상담 ⇨ 투자신고 ⇨ 투자자금 도입 ⇨ 법인설립등기 ⇨ 투자기업 등록' 순으로 진행된다.

출제빈도 ★★

08 다음 중 수탁은행 본점에서 처리하여야 하는 업무는?

① 외국인투자신고　　　　　　　　　② 투자자금 도입

③ 투자배당금 지급　　　　　　　　　④ 주식의 양도대금 지급

수출입실적의 인정 금액

출제빈도 ★

09 다음 중 수출입실적 인정 금액으로 옳지 않은 것은?

① 수출실적은 FOB통관가격, 수입실적은 CIF통관가격

② 중계무역의 수출실적은 수출FOB가격에서 수입CIF가격을 공제한 가득액

③ 외국인수수입의 경우에는 수입통관액(CIF가격)

④ 외국인도수출의 경우에는 외국환은행의 입금액

외화획득의 범위

출제빈도 ★

10 외화획득 및 구매확인서에 대한 규정상의 외화획득 범위에 해당하지 않는 것은?

① 외국인으로부터 외화를 받고 국내 보세지역에 물품등을 공급하는 경우

② 절충교역거래 보완거래로 외국의 외화를 받고 국내제조 물품등을 국가기관에 공급하는 경우

③ 정부가 외국에서 받은 차관자금에 의한 국제경쟁입찰에 유상으로 물품등을 공급하는 경우

④ 외국인으로부터 외화를 받고 외화획득용 시설·기재를 국민인 국내 거주자와 임대차계약을 맺은 국내업체에 인도하는 경우

> **용어 알아두기**
> **절충교역** 무기수입 시 상대국에 기술 이전·부품 구매를 요구하는 일종의 구상무역이다.

정답 및 해설

08 ①　②③④ 영업점에서 처리할 수 있다.

09 ③　외국인수수입의 수입실적 인정 금액은 외국환은행의 지급액이다.

10 ④　외국인으로부터 외화를 받고 외화획득용 시설·기재를 외국인과 임대차계약을 맺은 국내업체에 인도하는 경우를 외화획득으로 본다.

✔ 출제예상문제를 통해 다양한 외환전문역 I종 문제를 풀어볼 수 있습니다.

✔ 다시 봐야 할 문제(틀린 문제, 풀지 못한 문제, 헷갈리는 문제 등)는 문제 번호 하단의 네모박스(□)에 체크하여 반복 학습할 수 있습니다.

출제빈도 ★★

01 금융감독원의 행정처분유형으로 옳지 <u>않은</u> 것은?

① 벌금형   ② 거래정지

③ 과징금   ④ 경 고

출제빈도 ★★

02 금융정보분석원 혐의거래보고에 대한 내용으로 옳지 <u>않은</u> 것은?

① 금융정보분석원에 혐의거래로 보고된 내용은 5년간 보존해야 한다.

② 의무보고대상 혐의거래를 보고하지 아니한 자에게는 3천만원 이하의 과태료, 금융정보분석원장의 감독상 필요한 명령, 지시 및 검사에 응하지 않거나 이를 거부, 방해 또는 기피한 자에게는 1억원 이하의 과태료를 부과한다.

③ 신용카드 등의 발행업자는 개인별 및 법인별 연간 대외지급실적을 여신협회장에게 통보해야 하고, 여신협회장은 동 내역이 연간 미화 1만불을 초과하는 경우에는 국세청장 및 관세청장에게 통보해야 한다. (단, 외화통화인출금액은 포함하지 않음)

④ 신용카드 등의 발행업자는 거주자의 신용카드 등의 월별 대외지급실적 및 비거주자의 신용카드 등의 월별 국내사용실적을 매분기별로 여신전문금융업협회장에게 제출해야 한다.

출제빈도 ★

03 다음 중 외국환거래에 대한 검사대상과 검사기관의 연결이 <u>잘못</u> 짝지어진 것은?

① 환전영업자 – 한국은행

② 외국환중개회사 – 한국은행

③ 외국환업무취급기관 – 금융감독원

④ 수출입거래·용역거래·자본거래 당사자의 업무 – 관세청

출제빈도 ★

04 다음 중 외국환거래법규 위반자에 대한 과태료 부과 기준금액이 <u>다른</u> 하나는?

① 전문외국환업무취급업자 등록・폐지 신고 위반

② 외국환중개회사 합병, 폐지, 양수도 신고 위반

③ 보고, 자료제출 미이행, 허위보고 및 허위자료 제출

④ 신고수리 거부 및 변경권고 위반

출제빈도 ★   최신출제유형

05 다음 중 외국환거래법령 위반에 따른 제재조치가 올바르게 연결되지 <u>않은</u> 것은?

① 미화 1만불 이하 지급등의 방법 위반 – 단순경고 조치

② 미화 5만불 이하 자본거래 위반 – 단순경고 조치

③ 20억원 초과 지급등의 방법 신고 위반 – 형벌 적용

④ 20억원 초과 자본거래 신고 위반 – 형벌 적용

정답 및 해설

01	①	징역형이나 벌금형인 행정형벌은 형법상 사법처리대상으로 사법기관에서 담당하고 있다.
02	③	여신협회장은 동 내역이 연간 미화 1만불을 초과하는 경우에는 국세청장 및 관세청장에게 통보해야 한다. 이때 외화통화인 출금액을 포함해야 한다.
03	①	환전영업자의 업무는 관세청이 검사를 행한다.
04	④	1억원 이하 과태료 부과대상에 해당한다. ①②③ 1천만원 이하 과태료 부과대상에 해당한다.
05	③	50억원 초과 지급등의 방법 신고 위반 시 형벌을 적용한다.

06 다음 중 외국인투자촉진법상 외국인 직접투자의 최소 투자금액으로 옳은 것은?

① 1인당 3천만원

② 1인당 5천만원

③ 2인 이상 복수투자인 경우 투자금액 합계 1억원

④ 2인 이상 복수투자인 경우 1인당 1억원

07 다음 중 외국인투자촉진법상 외국인투자에 해당하지 <u>않는</u> 것은? (투자금액은 1억원 이상임)

① 투자비율 12%

② 투자비율 7% 및 임원파견

③ 투자비율 3% 및 6개월 이상의 제품 구매계약

④ 투자비율 1% 및 기술의 제공·도입계약

08 다음은 외국인의 비영리법인에 대한 출연으로서 외국인투자에 해당하기 위한 요건을 설명한 내용이다. 괄호 안에 들어갈 말을 올바르게 나열한 것은?

> • 과학기술 분야의 대한민국 법인으로서 독립된 연구시설을 갖추고, 연구인력은 과학기술 분야 학사학위 소지자로서 (A) 이상 연구경력을 가지거나 과학기술 분야 석사학위 이상의 학위를 가진, 연구전담인력의 상시 고용규모가 (B) 이상이어야 한다.
> • 출연금액 (C) 이상으로서 학술, 예술, 의료 및 교육 진흥 등을 목적으로 설립된 비영리법인으로 해당 분야의 전문인력 양성 및 국제 간 교류 확대를 위한 사업을 지속적으로 하거나, 민간 또는 정부 간 국제협력사업을 수행하는 국제기구의 지역본부인 경우로서 외국인투자위원회가 외국인투자로 인정하는 것이어야 한다.

	A	B	C		A	B	C
①	2년	10명	1억원	②	3년	5명	5천만원
③	3년	5명	1억원	④	3년	10명	5천만원

출제빈도 ★

09 다음 중 외국인투자자가 <u>아닌</u> 것은?

① 외국국적의 개인

② 외국의 법인

③ 대한민국 국민 중 외국의 영주권을 취득한 자

④ 국내거소증을 소지한 재외국민

출제빈도 ★

10 다음 중 외국인의 직접투자 시 출자목적물로 옳지 <u>않은</u> 것은?

① 기계·설비, 기자재 등의 자본재

② 주식의 배당금

③ 산업재산권 및 지적재산권

④ 외국인 소유 해외부동산

정답 및 해설

06 ④ 투자금액은 1억원 이상이어야 하고, 2인 이상 복수투자인 경우에도 1인당 1억원 이상이어야 한다.

07 ③ 외국인투자에 해당하기 위해서는 투자비율이 10% 이상이거나, 투자비율이 10% 미만인 경우에는 임원파견(선임), 1년 이상의 원자재·제품 납입 또는 구매계약, 기술의 제공·도입 또는 공동연구개발계약을 하여야 한다.

08 ② • 과학기술 분야의 대한민국 법인으로서 독립된 연구시설을 갖추고, 연구인력은 과학기술 분야 학사학위 소지자로서 (3년) 이상 연구경력을 가지거나 과학기술 분야 석사학위 이상의 학위를 가진, 연구전담인력의 상시 고용규모가 (5명) 이상이어야 한다.
   • 출연금액 (5천만원) 이상으로서 학술, 예술, 의료 및 교육 진흥 등을 목적으로 설립된 비영리법인으로 해당 분야의 전문인력 양성 및 국제 간 교류 확대를 위한 사업을 지속적으로 하거나, 민간 또는 정부 간 국제협력사업을 수행하는 국제기구의 지역본부인 경우로서 외국인투자위원회가 외국인투자로 인정하는 것이어야 한다.

09 ④ 국내거소증을 소지한 재외국민은 외국인투자자에서 제외한다.

10 ④ 외국인 소유 해외부동산은 출자목적물에 포함되지 않는다.

11 외국인투자대상 업종에 대한 설명으로 옳은 것은?

① 신문, 정기간행물 발행업은 미개방 업종에 속한다.

② 원자력발전업, 지상파방송업, 라디오 방송업은 미개방 업종에 속한다.

③ 외국인투자에 관한 규정에 제한 업종이 고시되어 있으며 100% 수준의 투자자유화가 되어 있다.

④ 국내은행의 경우 미개방 업종에 속하지만, 특수은행 및 농수협은 부분허용 업종에 속한다.

12 다음 중 외국인 직접투자에 대한 설명으로 옳은 것은?

① 외국인의 주식등 투자비율이 10% 미만인 경우라도 1년 이상의 기간 동안 원자재를 납품하는 계약을 체결하는 경우에는 외국인투자에 해당한다.

② 기설립된 외국인투자기업의 5년 이상 장기차관의 경우 외국인 직접투자에 해당하지 않는다.

③ 외국국적의 개인은 외국인투자자에 해당하지만, 외국의 법인은 외국인투자자에서 제외된다.

④ 외국환거래법에 의한 대외지급수단은 출자목적물에 해당하지만, 이의 교환으로 생기는 내국지급수단은 해당하지 않는다.

13 다음 중 외국인투자신고의 진행과정에 대한 설명으로 옳지 <u>않은</u> 것은?

① 투자기업이 등록된 이후에 법인설립등기 또는 사업자 등록이 이루어진다.

② 투자자 실명증표로서 개인은 여권, 법인은 영업허가서 등을 제출하여야 한다.

③ 투자자금의 도입은 영업점에서 취급하며, 투자재원 확인 및 주금납입보관증 발급 등의 업무를 처리한다.

④ 투자기업의 등록은 수탁은행 본점에서 취급하며, 외국인투자기업등록신청서, 송금인이 확인되는 외화매입증명서 등을 제출하여야 한다.

14 다음 중 외국인투자촉진법상 외국인투자에 해당하는 것은?

① 투자비율이 7%인 외국인이 3개월 동안 제품을 구매하는 계약을 체결하는 경우

② 해외 모기업의 지분을 50% 이상 소유하고 있는 기업이 당해 외국인투자기업에 대부하는 3년의 차관

③ 출연금액이 5천만원 이상이고 출연비율이 10% 이상인 경우로서 독립된 연구시설을 갖추고, 과학기술 분야 석사 이상의 학위를 가진 연구전담인력의 상시 고용규모가 5명 이상인 국내법인

④ 출연금액이 3천만원인 의료목적의 비영리법인으로 외국인투자위원회가 인정하는 의료분야 전문인력 양성사업

15 다음 중 외국인투자기업의 설립 및 등록에 대한 설명으로 옳지 <u>않은</u> 것은?

① 법인설립등기 시 영업점은 창립총회의사록, 정관, 주주명부, 주금납입의뢰서 등을 제출받아 투자자금 예치를 확인 후 주금납입보관증을 발급·교부한다.

② 사업자 등록은 외국인투자신고필증, 법인등기부등본, 사업장임대차계약서 등을 관할세무서에 제출하여 교부받는다.

③ 외국인투자기업 등록증명서를 발행·교부하면 외국인투자신고 절차는 종료된다.

④ 자본 재도입의 경우 수탁은행 본점이 발행하는 현물출자완료확인신청서를 제출하여야 한다.

정답 및 해설

11 ② ① 신문, 정기간행물 발행업은 부분허용 업종에 속한다.
　　　③ 외국인투자에 관한 규정에 제한 업종이 고시되어 있으며 99.7% 수준의 투자자유화가 되어 있다.
　　　④ 국내은행의 경우 부분허용 업종에 속하지만, 특수은행 및 농수협은 제외한다.

12 ① ② 기설립된 외국인투자기업의 5년 이상 장기차관의 경우에도 외국인 직접투자에 해당한다.
　　　③ 외국의 법인도 외국인투자자에 해당한다.
　　　④ 외국환거래법에 의한 대외지급수단은 물론, 이의 교환으로 생기는 내국지급수단도 출자목적물에 해당한다.

13 ① 법인설립등기 또는 사업자 등록 후, 투자기업이 등록된다.

14 ③ ① 투자비율이 7%인 외국인의 경우 1년 이상 제품을 구매하는 계약을 체결하여야 외국인투자로 인정된다.
　　　② 해외 모기업의 지분을 50% 이상 소유하고 있는 기업이 당해 외국인투자기업에 대부하는 5년 이상의 장기차관의 경우가 외국인투자에 해당한다.
　　　④ 출연금액이 5천만원 이상이고 출연비율이 10% 이상인 경우로서 의료목적의 비영리법인으로 외국인투자위원회가 인정하는 의료분야 전문인력 양성사업이어야 한다.

15 ④ 현물출자완료확인서는 관세청장이 발행한다.

출제빈도 ★★

16 다음 중 외국인투자의 업무와 취급기관의 연결이 잘못 짝지어진 것은?

① 외국인투자신고 – 수탁은행 본점

② 외국인투자자금의 도입 – 영업점

③ 주금납입보관증 발급 – 영업점

④ 투자지분의 양도신고 – 영업점

출제빈도 ★★

17 다음 중 외국인 직접투자 시 수탁은행 본점에서 취급하는 업무로만 모두 묶인 것은?

가. 투자자금 도입	나. 외국인투자기업 등록
다. 투자배당금 지급	라. 주식등 양도대금 대외지급

① 나   ② 가, 라

③ 나, 다   ④ 다, 라

출제빈도 ★★

18 다음 중 대외무역법상 용어에 대한 설명으로 적절한 것은?

① 무역은 물품 등을 수출과 수입하는 것을 말하며, 물품은 지급수단, 증권 및 채권을 화체한 서류를 포함한 동산을 의미한다.

② 외국에서 포획한 수산물의 외국매도도 수출로 본다.

③ 유상으로 외국에서 외국으로 물품을 인도하는 것은 모두 수출로 보지 않는다.

④ 전자적 형태의 무체물의 수출입확인은 산업통상자원부장관에게 받을 수 있다.

19 다음 중 수출입실적 인정에 대한 내용으로 적절하지 <u>않은</u> 것은?

① 내국신용장 또는 구매확인서에 의한 공급은 수출실적으로 인정된다.

② 중계무역의 수출입실적 인정시점은 대금입금일이다.

③ 전자적 형태의 무체물 수출실적 인정금액은 외국환은행이 입금확인한 금액이다.

④ 용역의 수입실적 인정금액은 외국환은행의 지급액이다.

20 다음 중 국내기업이 미국로펌에 법률자문을 받고 자문료를 지급하였을 경우, 수출입확인을 받을 수 있는 곳으로 가장 적절한 것은?

① 외국환은행

② 대한무역투자진흥공사

③ 한국무역협회

④ 법무부

정답 및 해설

16 ④ 투자지분의 양도신고는 수탁은행 본점에서 하여야 한다.

17 ① '나'는 수탁은행 본점에서 취급하는 업무이다.
가, 다, 라. 영업점에서 취급하는 업무이다.

18 ② ① 물품은 지급수단, 증권 및 채권을 화체한 서류를 제외한 동산을 의미한다.
③ 유상으로 외국에서 외국으로 물품을 인도하는 것(외국인도수출)으로서 산업통상자원부장관이 정하여 고시하는 기준에 해당하면 수출로 본다.
④ 전자적 형태의 무체물의 수출입은 한국무역협회장 또는 한국소프트웨어산업협회장에게 수출입확인신청을 하여 수출입확인서를 발급받아야 인정된다.

19 ③ 전자적 형태의 무체물 수출실적 인정금액은 한국무역협회장 또는 한국소프트웨어산업협회장이 외국환은행을 통해 입금확인한 금액이다.

20 ③ 용역 수출입의 경우, 한국무역협회장으로부터 수출입실적 확인 및 증명을 받을 수 있다.

21 다음에서 설명하는 수출입 형태에 해당하는 것은?

> • 수출할 것을 목적으로 물품 등을 수입하여 보세구역 및 보세구역 외 장치의 허가를 받은 장소 또는 자유무역지역 이외의 국내에 반입하지 아니하고 수출하는 수출입을 말한다.
> • 수입계약과 수출계약이 존재하기 때문에 선적서류와 자금의 이동이 있다.

① 임대차수출입

② 연계무역

③ 중계(中繼)무역

④ 중개(仲介)무역

22 다음 외화획득실적 중 수출실적 범위에 포함되지 <u>않는</u> 것은?

☐　① 수 출

② 관 광

③ 용역 및 건설의 해외 진출

④ 주한 국제연합군 또는 외국군 기관에 물품 등 매도

정답 및 해설

21　③　중계(中繼)무역에 대한 설명이다. 중개(仲介)무역은 중개수수료(커미션)만 취하는 거래로 중개용역계약서만 존재한다.

22　④　수출, 관광, 용역 및 건설의 해외 진출, 외국인으로부터 외화를 받고 국내 보세지역에 물품 등 공급, 외국인으로부터 외화를 받고 외국인과 임대차계약을 맺은 국내업체에 외화획득용 시설·기재를 인도하는 경우 이외의 외화획득실적 범위는 수출실적 범위에 포함되지 않는다.

■ 학습안내

약점 극복 실전테스트는 외환전문역 Ⅰ종 시험에서 잘 틀리는 문제와 자주 출제되어 매우 중요한 문제들로 과목별 시험의 1배수를 구성하였습니다. 개념완성문제 및 출제예상문제에서 외환전문역 Ⅰ종의 전반적인 문제를 풀이했다면, 약점 극복 실전테스트에서는 틀리기 쉬운 문제와 중요도 높은 문제를 통해 학습상태를 점검하여 약점을 확인하고 극복할 수 있도록 합니다.

■ 학습방법

1단계	2단계	3단계
약점 극복 실전테스트를 풀어봅니다.	p.160에 있는 정답 및 해설을 확인하여 채점 후 풀지 못했거나 틀린 문제는 정답 하단에 있는 학습점검표에 정리합니다.	학습점검표 하단의 맞힌 점수별 학습상태를 확인하여, 본인의 학습상태에 맞는 학습방법으로 복습합니다.

■ 출제비중

5~6문항	4~6문항	4~5문항	4~5문항	9~11문항	3~5문항	2~3문항
제1장 외국환거래 총론	**제2장** 외국환은행의 외국환매매와 대출 및 보증등 / 전문외국환업무 취급업자의 외국환업무	**제3장** 지급과 영수	**제4장** 지급등의 방법 / 지급수단등의 수출입	**제5장** 자본거래	**제6장** 현지금융 / 해외직접투자	

제7장 보고·검사 및 사후관리·제재 / 외국인 국내 직접투자 (외국인투자촉진법) / 대외무역법규

제1과목 **외환관리실무**

· · · ·

약점 극복
실전테스트

제1장 | 외국환거래 총론

01 다음 중 외국환거래법의 목적과 특성에 대한 설명으로 옳지 **않은** 것은? [2점]

① 외국환거래법은 대외거래의 자유보장, 시장기능 활성화, 대외거래의 원활화, 국제수지 균형, 통화가치 안정 등을 목적으로 한다.

② 기획재정부장관은 외국환거래법에 따른 제한을 필요한 최소한의 범위에서 함으로써 외국환거래나 그 밖의 대외거래가 원활하게 이루어질 수 있도록 노력하여야 한다.

③ 외국환거래법은 성격상 강행법규로서 효력규정에 해당하고, 법률 위반 시 법률행위가 무효가 된다.

④ 외국환거래법의 실효성을 위한 보고 및 검사업무와 관련한 규정은 금융실명거래 및 비밀보장에 관한 법률 제4조의 규정에 우선하여 적용된다.

02 다음 중 외국환거래법상 외국환에 해당하는 것으로만 모두 묶인 것은?

가. 외화증권	나. 외화채권
다. 전자화폐	라. 귀금속
마. 내국지급수단	

① 가, 나, 다 ② 가, 나, 라

③ 나, 다, 마 ④ 나, 라, 마

03 다음의 업무를 담당하는 외국환관리기관은?

- 외국환업무의 중계의뢰
- 외환시장개입 및 보유외화의 운용
- 외환정보의 집중·교환

① 기획재정부 ② 한국은행

③ 외국환은행 ④ 금융위원회

04 다음 중 외국환거래법령상 거주성에 대한 설명으로 옳지 <u>않은</u> 것은?　　　[2점]

① 미국에 소재하는 대한민국 대사관에 근무할 목적으로 미국에 파견되어 체재하고 있는 대한민국 국민은 거주자이다.

② 2년 전 국내에 입국한 이후 현재까지 국내에 체재하고 있는 일본인은 거주자이다.

③ 국내에 있는 중국 대사관에서 외교관으로 근무하는 중국인은 비거주자이다.

④ 미국 메이저리그에 진출하여 선수생활을 하고 있는 한국인은 거주자이다.

05 다음 대외거래의 형태 중 자본거래만으로 모두 묶인 것은?

가. 투자수익	나. 임금
다. 임대차	라. 해외직접투자
마. 이전거래	

① 가, 다　　　　② 가, 라
③ 다, 라　　　　④ 나, 마

제2장 | 외국환은행의 외국환매매와 대출 및 보증등 / 전문외국환업무취급업자의 외국환업무

06 다음 중 외국인거주자 및 비거주자로부터의 외국환매입에 대한 설명으로 옳지 않은 것은?　　[2점]

① 동일자·동일인 기준 미화 2만불 초과 시에는 처분사유를 확인하여야 한다.

② 처분목적이나 사유를 알 수 없는 경우에는 해외재산반입자금으로 간주하여 매입할 수 있다.

③ 동일자·동일인 기준 미화 2만불 이하로 대외지급수단을 소지한 경우 및 매입제한이 없는 외국공관원 등은 입증서류가 필요 없다.

④ 외국환신고(확인)필증 및 대외지급수단 매매신고필증은 세관 또는 외국환은행이 발행한다.

07 다음 중 외국환은행이 거주자에 대하여 외국환을 매각할 수 있는 경우가 <u>아닌</u> 것은? [2점]

① 거주자가 다른 외국환은행으로 이체하기 위하여 외국환을 매각하는 경우

② 외국으로부터 송금되어 온 대외지급수단을 거주자계정 및 거주자외화신탁계정 예치목적으로 매각하는 경우

③ 외국인거주자를 제외한 거주자가 외국통화, 여행자수표를 소지할 목적으로 매입하는 경우

④ 외국인거주자를 제외한 거주자가 해외로 지급하는 당발송금과 타발추심업무를 위해 전신환을 매도하는 경우

08 다음 중 외국환의 매각에 대한 설명으로 옳지 <u>않은</u> 것은?

① 거주자에 대한 소지목적 매각의 경우 매각한도에 제한이 없고, 외화현찰은 물론 여행자수표의 매각도 가능하다.

② 외국인거주자에 대하여는 국내에서 외국환을 매각한 실적 범위 내까지 재매각이 가능하다.

③ 외국인거주자 또는 비거주자에 대한 국내 보수·소득 등에 따른 외국환의 매각은 미화 1만불을 초과하는 경우에 한하여 외국환신고(확인)필증을 발행·교부하여야 한다.

④ 외국환은행이 거주자에게 동일자·동일인 기준 미화 1만불을 초과하는 외국통화 및 여행자수표를 매각한 경우에는 그 사실을 국세청장 및 관세청장에게 통보하여야 한다.

09 다음 중 외국환은행의 원화대출에 대한 설명으로 옳지 <u>않은</u> 것은? [2점]

① 동일인 기준 원화 5억원을 대출받으려는 거주자는 신고를 요하지 않는다.

② 동일인 기준 원화 100억원을 대출받으려는 비거주자는 외국환은행에 신고하여야 한다.

③ 동일인 기준 원화 300억원을 대출받으려는 거주자는 한국은행에 신고하여야 한다.

④ 동일인 기준 원화 500억원을 대출받으려는 비거주자는 한국은행에 신고하여야 한다.

10 다음 중 환전영업자의 지정거래 외국환은행 등록 및 관리에 대한 설명으로 옳지 <u>않은</u> 것은?

[2점]

① 지정거래은행 등록 시 환전영업자등록증(관할세관장 발행)과 사업등록증을 거래외국환은행에 제출하여야 한다.

② 법인사업자의 경우 사업자등록증번호로 지정등록을 하며, 개인사업자인 경우 대표자 실명증표(주민등록증 등)번호로 지정등록한다.

③ 환전증명서는 같은 번호의 외국환매각신청서와 외국환매입증명서가 1조로 되어 있다.

④ 외국환매입증명서는 환전영업자가 보관하고, 외국환매각신청서는 고객 앞 교부해야 한다.

제3장 | 지급과 영수

11 다음 중 거주자의 증빙서류미제출 송금에 대한 설명으로 옳지 <u>않은</u> 것은?

① 지급한도에는 제한이 없다.

② 외국인거주자를 제외한 거주자를 대상으로 한다.

③ 해외 친지 등에게 생활보조금이나 경조사비를 지급하는 경우가 이에 해당한다.

④ 지정거래 외국환은행을 통해 송금이 가능하다.

---

12 다음 중 외국인거주자 및 비거주자의 지급에 대한 설명으로 옳지 <u>않은</u> 것은? [2점]

① 외국인거주자는 해외여행경비의 지급 시 1만불 이내에 한하며 여권상에 환전사실을 기재하여야 한다.

② 외국인이 5년 이상 국내에 거주한 경우에는 해외유학생경비 또는 해외체재비 지급이 가능하다.

③ 비거주자가 휴대수입한 자금은 입국세관장 또는 외국환은행이 발행한 외국환신고(확인)필증을 확인하여 1만불 이내에 한하여 지급이 가능하다.

④ 매각실적이 없는 비거주자는 미화 1만불 범위 내에서 재환전이 허용된다.

13 다음 중 해외여행경비 지급한도에 대한 내용으로 옳지 <u>않은</u> 것은?

① 일반해외여행경비도 증빙서류가 있으면 휴대수출 이외에 송금까지 허용된다.

② 해외체재자 및 해외유학생의 단순여행경비는 거래외국환은행을 지정하여야 하는 사유가 아니다.

③ 유학경비의 지급에는 학력제한이 없으며 연령에 따른 지급금액의 제한도 없다.

④ 여행업자는 여행경비를 외국환은행을 통하여 송금하거나 휴대수출하여 지급할 수 있다.

14 다음 중 재외동포 반출대상 재산으로 옳지 <u>않은</u> 것은?

① 본인 명의 부동산 처분대금(부동산을 매각하여 금융자산으로 보유하고 있는 경우를 제외함)

② 부동산 처분대금 이외의 본인의 국내재산

③ 본인 명의 국내예금(외화예금 포함)

④ 본인 명의 예금 또는 부동산을 담보로 하여 외국환은행으로부터 취득한 원화대출금

15 다음 외국환거래의 내용 중 관세청장에게만 통보되는 경우로 옳은 것은?

① 건당 5천불, 연간 1만 5천불 상당의 증빙서류미제출 송금

② 신용카드나 직불카드 사용금액이 연간 1만불 초과 시

③ 건당 3만불, 연간 12만불 상당의 해외체재비

④ 건당 2천불, 연간 6천불 상당의 용역대가의 지급

16 다음의 경우는 어느 기관에 신고하여야 하는가?

> 외국항로에 취항하는 국내의 항공 또는 선박회사가 외국에서 취득하는 외국항로의 항공임 또는 선박임과 경상운항경비를 상계하거나 그 상계한 잔액을 지급 또는 영수하는 경우

① 기획재정부 ② 한국은행
③ 외국환은행 ④ 신고예외

17 다음 중 상호계산에 대한 설명으로 옳지 않은 것은? [2점]

① 상호계산방법으로 지급등을 하고자 하는 자는 상호계산신고서를 지정거래 외국환은행의 장에게 제출하여야 하며, 폐쇄하고자 하는 경우에도 신고하여야 한다.

② 상호계산을 실시하는 자는 대기 및 차기를 기장할 수 있는 장부를 비치하여야 하며, 장부 및 관계 증빙서류를 10년간 보관하여야 한다.

③ 상호계산계정의 기장은 당해 거래가 물품의 수출입 또는 용역의 제공을 수반하는 경우에 그 수출입 또는 용역제공의 완료 후 30일 이내, 기타의 경우에는 당해 거래에 따른 채권·채무의 확정 후 30일 이내에 행하여야 한다.

④ 상호계산계정의 대차기 잔액은 매 결산기간 종료 후 3월 이내에 지정거래 외국환은행의 장에게 신고한 후 지급하거나 영수하여야 한다.

18 다음 외국환은행을 통하지 아니하는 지급등의 방법에 대한 설명 중 신고예외사항이 <u>아닌</u> 것은?

① 거주자가 외국환은행을 통하지 아니하는 지급수단이 아닌 채권이나 권리 등을 영수하는 경우

② 외항운송업자와 승객 간에 외국항로에 취항하는 항공기 또는 선박 안에서 매입·매각한 물품대금을 외화현찰이나 외화수표로 직접 지급 또는 영수하는 경우

③ 거주자가 인정된 거래에 따른 지급을 위하여 송금수표, 우편환 또는 유네스코 쿠폰으로 지급하는 경우

④ 국내 및 해외예금으로 인정된 외화자금을 직접 예치·처분하는 경우 및 인정된 거래에 따른 대가를 예금기관이 발행한 외화수표 또는 신용카드 등으로 국내에서 직접 지급하는 경우

19 다음 중 외국환신고(확인)필증의 발행 및 교부대상이 <u>아닌</u> 것은? [2점]

① 외국인거주자가 대외계정에서 미화 2만불을 외화현찰로 인출하였다.

② 해외이주비로 미화 2만불을 외화현찰로 매각하였다.

③ 일반해외여행경비로 미화 2만불을 외화현찰로 매각하였다.

④ 재외동포 재산반출로 미화 2만불을 외화현찰로 매각하였다.

제5장 | 자본거래

20 다음 중 대외계정을 개설할 수 있는 대상으로 옳지 <u>않은</u> 것은?

① 거주자

② 재외공관 근무자와 동거가족

③ 외국인거주자

④ 국민인 비거주자

21 다음 중 비거주자 자유원계정에 대한 설명으로 옳지 <u>않은</u> 것은?

① 외국인거주자를 제외한 비거주자가 개설할 수 있다.

② 국내에서 받은 내국통화표시 경상거래 대금의 예치가 가능하다.

③ 자본거래 대금은 인정된 경우가 아니면 처분이 제한된다.

④ 해외로 외화송금 등을 위해 외화로 매각하거나 본인 명의의 다른 비거주자 자유원계정 또는 투자전용 비거주자 원화계정으로 이체할 수 있다.

22 다음 중 거주자의 해외예금거래의 신고에 대한 설명으로 옳지 <u>않은</u> 것은?   [2점]

① 국내에서 송금한 자금으로 예치하고자 하는 경우에는 지정거래 외국환은행을 통하여 송금하여야 한다.

② 기관투자가 등은 예치한도에 제한이 없고, 지정거래 외국환은행의 장에게 예금거래 신고를 함으로써 해외예금을 할 수 있다.

③ 예금재원, 예치기관에 대한 제한은 없으며, 인정된 거래에 따른 처분은 신고를 요하지 않는다.

④ 거주자가 국내에서 송금한 자금으로 건당 미화 5만불을 초과하여 예치하고자 하는 경우에는 지정거래 외국환은행에 예금거래 신고를 하여야 한다.

23 다음 중 거주자의 해외차입에 대한 설명으로 옳지 <u>않은</u> 것은?   [2점]

① 영리법인이 과거 1년간 누계 미화 5천만불 이하의 외화차입을 하는 경우 외국환은행에 신고하여야 한다.

② 비영리법인과 개인들이 차입할 경우에는 한국은행에 신고하여야 한다.

③ 정유회사 등 국가의 전략에너지 사업자의 원유수입대금 결제용 단기차입은 차입금액에 관계없이 외국환은행에 신고하여야 한다.

④ 단기차입으로 인한 재무상태 악화를 방지하기 위하여 재무불량기업의 경우 기획재정부장관의 허가를 받아야만 단기차입이 가능하다.

24 다음은 해외골프회원권의 취득에 따른 통보에 대한 설명이다. 괄호 안에 들어갈 숫자를 순서 대로 나열한 것은?

> 외국환은행은 회원권의 취득금액이 건당 미화 (　　　)만불을 초과하는 경우에는 금융감독원장에게 회 원권 등의 매매내용을 익월 (　　　)일까지 통보하여야 한다.

① 5 - 10
② 5 - 20
③ 10 - 10
④ 10 - 20

25 다음 중 증권의 발행에 대한 설명으로 옳지 <u>않은</u> 것은?

① 거주자나 비거주자가 외국에서 원화증권을 발행하는 경우에는 기획재정부장관에게 신고 하여야 한다.

② 비거주자가 국내에서 외화증권 또는 원화증권을 발행하고자 하는 경우에는 기획재정부장 관에게 신고하여야 한다.

③ 거주자가 국내에서 외화증권을 발행하고자 하는 경우에는 신고를 요하지 않는다.

④ 비거주자가 외국에서 외화증권을 발행하고자 하는 경우에는 지정거래 외국환은행의 장 또는 기획재정부장관에게 신고하여야 한다.

26 다음 중 일반투자자의 외화증권 투자절차에 대한 설명으로 옳지 <u>않은</u> 것은?　　　　[2점]

① 일반투자자는 비상장 또는 비등록증권을 제한 없이 자유롭게 취득할 수 있다.

② 외화증권을 매매하고자 하는 경우에는 투자자가 직접 매매를 할 수 없고, 반드시 매매를 위탁하여야 한다.

③ 비상장증권 등의 사유로 매매위탁이 불가능한 경우 금융감독원장에게 신고 후 취득하여야 한다.

④ 의결권이 있는 주식취득의 경우로서 10% 이상 취득 시에는 해외직접투자규정에 따른 투자신고를 하여야 한다.

27 다음 중 비거주자의 국내부동산 취득의 신고대상과 신고기관을 <u>잘못</u> 짝지은 것은?   [2점]

① 국민인 비거주자의 국내부동산 취득 – 신고예외

② 거주자와의 인정된 거래에 따른 담보권 취득 – 신고예외

③ 외국인비거주자가 상속으로 국내부동산 취득 – 신고예외

④ 외국으로부터 송금된 자금으로 취득 – 외국환은행

28 다음 중 외국기업의 국내지사 설치와 국내법인 설립에 대한 설명으로 옳은 것은?

① 외국기업의 국내지사 설치와 국내법인 설립은 모두 외국환거래법을 따른다.

② 외국기업 국내지사 과실송금 시 증빙서류만 있으면 모든 은행에서 송금이 가능하다.

③ 외국기업 국내지사가 영업기금을 도입하는 경우 반드시 본사로부터 지정거래은행 앞 직접 송금한 외화자금에 한하여 인정한다.

④ 외국기업의 국내법인 설립의 경우 투자금액에 제한이 없다.

제6장 | 현지금융 / 해외직접투자

---

29 다음 중 현지금융의 신고에 대한 설명으로 옳지 <u>않은</u> 것은?

① 현지법인등의 현지금융에서 은행의 보증이 있는 경우 본사가 지정거래은행에 신고하여야 한다.

② 거주자의 현지금융에서 은행의 보증이 있는 경우 본사가 지정거래은행에 신고하여야 한다.

③ 거주자의 현지금융에서 계열사의 보증등이 있는 경우 계열사가 본사의 지정거래은행에 신고하여야 한다.

④ 현지법인등의 현지금융에서 신용차입을 하는 경우 본사가 지정거래은행에 신고하여야 한다.

30 다음 중 해외직접투자의 대상으로 옳지 <u>않은</u> 것은? [2점]

① 외국 법령에 따라 설립된 법인의 경영에 참가하기 위하여 취득한 주식 또는 출자지분 등의 투자비율이 10% 이상인 경우

② 투자비율이 10% 미만인 경우로서 계약기간이 1년 이상인 원자재 또는 제품의 매매계약을 체결하는 경우

③ 이미 투자한 외국법인의 주식 또는 출자지분을 추가로 취득하는 경우

④ 외국법인에 투자한 거주자가 해당 외국법인에 대하여 상환기간을 최소 3년 이상으로 하여 금전을 대여하는 경우

31 다음은 해외직접투자 사후관리의 진행과정을 나타낸 것이다. 괄호 안에 들어갈 말을 순서대로 나열한 것은? [2점]

| 사후관리대장비치 ⇨ 취급보고 ⇨ ( ) ⇨ ( ) ⇨ ( ) ⇨ 사후관리 종료 |

① 설립보고서 등 징구 – 결산보고서 징구 – 청산보고서 징구

② 설립보고서 등 징구 – 청산보고서 징구 – 결산보고서 징구

③ 결산보고서 징구 – 청산보고서 징구 – 설립보고서 등 징구

④ 결산보고서 징구 – 설립보고서 등 징구 – 청산보고서 징구

32 다음 중 해외직접투자 시 연간사업실적보고서의 징구에 대한 설명으로 옳지 <u>않은</u> 것은?

① 회계종료 후 5월 이내 제출해야 한다.

② 해외자원개발사업 및 사회간접자본개발사업으로 법인형태의 투자가 아닌 경우 제출을 면제한다.

③ 투자금액 합계가 미화 200만불을 초과하는 경우 현지법인 감사보고서 또는 세무보고서를 필수적으로 첨부해야 한다.

④ 현지법인 감사보고서 또는 세무보고서는 부동산관련업 이외의 투자사업으로서 투자금액의 합계가 미화 300만불 이하인 경우 제출을 면제한다.

33 다음은 외국인투자 중 비영리법인에 대한 출연을 설명한 것이다. 괄호 안에 들어갈 숫자를 올바르게 나열한 것은?

> 과학기술 분야의 연구인력·시설 등에 해당하는 비영리법인으로 독립된 연구시설을 갖추고, 해당 분야에 석사학위 소지자이거나, (　　　)년 이상 연구경력을 가진 학위소지자의 연구전담인력의 상시 고용 규모가 (　　　)명 이상일 것

① 1 – 3　　　　　　　　　　　　② 2 – 5
③ 3 – 5　　　　　　　　　　　　④ 5 – 10

34 다음 중 외국인투자 신고절차에서 수탁은행 본점과 영업점의 업무를 연결한 것으로 잘못 짝지은 것은?

① 외국인투자 신고 – 수탁은행 본점
② 투자자금 도입 – 영업점
③ 투자지분의 양도·감소 신고 – 영업점
④ 주식등 양도·감소대금 대외지급 – 영업점

35 다음 중 수출실적 인정금액이 적절하게 연결되지 않은 것은?

① 중계무역 – 수출FOB가격에서 수입CIF가격을 공제한 가득액
② 외국인도수출 – 외국환은행 입금액
③ 용역수출 – 외국환은행이 입금확인한 금액
④ 내국신용장(Local L/C) – 외국환은행의 결제액 또는 확인액

정답·해설·학습점검 약점 극복 실전테스트 | 제1과목

■ 정답

맞힌 점수, 틀린 문제 번호와 풀지 못한 문제 번호를 적어보고, 맞힌 점수에 따라 자신의 학습상태를 점검할 수 있습니다. 틀린 문제와 풀지 못한 문제는 꼭 복습하도록 합니다.

구 분	맞힌 점수	틀린 문제 번호	풀지 못한 문제 번호
1장 외국환거래 총론	/ 7		
2장 외국환은행의 외국환매매와 대출 및 보증등 / 전문외국환업무취급업자의 외국환업무	/ 9		
3장 지급과 영수	/ 6		
4장 지급등의 방법 / 지급수단등의 수출입	/ 6		
5장 자본거래	/ 13		
6장 현지금융 / 해외직접투자	/ 6		
7장 보고·검사 및 사후관리·제재 / 외국인 국내 직접투자(외국인투자촉진법) / 대외무역법규	/ 3		
계	/ 50		

[맞힌 점수별 학습상태 확인하기]

19점 이하 : 과락 예상입니다. 지금까지 풀어본 문제(개념완성문제, 출제예상문제, 약점 극복 실전테스트) 중 틀린 문제에 대한 오답 이유를 꼼꼼히 보고 '하루 10분 개념완성 자료집'을 암기하세요.

20 ~ 29점 : 과락 위험이 있을 수 있으니 체크한 부분과 더불어 '하루 10분 개념완성 자료집'도 함께 학습하세요.

30점 이상 : 틀린 문제 및 풀지 못한 문제 위주로 보충 후 마무리 학습으로 100% 합격에 도전하세요.

제1장 | 외국환거래 총론

01 정답 ③

외국환거래법은 성격상 강행법규로서 단속규정에 해당하므로 법률 위반 시 법률행위가 무효화되는 것은 아니고, 법에 정해진 벌칙적용만 있을 뿐 법률행위 자체의 사법상 효력에는 영향이 없다.

02 정답 ①

'가, 나, 다'는 외국환에 해당한다.
라, 마. 외국환에 해당하지 않는다.

03 정답 ②

외국환업무의 중계의뢰, 외환시장개입 및 보유외화의 운용, 외환정보의 집중·교환은 한국은행의 업무이다.

04 정답 ④

미국 메이저리그에 진출하여 선수생활을 하고 있는 한국인은 외국에서 영업활동에 종사하고 있는 대한민국 국민으로서 비거주자에 해당한다.

05 정답 ③

'다, 라'는 자본거래에 해당한다.
가, 나. 무역외거래(소득·이자)로서 경상거래에 해당한다.
마. 무역외거래(서비스·용역)로서 경상거래에 해당한다.

제2장 | 외국환은행의 외국환매매와 대출 및 보증등 / 전문외국환업무취급업자의 외국환업무

06 정답 ④

대외지급수단 매매신고필증은 한국은행이 발행한다.

07 정답 ②

외국으로부터 송금되어 온 대외지급수단을 거주자계정 및 거주자외화신탁계정 예치목적으로 매각할 수는 없다. 단, 내국지급수단을 대가로 하여 외국환은행 등으로부터 매입한 대외지급수단의 경우에는 거주자계정 및 거주자외화신탁계정에 예치할 목적으로 매각할 수 있다.

08 정답 ③

외국인거주자 또는 비거주자에 대한 국내 보수·소득 등에 따른 매각인 경우 금액에 관계없이(미화 1만불 이하 포함) 외국환신고(확인)필증을 발행·교부하여야 한다.

09 정답 ③

거주자는 신고등의 제한 없이 원화대출을 받을 수 있다.

10 정답 ④

외국환매각신청서는 환전영업자가 보관하고, 외국환매입증명서는 고객 앞 교부해야 한다.

제3장 | 지급과 영수

11 정답 ①

지급한도는 건당 5천불 초과 연간 누계금액 미화 10만불 이내이다.

12 정답 ③

비거주자가 휴대수입한 자금은 입국세관장 또는 외국환은행이 발행한 외국환신고(확인)필증을 확인하여 본인의 휴대반입 범위 이내에서 지급이 가능하다.

13 정답 ②

해외체재자 및 해외유학생이 해외여행경비를 지급하고자 하는 경우에는 거래외국환은행을 지정하여야 하며(동반가족은 지정등록 대상이 아님), 해외체재 또는 해외유학을 입증할 수 있는 서류를 제출하여야 한다.

14 정답 ①

본인 명의 부동산 처분대금은 재외동포 반출대상 재산에 해당하며, 부동산을 매각하여 금융자산으로 보유하고 있는 경우를 포함한다.

15 정답 ④

① 연간 1만불 초과 증빙서류미제출 송금의 경우 국세청장, 관세청장, 금융감독원장에게 통보된다.
② 신용카드나 직불카드 사용금액이 연간 1만불 초과 시 국세청장, 관세청장, 금융감독원장에게 통보된다.
③ 해외체재비 지급금액이 연간 10만불 초과 시 국세청장, 금융감독원장에게 통보된다.

제4장 | 지급등의 방법 / 지급수단등의 수출입

16 정답 ④

외국항로에 취항하는 국내의 항공 또는 선박회사가 외국에서 취득하는 외국항로의 항공임 또는 선박임과 경상운항경비를 상계하거나 그 상계한 잔액을 지급 또는 영수하는 경우는 신고예외사항에 해당한다.

17 정답 ②

상호계산을 실시하는 자는 대기 및 차기를 기장할 수 있는 장부를 비치하여야 하며, 장부 및 관계 증빙서류를 5년간 보관하여야 한다.

18 정답 ①

거주자가 외국환은행을 통하지 아니하는 지급수단이 아닌 채권이나 권리 등을 영수하는 경우에는 한국은행에 신고하여야 한다.

19 정답 ③

일반해외여행경비의 경우에는 외국환신고(확인)필증의 발행 및 교부대상이 아니다.

제5장 | 자본거래

20 정답 ①

대외계정은 재외공관 근무자와 동거가족, 외국인거주자 및 비거주자가 개설하는 외화예금계정이다.

21 정답 ①

비거주자 자유원계정은 외국인거주자를 포함한 비거주자가 개설하는 원화계정이다.

22 정답 ④

거주자가 국내에서 송금한 자금으로 건당 미화 5만불을 초과하여 예치하고자 하는 경우에는 한국은행총재에게 예금거래 신고를 하여야 한다. 단, 5만불 이하로 예치하고자 하는 경우에는 지정거래 외국환은행에 예금거래 신고를 하여야 한다.

23 정답 ④

종전에는 단기차입을 억제하기 위하여 재무불량기업의 경우 기획재정부장관의 허가를 받아야만 단기차입이 가능하였으나, 2006년 1월부터 허가제를 신고제로 전환하고, 장단기 구분을 폐지하여 차입금액의 규모에 따라 외국환은행신고 또는 기획재정부신고에 의해 외화를 차입할 수 있도록 규제를 대폭 완화하였다.

24 정답 ①

외국환은행은 회원권의 취득금액이 건당 미화 (5)만불을 초과하는 경우에는 금융감독원장에게 회원권 등의 매매내용을 익월 (10)일까지 통보하여야 한다.

25 정답 ④

비거주자가 외국에서 외화증권을 발행하고자 하는 경우는 신고의 적용대상이 아니다. 그러나 거주자가 외국에서 외화증권을 발행하고자 하는 경우에는 지정거래 외국환은행의 장 또는 기획재정부장관에게 신고하여야 한다.

26 정답 ③

비상장증권 등의 사유로 매매위탁이 불가능한 경우 한국은행총재에게 신고 후 취득하여야 한다.

27 정답 ②

거주자와의 인정된 거래에 따른 담보권 취득은 외국환
은행에 신고하여야 한다.

28 정답 ③

① 외국기업의 국내법인 설립은 외국인투자촉진법, 동시
행령, 규칙 등을 따른다.
② 외국기업 국내지사 과실송금 시 지정거래은행을 통
해서 송금이 가능하다.
④ 외국기업의 국내법인 설립의 경우 투자금액이 건당
1억원 이상이어야 한다.

제6장 | 현지금융 / 해외직접투자

29 정답 ④

현지법인등의 현지금융에서 신용차입을 하는 경우 신고
를 요하지 않는다.

30 정답 ④

외국법인에 투자한 거주자가 해당 외국법인에 대하여
상환기간을 1년 이상으로 하여 금전을 대여하는 경우가
해외직접투자의 대상이다.

31 정답 ①

해외직접투자 사후관리의 진행과정은 '사후관리대장비
치 ⇨ 취급보고 ⇨ 설립보고서 등 징구 ⇨ 결산보고서 징
구 ⇨ 청산보고서 징구 ⇨ 사후관리 종료' 순이다.

32 정답 ④

투자금액의 합계가 미화 200만불 이하인 경우 제출을
면제한다.

제7장 | 보고·검사 및 사후관리·제재 / 외국인 국내 직접투자(외국인투자촉진법) / 대외무역법규

33 정답 ③

과학기술 분야의 연구인력·시설 등에 해당하는 비영리
법인으로 독립된 연구시설을 갖추고, 해당 분야에 석사
학위 소지자이거나, (3)년 이상 연구경력을 가진 학위
소지자의 연구전담인력의 상시 고용규모가 (5)명 이
상일 것

34 정답 ③

투자지분의 양도·감소 신고는 수탁은행 본점의 업무
이다.

35 정답 ③

용역수출의 수출실적 인정금액은 실적확인 및 증명발급
기관이 외국환은행을 통해 입금확인한 금액이다.

fn.Hackers.com

금융·자격증 전문 교육기관 해커스금융

fn.Hackers.com

해커스 **외환전문역** Ⅰ**종** 최종핵심정리문제집

제2과목
외국환거래실무

[총 25문항]

약점 극복 실전테스트
약점 극복 실전테스트 정답·해설·학습점검

■ 출제경향 및 학습전략

은행 및 본지점 간 외환실무는 제2과목 전체 25문제 중 총 3~4문제 정도 출제된다.

은행 및 본지점 간 외환실무에서 환거래계약은 출제비중이 낮고, 외화자금관리가 출제비중이 높다. 외화자금 관리는 모든 부분에서 출제가 가능하므로 전체적으로 정독하고, 외신관리에서는 SWIFT의 특징을 중심으로 학습해야 한다. 외국환대사에서는 미달환 발생원인을 학습하고, 환포지션에서는 환율의 상승 · 하락에 따른 환포지션의 형태를 이해해야 한다.

■ 빈출포인트

구 분	문제번호	빈출포인트	출제빈도	페이지
환거래계약 (5%)	01	환거래계약의 이해	★	p. 170
외화자금관리 (50%)	02~03	외화자금의 조달 및 운용	★★★	p. 170~171
	04	외화 유동성리스크 관리 및 측정	★★	p. 171
외신관리 (15%)	05	SWIFT를 통한 전신문의 이해	★★★	p. 172
외국환대사 (15%)	06	외국환대사의 이해	★	p. 172
	07	미달환 발생원인 및 사후관리	★★	p. 173
환포지션 (15%)	08	환포지션의 이해	★★★	p. 173

제2과목 **외국환거래실무**

· · · · ·

제1장
은행 및 본지점 간
외환실무

✓ 개념완성문제를 통해 외환전문역 Ⅰ종 시험에 나오는 개념을 이해할 수 있습니다.
✓ 다시 봐야 할 문제(틀린 문제, 풀지 못한 문제, 헷갈리는 문제 등)는 문제 번호 하단의 네모박스(□)에 체크하여 반복 학습할 수 있습니다.

환거래계약의 이해

출제빈도 ★

01 다음 중 환거래계약에 대한 설명으로 옳지 않은 것은?

□

① 환거래계약을 체결하기 위해 교환해야 하는 문서의 종류에는 서명감, 전신암호문, 거래조건 및 수수료율 등이 있다.

② 환거래은행은 대금결제를 위해 상대 은행에 당방계정을 개설한 예치환거래은행과 자기 명의의 예금계좌 개설 없이 단순히 계약만을 체결한 무예치환거래은행으로 구성된다.

③ 환거래계약은 국내은행이 외국에 있는 은행과 외환업무를 원활하게 수행하기 위해 사전에 수립하는 계약관계를 의미한다.

④ 당방계정이란 선방계정과 반대되는 개념으로 외국에 있는 상대 은행이 외국환은행에 개설한 당좌예금계정을 말한다.

외화자금의 조달 및 운용

출제빈도 ★★★

02 다음 중 은행의 외화자금 운용수단에 해당하지 않는 것은?

□

① Call Money

② 외화예치금

③ 은행 간 외화대출금

④ 매입외환

> 용어 알아두기
>
> **Call Money** 외국은행지점까지 포함하는 국내에서 활동하는 금융기관 간에 거래되는 단기 외화자금을 차입해야 하는 수요자 입장에서 부르는 표현이다. 반면 단기 외화자금을 대출해주는 공급자 입장에서는 Call Loan이라고 한다.

정답 및 해설

01 ④ 당방계정이란 외국환은행이 외국환업무를 수행하기 위해 외국에 있는 상대 은행에 개설한 당좌예금계정을 말한다. 선방계정이란 당방계정과 반대되는 개념으로 외국에 있는 상대 은행이 외국환은행에 개설한 당좌예금계정을 말한다.

02 ① Call Money는 단기 외화자금 조달수단이다.

외화자금의 조달 및 운용

`출제빈도 ★★★`

03 다음 중 외화자금 조달에 대한 설명으로 옳지 <u>않은</u> 것은?

□

① 단기자금은 외화예금, Call Money, 코레스은행의 Credit Line을 활용한 단기자금 차입 등을 통해 조달한다.

② 중장기자금의 조달시기와 필요시기 불일치로 인한 금리위험이 발생하지 않도록 조달시점에 대한 충분한 검토가 필요하다.

③ 중장기소요자금의 재원 조달에 차질이 생기지 않도록 미리 적정한 Credit Line을 확보하고 그 사용 현황을 정기적으로 파악하여야 한다.

④ 수익성은 유동성 및 안정성과 Trade-off 관계가 있으므로 유동성과 안정성을 확보하면 수익성은 나빠질 수도 있다.

> **용어 알아두기**
>
> **Credit Line** 외국환은행이 외국환업무와 관련하여 세계의 은행과 맺는 계약(코레스계약)에서 환거래은행 또는 고객에 대해 미리 설정해 둔 신용공여의 종류 및 금액한도이다.

외화 유동성리스크 관리 및 측정

`출제빈도 ★★`

04 다음 중 외화 유동성리스크 측정에 대한 설명으로 옳지 <u>않은</u> 것은?

□

① 감독기관에서 지도하는 잔존만기 3개월 이하 외화부채에 대한 외화자산의 비율은 85% 이상이다.

② 신용평가회사의 BBB~A등급 회사채와 선물자산의 유동화 가중치는 85%로 동일하다.

③ 잔존만기 1개월 이내의 만기불일치 비율이 5%가 넘지 않도록 관리하여야 한다.

④ 직전 분기 재무상태표상의 총외화자산의 2% 이상을 외화안전자산으로 보유하는 것은 외화 유동성리스크를 적절하게 관리하기 위한 충분조건이다.

정답 및 해설

03 ③ Credit Line은 단기자금을 조달하기 위한 방법이다.

04 ③ 1개월 이내에 도래하는 부채가 자산을 초과하는 비율이 10%를 넘지 않도록 관리하여야 한다.

05 SWIFT에 대한 설명으로 옳지 <u>않은</u> 것은?

① 전문발송 후 즉시 수신자에게 전달이 가능하다.

② 환거래은행 간 교환된 AUTHENTICATION KEY에 의거 전문내용의 진위 여부가 자동으로 확인되어 보안성이 우수하다.

③ 전문내용이 표준화되어 있어 전문분류 등이 시스템에 의해 자동으로 처리된다.

④ 송수신되는 모든 메시지는 MT(OOOO) 4자리 수로 구성된다.

06 외국환대사의 절차를 순서대로 나열한 것은?

> 가. Shadow계정과 Actual계정을 대사한다.
> 나. 당방은행의 외국환거래 내역을 확인하여 Shadow계정을 생성한다.
> 다. 미달환명세표(Pending List)를 작성한다.
> 라. 예치환은행에서 Statement(MT950)를 받아 Actual계정을 생성한다.

① 나 ⇨ 라 ⇨ 가 ⇨ 다
② 나 ⇨ 라 ⇨ 다 ⇨ 가
③ 라 ⇨ 나 ⇨ 가 ⇨ 다
④ 라 ⇨ 나 ⇨ 다 ⇨ 가

정답 및 해설

05 ④   송수신되는 모든 메시지는 MT(OOO) 3자리 수로 구성된다.
06 ①   외국환대사의 절차는 '나 ⇨ 라 ⇨ 가 ⇨ 다' 순으로 이루어진다.

07 당방은행에서 일람출급 수출환어음이나 외화수표를 매입하여 그 대금을 고객에게 지급하고
예정대체일에 외화타점예치계정에서 차기하였으나, 선방은행으로부터 대금이 입금되지 않음
에 따라 발생하는 미달환의 유형은 무엇인가?

① They debited but we didn't credit.

② They credited but we didn't debit.

③ We debited but they didn't credit.

④ We credited but they didn't debit.

> **용어 알아두기**
> **일람출급** 만기의 연월일을 지정하지 않고 어음의 소지인이 지급의무자에게 어음을 제시한 날을 만기로 하여 서류
> 확인 후에 바로 대금을 지급하는 방식이다.

08 다음 중 환포지션에 대한 설명으로 옳은 것은?

① 국내은행 영업점에서 포지션이 Oversold Position인 경우 본점으로 외화를 전금하고 그
대가로 원화를 받는다.

② Cash포지션은 종합 포지션에서 선물매매분을 제외한 포지션으로 현물환 중 아직 추심이
완료되지 않아 자금화되지 않은 포지션을 포함한다.

③ 국내은행이 Overbought Position을 유지하고 있을 때 환율이 상승(원화가치 하락)하면
은행은 손실을 보게 된다.

④ 원화를 대가로 매매한 외국환의 매도액과 매입액의 차이를 의미하며 동일한 통화 간에는
발생되지 않는다.

정답 및 해설

07　③　미달환의 유형 중 "We debited but they didn't credit."은 당방은행에서 이미 차기하였으나, 선방은행에서 대기하지 않은
　　　경우에 해당한다.

08　④　① 국내은행 영업점에서 포지션이 Oversold Position인 경우 본점으로부터 외화를 받고 그 대가로 원화를 전금 보낸다.
　　　② Cash포지션은 Actual포지션에서 추심이 완료되지 않은 환포지션을 제외한 포지션으로 언제든지 외화자금으로 활용할
　　　　수 있는 포지션만을 의미한다.
　　　③ 국내은행이 Overbought Position을 유지하고 있을 때 환율이 상승(원화가치 하락) 시 환차익을 보게 된다.

✓ 출제예상문제를 통해 다양한 외환전문역 Ⅰ종 문제를 풀어볼 수 있습니다.

✓ 다시 봐야 할 문제(틀린 문제, 풀지 못한 문제, 헷갈리는 문제 등)는 문제 번호 하단의 네모박스(□)에 체크하여 반복 학습할 수 있습니다.

출제빈도 ★

01 다음 중 환거래계약에 대한 설명으로 옳은 것은?

□

① 환거래계약은 상대 은행에 자기 명의의 예금계좌를 개설한 경우에만 성립할 수 있다.

② 중복계좌를 이용한 제3의 금융기관이 익명으로 거래할 가능성이 있기 때문에 자금세탁의 위험이 높다.

③ 대리지불계좌를 통한 금융서비스 활용이 가능하기 때문에 자금세탁의 위험이 낮아진다.

④ 체결 상대 은행에 대한 신용등급 검토 결과가 적정하고 체결은행 국가가 FATF 회원국이 아닌 경우에 계약을 체결한다.

출제빈도 ★★

02 다음의 보기에서 설명하는 것으로 옳은 것은?

□

> 외국환은행이 상대 은행에 개설한 예금을 말한다. 이 계정을 통해 당발송금 대금지급, 수출환어음 매입·추심 대금입금, 수입신용장 대금결제 등이 이루어진다. 만약 예치잔액이 부족한 경우 당좌차월이 발생하게 되는데 상대적으로 비싼 이자를 부담하게 되므로 잔액 관리를 철저히 하여야 한다.

① 선방계정

② 대외계정

③ 원화계정

④ 당방계정

출제빈도 ★★★ **최신출제유형**

03 다음 중 외화자금관리에 대한 설명으로 옳지 <u>않은</u> 것은?

① 은행은 수출환어음 매입, 해외지점의 내국수입유산스, 대출영업 지원, 해외투자, 파생 상품거래 등을 위해서 외화자금을 조달한다.

② 수출대금을 신속하게 회수하고 해외투자 및 파생상품거래 등을 위해서 외화자금 조달이 필요하다.

③ 외화자금은 일정시점에서 은행의 모든 외화부채를 상환할 수 있는 재무상태를 유지하기 위한 안정성의 원칙하에 관리되어야 한다.

④ 중장기자금을 조달하기 위하여 해외에서 발행하는 채권 중 외국채는 채권발행국가에서 제3국의 표시통화로 발행된 채권을 말한다.

출제빈도 ★

04 다음 중 외화자금의 운용수단에 해당하지 <u>않는</u> 것은?

① 외화대출   ② 매입외환

③ 외화채권   ④ 외국통화

정답 및 해설

01 ② ① 환거래계약은 자기 명의의 예금계좌 개설 없이 단순히 계약만을 체결할 수도 있다.(무예치환거래은행)
       ③ 대리지불계좌를 통한 금융서비스 활용이 가능하기 때문에 자금세탁의 위험이 높다.
       ④ 체결 상대 은행에 대한 신용등급 검토 결과가 적정하고 체결은행 국가가 FATF 회원국인 경우에 계약을 체결한다.

02 ④ 당방계정에 대한 설명이다. 선방계정은 당방계정과 대응되는 것으로 외국환은행에 상대 은행이 개설한 예금을 말한다.

03 ④ 유로채에 대한 설명이다. 외국채는 채권발행국가에서 동국가의 표시통화로 발행된 채권을 말한다.

04 ③ 외화채권은 중장기 외화자금의 조달수단이다.

05 다음 중 외화자금관리에 대한 설명으로 옳지 않은 것은?

① 은행은 수출환어음 매입, 해외투자, 파생상품거래 등을 위해 외화자금을 조달한다.

② Credit Line을 사용할 때 조달비용과 운용에 따른 수익성, 사용의 용이성을 고려한다.

③ 안정성의 원칙은 일정 시점에서 은행의 모든 외화부채를 상환할 수 있는 재무상태를 유지하는 것을 의미한다.

④ 외화예금 인출에 대비해 적정 수준의 유동성을 보유하면 적정한 수익도 확보된다.

06 다음 중 외화 유동성리스크 관리에 대한 설명으로 옳지 않은 것은?

① 현재 감독기관의 외화 유동성 지도비율은 85% 이상이다.

② 유동성리스크 관리방법은 유동성 관련 비율 또는 유동성갭을 지표로 사용한다.

③ 유동성 관리대상은 은행의 국내 본·지점, 해외현지법인의 모든 자산과 부채를 대상으로 하고, 부외거래는 제외한다.

④ 잔존만기 1개월 이내에 도래하는 부채가 자산을 초과하는 비율이 10%를 넘지 않도록 관리하여야 한다.

07 다음 중 유동성리스크 측정에 대한 설명으로 옳지 않은 것은?

① 감독기관이 유지하도록 권고하는 은행의 외화 유동성 비율은 85% 이상이다.

② 잔존만기 3개월 이내에 도래하는 부채가 자산을 초과하는 비율은 10% 이하로 유지하여야 한다.

③ 중장기 외화자금조달 비율에 대한 감독기관의 지도비율은 100% 이상이다.

④ 은행은 '1년 이내 만기도래 차입금 × 2/12 × (1 − 최저차환율)' 또는 직전 분기 재무상태표상 총외화자산의 2% 이상에 해당하는 금액을 외화안전자산으로 보유하여야 한다.

08 일정한 만기 구간에 배분된 자산이 500이고 부채가 300일 때 유동성갭 비율은 얼마인가?

① 20%

② 30%

③ 40%

④ 60%

09 다음 중 외화자금 관리에 대한 설명으로 옳지 <u>않은</u> 것은?

① 외화자금은 안정성, 유동성, 수익성의 원칙하에 관리되어야 한다.

② 외국통화는 매매에 따른 수익과 보유에 따른 비용을 비교한 후 적정규모를 유지하여야 한다.

③ 통화선도 계약분과 차액결제 선물환은 외화자산과 부채의 범위에 포함된다.

④ 외화 유동성 비율과 만기불일치 비율 산정 시 상장주식과 비상장주식에 대한 유동화 가중치는 각각 55%, 35%이다.

정답 및 해설

05 ④ 수익성은 유동성과 Trade-off 관계에 있으므로 적정 수준의 유동성을 확보하면 수익성이 나빠질 수 있다.

06 ③ 유동성 관리대상은 은행의 국내 본·지점, 해외현지법인의 모든 자산과 부채를 대상으로 하고, 유동성에 영향을 미치는 부외거래도 포함된다.

07 ② 잔존만기 1개월 이내에 도래하는 부채가 자산을 초과하는 비율은 10% 이하로 유지하여야 한다.

08 ③ 유동성갭 = 자산 − 부채 = 500 − 300 = 200

∴ 유동성갭 비율 = $\dfrac{유동성갭}{자산} = \dfrac{200}{500} \times 100 = 40\%$

09 ③ 통화선도 계약분은 외화자산과 부채의 범위에 포함되지만 차액결제 선물환은 제외된다.

10 다음 중 SWIFT의 장점에 대한 설명으로 옳지 <u>않은</u> 것은?

☐

① LOG-IN KEY 및 SELECT KEY 없이도 접속이 가능한 개방성

② 전문발송 후 즉시 수신자에게 전달이 가능한 신속성

③ TELEX를 통한 전문 송수신보다 저렴한 비용

④ 시스템에 의해 전문분류가 자동으로 처리될 수 있는 업무의 표준화

11 다음 SWIFT를 통한 외신관리와 관련된 설명 중 적절하지 <u>않은</u> 것은?

☐

① SWIFT의 메시지 타입은 3자리 수로 구성되어 있다.

② 메시지 타입의 첫 자리의 수가 나타내는 Category는 메시지의 가장 기본적인 거래기능을
나타낸다.

③ 전신문 MT103은 추심거래에 따른 대금 지급지시를 할 경우 사용한다.

④ 전신문 MT110은 수표발행은행이 수표지급은행에 수표가 발행되었다는 사실을 알려준다.

12 다음 중 SWIFT를 통한 외신관리에 대한 설명으로 옳지 <u>않은</u> 것은?

☐

① SWIFT는 환거래은행 간 교환된 AUTHENTICATION KEY에 의거한 전문내용의 진위
여부가 자동적으로 확인되어 보안성이 우수하다.

② SWIFT는 전문분류 등이 시스템에 의해 자동으로 처리되지만 관련 참고번호 등 중요한
정보가 없는 경우에는 전신문이 자동으로 분류되지 않으므로 주의하여야 한다.

③ SWIFT는 전문발송 후 수신자에게 신속하게 전달이 가능한 장점이 있다.

④ 고객송금 및 은행 간 자금이체는 주요 전신문에 포함되지만 TRAVELLER'S CHEQUE
관련 업무는 포함되지 않는다.

13 다음 중 외국환대사의 절차가 순서대로 나열된 것은?

① Shadow계정 생성 ⇨ Actual계정 생성 ⇨ Shadow계정과 Actual계정을 대사 ⇨ 미달환명세표 작성

② Actual계정 생성 ⇨ Shadow계정 생성 ⇨ Shadow계정과 Actual계정을 대사 ⇨ 미달환명세표 작성

③ 미달환명세표 작성 ⇨ Shadow계정 생성 ⇨ Actual계정 생성 ⇨ Shadow계정과 Actual계정을 대사

④ Actual계정 생성 ⇨ Shadow계정 생성 ⇨ 미달환명세표 작성 ⇨ Shadow계정과 Actual계정을 대사

14 당방은행이 고객의 해외송금 요청에 따라 선방은행계좌로 자금을 입금하였으나, 선방은행이 관련 지급지시를 받지 못해 예치금계좌에서 차기하지 않음에 따라 발생하는 미달환의 유형으로 가장 적절한 것은?

① They debited but we didn't credit.

② We credited but they didn't debit.

③ We debited but they didn't credit.

④ They credited but we didn't debit.

제2과목 외국환거래실무

해커스 외환전문역 I종 최종핵심정리문제집

정답 및 해설

10 ① SWIFT는 SWIFT로부터 받은 LOG-IN KEY 및 SELECT KEY를 입력하여야만 접속이 가능하므로 보안성이 뛰어나다.

11 ③ 전신문 MT103은 송금은행이 지급은행 앞으로 송금사실을 통지하는 경우에 사용하며, 추심거래에 따른 대금 지급지시 전신문으로는 사용할 수 없다.

12 ④ TRAVELLER'S CHEQUE 관련 업무도 주요 전신문에 포함되는 내용이다. 그 밖에도 고객송금 및 은행 간 자금이체, 추심 및 신용장 관련 업무, CREDIT·DEBIT CONFIRMATION 및 STATEMENTS 통보, FOREIGN EXCHANGE 거래 및 STATEMENTS 통보, 유가증권, 자금관리 등의 은행업무 관련 내용이 포함된다.

13 ① 외국환대사의 절차는 '전일자의 거래내역 원장(Shadow계정) 생성 ⇨ 예치환은행에서 Statement를 받아 Actual계정 생성 ⇨ 거래내역 확인(Shadow계정과 Actual계정을 대사) ⇨ 미달환명세표(Pending List) 작성' 순이다.

14 ② 미달환의 유형 중 "We credited but they didn't debit."은 당방은행이 선방은행계좌에 대기처리하였으나, 선방은행에서 차기하지 않은 경우에 해당한다.

15 다음 중 외국환대사에 대한 설명으로 옳지 <u>않은</u> 것은?

① 은행의 거래내역과 상대 은행의 거래내역을 예치환거래은행별, 통화별로 일치시켜 나가는 일련의 과정이다.

② 환대사 작업 후에도 미달환이 존재하게 되면 미달환명세표(Pending List)를 작성하고 신속히 정리되도록 관리해야 한다.

③ 예치환은행에서 Statement를 받아 Shadow계정을 생성하여 은행의 전일자 거래내역 원장과 상호 대사한다.

④ "They credited but we didn't debit."은 선방은행에서는 이미 대기하였으나 당방은행이 차기하지 않음에 따라 발생하는 미달환의 유형이다.

16 다음 중 외국환대사(Reconcilement)에 대한 설명으로 옳지 <u>않은</u> 것은?

① 미달환은 착오나 누락에 의해서도 발생되므로 지속적인 사후관리가 필요하며, 특히 당방은행 차기(We debited)는 특별히 관리되어야 한다.

② 매일 상대 은행으로부터 수신하는 전신문 MT950을 통해 예치환계정 잔액의 일치 여부를 확인하여야 한다.

③ 선방은행의 과실로 인해 당방은행에 자금손실이 발생한 경우에는 자금을 되돌려 받을 때 Back Value를 요청하는 등 적절한 보상을 요구하여야 한다.

④ 선방은행이 수출환어음매입 결제대금으로 당방은행계좌로 입금하였으나 관련 참조번호나 금액이 상이하여 당방은행이 외화타점예치계정에서 차기하지 못한 경우 미달환이 발생한다.

17 다음 중 환포지션에 대한 설명으로 옳지 <u>않은</u> 것은?

① Overbought Position의 경우에는 환율 상승 시 환차익이 발생한다.

② Oversold Position의 경우 원화가치가 상승하면 환차손이 발생한다.

③ 영업점에서 매도초과포지션을 취하는 경우 본부로부터 외화를 받고 원화를 전금 보낸다.

④ 종합포지션에서 선물매매분을 제외한 Actual포지션은 현물환 중 자금화되지 않은 포지션을 포함한다.

18 환포지션 중 환율이 상승할 때 가장 유리한 형태는?

① Square Position

② Overbought Position

③ Oversold Position

④ Short Position

정답 및 해설

15 ③ 전일자의 외화타점예치계좌 거래내역을 통해 Shadow계정을 생성하여, 예치환거래은행이 송부한 Statement를 근거로 작성한 Actual계정과 상호 대사한다.

16 ① 선방은행 차기(They debited)가 특별히 관리되어야 한다. 즉, 선방은행에서 차기한 거래 중 이중차기나 부당한 거래가 있는 경우 즉시 선방은행에 확인하도록 하고, 선방은행의 과실로 인해 당방은행에서 손실이 발생한 경우 Back Value를 요청하는 등 적절한 보상을 요구하도록 한다.

17 ② Oversold Position은 외국환 매도가 외국환 매입보다 많은 상태로서, 환율 하락(원화가치 상승, 외화가치 하락) 시 환차익이 발생한다.

18 ② 환율 상승 시 환차익이 발생한다.
① 환율에 영향을 받지 않는다.
③④ 환율 상승 시 환차손이 발생한다.

■ 출제경향 및 학습전략

대고객 외환실무는 제2과목 전체 25문제 중 총 8~10문제 정도 출제된다.

대고객 외환실무는 제2과목 외국환거래실무에서 출제비중이 상당히 높으므로, 다른 장에 비해 특히 꼼꼼하게 학습하도록 한다. 외화예금에서는 외화예금거래의 특징 및 종류, 계정 구분에 따른 내용들을 잘 이해해야 한다. 당발송금과 타발송금에서는 업무처리절차를 중심으로 학습해야 하며, 외국통화의 매매에서는 거주성 구분에 따른 외국통화의 매입과 매도 시 확인 및 유의사항이 중요하다. 최근 환전영업자의 외국환업무 부분 출제비중이 높으므로 잘 학습해 두어야 한다.

■ 빈출포인트

구 분	문제번호	빈출포인트	출제빈도	페이지
외화예금 (30%)	01~02	외화예금의 개요 및 특징	★★★	p. 184
	03~04	계정 구분 및 가입자격	★★★	p. 185~186
	05	외화예금 업무처리 기준	★	p. 186
	06	외화예금의 종류	★★★	p. 187
당발송금 (10%)	07	송금업무의 이해	★★	p. 187
	08	당발송금의 이해	★★	p. 188
	09	소액해외송금업자	★	p. 188
타발송금 (10%)	10	타발송금의 이해	★★	p. 189
외국통화의 매매 (30%)	11~12	외국통화의 매입	★★★	p. 189~190
	13	외국통화의 매도	★★★	p. 190
	14	환전영업자의 외국환업무	★★★	p. 191
외화수표 (20%)	15	외화수표의 종류	★★	p. 191
	16	외화수표의 매입(추심) 구분 및 매입 시 유의사항	★★	p. 192
	17	외화수표의 부도관리	★★★	p. 193

제2과목 **외국환거래실무**

. . . . . .

제2장
대고객 외환실무

✓ 개념완성문제를 통해 외환전문역 Ⅰ종 시험에 나오는 개념을 이해할 수 있습니다.

✓ 다시 봐야 할 문제(틀린 문제, 풀지 못한 문제, 헷갈리는 문제 등)는 문제 번호 하단의 네모박스(□)에 체크하여 반복 학습할 수 있습니다.

외화예금의 개요 및 특징

출제빈도 ★★★

01 다음 중 외화예금거래의 특징이 <u>아닌</u> 것은?

□

① 원화를 대가로 외화예금거래 시 환율이 개입된다.

② 외화예금은 다양한 통화로 예치가 가능하며 통화의 종류에 상관없이 동일한 금리가 적용된다.

③ 계정별로 가입주체와 예치 또는 처분사유가 지정되어 있다.

④ 환율변동에 따른 헤지수단을 제공한다.

외화예금의 개요 및 특징

출제빈도 ★★★

02 외화예금거래의 특징에 대한 설명으로 옳지 <u>않은</u> 것은?

□

① 해외로부터 영수하거나 취득한 외화송금대금이나 외화현금을 외화예금에 예치할 수 있고, 국민인 거주자는 외화를 보유할 목적으로 원화를 대가로 외화를 매입하여 외화예금에 예치할 수 있다.

② 동일한 만기를 가진 미국 달러 정기예금과 유로 정기예금에 가입한다고 하면, 적용되는 금리는 동일하다.

③ 대외계정은 대한민국 정부의 재외공관 근무자와 그 동거가족을 제외한 국민인 거주자가 개설할 수 없으며, 각 계정별로 예치 또는 처분이 가능한 범위가 제한되어 있다.

④ 기업이 해외로 수출한 수출대금을 외화로 받아 외화예금에 예치하여 운용해서 이자수익을 향유한 후 해외로 수입대금을 지급할 때 외화예금에서 인출하여 지급함으로써 환율변동에 따른 환리스크를 헤지할 수 있다.

정답 및 해설

01 ② 외화예금은 다양한 통화로 예치가 가능하지만 통화의 종류에 따라 예금금리가 달리 적용된다.

02 ② 동일한 만기를 가진 미국 달러 정기예금과 유로 정기예금에 가입한다고 하면, 적용되는 금리는 각 해당 통화의 금리수준에 따라 결정된다.

03 다음 중 외화예금의 거주자계정에 대한 설명으로 옳은 것은?

① 거주자계정은 국민인 거주자 또는 순수 개인자격으로 예금을 개설하고자 하는 개인사업자인 외국인거주자가 개설할 수 있다.

② 거주자계정의 처분은 원칙적으로 외국환거래규정에서 정하는 인정된 지급에 한한다.

③ 외국에서 발행한 여행자수표를 휴대반입한 경우로서 동일자·동일인·동일점포 기준 미화 2만불을 초과하여 매입하는 경우에는 영수확인서를 받아야 한다.

④ 정부, 지방자치단체, 외국환업무취급기관, 환전영업자로부터 예치하는 경우에는 당해 외국환의 취득 신고 등을 마쳤는지 여부를 확인하지 않는다.

정답 및 해설

03 ④ ① 거주자계정은 국민인 거주자 또는 개인사업자 자격으로 예금거래를 하고자 하는 개인사업자인 외국인거주자가 개설할
수 있는 계정이다. 반면 순수 개인자격으로 예금을 개설하고자 하는 개인사업자인 외국인거주자는 대외계정으로 개설
하여야 한다.
② 거주자계정의 처분은 원칙적으로 제한이 없으나, 대외지급을 하고자 하는 경우에는 외국환거래규정에서 정하는 인정
된 지급에 한한다.
③ 외국에서 발행한 외화표시(여행자)수표(백지수표 포함)를 휴대반입한 경우로서 동일자·동일인·동일점포 기준 미화 2만
불을 초과하여 매입하는 경우에는 관할세관의 장이 발행하는 외국환신고(확인)필증을 받아야 한다.

04 다음 중 외화예금의 대외계정에 대한 설명으로 옳지 <u>않은</u> 것은?

☐

① 비거주자, 순수 개인자격의 외국인거주자, 대한민국 정부의 재외공관 근무자 및 그 동거 가족이 개설할 수 있다.

② 취득 또는 보유가 인정된 대외지급수단과 외국으로부터 송금되어 온 대외지급수단으로 예수가 가능하다.

③ 동일자·동일인 기준으로 미화 2만불 이하인 외국통화 또는 외국표시 여행자수표를 외국 환신고(확인)필증을 받지 않고 예수하고자 하는 경우에는 거래외국환은행 지정을 통해 동 금액 범위 내에서 제한 없이 예수 가능하다.

④ 국제기구에서 근무하는 외교관으로부터 예수하는 경우에는 외국환거래규정에 의해 대외 지급이 인정된 대외지급수단인지 여부를 확인하지 않아도 된다.

05 다음 중 시효완성 외화예금의 처리에 관한 내용으로 옳지 <u>않은</u> 것은?

☐

① 최종 거래일 또는 만기일부터 5년이 경과하여 시효가 완성된 외화예금은 이익금계정 기 타 영업외수익 항목으로 처리된다.

② 입출금이 자유로운 외화예금의 소멸시효 기산일은 만기일이며, 만기 후에 이자를 지급한 사실이 있는 때에는 최종 이자지급일로 한다.

③ 시효완성으로 이익금 처리한 예금을 되돌려 줄 경우, 이익금 처리 전일까지는 그 예금의 정해진 이자율을 적용하여 계산한 이자를 손실금(기타영업외비용)으로 처리하여 지급한다.

④ 외국환거래규정에서 정한 증권투자전용계좌, 외화당좌예금과 별도로 정한 사항이 있는 경 우에는 이익금으로 처리하지 않는다.

정답 및 해설

04 ③ 동일자·동일인 기준으로 미화 2만불 이하인 외국통화 또는 외국표시 여행자수표를 외국환신고(확인)필증을 받지 않고 예 수하고자 하는 경우에는 외국환거래규정 제4-4조 제2항에 의한 금액과 합산하여 연간 미화 5만불 범위 내에서만 예수가 가능하다.

05 ② 입출금이 자유로운 외화예금의 소멸시효 기산일은 최종 거래일이며, 거치식예금의 소멸시효 기산일은 만기일(만기 후에 이 자를 지급한 사실이 있는 때에는 최종 이자지급일)이다.

06 다음 중 외화예금의 종류별 특징에 대한 설명으로 옳지 <u>않은</u> 것은?

□ ① 외화정기예금의 자동갱신은 계약기간이 1년 이내로서 예금주가 신청한 경우에 한한다.

② 외화별단예금에 예치할 수 있는 대상은 장기 미결된 외화송금, 수취인 불명의 외화송금, 기타 일시적인 외화예수금이며 원칙적으로 이자를 지급하지 않는다.

③ 외화보통예금의 이자율은 은행이 정하는 기준금리에 일정 수준의 스프레드와 지급준비율을 감안하여 결정된다.

④ 외화당좌예금은 원칙적으로 이자를 지급하지 않기 때문에 최근 거래량이 지속적으로 감소하고 있다.

07 외국으로의 외화송금과 국내의 원화송금과의 차이점에 대한 설명으로 옳지 <u>않은</u> 것은?

□ ① 송금방식에 있어서 계좌로 입금하는 방식 외 송금수표를 발행하여 지급할 수 있다.

② 원화 대가로 송금하는 경우 환율이 개입되어 환율의 변동에 따라 환차손 또는 환차익이 발생할 수 있다.

③ 어떠한 경우에도 자금이 실시간으로 입금되지 않는다.

④ 외국환거래법령에서 정하는 인정된 거래에 대해서만 송금이 가능하다.

정답 및 해설

06 ① 외화정기예금의 자동갱신은 계약기간이 7일 이상 6개월 이내로서 예금주가 신청한 경우에 한한다.

07 ③ 자금이 실시간으로 입금되지 않지만, 특급송금이나 최근 소액해외송금업자가 제공하는 송금서비스 등 실시간 송금이 가능한 송금서비스도 있다.

08 다음 중 당발송금의 종류에 대한 설명으로 옳은 것은?

① 송금수표는 송금처리에 소요되는 기간이 짧아 현재 가장 보편적으로 사용하는 방법이다.

② 전신송금은 송금은행이 해외의 지급은행에 지급지시서를 전신(SWIFT 또는 TELEX)으로 발송하는 방법이다.

③ 수취인이 해외은행에 수취계좌를 가지고 있지 않은 경우에는 우편송금을 이용한다.

④ 축의금이나 국제 시험 응시료 등 소액을 송금하는 경우에는 전신송금방법을 사용한다.

09 소액해외송금업자에 대한 내용으로 옳지 않은 것은?

① 금융소비자의 선택의 폭을 넓히고 해외송금 수수료 인하를 유도함과 동시에 신속한 송금이 가능하도록 소액해외송금업자와 증권사, 카드사도 소액해외송금이 가능하다.

② 소액해외송금업무의 등록을 하고자 하는 자는 소액해외송금업무 등록신청서에 서류를 첨부하여 금융감독원장을 경유하여 기획재정부장관에게 제출하여야 한다.

③ 소액해외송금업무의 건당 지급 및 수령한도는 각각 건당 미화 5천불이며, 동일인당 연간 지급 및 수령 누계한도는 각각 미화 5만불로 한다.

④ 자기자본이 20억 이상이어야 한다. 다만, 다른 업무를 겸영하지 아니하고 소액해외송금업무만을 영위하려는 자로서 분기별 지급 및 수령 금액 총액을 기획재정부장관이 정하는 기준(150억원) 이하로 운영하려는 자의 경우에는 자기자본 5억원 이상으로 한다.

정답 및 해설

08 ② ① 송금처리에 소요되는 기간이 짧아 현재 가장 보편적으로 사용하는 송금방법은 전신송금이다.
③ 수취인이 해외은행에 수취계좌를 가지고 있지 않은 경우와 해외 학교 등록금 등을 송금수표로 요구하는 경우에는 송금수표방법을 사용한다.
④ 축의금 또는 국제 시험 응시료 등 소액을 송금하는 경우에는 송금수표방법을 사용한다.

09 ④ 자기자본이 20억 이상이어야 한다. 다만, 다른 업무를 겸영하지 아니하고 소액해외송금업무만을 영위하려는 자로서 분기별 지급 및 수령 금액 총액을 기획재정부장관이 정하는 기준(150억원) 이하로 운영하려는 자의 경우에는 자기자본 10억원 이상으로 한다.

10 다음 중 타발송금 업무처리에 대한 내용으로 옳지 <u>않은</u> 것은?

① 내국지급수단을 대가로 비거주자가 외국으로부터 수령(영수)한 대외지급수단을 매입하는 경우, 처분목적을 알 수 없다면 '해외재산반입'으로 간주하여 매입한다.

② 타발송금 지급지시서상에 기재된 계좌번호와 은행 전산시스템에서 관리하는 계좌번호가 일치하면 지급 가능하다.

③ 타발송금 금액이 건당 미화 5천불을 초과하는 경우 거주자로부터 동 수령(영수)의 사유와 금액을 입증하는 서류를 받아 신고대상인지 여부를 확인한다.

④ 외국환업무취급기관 및 환전영업자가 수령(영수)하는 경우에는 취득경위 입증서류 제출을 생략할 수 있다.

11 다음 중 외국통화의 매입에 대한 설명으로 옳지 <u>않은</u> 것은?

① 건당 100만원 이하에 상당하는 외국통화를 매입하는 경우에는 실명확인 생략이 가능하다.

② 거주자계정 또는 거주자외화신탁계정에 예치된 외국환을 매입하는 경우에는 취득경위 입증서류 제출을 생략할 수 있다.

③ 외국인거주자가 외국환신고(확인)필증 없이 미화 2만불 상당액을 초과하는 외국통화를 매각하는 경우에는 대외지급수단매매신고필증을 한국은행으로부터 받아야 한다.

④ 위조지폐 발견 시 금융기관은 위조지폐를 고객으로부터 회수한 후 경찰서에 신고하고 위조지폐 실물을 별도로 보관한다.

정답 및 해설

10　②　수취인 계좌번호가 일치하더라도 타발송금 지급지시서상에 기재된 수취계좌의 예금주명과 수취인명이 일치하는지 여부를 반드시 확인해야 한다.

11　④　금융기관은 위조지폐 실물을 별도로 보관할 수 없고, 위조지폐 실물을 관할경찰서에 인도하고 인수증을 받아 보관해야 한다.

12 거주자로부터 외국통화 매입 시 확인사항으로 옳지 <u>않은</u> 것은?

☐

① 거주자로부터 외국통화를 매입할 때 실명확인증표를 통해 인적사항을 확인한다.

② 외국인 거주자의 미화 2만불 이하 매입은 외국환신고(확인)필증을 생략할 수 있다.

③ 미화 5만불 상당액을 초과할 때는 취득경위를 입증할 수 있는 서류를 받는다.

④ 외국인 거주자를 제외한 거주자가 취득경위를 입증하는 서류를 제출하지 않는 경우에는 이전거래로 간주하여 매입이 가능하다.

13 다음 중 외국통화의 매도에 대한 설명으로 옳지 <u>않은</u> 것은?

☐

① 해외이주비, 재외동포의 국내 재산반출 지급을 위해 미화 1만불을 초과하여 매각하는 경우에는 외국환신고(확인)필증을 발행·교부하여야 한다.

② 외국인거주자에 대한 재환전 시 필요한 재환전 증빙서류는 반드시 최근 입국일 이후에 발행된 것이어야 한다.

③ 100만원 이하에 해당하는 외국통화를 외국인거주자에게 실수요 증빙서류 없이 매각하는 경우에는 여권에 매각사실 기재를 생략 가능하다.

④ 고객이 해외로부터 동일 외화표시로 송금받은 대금이나 외화예금에서 인출한 자금으로 외국통화를 요청하는 경우에는 별도의 외화현찰수수료를 받는다.

> **용어 알아두기**
> **외화현찰수수료** 원화대가 매매를 수반하지 않는 거래 시에 받는 수수료로서, 외화현찰 조달비용, 해외 현·수송
> 비용, 보험료 등을 보전하는 보상 성격을 가진다.

정답 및 해설

12 ③ 미화 2만불 상당액을 초과할 때는 취득경위를 입증할 수 있는 서류를 받는다.

13 ② 비거주자에 대한 재환전 시 필요한 재환전 증빙서류는 반드시 최근 입국일 이후에 발행된 것이어야 하는 반면 외국인거주자의 재환전 증빙서류는 발행일자나 기간에 제한이 없다.

14 다음 중 환전영업자의 외국환업무에 대한 설명으로 옳지 않은 것은?

① 환전영업자는 외국환업무를 수행하기 위해 사전에 관할관세청에 등록하고 외국환거래의 신고 및 사후관리를 위해 거래외국환은행을 지정하여야 한다.

② 명칭, 영업장 소재지, 법인의 대표자를 변경하고자 하는 경우에는 관세청에 변경신고를 하여야 한다.

③ 일정한 영업장을 가지고 있는 국내 거주자인 개인이나 법인은 누구나 환전영업자가 될 수 있다.

④ 환전영업자는 환전장부 사본을 매 반기별로 다음 달 10일까지 관세청장에게 제출하여야 한다.

> **용어 알아두기**
> **환전영업자** 외국통화의 매매와 외국에서 발행된 여행자수표의 매입 업무만을 수행하기 위해서 관할관세청에 등록된 자이다.

15 다음 중 외화수표에 대한 설명으로 옳지 않은 것은?

① 은행수표는 우리나라의 당좌수표와 유사하며 개인수표는 우리나라의 자기앞수표와 유사하다.

② 환거래은행이 아닌 은행이 발행한 은행수표는 수표에 기재된 서명의 진위 여부를 확인할 수 없으므로 개인수표로 간주하여 처리한다.

③ 머니 오더(Money Order)는 수표발행 신청인이 수표금액에 해당하는 금액과 수수료를 은행 또는 발행회사에 지불하면 발행기관의 명칭을 붙여 발행한다.

④ 각 국가의 재무성이 발행하는 국고수표의 유효기간은 발행일로부터 1년이다.

> **용어 알아두기**
> **외화수표** 통화의 지급지가 외국이고 외화로 표시된 수표이다.

정답 및 해설

14　②　법인의 대표자 변경은 신고사항이 아니다.
15　①　은행수표는 우리나라의 자기앞수표와 유사하며 개인수표는 우리나라의 당좌수표와 유사하다.

16 다음 중 외화수표 매입 시 유의사항에 대한 설명으로 옳지 <u>않은</u> 것은?

① 추심 후 지급방식은 추심 전 매입방식보다 안전하다.

② 채권의 경우 매입이나 추심이 불가능하다.

③ 미국 재무성 국고수표는 추심 전 매입만 가능하고 추심 후 지급은 불가능하다.

④ 미국 상법상 수표발행인은 뒷면 배서 위조의 경우 지급일로부터 5년 이내에는 언제든지 지급은행에 이의를 제기하여 부도처리할 수 있다.

정답 및 해설

16 ④ 미국 상법상 수표발행인은 뒷면 배서 위조의 경우 지급일로부터 3년 이내에는 언제든지 지급은행에 이의를 제기하여 부도 처리할 수 있다.

출제빈도 ★★★

17 다음 중 외화수표의 부도관리에 대한 설명으로 옳지 <u>않은</u> 것은?

① 부도대금 원금을 원화로 회수할 경우에는 회수시점의 전신환매도율을 적용한다.

② 부도대금 이자는 환가료 기일 익일부터 부도대금을 회수하는 전날까지의 기간에 대해 회수 시점의 외화여신 연체이율을 적용한다.

③ 추심 전 매입한 외화수표가 대외 발송일로부터 1개월이 경과할 때까지 입금되지 않는 경우 에는 부도로 등록하고 관리하여야 한다.

④ 추심 전 매입한 외화수표가 부도처리된 경우에도 매입외환계정으로 보유한다.

정답 및 해설

17 ③ 추심 전 매입한 외화수표가 대외 발송일로부터 60일까지 입금되지 않는 경우에는 부도로 등록하고 관리하여야 한다.

✓ 출제예상문제를 통해 다양한 외환전문역 Ⅰ종 문제를 풀어볼 수 있습니다.

✓ 다시 봐야 할 문제(틀린 문제, 풀지 못한 문제, 헷갈리는 문제 등)는 문제 번호 하단의 네모박스(□)에 체크하여 반복 학습할 수 있습니다.

출제빈도 ★★★ 최신출제유형

01 다음 중 외화예금거래의 특징에 대한 설명으로 옳지 <u>않은</u> 것은?

□

① 원화를 대가로 외화예금을 거래할 경우 환율이 개입된다.

② 외화예금은 다양한 통화로 예치가 가능하며, 예금금리는 통화의 종류에 따라 달리 적용된다.

③ 환율변동에 따른 환리스크 헤지수단을 제공하지 못하는 한계점이 있다.

④ 각 계정별로 가입주체 및 예치 또는 처분이 가능한 범위가 제한되어 있다.

출제빈도 ★★

02 개인사업자인 외국인거주자가 개인사업자 자격으로 예금거래를 하고자 하는 경우 개설 및
□ 적용되는 계정은?

① 거주자계정

② 대외계정

③ 해외이주자계정

④ 외국인거주자계정

출제빈도 ★★★ 최신출제유형

03 외화예금 업무처리 기준에 대한 내용으로 옳은 것은?

□

① 외화보통예금 등 요구불 외화예금, 외화정기예금 등은 기한을 정할 필요가 없다.

② 외화예금을 개설할 때에는 신청인으로부터 외화예금 거래신청서와 기타 필요한 서류를 받고, 거래에 사용할 인감 또는 서명을 신고받는다. 다만, 예금주가 국제금융기구 등인 경우에는 진위 여부가 확인된 전신 또는 서신으로 신고를 갈음할 수 있다.

③ 외화예금을 원화로 입금하는 경우에는 입금 당시의 대고객 전신환매입율을 적용하고 외화예금의 원리금을 원화로 지급하는 경우에는 지급 당시 대고객 전신환매도율을 적용한다.

④ 외화예금의 이자를 계산할 때 지급단위는 예수통화의 보조단위 미만까지 해야 한다.

출제빈도 ★★   최신출제유형

04 대외계정에 대한 설명으로 옳지 <u>않은</u> 것은?

① 대외계정은 비거주자, 개인인 외국인거주자 중 개인사업자를 포함하여 순수 개인자격의 외국인거주자, 대한민국 정부의 재외공관 근무자 및 그 동거가족이 개설할 수 있는 계정이다.

② 외국으로부터 송금되어 온 대외지급수단과 취득 또는 보유가 인정된 대외지급수단으로 예수가 가능하다.

③ 대외계정으로 개설이 가능한 외화예금은 외화당좌예금, 외화보통예금, 외화정기예금, 외화정기적금에 한한다.

④ 동일자·동일인 기준 미화 2만불 이하의 경우로서 외국환신고(확인)필증을 받지 않고 외국통화 또는 외화표시 여행자수표를 예수하고자 하는 경우에는 외국환거래규정 제4-4조 제2항에 의한 금액과 합산하여 연간 미화 5만불 범위 내에서만 예치 가능하다.

제2과목 외국환거래실무

해커스 **외환전문역 Ⅰ종** 최종핵심정리문제집

정답 및 해설

01 ③ 외화예금거래는 환율변동에 따른 헤지수단을 제공한다.

02 ① 개인사업자인 외국인거주자가 개인사업자 자격으로 예금거래를 하고자 하는 경우에는 거주자계정을 개설하여야 한다. 단, 순수 개인자격으로 예금을 개설하고자 하는 경우에는 대외계정으로 개설하여야 한다.

03 ② ① 외화보통예금 등 요구불 외화예금은 기한을 정할 필요가 없으나, 외화정기예금 등은 기한을 정해야 한다.
        ③ 외화예금을 원화로 입금하는 경우에는 입금 당시의 대고객 전신환매도율을 적용하고 외화예금의 원리금을 원화로 지급하는 경우에는 지급 당시 대고객 전신환매입율을 적용한다.
        ④ 외화예금의 이자를 계산할 때 지급단위로 예수통화의 보조단위 미만은 절사한다.

04 ① 대외계정은 비거주자, 개인인 외국인거주자 중 순수 개인자격의 외국인거주자, 대한민국 정부의 재외공관 근무자 및 그 동거가족이 개설할 수 있는 계정이다. 단, 개인사업자인 외국인거주자가 개인사업자 자격으로 예금거래를 하고자 하는 경우에는 거주자계정으로 개설해야 한다.

05 다음 외화예금에 대한 설명 중 적절하지 <u>않은</u> 것은?

① 해외이주자계정은 재외동포 또는 해외이주법에 의한 해외이주자가 개설할 수 있는 계정이다.

② 거주자계정의 영수확인서에 기재된 영수사유가 있다면 이전거래로 간주하여 예치하는 것이 불가능하다.

③ 외국통화 또는 외화표시 여행자수표를 예수하고자 하는 경우에는 고객이 취득경위를 입증하는 서류를 제출하지 않았다면 이전거래로 간주하여 예수가 가능하다.

④ 외국인거주자 또는 비거주자가 대외계정 처분 시 외국환은행의 장은 1회에 한해 외국환매입증명서 또는 외국환매입영수증 및 계산서 1부를 발행하여 교부하여야 한다.

06 다음 중 외화예금계정에 대한 설명으로 옳지 <u>않은</u> 것은?

① 외국인에게 내국지급수단을 대가로 대외계정 처분 시 당해 외국환의 처분목적을 알 수 없는 경우에는 해외자산 반입으로 간주하여 처분이 가능하다.

② 외국인거주자 또는 비거주자에게 미화 2만불을 초과하는 대외지급수단으로 인출하는 경우에는 외국환신고(확인)필증을 발행·교부하여야 한다.

③ 거주자가 외국통화 또는 외화표시 여행자수표 예수 시 취득경위를 입증하는 서류를 제출하지 않은 경우에도 이전거래로 간주하여야 한다.

④ 거주자계정의 처분에는 제한이 없으나, 대외계정 및 비거주자외화신탁계정으로의 이체를 포함하는 대외지급 시에는 외국환거래규정에서 정하는 제한이 있다.

07 다음 중 외화예금 업무처리 기준에 대한 설명으로 옳지 <u>않은</u> 것은?

① 모든 통화는 외화예금의 예치통화로 사용이 가능하다.

② 외화예금을 원화로 입금하는 경우에는 입금 당시의 대고객 전신환매도율을 적용한다.

③ 외화예금의 이자 계산 시 예수통화의 보조단위까지를 지급단위로 하고, 보조단위 미만은 절사한다.

④ 시효완성 외화예금을 이익금계정 기타영업외수익 항목으로 처리할 경우 적용환율은 이익금 처리 직전 영업일의 매매기준율 또는 재정된 매매기준율로 한다.

08 다음 중 시효가 완성된 외화예금의 처리에 대한 설명으로 옳은 것은?

① 최종 거래일 또는 만기일부터 3년이 경과하면 시효가 완성된 외화예금으로 본다.

② 시효가 완성된 외화예금을 이익금계정 기타 영업외수익 항목으로 처리 시 적용환율은 이익금 처리 영업일의 매매기준율 또는 재정된 매매기준율로 한다.

③ 외국환거래규정에서 정한 증권투자전용계좌, 외화당좌예금과 별도로 정한 사항이 있는 경우에는 이익금으로 처리하지 않는다.

④ 시효완성으로 이익금 처리한 예금을 되돌려 줄 경우 이익금 처리 전일까지는 환급하는 날의 외화보통예금 이자율을 적용하여 계산한 이자를 손실금(기타영업외비용)으로 처리하여 지급한다.

09 다음 중 외화예금의 종류별 특징에 대한 설명으로 옳은 것은?

① 외화보통예금의 이자율은 은행이 정하는 기준금리를 기준으로 산정되며, 결산이자는 결산일의 원금에 더하여 구한다.

② 외화당좌예금은 외화보통예금보다 상대적으로 수익성이 양호하며, 원화당좌예금과 달리 수표나 어음을 지급한다.

③ 외화별단예금은 은행이 고객으로부터 외화자금을 예수하는 조달수단이다.

④ 외화정기예금은 일정한 금액의 외화를 약정된 기간까지 예치하고 그 기한이 만료될 때까지 원금과 이자를 환급해주는 기한부 예금으로서, 예치와 처분은 외국환거래법령상 인정된 거래에 한한다.

정답 및 해설

05 ② 영수확인서에 기재된 영수사유에도 불구하고 이전거래로 간주하여 예치하여야 한다.

06 ② 외국인거주자 또는 비거주자에게 미화 1만불을 초과하는 대외지급수단으로 인출하는 경우에는 외국환신고(확인)필증을 발행·교부하여야 한다.

07 ① 외화예금의 예치통화는 해당 통화의 유동성 및 자금운용 여부 등을 감안하여 결정되어야 하며, 주로 국제 주요 통화나 은행에서 환율을 고시하는 통화로 제한된다.

08 ③ ① 최종 거래일 또는 만기일부터 5년이 경과하면 시효가 완성된 외화예금으로 본다.
② 적용환율은 이익금 처리 직전 영업일의 매매기준율 또는 재정된 매매기준율로 한다.
④ 이익금 처리 전일까지는 그 예금의 정해진 이자율을 적용하고, 이익금을 처리한 날부터 환급하기 전날까지는 환급하는 날의 외화보통예금 이자율을 적용한다.

09 ④ ① 외화보통예금의 결산이자는 결산일 다음 영업일 원금에 더하여 구한다.
② 외화당좌예금은 원칙적으로 이자를 지급하지 않기 때문에 상대적으로 외화보통예금보다 수익성이 좋지 않으며, 원화당좌예금과 달리 수표나 어음을 지급하지 않는다.
③ 외화별단예금은 업무상 예치가 필요한 외화자금을 일시적으로 보관하는 예금이다.

10 다음 중 외화예금 업무에 대한 설명으로 옳은 것은?

☐　① 해외이주자계정은 비거주자, 순수 개인자격의 외국인거주자가 개설할 수 있는 계정이다.

② 해외이주자가 자기 명의의 재산을 처분하여 취득한 내국지급수단을 대가로 외국환은행으로부터 매입한 대외지급수단을 예치하고자 하는 경우에는 해외이주자계정 개설인의 다른 외화예금계정과 구분하여 계리하여야 한다.

③ 외화정기예금의 만기 산정 시, 일 단위로 기간을 정한 때에는 입금일부터 헤아려서 그 일수에 해당하는 날을 만기일로 한다.

④ 입출금이 자유로운 외화예금의 소멸시효 기산일은 최종 거래일이며, 거치식예금의 소멸시효 기산일은 최종 이자지급일이다.

11 다음 중 외화송금에 대한 특징으로 옳지 않은 것은?

☐　① 계좌로 입금하는 방식과 송금수표를 발행하여 지급하는 방식이 있다.

② 특급송금이나 최근 소액해외송금업자가 제공하는 송금서비스 같은 실시간 송금이 가능한 송금서비스도 있다.

③ 원화를 대가로 외화를 송금하는 경우에는 환율의 변동에 따른 환차손(익)이 발생할 수 있다.

④ 미화 5천불 이하의 소액송금, 용역대가, 수입대금 송금 등은 하나의 송금은행을 지정하여 거래하여야 한다.

12 다음 중 당발송금의 종류에 해당하지 않는 것은?

☐　① 전신송금(T/T : Telegraphic Transfer)

② 송금수표(D/D : Demand Draft)

③ 여행자수표(T/C : Traveler's Check)

④ 우편송금(M/T : Mail Transfer)

13 다음 중 해외송금 시 필요한 국가별 은행코드로 옳지 <u>않은</u> 것은?

① 미국 – IBAN CODE

② 영국 – SORT CODE

③ 캐나다 – TRANSIT NO.

④ 호주 – BSB NO.

14 다음 중 당발송금의 업무에 대한 내용으로 옳은 것은?

① 송금의뢰인은 송금신청서에 자필로 송금의뢰인의 이름과 주소, 송금수취인의 이름과 연락처, 은행 계좌번호를 작성해야 하는 반면 송금사유와 수취인과의 관계는 기재할 필요가 없다.

② 외화를 대가로 송금한 경우 송금시점의 전신환매도율을 적용한 대금과 송금수수료, 전신료를 받는다.

③ 외국으로의 외화송금은 외국환거래법령에서 정하는 '인정된 거래'에 대해서만 송금이 가능하므로 해외유학생 송금, 해외이주비 송금 등의 지급사유에 해당하는 당발송금은 거래외국환은행 지정 후 가능하다.

④ 미화 1만불 이하의 해외직접투자를 위한 송금의 경우에는 거래외국환은행 지정 없이 거래가 가능하다.

정답 및 해설

10 ② ① 비거주자, 순수 개인자격의 외국인거주자가 개설할 수 있는 계정은 대외계정이다.
　　　③ 일 단위로 기간을 정한 때에는 입금일부터 헤아려서 그 일수에 해당하는 날의 다음 날을 만기일로 한다.
　　　④ 거치식예금의 소멸시효 기산일은 만기일이며, 만기 후에 이자를 지급한 사실이 있는 때에는 최종 이자지급일이다.

11 ④ 미화 5천불 이하의 소액송금이나 용역대가, 수입대금 송금 등은 거래은행 지정 없이 송금이 가능하다.

12 ③ 당발송금의 종류에는 전신송금, 송금수표, 우편송금이 있다. 여행자수표는 해외여행 시 현금 휴대에 따른 불편과 위험을 제거하기 위해서 여행자수표 발행회사가 발행한 정액권 외화수표이다.

13 ① IBAN CODE는 유럽국가로 해외송금 시 자금결제의 자동화를 위해 사용하는 유럽국가 내 통일된 계좌번호 체계이다. 미국의 경우에는 ABA NO., ROUTING NO.라는 은행코드명을 사용한다.

14 ③ ① 추후 송금에 대한 감독기관의 점검에 대비하기 위해 송금사유와 수취인과의 관계도 기재하여야 한다.
　　　② 원화를 대가로 송금한 경우 송금시점의 전신환매도율을 적용한 대금과 송금수수료, 전신료를 받으며, 외화를 대가로 송금한 경우에는 송금수수료, 전신료 외 현금수수료 또는 대체료를 받는다.
　　　④ 해외직접투자를 위한 송금은 거래외국환은행 지정 대상 사유이며, 미화 5천불 이하의 소액송금이나 용역대가, 수입대금 송금 등이 외국환은행 지정 없이 송금이 가능한 경우이다.

15 다음 중 당발송금에 대한 설명으로 옳은 것은?

① 모든 송금은 반드시 하나의 거래외국환은행을 지정한 후 거래하여야 한다.

② 영국의 경우 송금신청서에 기재되는 은행코드는 IBAN CODE이다.

③ 지급은행으로부터 송금정보 오류에 따른 조건변경 전문을 접수 받은 후에는 신속하게 송금의뢰인에게 정확한 송금정보를 받고 즉시 조건변경 전문을 발송하여야 한다.

④ 우편송금은 송금처리에 소요되는 시간이 짧아 현재 가장 보편적으로 사용하고 있는 송금방식이다.

16 다음 괄호에 들어갈 내용이 올바르게 나열된 것은?

> 우리은행의 김하늘 사원은 고객으로부터 상품대금의 송금의뢰를 받았으나, 송금의뢰인이 송금 취소를 요청하여 당발송금의 퇴결을 요청하였다. 이 경우 퇴결대금은 해외 (A)으로부터 퇴결수수료가 공제된 금액이 지급되고, 퇴결대금을 원화로 지급할 때에는 지급 당시 대고객 (B)을 적용한다.

	A	B
①	중계은행	전신환매입율
②	중계은행	전신환매도율
③	지급은행	전신환매입율
④	지급은행	전신환매도율

17 소액해외송금업자에 대한 옳은 설명으로 모두 묶인 것은?

> 가. 소액해외송금업무의 건당 지급 및 수령 한도는 각각 건당 미화 5천불이며, 동일인당 연간 지급 및 수령 누계 한도는 각각 미화 5만불이다.
> 나. 2017년부터는 증권사와 카드사도 소액해외송금이 가능하다.
> 다. 소액해외송금업무 등록을 하고자 하는 자는 소액해외송금업무 등록신청서에 일정 서류를 첨부하여 금융감독원장을 경유한 후 기획재정부장관에게 제출해야 한다.
> 라. 다른 업무를 겸영하지 아니하고 소액해외송금업무만을 영위하려는 자로서 분기별 지급 및 수령 금액 총액을 150억원 이하로 운영하려는 자는 자기자본이 20억원 이상이어야 한다.
> 마. 소액해외송금업자는 거래 내역을 기록하고 5년간 보관해야 한다.

① 가, 라

② 가, 다, 마

③ 나, 다, 마

④ 가, 나, 라, 마

18 다음 중 타발송금 업무처리 방법에 대한 설명으로 옳지 <u>않은</u> 것은?

① 수령행위가 신고대상인 자본거래인 경우에는 반드시 신고절차를 거치고 지정거래 외국환 은행을 통해 지급하여야 한다.

② 외화표시 타발송금을 원화로 지급할 시에는 지급시점의 대고객 전신환매입율로 환산한 원 화를 지급하여야 한다.

③ 거주자나 비거주자로부터 미화 2만불 이하의 대외지급수단을 수령(영수)하는 경우에는 취 득경위 입증서류 제출을 생략할 수 있다.

④ 내국지급수단을 대가로 외국인 또는 비거주자가 외국으로부터 수령(영수)한 대외지급수 단을 매입하는 경우로서 처분목적을 알 수 없는 경우 해외재산반입으로 간주하여 매입이 가능하다.

정답 및 해설

15 ③ ① 미화 5천불 이하의 소액송금이나 용역대가, 수입대금 송금 등은 외국환거래은행 지정 없이 송금이 가능하다.
② 영국의 코드명은 SORT CODE이다. IBAN CODE는 유럽의 코드명이다.
④ 전신송금에 대한 설명이다.

16 ① 퇴결대금은 해외 중계은행으로부터 퇴결수수료가 공제되어 지급되고, 송금의뢰인에게 퇴결대금을 원화로 지급하는 경우 지급 당시의 대고객 전신환매입율을 적용한다.

17 ② '가, 다, 마'는 옳은 설명이다.
나. 2019년부터 증권사와 카드사도 소액해외송금이 가능하다.
라. 다른 업무를 겸영하지 아니하고 소액해외송금업무만을 영위하려는 자로서 분기별 지급 및 수령 금액 총액을 150억원 이하로 운영하려는 자는 자기자본이 10억원 이상이어야 한다.

18 ① 수령행위가 신고대상인 자본거래라도 거주자의 거래 건당 영수금액이 미화 5천불 초과 10만불 이내이고, 연간 수령 누계 금액이 미화 10만불을 초과하지 않는 경우에는 신고절차를 생략하고 지정거래 외국환은행을 통해 지급 가능하다.

19 다음 중 타발송금에 대한 설명으로 옳은 것은?

① 국내의 송금인으로부터 송금대금을 원화 또는 외화로 받고 외국의 수취인에게 외화자금을 송금하는 것을 말한다.

② 일반적인 타발송금은 송금수표(D/D)를 의미한다.

③ 거주자(외국인거주자 제외)가 미화 10만불 초과 대외지급수단을 수령(영수)하는 경우로 서 취득경위를 입증하는 서류를 제출하지 않은 경우에는 영수확인서를 받고 이전거래로 간주하여 매입한다.

④ 수취인명이 불일치하더라도 수취인 계좌번호가 일치하면 지급 가능하다.

20 타발송금 업무처리 시 취득경위 입증서류 제출 생략대상으로 옳지 않은 것은?

① 국내 소재 외국정부의 공관이 수령하는 경우

② 국내에서 근무하는 비거주자 미군이 수령하는 경우

③ 외국으로부터 송금된 미화 10만불 초과의 대외지급수단을 매입하는 경우

④ 지방자치단체가 수령하는 경우

21 다음 중 외국통화의 매입에 대한 설명으로 옳지 않은 것은?

① 건당 100만원 이하에 상당하는 외국통화를 매입하는 경우에는 실명확인을 생략할 수 있다.

② 위폐 발견 시 고객으로부터 해당 위폐를 회수한 후 보관증을 고객에게 교부하고 보관증 사본은 은행에서 별도로 보관하여야 한다.

③ 비거주자의 대외계정이나 비거주자 외화신탁계정으로부터 인출하거나 송금방식에 의하여 영수한 외국환을 매입하는 경우에는 취득경위 입증서류 제출이 생략 가능하다.

④ 동일자·동일인·동일점포를 기준으로 미화 5천불 상당액을 초과하여 매입하는 경우에는 국세청장과 관세청장에게 통보하여야 한다.

22 외국통화의 매입 중 위조지폐 여부 확인에 관한 내용 중 옳지 않은 것은?

☐ ① USD, EUR, JPY, CNY 등 위폐감별기로 감별이 가능한 통화는 위폐감별기를 이용하여 감별한다. 다만, 상용권으로서 지질상태가 많이 부풀려졌거나 훼손된 경우 또는 이물질 등으로 오염된 경우 위폐로 감별될 수 있으므로 주요 외국통화의 특징을 확대경으로 대조 확인하여 위폐 여부를 최종 판정한다.

② 발견된 위조지폐 실물을 금융회사 직원이 강제로 회수할 권한이 있으며, 고객에게서 위조 지폐를 발견하는 즉시 수사기관에 직접 신고해야 한다.

③ 위폐 발견 시에는 고객으로부터 해당 위폐를 회수한 후 위·변조 외국통화보관증을 고객에게 교부하고 보관증 사본은 은행에서 별도 보관한다.

④ 위폐감별기가 감별할 수 없는 통화는 「외국통화견양집」을 참고하여 매입한다.

정답 및 해설

19 ③ ① 당발송금에 대한 설명이다. 타발송금은 해외에 있는 은행 또는 국내의 다른 외국환은행으로부터 송금되어 온 외화자금 을 국내의 수취인에게 지급하는 것이다.
② 일반적인 타발송금은 전신환송금(T/T)을 의미한다.
④ 수취인 계좌번호가 일치하더라도 수취인명이 상이한 경우에는 지급할 수 없다.

20 ③ 외국으로부터 송금된 미화 10만불 초과의 대외지급수단을 매입하는 경우 취득경위 입증서류를 제출하지 않으면 영수확인 서를 징구한다.

21 ④ 미화 1만불 상당액을 초과하여 매입한 경우에는 국세청장과 관세청장에게 통보하여야 한다.

22 ② 발견된 위조지폐 실물을 금융회사 직원이 강제로 회수할 권한이 없으나, 고객에게서 위조지폐를 발견하는 즉시 수사기관 에 직접 신고해야 한다.

23 다음 중 외국통화의 매입 시 확인사항에 대한 설명으로 옳지 <u>않은</u> 것은?

① 외국정부의 공관으로부터 동일자·동일인·동일점포를 기준으로 미화 2만불을 초과하여 매입하는 경우에는 반드시 외국환신고(확인)필증을 받아야 한다.

② 외국환업무 취급기관 및 환전영업자로부터 매입하는 경우에는 취득경위 입증서류 제출을 생략하여도 된다.

③ 외국인거주자를 제외한 거주자가 취득경위를 입증하는 서류를 제출하지 않고 동일자·동일인·동일점포를 기준으로 미화 2만불 상당액을 초과하는 외국통화를 매각하고자 하는 경우에는 이전거래로 간주하여 매입이 가능하다.

④ 외국통화 매입대금을 원화로 지급하는 경우에는 취급 당시의 대고객 현찰매입율을 적용한다.

24 다음 중 외국통화 매입 시 유의하여야 할 사항으로 옳지 <u>않은</u> 것은?

① 외국인거주자 또는 비거주자로부터 외국환을 매입하는 경우에는 1회에 한하여 매입을 증명할 수 있는 서류 1부를 발행하여 교부하여야 한다.

② 비거주자의 대외계정이나 비거주자 외화신탁계정으로부터 인출하는 경우에는 취득경위 입증서류 제출의 생략이 가능하다.

③ 외국인거주자 또는 비거주자가 외국환신고(확인)필증을 제출하지 않고 휴대하고 있던 미화 2만불 상당액을 초과하는 외국통화를 매각하고자 하는 경우에는 이전거래로 간주하여 매입이 가능하다.

④ 은행에서 매입이 가능한 통화는 매입은행이 환율을 고시하는 외국통화로 하며, 매입할 경우에는 반드시 지폐의 손상 및 위·변조 여부를 확인하여야 한다.

25 다음 중 외국통화의 매도에 대한 설명으로 옳지 <u>않은</u> 것은?

① 외국통화 매도대금을 원화로 받을 경우에는 매도 시 대고객 현찰매도율을 적용한다.

② 외국인거주자에게 100만원 이하에 상당하는 외국통화를 매각하는 경우에는 매각 시 여권에 매각사실 기재를 생략한다.

③ 외국인비거주자에 대한 재환전 시 재환전 증빙서류는 발행일자나 기간에 제한이 없다.

④ 재환전 증빙서류에 의한 재환전의 경우에는 반드시 재환전 증빙서류를 회수하여야 하며, 일부 금액의 재환전인 경우에는 증빙서류 여백에 환전사실을 표기한 후 고객에게 다시 교부하여야 한다.

26 외국환은행이 외국환신고(확인)필증을 발행·교부하여야 하는 거래로 옳지 않은 것은?

① 국민인 거주자에게 해외여행경비 목적으로 미화 1만불을 초과하여 외국통화를 매각한 경우

② 해외유학생경비 목적으로 미화 1만불을 초과하여 외국통화를 매도한 경우

③ 외국인거주자에게 미화 1만불을 초과하여 외국통화를 매각한 경우

④ 재외동포의 국내 재산반출 지급을 위해 미화 1만불을 초과하여 여행자수표를 매도한 경우

정답 및 해설

23　①　외국정부의 공관으로부터 동일자·동일인·동일점포를 기준으로 미화 2만불을 초과하여 매입하는 경우에는 반드시 외국환신고(확인)필증을 받을 필요는 없으며, 외국환신고(확인)필증이 없는 경우에는 대외지급수단매매신고필증을 받으면 된다.

24　③　외국인거주자 또는 비거주자가 외국환신고(확인)필증을 제출하지 않고 휴대하고 있던 미화 2만불 상당액을 초과하는 외국통화를 매각하고자 하는 경우에는 대외지급수단매매신고를 하여야 한다. 반면, 외국인거주자를 제외한 거주자가 취득경위를 입증하는 서류를 제출하지 않는 경우에는 이전거래로 간주하여 매입 가능하다.

25　③　외국인비거주자에 대한 재환전 시 재환전 증빙서류는 반드시 최근 입국일 이후 발행된 것이어야 하지만 외국인거주자의 재환전 증빙서류의 경우에는 발행일자나 기간에 제한이 없다.

26　①　국민인 거주자에게 해외여행경비 목적으로 미화 1만불을 초과하여 외국통화를 매각하는 경우는 외국환신고(확인)필증의 발행·교부대상이 아니다.

출제빈도 ★★★

27 다음 중 외국통화 매도 시 유의하여야 할 사항으로 옳지 않은 것은?

☐ ① 해외이주비 지급을 위해 미화 1만불을 초과하여 여행자수표를 매각한 경우에는 외국환신고(확인)필증을 발행·교부하여야 한다.

② 외국인거주자에게 재환전 증빙서류 없이 미화 1만불 범위 내에서 해외여행경비 목적으로 매각하는 경우에는 최근 입국일 이후 해외여행경비의 환전사실이 있는지 여부를 확인하여야 한다.

③ 외국인거주자나 비거주자에게 재환전 증빙서류 없이 미화 1만불을 초과하여 매각하는 경우에는 대외지급수단 매매신고서가 필요하다.

④ 재환전 증빙서류에 의한 일부 금액의 재환전인 경우에는 반드시 재환전 증빙서류를 회수하여야 한다.

출제빈도 ★★★

28 다음 중 환전영업자의 외국환업무에 관한 설명으로 틀린 것은?

☐ ① 외국통화의 매입 또는 매도, 해외에서 발행된 여행자수표의 매입업무만을 수행할 수 있다.

② 환전영업자로 등록되기 위해서는 일정한 크기의 영업장을 소유한 국내 거주자인 개인이나 법인이어야 한다.

③ 환전영업자는 고객으로부터 매입한 외국통화 중 비거주자에게 재환전하고 남은 잔액을 직접 보유할 수 있다.

④ 환전영업자는 환전장부 사본을 매 반기별로 다음 달 10일까지 관세청장에게 제출하여야 한다.

출제빈도 ★★★

29 다음 중 환전영업자의 외국환업무에 대한 설명으로 옳은 것은?

☐ ① 외국인거주자 또는 비거주자로부터 외국통화 등을 매입하는 경우에는 1회에 한하여 외국환매입증명서를 발행·교부하여야 한다.

② 환전영업자는 거주자로부터 동일자·동일인 기준 미화 1만불 초과의 외국통화를 매입한 경우 외국환매각신청서 사본을 익월 10일 이내에 국세청장에게 통보하여야 한다.

③ 환전영업자는 환전장부, 외국환매각신청서, 외국환매입증명서 등 환전관계서류를 해당 연도 이후 3년간 보관하여야 한다.

④ 환전업무 등록을 폐기하고자 하는 경우 거래외국환은행에 폐지신고를 하여야 한다.

30 다음 중 은행에서 매입할 수 있는 외국통화로 가장 적절한 것은?

☐ ① 국제 간 유통이 어려워 은행이 매입을 금지한 통화

② 환리스크가 높은 통화

③ 주 화

④ 유럽경제통화연맹 소속국가가 EURO 통화 발행 전 사용하던 통화

정답 및 해설

27 ④ 일부 금액의 재환전인 경우에는 증빙서류 여백에 환전사실을 표기한 후 고객에게 다시 교부하여야 한다.

28 ② 일정한 영업장을 가지고 있는 국내 거주인인 개인이나 법인은 누구나 환전영업자가 될 수 있고 영업장의 크기는 제한이 없다.

29 ① ② 환전영업자는 거주자로부터 동일자·동일인 기준 미화 1만불 초과의 외국통화를 매입한 경우 외국환매각신청서 사본을 익월 10일 이내에 국세청장 및 관세청장에게 통보하여야 한다.
　③ 환전영업자는 환전장부, 외국환매각신청서, 외국환매입증명서 등 환전관계서류를 해당연도 이후 5년간 보관하여야 한다.
　④ 환전업무 등록을 폐기하고자 하는 경우 관세청에 폐지신고를 하여야 한다.

30 ② 환리스크가 높은 통화라고 해서 매입할 수 없는 것은 아니다.

출제빈도 ★ ★

31 외국통화의 매매에 대한 옳은 설명으로 모두 묶인 것은?

가. 송금방식에 의하여 영수한 외국환을 비거주자로부터 미화 2만불을 초과하여 매입하는 경우에는 취득경위를 입증할 수 있는 서류를 받아야 한다.

나. 외국인거주자로부터 외국환을 매입하는 경우에는 1회에 한하여 매입을 증명할 수 있는 서류 1부를 발행·교부하여야 한다.

다. 해외이주자에게 미화 1만불을 초과하여 외국통화를 매각한 경우에는 외국환신고(확인)필증을 발행· 교부하여야 한다.

라. 외국인거주자의 재환전 증빙서류는 반드시 최근 입국일 이후 발행된 것임을 확인하여야 한다.

마. 외국인거주자에게 실수요 증빙서류 없이 해외여행경비를 목적으로 매각하는 경우에는 반드시 매각 사실을 여권에 표시하여야 한다.

① 가, 라

② 나, 다

③ 가, 다, 마

④ 나, 라, 마

출제빈도 ★ ★

32 외국환은행이 외국통화 매도 시 받는 서류로 옳지 않은 것은?

① 외국환매매신청서

② 여권 등 실명확인증표

③ 재환전 증빙서류(외국환매입증명서 등)

④ 취득경위를 입증할 수 있는 서류

33   다음 중 외화수표에 대한 설명으로 옳은 것은?

① 지급지에 관계없이 통화가 외화로 표시된 수표를 외화수표라고 한다.

② 추심 전 매입은 외화수표 대금을 먼저 매입의뢰인에게 지급하고 해외 지급은행에 수표대금을 청구하여 회수하는 일종의 여신행위이다.

③ 추심 전 매입방식은 추심 후 매입방식보다는 안전하나 지급은행으로부터 사후에 수표부도로 인한 대금이 청구될 수 있다.

④ 개인수표는 우리나라 당좌수표와 유사한 수표로 추심 전 매입을 원칙으로 한다.

정답 및 해설

31 ②   '나, 다'는 외국통화의 매매에 대한 옳은 설명이다.
   가. 송금방식에 의하여 영수한 외국환을 비거주자로부터 매입하는 경우에는 취득경위를 입증할 수 있는 서류를 생략할 수 있다.
   라. 외국인거주자의 재환전 증빙서류는 발행일자나 기간에 제한이 없는 반면, 비거주자의 재환전 증빙서류는 반드시 최근 입국일 이후 발행된 것이어야 한다.
   마. 미화 1만불 범위 내에서 해외여행경비를 목적으로 매각하는 경우에 해당되는 내용이며, 100만원 이하에 상당하는 외국통화를 매각하는 경우에는 매각사실 기재 생략이 가능하다.

32 ④   취득경위를 입증할 수 있는 서류는 거주자로부터 외국통화 매입 시 동일자, 동일인, 동일점포 기준으로 미화 2만불 상당액을 초과할 때 추가로 받는 서류이다.

33 ②   ① 지급지가 외국이고 통화가 외화로 표시된 수표를 외화수표라고 한다.
   ③ 추심 후 매입방식은 추심 전 매입방식보다는 안전하나 지급은행으로부터 사후에 수표부도로 인한 대금이 청구될 수 있으므로 추심대금을 지급한 이후에도 수표대금 회수에 지장이 없는 경우에 취급하여야 한다.
   ④ 개인수표는 추심 후 지급을 원칙으로 한다.

34 다음 중 외화수표에 대한 설명으로 옳지 <u>않은</u> 것은?

① 머니 오더(Money Order)는 수표발행 신청인이 수표금액에 해당하는 금액과 수수료를 은행 또는 발행회사에 지불하면 발행하는 수표를 말한다.

② 국고수표(Treasury Check)의 유효기간은 발행일로부터 1년이며, 추심 후 매입이 불가하므로 매입거래만 가능하다.

③ 우리나라의 경우 외국과 달리 선일자수표의 발행이 인정되지 않는다.

④ 외화수표는 지정수취인(Pay to the order of~)으로부터 매입 또는 추심신청을 받아야 한다.

35 외화수표 부도 관리에 대한 내용으로 거리가 <u>먼</u> 것은?

① 추심 전 매입한 외화수표가 대외 발송일로부터 60일까지 입금되지 않는 경우에는 부도로 등록하고 관리하여야 한다.

② 외화수표를 부도처리한 경우에도 매입외화계정으로 보유한다.

③ 추심 전 매입한 외화수표가 부도처리된 경우에는 즉시 매입의뢰인으로부터 부도대금 원금과 부도이자를 회수하도록 한다.

④ 부도대금 회수 시에는 외화수표 매입시점에서의 전신환매도율을 적용한 환율을 사용한다.

36 다음 중 외화수표의 부도사유에 대한 내용이 옳게 짝지어진 것으로 모두 묶인 것은?

> 가. Post Date – 유효기일 경과
> 나. Refer to Maker – 계약 불이행
> 다. Forged Endorsement – 배서 불비
> 라. Sent Wrong – 제3은행으로 추심

① 가, 다　　　　　　　　　　　② 가, 라

③ 나, 다　　　　　　　　　　　④ 나, 라

37 다음 중 추심 후 지급이 가능한 외화수표에 해당되는 것은?

① 캐나다 재무성 국고수표

② Canada에서 발행한 USD POSTAL MONEY ORDER

③ 일본 소절수

④ Personal Check

정답 및 해설

34 ③ 외국의 경우 우리나라와 달리 선일자수표의 발행이 인정되지 않는다.

35 ④ 부도대금 회수 시에는 회수시점의 전신환매도율을 적용한 환율을 사용한다. 부도대금 원금을 원화로 회수 시에는 회수시점의 전신환매도율을 적용하며, 부도이자는 추심 전 매입거래 시 수령했던 환가료 기일 익일부터 부도대금 회수일 전날까지의 기간에 대해 회수시점의 외화여신 연체이율을 적용한다.

36 ④ '나, 라'는 외화수표 부도사유가 옳게 짝지어진 내용이다.
가. Post Date는 선일자 발행이다. 유효기일 경과는 Stale Date이다.
다. Forged Endorsement는 배서 위조이다. 배서 불비는 Endorsement Missing이다.

37 ④ ① 추심 전 매입만 가능하다.
②③ 매입이나 추심이 불가능하다.

■ 출제경향 및 학습전략

특수한 외환상품은 제2과목 전체 25문제 중 총 4~6문제 정도 출제된다.

특수한 외환상품에서는 국제금융시장의 종류별 기능을 학습하고, 환율연동상품에서는 통화옵션 합성상품의 개념을 중심으로 학습해야 한다. 해외펀드상품에서는 수익증권과 뮤추얼펀드를 비교하는 내용이 자주 출제되며, 기타 해외펀드에서도 1문제 정도 출제가 되니 개념을 중심으로 학습해야 한다. 해외펀드 투자 시 고려사항도 자주 출제되며, 표준편차, 베타계수 등 지표의 의미도 학습해야 한다.

■ 빈출포인트

구 분	문제번호	빈출포인트	출제빈도	페이지
국제금융시장 (15%)	01	외환시장(FX Market)	★★★	p. 214
	02	단기금융시장(Money Market)	★★★	p. 214
	03	중장기 자본시장(Capital Market)	★★★	p. 215
환율연동상품 (15%)	04	환율연동상품의 개요	★★	p. 215
해외펀드상품 (70%)	05	펀드의 분류	★★★	p. 216
	06	해외펀드의 개요	★★	p. 216
	07	해외펀드의 상품	★★	p. 217
	08	기타 해외펀드 유형	★★★	p. 217
	09~11	해외펀드 투자 시 고려사항	★★★	p.218~219

제2과목 **외국환거래실무**

. . . . . .

제3장
특수한 외환상품

✔ 개념완성문제를 통해 외환전문역 Ⅰ종 시험에 나오는 개념을 이해할 수 있습니다.

✔ 다시 봐야 할 문제(틀린 문제, 풀지 못한 문제, 헷갈리는 문제 등)는 문제 번호 하단의 네모박스(□)에 체크하여 반복 학습할 수 있습니다.

외환시장(FX Market)

출제빈도 ★★★

01 다음 중 외환시장(FX Market)에 대한 설명으로 옳지 <u>않은</u> 것은?

□

① 외환시장은 이종통화 간의 교환을 통하여 실제 환율을 결정해 줌과 동시에 국가 간의 구매력 이전을 가능하게 함으로써 국제수지 및 국제투자를 원활하게 해 준다.

② 외환시장은 외환에 대한 수요와 공급이 만나서 외환의 가격이 결정되는 특정 장소를 의미한다.

③ 외환시장은 대부분 은행 간의 거래로 이루어진다.

④ 외환거래의 대부분은 장외거래(OTC)의 형태를 갖는다.

> **용어 알아두기**
>
> **외 환** 외국통화(달러, 유로 등)뿐만 아니라 외국통화로 표시된 채권, 주식 등 대외결제수단으로 사용할 수 있는 일체의 외국통화표시 청구권이다.
>
> **장외거래(OTC)** 특정 장소에서 이루어지는 거래가 아닌 전화나 컴퓨터를 통해 매수자와 매도자 간의 거래가 이루어지는 형태이다.

단기금융시장(Money Market)

출제빈도 ★★★

02 다음 중 단기금융시장(Money Market)에 대한 설명으로 옳지 <u>않은</u> 것은?

□

① 단기금융시장 참가자들은 대부분 금융상품의 안정성보다는 수익성을 중시하는 경향이 있다.

② 단기금융시장은 콜자금(Call Money)을 비롯하여 은행인수어음(BA), 기업어음(CP), 양도성예금증서(CD), 단기재정증권(T-Bill) 등으로 구성되어 있다.

③ 이자율이 완전경쟁하에서 결정되므로 자금의 효율적 배분 및 사용을 촉진해 주고 금융의 자동조절기능이 발휘될 수 있는 여건을 마련해 준다.

④ 개방경제체제하에서 단기금융시장과 외환시장은 기본적으로 상호 불가분의 밀접한 상관관계를 유지하고 있다.

정답 및 해설

01 ② 외환시장은 외환거래가 이루어지는 특정의 장소나 공간뿐만 아니라 총괄적인 거래메커니즘까지 포함하는 추상적인 개념이다.

02 ① 단기금융시장의 참가자들은 대부분 위험회피성향이 높고 금융상품의 수익성보다는 안정성과 유동성을 중시한다.

출제빈도 ★ ★ ★

03 다음 중 중장기 자본시장(Capital Market)에 대한 설명으로 옳지 <u>않은</u> 것은?

① 금융기관 및 기업 등의 중장기 과부족 자금의 수급을 조절하기 위해 보통 만기 1년 이상의 금융상품이 거래되는 시장이다.

② 일반은행이 주축 기능을 수행하며 간접금융 형태를 취하는 거래이다.

③ 금융통화당국은 단기금융시장의 규제를 통하여 간접적으로 중장기 자본시장에 영향을 미친다.

④ 중장기 자본시장은 발행시장과 유통시장으로 구분되기도 한다.

출제빈도 ★ ★

04 다음 중 환율연동상품에 대한 설명으로 옳지 <u>않은</u> 것은?

① 해외경제요인으로 환율이 큰 폭으로 변동할 경우 원금 손실의 우려가 있다.

② 수익구조에 따라 상승형, 하락형, 범위형으로 구분된다.

③ 정기예금의 일정 이자를 환율 관련 파생상품에 투자하여 그 수익을 금리 형태로 지급하는 상품이다.

④ 환율연동 금융상품은 주가지수연계 금융상품보다 덜 활성화되어 있다.

정답 및 해설

03 ② 중장기 자본시장은 투자은행, 유가증권 브로커 회사, 투자자문회사가 주축 기능을 수행하며, 자금수요자의 발행을 통한 직접금융 서비스에 중점을 둔다.

04 ① 환율연동상품은 정기예금과 환율파생상품이 연계되어 있는 상품으로, 정기예금의 이자만 파생상품에 투자하므로 원금은 보장된다.

05 다음 중 뮤추얼펀드와 수익증권에 대한 비교 설명으로 옳지 <u>않은</u> 것은?

① 뮤추얼펀드는 펀드 자체가 법인성격을 가지는 주식회사 형태로 설립되었으며, 수익증권은 신탁계약에 의한 신탁관계 형태로 설립되었다.

② 뮤추얼펀드의 판매가격은 주당 순자산가치이며, 수익증권의 판매가격은 기준가격이다.

③ 뮤추얼펀드는 감독기관의 엄격한 규제가 이루어지며, 수익증권은 주주에 의한 자율규제가 이루어진다.

④ 뮤추얼펀드는 주총과 이사회 등을 통하여 투자자의 이익이 추구 및 보호되며, 수익증권은 투자신탁회사가 선량한 관리자 차원에서 투자자 이익을 극대화한다.

06 해외펀드와 해외투자펀드의 비교에 대한 내용 중 옳지 <u>않은</u> 것은?

	구 분	해외펀드	해외투자펀드
①	투자대상 지역	해 외	해 외
②	투자설립 주체	외국의 투자기관	국내 운용사
③	투자자 모집대상 지역	전세계	국 내
④	등록 지역	해 외	해 외

정답 및 해설

05 ③ 뮤추얼펀드는 주주에 의한 자율규제가 이루어지며, 수익증권은 감독기관의 엄격한 규제가 이루어진다.

06 ④ 해외투자펀드의 등록 지역은 국내이다. 참고로 국내에 설정되어 국내에 투자되는 외국인투자자 전용 수익증권을 '외수펀드'라고 한다.

07 다음 중 해외 뮤추얼펀드 투자의 장점에 대한 설명으로 옳지 <u>않은</u> 것은?

① 입출금이 자유로운 개방형 뮤추얼펀드이다.

② 투자자 성향에 맞는 다양한 상품을 제시한다.

③ 여러 국가에 투자하여 위험도가 낮다.

④ 펀드의 존속기간은 최장 10년이다.

08 다음 중 해외펀드 유형에 대한 설명으로 옳지 <u>않은</u> 것은?

① 부동산 펀드는 자산운용사나 부동산 개발 기구에 투자자금을 대출해 주거나 수익증권에 투자하여 수익금을 분배한다.

② 부동산 펀드로 기대하는 수익률은 표면 예상수익률만으로 평가할 수 없다.

③ 펀드 오브 펀드는 여러 개의 채권형 펀드 또는 주식형 펀드를 하나의 펀드로 만든 상품으로 Country Risk를 분산시킬 수 있는 장점이 있다.

④ 선박펀드는 주식형 펀드나 부동산 펀드에 비해 수익률은 높지만 원금 손실의 가능성이 있다.

정답 및 해설

07 ④ 펀드의 존속기간에는 제한이 없으며, 장기투자를 할 경우 안정적인 수입이 가능하다.

08 ④ 선박펀드는 주식형 펀드나 부동산 펀드에 비해 수익률이 낮으며, 원금 손실의 가능성도 있다.

09 해외펀드 투자의 특성으로 옳지 <u>않은</u> 것은?

① 해외펀드 투자는 단기투자일수록 위험에 대한 노출이 심하고, 장기투자일수록 위험을 줄이며 안정적 수익을 기대할 수 있다.

② 해외펀드 투자는 환차익을 목적으로 하는 투자이다.

③ 해외펀드는 주식·채권 등 다양한 펀드 간 전환이 가능하다.

④ 해외펀드는 시장상황에 따라 소액으로 분산투자해야 한다.

10 다음 중 해외펀드 투자 시 고려사항에 대한 설명으로 옳지 <u>않은</u> 것은?

① 펀드 투자 시 자신이 가입할 펀드의 자산운용사가 과거 3년 이상 달성한 수익률을 사전 점검하여야 한다.

② 해외펀드 투자는 환차익이 목적이 되어서는 아니 되며, 위험이 적고 안정적인 수익을 기대할 수 있는 장기투자여야 한다.

③ 위험을 회피하는 투자자의 경우에는 Turn-over Ratio가 낮은 것이 바람직하다.

④ Load는 그 효과가 직접적이고 큰 편이기 때문에 투자기간이 길어질수록 수익률에서 차지하는 비율이 점점 커진다.

용어 알아두기

Load 펀드매매 시 펀드 투자자가 펀드 판매 수수료 형태 등으로 일정 수수료를 지불하는 것을 말한다.

정답 및 해설

09 ② 해외펀드투자는 환차익을 목적으로 하는 투자가 아니다.

10 ④ 투자기간이 길어질수록 수익률에서 Load가 차지하는 비율은 점점 작아진다.

11 **다음 중 투자펀드의 특성을 알 수 있는 지표에 대한 설명으로 틀린 것은?**

☐

① 표준편차가 클수록 펀드의 수익률 변동성은 크다.

② 주가가 상승국면에 있을 때는 베타계수가 낮은 종목을 선택하는 것이 유리하다.

③ 채권 듀레이션 값이 높을수록 시장의 금리 변화에 따른 채권가격의 변동성은 더 크다.

④ VaR는 금액단위로 위험을 나타내기 때문에 이해가능성과 비교가능성이 높으며, 위험의 합산이 가능하다.

정답 및 해설

11   ②   주가가 상승국면에 있을 때는 베타계수가 높은 종목을 선택하는 것이 유리하다.

✓ 출제예상문제를 통해 다양한 외환전문역 Ⅰ종 문제를 풀어볼 수 있습니다.

✓ 다시 봐야 할 문제(틀린 문제, 풀지 못한 문제, 헷갈리는 문제 등)는 문제 번호 하단의 네모박스(□)에 체크하여 반복 학습할 수 있습니다.

출제빈도 ★★★

01 다음 중 외환시장(FX Market)에 대한 설명으로 옳은 것은?

□
① 외환거래의 대부분은 장내거래의 형태를 갖는다.

② 외환시장은 대부분 대고객 간의 거래로 이루어진다.

③ 외환시장은 대부분 자본목적의 거래가 이루어진다.

④ 외환시장은 제로섬(Zero Sum)시장이다.

출제빈도 ★★★

02 다음 중 단기금융시장(Money Market)에 대한 설명으로 옳지 <u>않은</u> 것은?

□
① 단기금융시장에서는 공개시장조작 등 금융정책의 수립 및 집행이 용이하게 이루어진다.

② 단기금융시장은 금융중개기능을 강화하여 단기 여유자금의 효율성을 높인다.

③ 단기금융시장은 만기가 1년 이내의 금융시장으로서 금융중개보다는 단순한 직접금융 서비스에 중점을 둔다.

④ 단기금융시장은 단기 상업 내지 무역금융 또는 운전자금 조달을 목적으로 하며, 재정증권, 콜자금, 양도성예금증서(CD), 기업어음(CP), 은행인수어음(BA), 환매조건부채권(RP) 등이 있다.

출제빈도 ★★★

03 다음 중 중장기 자본시장(Capital Market)에 대한 설명으로 옳은 것은?

□
① 중장기 자본시장은 CB, DR 등의 발행이 이루어지는 발행시장(Primary Market)과 기발행 FRN의 매입 및 매각 등이 이루어지는 유통시장(Secondary Market)으로 구분된다.

② 금융통화당국은 Capital Market에 참여하고 있는 금융기관에 대한 직접적인 규제를 통해 간접적으로 Money Market에 영향을 미친다.

③ 중장기 자본시장은 정책수단의 다양화를 뒷받침하여 금융정책의 효과를 제고해주고, 금융기관에 대해서는 제2선 지급준비의 수단을 제고해준다.

④ 중장기 자본시장에서 금융거래의 목적은 단기 상업 내지 무역금융 또는 운전자금 조달에 있다.

출제빈도 ★★

04 다음 중 직접금융시장이 <u>아닌</u> 것은?

① 자본시장   ② 외국채시장

③ 유로본드시장   ④ 유로커런시시장

출제빈도 ★★

05 국제채 중 채권의 표시통화국 이외의 지역에서 국제적인 인수단의 인수를 통하여 발행되어 국제적으로 판매되는 채권을 통상 무엇이라 하는가?

① 교환사채   ② 무기명채권

③ 유로채   ④ 외국채

정답 및 해설

01 ④   ① 외환거래의 대부분은 장외거래(OTC)의 형태를 갖는다.
          ② 외환시장은 대부분 은행 간의 거래로 이루어진다.
          ③ 외환시장은 대부분 투기목적의 거래가 이루어진다.

02 ③   단기금융시장은 만기가 1년 이내의 금융시장으로서 일반은행의 주도하에 주로 간접금융 형태를 취한다. 반면, 중장기 자본시장은 만기가 1년 이상의 금융시장으로서 투자은행, 유가증권 브로커 회사, 투자자문회사가 주축기능을 수행하며, 금융중개보다는 단순한 직접금융 서비스에 중점을 둔다.

03 ①   ② 금융통화당국은 Money Market에 대한 직접적인 규제를 통하여 간접적으로 Capital Market에 영향을 미친다.
          ③ 단기금융시장에 대한 설명이다.
          ④ 단기 상업 내지 무역금융 또는 운전자금 조달은 단기금융시장의 금융거래 목적이며, 중장기 자본시장은 주로 장기 고정자산 투자자금 조달에 주된 목적이 있다.

04 ④   유로커런시시장은 (역외국제)간접금융시장에 해당한다.

05 ③   채권의 표시통화국 이외의 지역에서 국제적인 인수단의 인수를 통하여 발행되어 국제적으로 판매되는 채권은 유로채, 표시통화국의 통화로 그 나라의 국내채와 비슷한 절차를 거쳐 판매되는 채권은 외국채라 한다.

06 다음 중 국제금융시장에 대한 설명으로 옳은 것은?

① 중개시장, 외국채시장, 유로본드시장은 간접금융시장에 해당한다.

② 중장기 자본시장에서는 상업 내지 무역금융 또는 운전자금을 조달하기 위한 목적으로 금융거래가 이루어진다.

③ 외환시장(FX Market)은 발행시장(Primary Market)과 유통시장(Secondary Market)으로 구분된다.

④ 단기금융시장은 금융 중개기능을 강화하여 단기 여유자금의 효율성을 높이고 공개시장의 활성화를 통한 통화관리 기능을 촉진하여 금융정책의 효과를 극대화한다.

07 다음 중 환율연동상품에 대한 설명으로 옳지 <u>않은</u> 것은?

① 환율연동상품은 상승형, 하락형, 범위형이 있으며, 상승형은 환율이 정해진 범위 내에 있을 때 금리혜택을 받을 수 있다.

② 인핸스드 포워드는 선도환에 옵션을 합성하여 선도환율을 업체에 유리하게 만든 상품이다.

③ 타겟 포워드는 수입업체의 경우 풋을 두 개 팔고 콜을 하나 사면 일반 선도환 매입포지션보다 낮은 환율의 원화대가로 외화를 매입할 수 있다.

④ 키코는 통화옵션거래의 한 방식으로, 환율의 일정 범위를 지정하여 환율이 해당 범위 내에 있을 경우 시장가보다 높은 지정환율로 외화를 팔 수 있는 통화옵션이다.

08 주가지수연계증권(ELS : Equity-Linked Securities)에 대한 다음 설명 중 틀린 것은?

① ELS펀드는 원금보장을 추구하는 상품으로 손실이 날 가능성이 있지만, 원금손실에 대한 위험이 다른 간접투자상품보다 상대적으로 낮다.

② ELD는 투신운용사의 ELF와 마찬가지로 상장도 가능하며, 유가증권의 형태로도 발행이 가능하다.

③ ELS펀드는 투자자산의 대부분을 채권 등에 투자하여 원금 보존을 추구하고 일부분을 ELS에 투자하여 주가지수 등 기초자산의 변동에 따른 수익을 추가적으로 추구하는 상품이다.

④ 은행 ELD는 예금자보호법의 적용대상이며, 5천만원 한도까지 안전하게 보장된다.

09 다음 중 옵션가치(Option Value)에 영향을 미치는 주요 변수의 개수는?

• 현물환율	• 행사환율	• 만 기
• 양국의 이자율	• 내재변동성	• 유동성

① 3개　　　　　　　　　　　　　　② 4개

③ 5개　　　　　　　　　　　　　　④ 6개

10 다음에서 설명하는 통화옵션 합성상품은 무엇인가?

> • 수출업체의 경우에는 환율 하락 시의 위험을 헤지하기 위해 같은 행사환율에 USD Put KRX Call 1개를 매입하고 동시에 USD Call KRX Put 2개를 매도한다.
> • 수입업체의 경우에는 환율 상승 시의 위험을 헤지하기 위해 같은 행사환율에 USD Put KRX Call 2개를 매도하고 동시에 USD Call KRX Put 1개를 매입한다.

① 레인지 포워드(Range Forward)　　　② 타겟 포워드(Target Forward)

③ 시걸 옵션(Seagull Option)　　　　　④ 인핸스드 포워드(Enhanced Forward)

정답 및 해설

06　④　① 중개시장은 (국내)간접금융시장, 외국채시장은 (역내국제)직접금융시장, 유로본드시장은 (역외국제)직접금융시장이다.
　　　　② 중장기 자본시장에서 금융거래의 목적은 장기 고정자산 투자자금 조달이며, 단기금융시장에서는 단기 상업 내지 무역 금융 또는 운전자금을 조달하기 위한 목적으로 거래가 이루어진다.
　　　　③ 외환시장은 현물환시장과 선물환시장으로 구분되는데, 현물환시장은 환매매계약과 동시에 외국환의 인도가 이루어지는 시장을 의미하며, 선물환시장은 환매매계약의 성립 이후 일정한 기간의 경과 후 외국환의 인도가 이루어지는 시장을 말한다. 발행시장과 유통시장으로 구분되는 것은 중장기 자본시장에 해당하는 내용이다.

07　①　환율연동상품 중 상승형은 환율이 일정 수준 이상으로 상승 시 초과수익을 얻는 형태이다.
　　　　참고 수익구조에 따른 환율연동상품의 분류

상승형	환율이 일정 수준 이상으로 상승 시 초과수익을 얻는 형태 예 Call 옵션 매입
하락형	환율이 일정 수준 이하로 하락 시 초과수익을 얻는 형태 예 Put 옵션 매입
범위형	환율이 정해진 범위 내에 있을 경우 수익이 생겨 금리혜택을 받을 수 있는 형태

08　②　주가지수연계상품 중에서는 ELF(Equity-Linked Fund)만 상장이 가능하다. ELD(Equity-Linked Deposit)는 정기예금의 형태로 은행에서 판매되는 상품이기 때문에 수익증권의 형태로는 발행이 불가능하다.

09　③　옵션가치에 영향을 미치는 주요 변수에는 현물환율, 행사환율, 만기, 양국의 이자율, 내재변동성 등이 있으며, 유동성은 해당하지 않는다.

10　②　타겟 포워드(Target Forward)에 해당하는 내용이다.

11 다음 중 선도환에 옵션을 합성하여 옵션프리미엄만큼 선도환율을 업체에 유리하게 만든 통화
☐ 옵션 합성상품은 무엇인가?

① 레인지 포워드(Range Forward)

② 타겟 포워드(Target Forward)

③ 시걸 옵션(Seagull Option)

④ 인핸스드 포워드(Enhanced Forward)

12 다음 중 뮤추얼펀드와 수익증권에 관한 내용으로 옳지 <u>않은</u> 것은?

☐ ① 뮤추얼펀드의 투자자와의 관계는 주주이지만 수익증권의 경우 수익자이다.

② 뮤추얼펀드의 설립 형태는 법인(주식회사)이지만 수익증권은 신탁관계이다.

③ 뮤추얼펀드의 환매방법으로는 투자자금회수와 개방형의 경우 투자자가 판매회사를 통해
펀드에 대해 매도하는 방법이 있다. 수익증권은 투자자가 판매회사를 통해 주식운용사에
환매청구를 한다.

④ 우리나라에서 펀드라고 하면 뮤추얼펀드를 제외한 수익증권을 의미한다.

13 다음 중 자산운용 내역에 따라 분류된 펀드에 관한 내용으로 옳지 <u>않은</u> 것은?

☐ ① 채권형 펀드는 금리가 상승 추세일 때 가입하면 채권가격 상승으로 유리하다.

② 주식형 펀드는 주식시장이 상승 추세일 때 가입하는 것이 유리하다.

③ 혼합형 펀드는 주식편입비율에 따라 탄력적으로 운용되는 상품이다.

④ MMF는 투자신탁회사가 고객의 돈을 모아 단기금융시장에 투자하여 수익을 얻는 초단기
금융상품이다.

출제빈도 ★★

14 다음 중 해외펀드와 해외투자펀드의 공통점이 적절하게 묶인 것은?

| 가. 투자대상 지역 | 나. 펀드설립 주체 |
| 다. 투자자 모집대상 지역 | 라. 펀드 등록 지역 |

① 가

② 가, 라

③ 가, 나, 라

④ 가, 나, 다, 라

출제빈도 ★★★ 최신출제유형

15 다음 중 해외 뮤추얼펀드에 대한 설명으로 옳지 <u>않은</u> 것은?

① 회사형 투자신탁이다.

② 입출금이 자유로운 개방형 펀드이다.

③ 투자지역별, 투자대상별 및 투자목적별로 다양한 상품이 있다.

④ 펀드의 존속기간에 제한이 있으므로 장기투자를 고려하는 것은 바람직하지 않다.

정답 및 해설

11	④	인핸스드 포워드(Enhanced Forward)에 해당하는 내용이다.
12	④	우리나라에서 펀드라고 하면 뮤추얼펀드(회사형 펀드)와 수익증권(계약형 펀드) 두 가지를 모두 의미한다.
13	①	채권형 펀드는 금리가 하락 추세일 때 가입하면 채권가격 상승으로 유리하다.
14	①	해외펀드와 해외투자펀드는 투자대상 지역이 해외라는 공통점이 있으나, 펀드설립 주체, 투자자 모집대상 지역, 펀드 등록 지역은 다르다.
15	④	해외 뮤추얼펀드의 경우 펀드의 존속기간에 제한이 없으며, 장기투자를 할 경우, 보다 안정적인 수입을 얻을 수 있는 장점이 있다.

출제빈도 ★★★

16 다음 중 해외펀드 유형에 대한 설명으로 옳은 것은?

① 주식형 펀드 중 어그레시브 그로스 펀드는 시장예측보다 종목 선정을 중요하게 여기는 Bottom-up 방식을 취한다.

② 채권형 펀드 중 하이일드채권펀드는 안전투자 선호형 상품으로 각국의 국공채 및 BBB등급 이상의 회사채에 분산투자한다.

③ 주식혼합형인 유로 글로벌 밸런스 펀드는 저평가 종목 투자와 통화 헤지를 통해 탄력적으로 운용한다.

④ 부동산 펀드는 투자자금을 자산운용사나 부동산 개발 관련 회사에 대출해 주거나 관련 유가증권 등에 투자한 뒤 수익금을 배분한다.

출제빈도 ★★★　최신출제유형

17 다음 중 해외펀드 유형에 대한 설명으로 거리가 먼 것은?

① 펀드 오브 펀드는 적은 비용으로 다양한 펀드에 분산투자할 수 있지만 생소한 펀드에 대한 내용을 이해하기 어렵고 환율의 영향을 많이 받는다.

② 선박펀드는 주권이 증시에 상장되기 때문에 언제든지 매매를 통한 현금화가 가능하지만 환매할 경우 거래량이 적어 할인이 불가피하다.

③ 부동산 펀드로 기대하는 수익률은 표면 예상수익률만으로도 평가가 가능하다.

④ 채권혼합형인 글로벌 자산배분 펀드는 전세계 주식, 채권 등에 적절한 자산배분방식을 활용하여 분산 효과가 크다.

출제빈도 ★★★　최신출제유형

18 다음 중 해외펀드 상담전략 및 유의사항으로 적절한 내용을 모두 묶은 것은?

> 가. 해외펀드 상담 시에는 예상수익률을 제시하여야 한다.
> 나. 하나의 펀드에도 시장상황에 따라 소액으로 나누어 분산투자하여야 한다.
> 다. 같은 상품 내 다른 종류의 펀드로 전환이 불가능하다.
> 라. 해외펀드 투자는 장기적인 투자이어야 한다.
> 마. 해외펀드 투자는 환율 차익을 목적으로 하여야 한다.

① 가, 마　　　　　　　　　　② 나, 라

③ 나, 다, 라　　　　　　　　④ 다, 라, 마

19 캐나다로 해외이주를 준비하고 있으며 일정 기간 동안 외화를 보유할 예정인 고객 A는 은행에
서 (해외)펀드 투자에 대해 상담 중이다. 은행의 입장에서 상담 시 유의할 사항으로 옳지 <u>않은</u>
것은?

① 일반적으로 판매수수료를 선취한 후 잔액을 투자한다.

② 은행은 판매회사이며, 투자에 대한 책임도 은행에게 있음을 설명한다.

③ 원금 손실 발생 가능성 및 환율변동에 따른 리스크 발생 가능성을 설명한다.

④ 예금자 보호대상이 아님을 설명한다.

정답 및 해설

16 ④ ① 주식형 펀드 중 성장형 펀드(어그레시브 그로스 펀드)는 시장예측을 종목 선정보다 중요하게 여겨, 주로 경기분석 후
종목을 선정해 투자하는 Top-down 방식을 취한다.
② 채권형 펀드 중 하이일드채권펀드는 국제기준 투자등급 BB 이하의 미국 하이일드채권에 집중투자하는 펀드로서, 위험
중간형의 고수익 채권형 펀드이다.
③ 채권혼합형인 글로벌 자산배분 펀드에 대한 설명이다.

17 ③ 부동산 펀드로 기대하는 수익률은 각종 구조적인 위험과 유동성 리스크를 감안하여 판단해야 하므로 표면 예상수익률만으
로는 평가할 수 없다.

18 ② '나, 라'는 해외펀드 상담전략 및 유의사항으로 적절한 설명이다.
가. 해외펀드 상담 시에는 예상수익률을 제시하여서는 안 된다.
다. 환매수수료 없이 같은 상품 내 다른 종류의 펀드로 전환이 가능하다.
마. 해외펀드 투자는 환율 차익을 목적으로 하여서는 안 된다.

19 ② 은행은 판매회사이며, 투자에 대한 책임은 고객에게 있음을 설명해야 한다.
참고 (해외)펀드 투자 상담 시 유의사항

- 예상수익률을 제시하지 않는다.
- 예금자 보호대상이 아님을 설명한다.
- 원금 손실 발생 가능성을 설명한다.
- 환율변동에 따른 리스크 발생 가능성을 설명한다.
- 투자설명서의 내용을 설명하고 교부한다.
- 은행은 판매회사이며, 투자에 대한 책임은 고객에게 있음을 설명한다.
- 일반적으로 판매수수료를 선취한 후 잔액을 투자한다.

20 다음 중 투자계획설명서의 검토사항에 대한 내용으로 옳지 <u>않은</u> 것은?

① 투자계획설명서에 기재된 과거의 운용성과를 시장평균수익률과 비교하여야 한다.

② 투자목적과 그에 따른 전략이 명확하게 나타나 있어야 한다.

③ 펀드의 크기가 작을수록 비용이 절감되어 좋은 수익률을 기록한다.

④ 모든 비용과 수수료는 투자계획설명서에 기재하여야 한다.

21 다음 중 내재가치(Intrinsic Value)에 대한 설명으로 거리가 <u>먼</u> 것은?

① 어떤 자산의 잠재적인 가치를 의미한다.

② 어떤 자산을 보유함으로써 발생할 미래의 현금흐름을 고려하여 평가한 기대현가이다.

③ 기업의 자산상태나 수익성 등에 의해 평가된 주식의 가치를 말한다.

④ 특정 증권의 매수호가와 매도호가의 차이를 의미한다.

22 다음 중 채권 듀레이션(Duration)에 대한 설명으로 옳지 <u>않은</u> 것은?

① 듀레이션이 긴 채권일수록 이자율변화에 대한 가격변화가 크다.

② 액면이자율(표면이자율)과 시장이자율이 동일한 상황에서 만기가 긴 채권일수록 듀레이션은 길다.

③ 이표채의 경우 채권의 액면이자율(표면이자율)이 높을수록 듀레이션은 길다.

④ 시장이자율(채권수익률)이 높을수록 듀레이션은 짧아진다.

23 기초자산은 동일하지만 만기 등이 서로 다른 선물이나 옵션 등의 가격차이를 이용하여 저평
□ 가된 선물이나 옵션을 매수하는 동시에 고평가된 선물이나 옵션을 매도함으로써 이익을 얻고
자 하는 거래는?

① 스프레드거래

② 차익거래

③ 비차익거래

④ 선도거래

정답 및 해설

20 ③ 투자 수익률에 영향을 미치는 것은 펀드의 규모보다는 펀드의 종류와 펀드 매니저의 운용성과이다.

21 ④ 스프레드(Spread)에 대한 설명이다. 내재가치는 옵션에서 행사가격과 기초자산의 시장가격과의 차이를 의미한다.

22 ③ 이표채의 경우 채권의 액면이자율(표면이자율)이 높을수록 듀레이션은 짧아진다.

23 ① 스프레드거래에 대한 설명이다.

■ 출제경향 및 학습전략

외국환회계는 제2과목 전체 25문제 중 총 3~5문제 정도 출제된다.

외국환회계는 외화자산계정과 외화부채계정에 어떤 계정들이 포함되는지 구별하는 문제가 자주 출제되므로, 주요 자산계정 및 부채계정의 개념을 중심으로 학습해야 한다. 또한 환포지션별로 환율의 변동에 따라 손익이 어떻게 되는지 이해하여야 한다.

■ 빈출포인트

구 분	문제번호	빈출포인트	출제빈도	페이지
외국환회계 개요 (20%)	01	외국환회계의 특징	★★	p. 232
계정과목 (50%)	02	외국환회계 계정과목 체계	★★★	p. 232
	03 ~ 04	자산계정	★★★	p. 233
난외계정 (10%)	05	난외계정	★★	p. 234
손익계정 (10%)	06	손익계정	★★	p. 234
환포지션 (10%)	07	환포지션	★★	p. 235

제2과목 **외국환거래실무**

제4장
외국환회계

✓ 개념완성문제를 통해 외환전문역 Ⅰ종 시험에 나오는 개념을 이해할 수 있습니다.

✓ 다시 봐야 할 문제(틀린 문제, 풀지 못한 문제, 헷갈리는 문제 등)는 문제 번호 하단의 네모박스(□)에 체크하여 반복 학습할 수 있습니다.

외국환회계의 특징   출제빈도 ★★

01 외국환회계의 특징으로 옳지 않은 것은?

□

① 은행거래는 금전, 즉 자금의 대차가 대부분으로 외국환거래도 대외지급수단인 외국통화, 외화수표 등 외국환 자체를 하나의 상품으로 간주하지 않는다.

② 고객과의 외국환 매매거래 시 통화 간의 교환비율인 환율이 개입되며, 외국환 매매거래 시마다 통화별, 거래유형별, 결제방법별로 정해진 환율을 적용한다.

③ 외국환거래는 국제 간 거래라는 특수성 때문에 실물 도착에 필요한 우편일수 및 기한부(Usance)어음 매입 시 어음기간 동안의 여신지원에 따른 이자부분 손익과 상품의 매매거래에서 발생되는 수수료부문 손익 등 복합적인 손익요소가 발생되는 거래이다.

④ 외국환거래에서 발생되는 모든 손익은 발생 즉시 원화로 평가하여 원화손익으로 계상한다.

외국환회계 계정과목 체계   출제빈도 ★★★

02 외화재무상태표상 자산계정과목이 아닌 것은?

□

① 매입외환

② 외화수입보증금

③ 외화예치금

④ 외화증권

정답 및 해설

01 ① 은행거래는 금전, 즉 자금의 대차가 대부분으로 화폐 등 지급수단 자체를 상품으로 간주하지 않는다. 하지만, 외국환거래는 대외채권 및 채무를 결제하는 대외지급수단인 외국통화, 외화수표 등 외국환 자체가 하나의 상품으로 간주된다.

02 ② 외화수입보증금은 부채계정과목이다.

자산계정 출제빈도 ★ ★ ★

03 다음 중 외국환은행이 외국환을 매입하여 추심 중에 있는 외화자금이 예치환거래은행에 개설되어 있는 당방계정이나 해외본지점계정에 입금될 때까지 일시적으로 처리하는 경과계정은 무엇인가?

① 외화예치금　　　　　　　　　　② 외화콜론

③ 매입외환　　　　　　　　　　　④ 미결제외환

자산계정 출제빈도 ★ ★ ★

04 외국환회계상 계정처리가 다음과 같을 때 괄호 안에 공통으로 들어갈 말로 옳은 것은?

가. 해외예치환거래은행으로부터 타발송금 지급지시서(P/O : Payment Order)가 내도하는 경우
(차변) 외화타점예치금(해외은행)　　xxx　　　(대변) (　　　)　　　　　　　　　xxx
나. 국내의 송금수취인의 요청에 의하여 송금대금을 수취인 계좌에 입금하는 경우
(차변) (　　　)　　　　　　　　xxx　　　(대변) 고객계정　　　　　　　　　xxx

① 외화콜머니　　　　　　　　　　② 외화차입금

③ 미지급외환　　　　　　　　　　④ 매도외환

정답 및 해설

03　③　매입외환에 대한 설명이다.

04　③　미지급외환이란 외국으로부터 내도된 타발송금 대금이 이미 외국환은행의 외화타점예치금계정에 입금되었으나 국내 송금수취인에게 대금지급이 이루어지지 않은 경우 처리하는 부채계정과목으로서, 해외로부터 타발송금 지급지시서(P/O)가 내도되면 외화타점예치금계정에서 차기함과 동시에 미지급외환계정에 대기하였다가 국내 송금수취인에게 송금내도안내 통지 후 고객계좌에 입금처리가 완료되면 미지급외환계정을 정리한다.

05 다음 중 난외계정에 대한 설명으로 적절하지 <u>않은</u> 것은?

① 난외계정이란 재무제표의 본문이 아닌 주석에 표시되는 정보 중 금융기관의 재무상태를 이해하는 데 필요한 사항을 별도로 표시한 계정을 말한다.

② 난외계정에는 주채무가 확정된 채무, 주채무가 미확정된 우발채무, 외화약정, 배서어음 등의 계정과목이 있다.

③ 일람불 수입신용장은 수출상이 제시된 선적서류에 하자가 없는 한 개설은행 본점 서류접 수일의 다음 날로부터 3영업일 이내에 결제를 받는 대금결제방식을 말한다.

④ 미확정외화지급보증에는 수입신용장발행, 외화표시내국신용장발행, 차관외화보증 등의 계정이 있다.

06 외국환업무 취급과정에서 발생하는 제반 비금리비용을 보상받기 위하여 징수하는 수수료 항목 중 정률수수료가 <u>아닌</u> 것은?

① 수출신용장 통지수수료

② 내국신용장 취급수수료

③ 당(타)발 추심수수료

④ 외화현찰수수료

정답 및 해설

05   ③   일람불 수입신용장은 수출상이 제시된 선적서류에 하자가 없는 한 개설은행 본점 서류접수일의 다음 날로부터 5영업일 이내에 결제를 받는 대금결제방식을 말한다.

06   ①   수출신용장 통지수수료는 정액수수료에 해당한다.

07 **다음 중 환포지션과 환리스크에 대한 설명으로 옳지 <u>않은</u> 것은?**

① 매입초과 포지션에서 환율이 상승하는 경우 환차익이 발생한다.

② 스퀘어 포지션에서는 환리스크가 존재하지 않는다.

③ 매도초과 포지션에서 환율이 하락하는 경우 환차손이 발생한다.

④ 매입초과 포지션에서는 원화유출이, 매도초과 포지션에서는 원화유입이 발생한다.

정답 및 해설

07 ③ 매도초과 포지션에서 환율이 하락하는 경우 환차익이 발생한다.

✓ 출제예상문제를 통해 다양한 외환전문역 Ⅰ종 문제를 풀어볼 수 있습니다.

✓ 다시 봐야 할 문제(틀린 문제, 풀지 못한 문제, 헷갈리는 문제 등)는 문제 번호 하단의 네모박스(□)에 체크하여 반복 학습할 수 있습니다.

출제빈도 ★★　　최신출제유형

01 다음 중 외국환회계의 특징에 관한 설명으로 옳지 않은 것은?

□

① 일반회계와 달리 외화재무상태표 외의 그 밖의 재무제표는 작성하지 않는다.

② 외국환은 외국환 자체가 하나의 상품으로 간주되므로, 외국환 등 지급수단 자체를 교환하는 매매거래가 성립한다.

③ 외국환거래에서 발생되는 모든 손익은 발생 즉시 외화로 평가하여 외화손익으로 계상한다.

④ 외화재무상태표의 계정과목 배열은 상대적 유동성배열법을 적용하고 있다.

출제빈도 ★★★

02 외화재무상태표상 결제계정과목으로 옳은 것은?

□

① 외화타점예치금

② 매입외환

③ 매도외환

④ 미지급외환

출제빈도 ★★★

03 다음 중 경과계정과 결제계정에 대한 설명으로 옳지 않은 것은?

□

① 경과계정에는 매입외환, 미결제외환, 매도외환, 미지급외환 등이 있다.

② 외화본지점, 외화타점예치금 등은 결제계정에 해당한다.

③ 미지급외환은 외국환은행의 외화타점예치금계정에 송금대금이 도착한 날로부터 국내의 송금수취인에게 실제로 지급되는 날까지 잠정적으로 처리하는 경과계정이다.

④ 수출환어음 매입대금 부족입금분의 경우 경과계정의 차변에 미지급외환을 기입한다.

출제빈도 ★★★　최신출제유형

04 다음은 어떤 외국환계정에 대한 설명인가?

> 외국환은행이 고객의 의뢰에 의하여 대외송금을 취결하거나 외화 송금수표(D/D)를 발행하는 경우 고객으로부터 받은 송금대금 등이 외국에서 실제로 지급되거나 위탁은행에 동 대금을 결제하는 날까지의 대외채무를 잠정적으로 처리하는 경과계정

① 매입외환　　　　　　　　　　　　② 매도외환

③ 외화미지급금　　　　　　　　　　④ 외화가지급금

출제빈도 ★★★　최신출제유형

05 다음 중 대고객 외환거래와 계정과목의 연결이 적절한 것은?

① 수출환어음 추심 전 매입 – 매도외환

② 내국신용장 환어음 미결제 – 미결제외환

③ 타발송금 – 매도외환

④ 당발송금 – 미지급외환

정답 및 해설

01　③　외국환거래에서 발생되는 모든 손익은 발생 즉시 원화로 평가하여 원화손익으로 계상한다.

02　①　외화타점예치금은 결제계정과목에 해당하고, 매입외환, 미결제외환, 미지급외환, 매도외환은 경과계정과목에 해당한다.

03　④　수출환어음 매입대금 부족입금분의 경우 경과계정의 차변에 미결제외환을 기입한다.

04　②　매도외환에 대한 설명이다.

05　②　① 수출환어음 추심 전 매입은 매입외환계정으로 처리한다.
　　　　　③ 타발송금은 미지급외환계정으로 처리한다.
　　　　　④ 당발송금은 매도외환계정으로 처리한다.

출제빈도 ★★ 최신출제유형

06 매입외환계정에 대한 설명으로 옳지 <u>않은</u> 것은?

① 외국환은행이 고객이 보유한 외국환을 매입하여 추심 중에 있는 외화자금이 예치환거래은행에 개설되어 있는 당방계정 또는 해외본지점계정에 입금될 때까지 일시적으로 처리하는 경과계정과목이다.

② 매입외환은 자산계정이다.

③ 매입외환계정의 잔액은 자금화되지 않은 미추심 외화금액으로 표시한다.

④ 일반적으로 우편송금이나 외화송금수표 발행에서 처리하는 계정이다.

출제빈도 ★★★

07 다음 중 외화자산계정으로만 모두 묶인 것은?

가. 외화증권	나. 매입외환
다. 내국수입유산스	라. 외화대출금
마. 미지급외환	바. 매도외환
사. 외화콜머니	아. 외화예수금
자. 외화예치금	

① 가, 다, 라, 바, 사   ② 나, 다, 마, 사, 아, 자

③ 가, 나, 다, 라, 자   ④ 나, 다, 라, 마, 아

출제빈도 ★★★

08 다음 중 외국통화에 대한 설명으로 옳지 <u>않은</u> 것은?

① 외국통화는 자산계정에 해당하며, 외국통화계정의 잔액은 차변에 계상한다.

② 외국통화 매입의 경우 외화현금자산이 증가하므로 외화재무상태표의 차변에 계상한다.

③ 외국통화 매도는 내국지급수단 수납 조건으로 외국통화 현찰을 지급하는 거래로 외화재무상태표의 대변에 계상한다.

④ 외국통화 현찰을 처리하는 계정이며, 타인발행 수표, 자기앞수표 등의 즉시 현금화가 가능한 일람출급 조건의 유가증권도 포함한다.

09 다음에서 설명하는 계정과목으로 옳은 것은?

> Banker's Usance 방식 기한부 수입신용장 개설 후 인수은행의 인수 및 지급통보 시 재무상태표 난내에 표시하는 자산계정과목

① 외화수입보증금 ② 미지급외환

③ 매입외환 ④ 내국수입유산스

10 다음 중 외국환회계 계정과목에 대한 설명으로 옳지 <u>않은</u> 것은?

① 수출환어음 등의 외국환을 매입하는 경우에는 차변에 기재하고, 추심이 완료되어 당방계정 등에 입금되는 경우에는 대변에 기재한다.

② 외화본지점은 잔액이 차변에 표시될 수도 있고, 대변에 표시될 수도 있는 양변계정이다.

③ 외화예수금은 외화당좌예금, 외화보통예금, 외화통지예금, 외화정기예금, 외화정기적금으로 구성되며 외화별단예금은 포함되지 않는다.

④ 외화미수수익, 외화선급비용, 외화가지급금은 자산계정에 해당하고, 외화미지급금, 외화선수수익, 외화가수금은 부채계정에 해당한다.

정답 및 해설

06 ④ 우편송금이나 외화송금수표 발행은 매도외환계정으로 처리한다.

07 ③ '가, 나, 다, 라, 자'는 외화자산계정에 해당한다.
마, 바, 사, 아. 외화부채계정에 해당한다.

08 ④ 외국통화계정은 외국통화 현찰만을 처리하는 계정이며, 타인발행 수표, 자기앞수표 등의 즉시 현금화가 가능한 일람출급 조건의 유가증권이라도 동 계정에서 제외된다.

09 ④ 내국수입유산스는 Banker's Usance 방식 기한부 수입신용장 개설 후 인수은행의 인수 및 지급통보 시 재무상태표 난내에 표시하는 자산계정과목이다.

10 ③ 일종의 경과계정인 외화별단예금도 외화예수금계정에 포함된다.

11 외화재무상태표의 난외 미확정외화지급보증 계정과목으로 옳지 <u>않은</u> 것은?

① 수입물품선취보증
② 외화표시내국신용장발행
③ 수입신용장발행
④ 차관외화보증

12 다음 중 난외계정에 대한 설명으로 옳지 <u>않은</u> 것은?

① 수입신용장발행계정은 외국환은행이 외화로 표시된 신용장을 발행함에 따라 부담하게 되는 우발채무를 처리하는 계정이다.

② 기한부 수입신용장은 개설은행 본점 서류접수일 다음 날로부터 5영업일 이내에 수입상으로부터 대금을 결제받는 수입신용장 대금결제방식을 말한다.

③ 수입팩토링인수, 차관인수, 외화신용파생상품보증매도계정은 모두 확정외화지급보증계정에 해당한다.

④ 배서어음의 경우 소구권이 없는 경우에는 리스크를 부담하지 않으므로 난외계정으로 처리하지 않는다.

13 다음 중 손익계정에 대한 설명으로 옳지 <u>않은</u> 것은?

① 모든 외환손익은 원화로 환산하여 원화손익계정에 계상된다.

② 외국환업무와 관련되어 발생하는 수익과 비용은 이자, 수수료, 외환매매손익으로 구분할 수 있다.

③ 외환매매수입이자는 수익으로 회계처리하고, 수출환어음재매입이자는 비용으로 회계처리한다.

④ 외국환업무 관련 수익 또는 비용이 외화로 발생하는 경우에는 외화손익계산서를 작성하여야 한다.

14 다음 중 외국환거래 관련 수수료 중 취급수수료적 성격의 정률수수료에 해당하는 것으로만 모두 묶인 것은?

가. 수출신용장 통지수수료	나. 수출신용장 확인수수료
다. 당발 추심수수료	라. 내국신용장 취급수수료
마. 수입물품선취보증서(L/G) 발급수수료	

① 가, 나　　　　　　　　　　② 가, 마

③ 다, 라　　　　　　　　　　④ 다, 마

정답 및 해설

11　①　수입물품선취보증은 수입화물이 선적서류보다 먼저 수입국에 도착한 경우 외국환은행이 수입물품선취보증서(L/G) 발급 시 처리하는 난외 확정외화지급보증 계정과목이다.

12　②　일람불 수입신용장에 대한 설명이다. 기한부 수입신용장은 신용장 개설신청인에게 기한부 기간만큼 수입 대금결제 유예를 허용하는 조건의 수입신용장 대금결제방식이다.

13　④　외국환업무 관련 수익 또는 비용이 외화로 발생하더라도 원화로 환산하여 회계처리하므로 별도의 외화손익계산서는 작성하지 않고 원화손익계산서에 기입하여야 한다.

14　③　'다, 라'는 취급수수료적 성격의 정률수수료에 해당한다.
　　　　가, 마. 취급수수료적 성격의 정액수수료에 해당한다.
　　　　나. 신용위험부담 보상적 성격의 수수료에 해당한다.

15 다음 중 환포지션에 따른 손익에 대한 설명으로 옳지 <u>않은</u> 것은?

① 환율 상승 시 매입초과포지션에서는 환차익이 발생한다.

② 환율 상승 시 매도초과포지션에서는 환차손이 발생한다.

③ 환율 하락 시 매도초과포지션에서는 환차익이 발생한다.

④ 환율 하락 시 스퀘어포지션에서는 환차손이 발생한다.

정답 및 해설

15 ④ 스퀘어포지션은 환율의 변화에 따른 환리스크가 존재하지 않으므로, 환차익 및 환차손이 발생하지 않는다.

16 다음 중 환포지션에 대한 설명으로 옳지 <u>않은</u> 것은?

① 건별 Cover거래 시 포지션 조정시점에 영업점 외환매매손익이 확정된다.

② 일괄 Cover거래 시 영업점 외환 매매손익은 일계 마감 후 포지션 Cover 종료 시 확정되며, 이 경우 일중 환율변동에 따른 환리스크는 영업점에서 부담한다.

③ 매입초과포지션에서는 원화유출이 발생하고, 매도초과포지션에서는 원화유입이 발생한다.

④ 매도초과포지션은 외화자산이 부채보다 많은 경우를 의미하며, 환율 상승 시 환차손이 발생한다.

정답 및 해설

16 ④ 매도초과포지션은 외화부채가 자산보다 많은 경우를 의미한다.

■ 출제경향 및 학습전략

외국환업무와 관련된 컴플라이언스 업무 / 각종 위규사례는 제2과목 전체 25문제 중 총 2~5문제 정도 출제
된다.

외국환업무와 관련된 컴플라이언스 업무 / 각종 위규사례는 제2과목 외국환거래실무에서 출제비중이 낮은 장
이다. 전체적으로 학습하기보다는 출제빈도가 높은 빈출포인트를 중심으로 학습하는 것이 효율적이다. 최근
에는 수출환어음 매입 및 추심, 직접투자 신고 시 주요 점검사항, 해외직접투자 시 위규사례가 출제되었다.

■ 빈출포인트

구 분	문제번호	빈출포인트	출제빈도	페이지
외국환업무의 개요 (20%)	01	외국환업무의 이해	★	p. 246
	02~03	외국환업무 취급 시 유의사항	★	p. 246~247
관련사례 (60%)	04	외국통화 및 외화수표	★★	p. 247
	05	외화송금	★★	p. 248
	06	수출환어음 매입 및 추심	★★★	p. 248
	07	수입신용장 개설 및 조건변경 등	★★★	p. 249
	08	중계무역방식 수출입업무 및 외화표시지급보증서	★★	p. 249
	09	직접투자 신고 시 주요 점검사항	★★★	p. 250
각종 위규사례 (20%)	10	지급등의 절차·방법 관련 위규사례	★★	p. 250
	11~12	자본거래신고업무 관련 위규사례	★★	p. 251

제2과목 **외국환거래실무**

· · · · · ·

제5장
외국환업무와 관련된
컴플라이언스 업무 / 각종 위규사례

✓ 개념완성문제를 통해 외환전문역 Ⅰ종 시험에 나오는 개념을 이해할 수 있습니다.

✓ 다시 봐야 할 문제(틀린 문제, 풀지 못한 문제, 헷갈리는 문제 등)는 문제 번호 하단의 네모박스(□)에 체크하여 반복 학습할 수 있습니다.

외국환업무의 이해

`출제빈도 ★`

01 외국환업무에 대한 설명으로 옳지 <u>않은</u> 것은?

① 외국통화 환전은 실명확인을 생략할 수 있는 업무이므로 본인확인만 철저히 하면 된다.

② 타발송금이 도착할 경우 수취인에게 즉시 통지하여 환율변동에 따른 고객의 손실 등으로 민원이 발생하지 않도록 해야 한다.

③ 당발송금 전문발신 완료 후에는 취소거래가 불가능하므로 송금거래 완료 즉시 Remittance Detail을 출력하여 반드시 송금신청서상의 내용과 대조해야 한다.

④ 외국환이란 대외지급수단, 외화증권, 외화파생상품 및 외화채권을 말한다.

> **용어 알아두기**
> **대외지급수단** 외국통화와 외국통화로 표시되거나 외국에서 사용할 수 있는 신용장, 수표, 환어음, 약속어음 등의 지급수단이다.

외국환업무 취급 시 유의사항

`출제빈도 ★`

02 다음 중 무역금융에 관한 설명으로 옳지 <u>않은</u> 것은?

① 하나의 수출신용장 등과 관련된 무역금융의 취급 및 수출대금의 영수는 동일 외국환은행을 통하여 이루어져야 한다.

② 실적기준금융 이용업체 및 포괄금융 이용업체가 발행한 수출환어음 또는 내국신용장어음의 매입과 추심은 동 업체에 대한 융자취급은행을 통하여 이루어져야 한다.

③ 지급인도(D/P)와 인수인도(D/A)조건 및 그 밖의 수출관련계약서에 따라 물품, 건설 및 용역을 수출하거나 국내에 공급하고자 하는 자는 무역금융의 융자대상이 된다.

④ 실적기준금융을 이용하는 업체에 대하여는 원자재자금 및 완제품 구매자금일 경우 융자한도에 평균매매기준율을 곱한 금액이 융자 가능하다.

정답 및 해설

01 ① 외국통화 환전은 실명확인대상 업무이다.

02 ④ 실적기준금융을 이용하는 업체에 대하여는 원자재자금 및 완제품 구매자금일 경우 내국신용장에 의하여 발행된 판매대금 추심의뢰서, 수입어음 및 수입대금의 외화금액에 평균매매기준율을 곱한 금액이 융자 가능하다.

03 다음 중 내국신용장의 개설 조건에 대한 내용으로 **틀린** 것은?

① 내국신용장을 근거로 다른 내국신용장을 개설할 경우에는 1회에 한하여 발행할 수 있다.

② 서류제시기간은 물품수령증명서 발급일로부터 최장 5영업일 범위에서 책정된 것이어야 한다.

③ 원화표시 내국신용장의 외화금액 부기를 하기 위해서는 매매기준율로 환산한 외화금액을 사용한다.

④ 판매대금추심의뢰서의 형식은 개설의뢰인을 지급인으로 하고, 개설은행을 지급장소로 하는 일람출급방식이어야 한다.

04 다음 중 외국통화 및 외화수표 매매에 대한 내용으로 옳지 **않은** 것은?

① 환전상 또는 제3자가 임의로 제시한 명단에 의해 외국통화를 환전하는 것은 불가능하다.

② 건당 100만원 이하에 상당하는 외국통화의 환전 시에는 실명확인을 생략할 수 있다.

③ 외화수표의 수표발행일자를 반드시 확인하고, Personal Check는 창구제시일이 제시기간(발행일로부터 3개월) 이내인지 확인해야 한다.

④ Personal Check의 경우 선일자수표의 창구제시일이 발행일로부터 6개월 이내인지 반드시 확인하여야 한다.

> **용어 알아두기**
> **선일자수표** 수표상의 발행일자를 실제 발행하는 창구제시일보다 후일로 기재한 수표로서 발행일자가 도래되기 전이라도 지급 제시되어 지급 가능한 수표이다.

정답 및 해설

03 ① 내국신용장을 근거로 다른 내국신용장을 개설할 경우 차수에 관계없이 발행할 수 있다.

04 ③ 제시기간은 Personal Check와 Bank Check 모두 발행일로부터 6개월이다.

05 다음 중 외화송금업무 관련 유의사항으로 거리가 <u>먼</u> 것은?

① 당발송금 시 국가별 은행고유번호를 철저히 입력하여야 한다.

② 당발송금 시 반복해야 할 송금번호를 잘못 입력하면 불능 또는 지연되는 사례가 발생하여 고객 불만사례가 많아지게 되므로 신중히 처리하여야 한다.

③ 지급인별 송금한도가 연간 1만불을 초과하면 국세청에 자동 통보되는 것을 회피할 목적으로 친인척의 명의를 이용하여 분산송금하는 것은 허용된다.

④ 타발송금이 도착한 경우에는 환율변동에 따른 고객의 손실 등으로 민원이 발생하지 않도록 하기 위해 수취인에게 즉시 통지하여야 한다.

06 다음 중 수출환어음 매입 및 추심 업무에 대한 내용으로 옳지 <u>않은</u> 것은?

① B/L상에 Consignee가 'To order', 'To order of shipper'인 경우 Shipper가 배서하고 매입은행은 배서가 불필요하다.

② 선적서류 매입 시 유효기일 경과, 선적기일 경과, 제시기일 경과 등의 기본적인 주요 하자 사항을 철저히 검토하여 동일한 사유로 하자내용이 반복되지 않도록 한다.

③ 매입은행이 신용장상의 지정은행으로 되어 있지 않고 타은행에서만 사용이 가능하다고 명시되어 있으면 매입은행을 지정은행으로 조건변경 또는 자유매입신용장으로 조건변경 후 취급하여야 한다.

④ 수출환어음의 매입일자는 선적일자보다 앞서야 하며, 선적일자는 수출신고필증일자보다 앞서야 한다.

용어 알아두기

선하증권(B/L) 해상운송계약에 따른 운송화물의 청구권을 나타내는 유가증권으로서, 화주의 청구에 의하여 선주 또는 그의 대리인이 발행하여 운송화물의 선적 또는 수취를 증명하는 증명서이다.

정답 및 해설

05　③　지급인별 송금한도가 연간 1만불을 초과하면 국세청에 자동 통보되는 것을 회피할 목적으로 친인척의 명의를 이용하여 분산송금하는 것은 불법행위로서 금지된다.

06　④　선적일자는 수출환어음의 매입일자보다 앞서야 하며, 수출신고필증일자는 선적일자보다 앞서야 한다.

07 수입신용장 개설 및 조건변경에 대한 설명으로 옳지 <u>않은</u> 것은?

① 항공화물운송장(AWB) 수리조건의 수입신용장 개설 시 신용으로 취급하는 경우에는 선적 서류 제시기간을 운송장 발행일로부터 5일 이내로 하여야 한다.

② 신용장 감액 및 취소는 수익자가 유리해지는 조건변경으로 동의 없이도 가능하다.

③ 본지사 간 또는 현지법인을 수출자로 한 수입신용장 등을 개설하는 경우에는 현지법인등의 물품공급능력 등을 파악하여 공모 사기의 가능성에 각별히 유의해야 한다.

④ 보세창고도거래(BWT)방식에 의한 수입의 경우에는 수입신용장 개설 시 채권보전에 유의 하여야 한다.

> **용어 알아두기**
> **보세창고도거래 (BWT)방식** 수출업자가 수입수속이 끝나지 않은 화물을 수입국의 보세창고에 입고시킨 후 현지에서 상품 을 인도하는 방식으로, 보세창고 입고까지의 운임과 보험료는 모두 수출자가 부담하고, 수입자 는 보세창고에서 인도받은 후부터 비용과 위험에 대한 책임을 부담한다.

08 다음 중 중계무역방식 수출입업무에 대한 설명으로 옳지 <u>않은</u> 것은?

① 중계무역방식 수출입업무 취급 시에는 실제 대금의 결제흐름도 함께 확인하여 외화유출로 유용되지 않도록 유의하여야 한다.

② 수입대금의 지급이 수출대금의 영수보다 선행하는 경우에는 동 수출환어음매입대전을 반 드시 관련 수입대금 결제자금으로 충당하여야 한다.

③ 수출신용장의 매입이 전제될 경우 수입신용장은 원칙적으로 일람불신용장으로 개설해야 한다.

④ 수하인(Consignee)이 매입은행(지정은행)이 아니거나 선하증권(B/L) 일부만의 제시로 개 설되는 경우가 대부분이므로 채권보전을 강화하여야 한다.

> **용어 알아두기**
> **중계무역** 다른 나라로부터 수입해온 물품을 그대로 제3국에 재수출하여 매매차익을 얻는 무역형식을 말한다.

정답 및 해설

07 ② 신용장 감액 및 취소는 수익자(수출자)가 불리해지는 조건변경이므로 반드시 통지은행을 통한 수익자의 동의전문 접수 후 감액 및 취소거래를 한다.

08 ② 수출대금의 영수가 수입대금의 지급보다 선행하는 경우에는 동 수출환어음매입대전을 반드시 관련 수입대금 결제자금으 로 충당하여야 한다.

09 다음 중 직접투자 신고 시 주요 점검사항에 대한 설명으로 옳지 <u>않은</u> 것은?

① 해외직접투자 시 신용불량자 및 조세체납자 여부 등 투자자의 자격을 확인하여야 한다.

② 개인이나 개인사업자의 경우 해외이주 수속 중이거나 영주권 취득을 목적으로 하는 투자가 아니어야 한다.

③ 해외직접투자의 경우에는 사전신고가 원칙이고, 외국인직접투자의 경우에는 사후신고가 원칙이다.

④ 외국인직접투자 시 투자신고인은 외국인투자가이며, 대리인이 신고할 경우에는 공증받은 외국인투자가의 위임장을 첨부하여야 한다.

용어 알아두기

공 증 국가나 공공단체와 같은 단체가 직권에 의해 특정한 사실 또는 법률관계의 존재를 공적으로 증명하는 준법률행위적 행정행위이다.

---

10 지급과 수령절차 및 방법 관련 다음 위규사례에 대한 설명으로 옳지 <u>않은</u> 것은?

주식회사의 대표이사 A는 미국에 현지법인을 설립하고 현지법인 운영자금으로 사용하기 위해 50만불을 국내에 거주하는 친인척 명의로 개인당 10만불 미만의 금액으로 분산송금하였다.

---

① 증빙자료의 제출을 요하지 않는 소액송금거래의 경우, 분산송금 등 불법거래에 악용될 소지가 크다.

② 증빙서류 제출을 요하지 않는 소액송금을 하는 경우, 외국환업무취급기관은 거래내용을 확인할 필요가 없다.

③ 외국환은행은 확인과정에서 신고의무를 이행하지 않은 것을 확인한 경우에는 신고의무를 이행하도록 안내하여야 한다.

④ 수취인이 법인인 경우에는 통상 다른 목적이 있는 거래일 가능성이 높으므로, 외국환은행은 확인의무를 철저히 이행하여야 한다.

정답 및 해설

09 ③ 해외직접투자와 외국인직접투자의 경우 모두 사전신고가 원칙이다. 단, 해외직접투자의 경우 해당 거래의 계약이 성립된 날로부터 1년 이내로 미화 1만불 범위 내에서 휴대 또는 송금한 경우에는 사후신고가 가능하다.

10 ② 증빙서류 제출을 요하지 않는 소액송금을 하는 경우라도 외국환업무취급기관은 지급신청서 또는 영수확인서를 통해 거래에 대한 확인의무를 이행하여야 한다.

11 다음 중 해외직접투자에 대한 설명으로 옳지 <u>않은</u> 것은?

① 외국환거래법상 신고는 신고대상거래를 하기 전에 하여야 한다.

② 거주자 간 외화채권의 매매행위는 신고의무가 면제된다.

③ 거주자 간 외화증권의 양수도거래대상이 의결권 있는 발행주식총수의 10% 미만인 경우 신고의무가 면제된다.

④ 거주자 간 외화증권의 양수도거래대상이 의결권 있는 발행주식총수의 10% 이상인 경우 한국은행총재에게 신고하여야 한다.

12 다음 중 부동산취득에 대한 설명으로 옳지 <u>않은</u> 것은?

① 비거주자가 자금의 일부를 국내에서 대출받아 국내부동산을 취득하는 경우에는 신고를 요하지 않는다.

② 신고수리내용대로 부동산을 취득하지 않는 경우가 있으므로 신고수리기관 담당자는 실제로 해외부동산을 취득했는지 사후관리를 철저히 하여야 한다.

③ 해외부동산 취득 시 지급이 용이한 유학생경비 명목으로 지급받는 경우가 있으므로 통상적인 유학경비 수준을 초과하는 송금은 다른 목적의 편법송금일 가능성이 있음을 유의하여야 한다.

④ 해외부동산 취득자금 전액을 자기자금으로 취득한다고 신고한 후 변경신고 없이 비거주자로부터 차입한 경우는 외국환거래법 위반에 해당한다.

정답 및 해설

11 ④ 거주자 간 외화증권의 양수도거래대상이 의결권 있는 발행주식총수의 10% 이상인 경우 지정거래 외국환은행장에게 신고하여야 한다.

12 ① 비거주자가 자금의 일부를 국내에서 대출받아 국내부동산을 취득하는 경우에는 한국은행총재에게 신고하여야 한다.

✔ 출제예상문제를 통해 다양한 외환전문역 Ⅰ종 문제를 풀어볼 수 있습니다.

✔ 다시 봐야 할 문제(틀린 문제, 풀지 못한 문제, 헷갈리는 문제 등)는 문제 번호 하단의 네모박스(□)에 체크하여 반복 학습할 수 있습니다.

출제빈도 ★

01 다음 중 외국환업무에 대한 설명으로 옳지 <u>않은</u> 것은?

□

① 외국통화로 표시된 시설대여는 외국환업무에 해당한다.

② 외국환업무 및 그에 따른 사후관리를 원활하게 수행할 수 있는 전산설비를 갖추어 미리 기획재정부장관에게 등록하여야 한다.

③ 외국환업무에 등록을 하려는 자는 외국환업무에 2년 이상 종사한 경력이 있는 자 또는 기획재정부장관이 정하는 교육을 이수한 자를 영업소별로 1명 이상 확보하여야 한다.

④ 역외계정의 예치목적으로 미화 5천만불을 초과하는 외화증권을 상환기간 1년 초과의 조건 으로 발행하고자 하는 경우에는 기획재정부장관에게 신고하여야 한다.

출제빈도 ★

02 다음 중 외국환업무에 대한 설명으로 틀린 것은?

□

① 외국환은행이 외화자금을 차입하는 경우에는 항상 신고를 요하지 아니한다.

② 역외계정과 일반계정 간의 자금이체는 기획재정부장관의 허가를 받아야 한다.

③ 외국환업무를 업으로 영위하고자 하는 자는 명칭, 본점 및 국내영업소의 소재지 등에 관한 사항을 적은 신청서에 재무상태표·손익계산서 등 기획재정부장관이 정하여 고시하는 서 류를 첨부하여 기획재정부장관에게 등록을 신청하여야 한다.

④ 잔존만기가 1개월 이내의 경우에는 부채가 자산을 초과하는 비율을 100분의 10 이내로 유지하여 외화유동성위험을 관리하여야 한다.

출제빈도 ★

03 다음 중 외국환업무 취급 시 유의사항에 대한 설명으로 옳지 <u>않은</u> 것은?

① 거주자에게 동일자·동일인 기준 미화 1만불을 초과하는 외국통화를 매각한 경우 동 사실을 매월별로 익월 10일 이내에 국세청장 및 관세청장에게 통보하여야 한다.

② 외국환업무 취급기관이 고객과 외국환거래를 하는 경우 그 거래 등이 외국환거래법에 의한 허가를 받았거나 신고를 한 것인지 여부를 확인하여야 한다.

③ 외국환은행의 장은 당해 지급이 법령 및 외국환거래규정에 의한 신고등의 대상인지 여부를 확인하여야 한다.

④ 외국환거래업무에 종사하는 사람은 그 업무와 관련하여 알게 된 정보를 예외 없이 다른 사람에게 누설해서는 안 된다.

제2과목 외국환거래실무

해커스 외환전문역 Ⅰ종 최종핵심정리문제집

정답 및 해설

01 ③ 외국환업무에 등록을 하려는 자는 외국환업무에 2년 이상 종사한 경력이 있는 자 또는 기획재정부장관이 정하는 교육을 이수한 자를 영업소별로 2명 이상 확보하여야 한다.

02 ① 외국환은행이 비거주자로부터 미화 5천만불을 초과하는 외화자금을 상환기간 1년 초과 조건으로 차입(외화증권 발행 포함)하고자 하는 경우에는 기획재정부장관에게 신고하여야 한다. 이 경우를 제외하고 외국환은행이 외화자금을 차입하는 경우에는 신고를 요하지 아니한다.

03 ④ 외국환거래업무에 종사하는 사람은 그 업무와 관련하여 알게 된 정보를 금융실명법 제4조에 정한 경우를 제외하고는 외국환거래법에서 정하는 용도가 아닌 다른 용도로 사용하거나, 다른 사람에게 누설해서는 안 된다.

04 다음 중 무역금융에 대한 설명으로 옳은 것은?

☐ ① 과거 1년간 수출실적이 미화 2억 달러 미만인 업체는 포괄금융지원대상이다.

② 중계무역방식에 따른 수출은 무역금융 융자대상에 포함된다.

③ 실적기준금융을 이용하는 업체에 대하여는 원자재자금 및 완제품 구매자금은 융자한도에 평균매매기준율을 곱한 금액 범위 내에서 융자 가능하다.

④ 신용장기준금융을 이용하는 업체에 대하여는 내국신용장에 의하여 발행된 판매대금추심의뢰서, 수입어음 및 수입대금의 외화금액에 평균매매기준율을 곱한 금액 범위 내에서 융자 가능하다.

05 다음 중 내국신용장에 대한 설명으로 옳지 않은 것은?

☐ ① 내국신용장을 근거로 다른 내국신용장을 개설할 경우 차수에 관계없이 발행할 수 있다.

② 원자재 내국신용장과 완제품 내국신용장은 수출신용장 등의 금액 또는 외국환은행이 정하는 원자재자금 및 완제품구매자금의 융자한도 범위 내에서 개설 가능하다.

③ 내국신용장은 양도가 불가능한 취소불능신용장이어야 하며, 표시통화가 원화여야 한다.

④ 외국환은행은 개설의뢰인으로부터 공급자발행 물품매도확약서, 당해 내국신용장의 개설 근거가 되는 원수출신용장 등의 서류를 징구하여야 한다.

06 다음 중 외국통화 매매에 관한 설명으로 옳지 않은 것은?

☐ ① 외국인의 경우 소액외화환전 시에는 환전사실을 여권에 표시하지 않아도 된다.

② 해외여행자는 해외여행경비를 여행자 수표 및 신용카드 등으로 지급할 수 있다.

③ 거주자로부터 미화 2만불을 초과하는 금액을 매입하는 경우에는 외국환신고(확인)필증을 제출받아야 한다.

④ 외국인비거주자에게 외국통화를 매도 시에는 최근 입국일 이후 당해 체류기간 중 매각실적 범위 내에서 가능하다.

07 다음 중 외국환업무에 대한 설명으로 옳지 <u>않은</u> 것은?

① 당발송금거래 시 전문발신 전이면 조건변경으로 처리하고, 전문발신 후이면 해당 내용이 수정되어야 한다.

② 외화수표는 대금회수가 확실하다고 인정되는 경우에 한하여 추심 전 매입하도록 하여야 한다.

③ 당발송금거래 시 입력해야 하는 국가코드는 수취인 기준이 아닌 지급은행을 기준으로 하여야 한다.

④ 외화수표는 매입대전 입금 후 1~3년 후에도 부도처리될 수 있으며, 부도처리 시 그 자금을 반환하여야 한다.

08 프랑스로 유학예정인 최고점씨는 유학대금을 송금하기 위해 은행에 방문하였다. 담당자인 A계장이 진행한 업무처리절차로 옳은 것은?

① 해외체재비가 연간 10만불을 초과하여 국세청에 통보하였다.

② 2천불을 초과하는 외국통화를 매각하여 외국환신고(확인)필증을 발행·교부하였다.

③ 해외유학생은 연령에 제한이 있다는 것을 알려주었다.

④ 2년마다 외국 교육기관의 장이 발급하는 재학증명서 또는 직전학기 성적증명서 등 재학사실을 입증할 수 있는 서류를 제출해야 한다는 것을 알려주었다.

정답 및 해설

04　①　② 중계무역방식에 따른 수출은 무역금융 융자대상에서 제외된다.
　　　　③ 실적기준금융을 이용하는 업체에 대하여는 원자재자금 및 완제품 구매자금은 내국신용장에 의하여 발행된 판매대금추심의뢰서, 수입어음 및 수입대금의 외화금액에 평균매매기준율을 곱한 금액 범위 내에서 융자 가능하다.
　　　　④ 신용장기준금융을 이용하는 업체에 대하여는 당해 업체가 보유한 수출신용장 등의 외화금액에 외국환거래규정에서 정하는 매매기준율의 융자취급일 전월 평균환율을 곱한 금액 범위 내에서 융자 가능하다.

05　③　내국신용장의 표시통화는 원화(매매기준율로 환산한 외화금액 부기 가능)와 외화가 모두 가능하다.

06　③　거주자로부터 미화 2만불을 초과하는 금액을 매입하는 경우에는 취득경위입증서류를 제출받아야 하며, 비거주자 또는 외국인거주자로부터 미화 2만불을 초과하는 금액을 매입하는 경우에는 외국환신고(확인)필증을 제출받아야 한다.

07　①　당발송금거래 시 전문발신 전이면 해당 내용이 수정되고, 전문발신 후이면 조건변경으로 처리한다.

08　①　② 1만불 초과 외국통화 매각 시 외국환신고(확인)필증을 발행·교부한다.
　　　　③ 해외유학생은 연령제한이 없다.
　　　　④ 매년마다 외국 교육기관의 장이 발급하는 재학증명서 또는 직전학기 성적증명서 등 재학사실을 입증할 수 있는 서류를 제출해야 한다.

09 다음 중 수출환어음 매입 및 추심 업무에 대한 설명으로 옳은 것은?

① 수출신고필증일자는 선적일자보다, 선적일자는 수출환어음의 매입일자보다 앞서야 한다.

② 보험서류상 Assured에 기재된 수혜자가 있는 경우라도 매입은행이 배서하여야 한다.

③ B/L상 Consignee가 To order of shipper인 경우에는 매입은행이 배서하여야 한다.

④ Back to Back L/C, 비은행(Non-Bank)발행 신용장은 신용장상의 조건일치 여부에 관계없이 추심 전 지급을 원칙으로 한다.

10 다음 중 수입신용장 개설 및 조건변경 등에 대한 설명으로 옳지 <u>않은</u> 것은?

① Banker's Usance L/C의 만기일 연장은 인수은행의 동의가 있는 경우에 한하여 당초 어음기간을 포함하여 180일 이내로 취급하고, 연장기간은 가급적 단기간으로 운용한다.

② 본지사 간 또는 현지법인을 수출자로 한 수입신용장 등을 개설하는 경우에는 현지법인 등의 물품공급능력 등을 파악하여 공모 사기의 가능성에 각별히 유의하여야 한다.

③ 항공화물운송장(AWB)의 수리조건의 수입신용장을 신용으로 취급 시에는 선적서류 제시기간을 운송장 발행일로부터 3일 이내로 하여야 한다.

④ 물품의 품질이 좋지 않다는 사유로 부도처리할 수 없다.

11 다음 중 수입신용장 업무에 관한 설명으로 옳지 <u>않은</u> 것은?

① 수입신용장 감액 및 취소는 수익자(수출자)가 불리해지는 조건변경이므로 반드시 통지은행을 통한 수익자의 동의전문 접수 후 감액 및 취소거래를 하여야 한다.

② 수입신용장 전체금액 중 일부금액에 대하여 L/G를 발급한 경우에는 수입물품금액 전체금액 중 일부금액에 대하여 책임이 있음에 유의하여야 한다.

③ L/G발행건에 대해서는 하자를 사유로 부도처리할 수 없다.

④ Shipper's Usance는 수출업자와 수입업자의 상호계약에 의해 수출업자가 수출대금을 만기일에 지급받는 방식으로 수출업자는 유산스기간 동안 수입업자에게 신용공여를 해 준다.

12 다음 중 중계무역방식 수출입업무에 관한 내용으로 틀린 것은?

☐ ① 중계무역의 수출입업무 취급 시 관련 계약서 등으로 거래내용을 정확히 파악하여 정상 거래 여부를 확인하고, 실제 대금의 결제흐름도 함께 확인하여야 한다.

② 수출대금의 영수가 수입대금의 지급보다 선행하는 경우에는 영수한 수출대금으로 수입보 증금을 충당해야 한다.

③ 수출신용장의 매입이 전제될 경우 원칙적으로 일람불신용장으로 개설하여야 한다.

④ 중계무역 관련 기한부 수입신용장(RU)은 만기일 연장이 가능하다.

정답 및 해설

09 ① ② 보험서류상 Assured에 기재된 수혜자가 있는 경우에는 수혜자가 배서하여야 하며, 매입은행의 배서는 불필요하다.
③ B/L상 Consignee가 To order, To order of shipper인 경우에는 Shipper가 배서하여야 하며, 매입은행의 배서는 불필요하다.
④ 보증신용장 등에 의한 무화환어음, Back to Back L/C, 취소가능 신용장, 비은행 발행 신용장은 신용장상의 조건일치 여부에 관계없이 대금결제가 불확실하므로 가급적 추심 후 지급을 원칙으로 한다.

10 ③ 항공화물운송장(AWB)의 수리조건의 수입신용장을 신용으로 취급 시에는 선적서류 제시기간을 운송장 발행일로부터 5일 이내로 하여야 한다.

11 ② 수입신용장 전체금액 중 일부금액에 대하여 L/G를 발급한 경우라도 수입물품금액 전체 또는 수입신용장 전체금액에 대하여 책임이 있음에 유의하여야 한다.

12 ④ 중계무역 관련 기한부 수입신용장(RU)은 만기일 연장이 불가능하다.

13 다음 중 외화표시지급보증서 발급 시 유의사항에 대한 설명으로 옳지 <u>않은</u> 것은?

① Stand-by L/C는 주로 금전대차, 채무보증, 현지금융 담보조로 주로 이용된다.

② Letter of Guarantee는 비교적 거래금액이 크고 현금화가 용이한 광물의 거래 시에 사용된다.

③ Stand-by L/C 및 외화표시 지급보증이 부득이하게 Mail로 발행되는 경우에는 외환업무 전문부서의 외화지급보증용 중요용지로 발행되도록 요청한다.

④ 진위확인이 되지 않은 사업약정서 등을 근거로 거액의 보증서 발행 상담을 하면서 이와 관련한 영업점장 명의의 의견서를 영업점 자체적으로 발행하지 않도록 한다.

14 다음 중 직접투자에 대한 설명으로 옳지 <u>않은</u> 것은?

① 개인사업자의 경우 해외이주 수속 중이거나 영주권 취득을 목적으로 하는 투자는 허용되지 않는다.

② 해외직접투자 시 투자자가 개인인 경우 5영업일 이내에 발급된 주민등록등본을 확인하여 해외이주 수속 여부를 확인하여야 한다.

③ 외국인직접투자 신고 후 부득이하게 타인이 대신 송금하는 경우에는 반드시 송금정보란에 투자자 본인의 투자자금이라고 명시하여야 한다.

④ 해외직접투자 시 이미 투자한 외국법인이 자체이익유보금 또는 자본잉여금으로 증액투자 하는 경우에는 사후보고가 가능하다.

15 직접투자 신고 시 주요 점검사항에 대한 설명으로 옳지 <u>않은</u> 것은?

① 거액의 외국인 투자금을 은행으로 송금하겠다며 접근하는 사기사례가 발생할 수 있으므로 반드시 대리권을 위임받은 법무 법인을 통해 투자 관련 업무를 진행하도록 안내하고, 본부 관련 부서와 사전협의하도록 한다.

② 누적투자금액이 미화 50만불 이내에서의 투자의 경우에는 투자금의 지급이 있는 날로부터 1개월 이내에 사후보고할 수 있다.

③ 개인이나 개인사업자인 경우 해외이주 수속 중이거나 영주권 취득을 목적으로 하는 투자가 아닌지 여부를 3영업일 이내 발급된 주민등록등본으로 확인한다.

④ 해외직접투자는 원칙적으로 사전신고이며, 외국인직접투자는 사후신고가 원칙이다.

16 다음 중 지급등의 절차 및 방법에 대한 설명으로 옳지 <u>않은</u> 것은?

① 거래당사자가 아닌 자와 지급등을 하는 경우는 원칙적으로 외국환은행장에게 신고하여 야 한다.

② 해외직접투자, 금전대차거래 등의 외국환거래는 지정거래 외국환은행을 통해 지급등거 래를 하여야 한다.

③ 증빙자료제출을 요하지 않는 소액송금거래의 경우 분산송금 등 불법거래에 악용될 소지가 있으므로 외국환업무취급기관 담당자는 확인의무를 철저히 이행하여야 한다.

④ 거주자가 비거주자로부터 외화증권을 취득하거나, 거주자가 제3자 지급등을 하려는 경우 에는 한국은행총재에게 신고하여야 한다.

17 거래외국환은행을 지정하지 아니하고 가능한 거래는?

① 해외유학경비의 환전

② 해외여행경비의 환전

③ 재외국민(미영주권자)의 국내예금 해외송금

④ 해외직접투자자금 당발송금

정답 및 해설

13 ② Letter of Guarantee(외화지급보증)는 선수금환급, 계약이행, 입찰보증 등 주채무에 이은 제2차적 보증으로 주로 이용된다.

14 ② 3영업일 이내에 발급된 주민등록등본을 확인하여야 한다.

15 ④ 외국인직접투자는 기본적으로 사전신고가 원칙이다. 해외직접투자도 원칙적으로 사전신고사항이다. 단, 사후신고가 허용 될 수 있는 경우는 당해 계약이 성립한 날로부터 1년 이내로 미화 1만불 범위 내에서 휴대 또는 송금한 경우이다.

16 ① 거래당사자가 아닌 자와 지급등을 하는 경우에는 원칙적으로 한국은행총재에게 신고하여야 한다.

17 ② 해외여행경비의 환전은 거래외국환은행을 지정하지 않아도 거래가 가능하다.

참고 지정거래 외국환은행의 대상 거래

- 거주자의 증빙서류미제출지급, 거주자의 해외예금, 거주자의 대북투자, 거주자의 외화증권발행, 거주자의 외화자금 차입 및 처분, 거주자의 연간 미화 10만불 이하 자본거래 영수 등
- 해외지사 설치비, 영업기금, 유지활동비 지급 및 사후관리
- 해외직접투자를 하고자 하는 자, 현지금융을 받고자 하는 자
- 비거주자의 국내증권 발행, 외국인 또는 비거주자의 국내보수·소득·보험금·연금의 지급, 국내지사의 설치 영업자금 도 입 및 영업수익 대외송금, 환전영업자
- 해외체재비·해외유학경비, 단체해외여행경비, 해외이주비, 재외동포 국내재산반출

18 다음 해외직접투자의 사례에 대한 설명으로 옳지 <u>않은</u> 것은?

> 국내회사 A는 외국회사에 대한 금전채권(10만불)을 국내회사 B에게 양도하고, 그 대가로 B사가 소유하고 있던 다른 외국회사의 주식 1만주를 취득하였다.

① 거주자 간의 외화채권 매매는 신고의무가 면제된다.

② 위 사례에서 A사가 B사에게 채권을 양도하는 경우 외국환은행장에게 신고하여야 한다.

③ 위 사례에서 B사가 소유한 주식 1만주가 의결권 있는 발행주식총수의 10% 미만인 경우에는 신고의무가 면제된다.

④ 위 사례에서 B사가 소유한 주식 1만주가 의결권 있는 발행주식총수의 10% 이상인 경우에는 지정거래 외국환은행장에게 해외직접투자 변경신고를 하여야 한다.

19 다음 부동산취득의 사례에서 신고대상기관으로 옳은 것은?

> 중국 국적을 보유한 비거주자 A는 중국에서 송금한 금액과 국내은행에서 주택담보대출받은 금액을 합하여 국내소재 아파트를 구입하였다.

① 신고예외

② 외국환은행장

③ 한국은행총재

④ 국토교통부장관

20 다음 중 증권취득거래에 대한 설명으로 옳지 <u>않은</u> 것은?

① 거주자가 비거주자로부터 외화증권을 취득하고자 하는 경우에는 신고예외대상을 제외하고, 원칙적으로 한국은행총재에게 신고하여야 한다.

② 거주자가 국내에서 발행한 비상장 외화증권을 비거주자가 취득한 경우에는 외국환은행장 또는 한국은행총재에게 신고해야 한다.

③ 외국환은행장은 해외에서 송금된 자금을 국내수취인에게 지급하는 경우 송금사유를 확인해야 할 의무가 있다.

④ 거주자가 외화증권 등의 실물을 수출입하는 경우에는 한국은행총재에게 신고하여야 한다.

21 다음 중 검사기관과 검사대상의 연결이 잘못 짝지어진 것은?

☐　① 금융감독원장 – 외국환업무취급기관 및 관계인

　② 한국은행총재 – 외국환중개회사

　③ 한국은행총재 – 환전영업자와 그 거래당사자

　④ 금융위원회 – 외국환거래법 위반자에 대한 제재

정답 및 해설

18　②　거주자 간의 외화채권 매매는 신고의무가 면제되므로, 위 사례에서 채권양도의 경우에는 신고의무가 없다.

19　③　취득자금의 일부를 국내에서 대출받아 국내부동산을 취득하는 경우에는 한국은행총재에게 신고하여야 한다.

20　④　거주자가 외화증권 등의 실물을 수출입하는 경우에는 관할세관의 장에게 신고하여야 한다.

21　③　환전영업자와 그 거래당사자는 관세청장의 검사대상이다.

■ 학습안내

약점 극복 실전테스트는 외환전문역 Ⅰ종 시험에서 잘 틀리는 문제와 자주 출제되어 매우 중요한 문제들로 과목별 시험의 1배수를 구성하였습니다. 개념완성문제 및 출제예상문제에서 외환전문역 Ⅰ종의 전반적인 문제를 풀이 했다면, 약점 극복 실전테스트에서는 틀리기 쉬운 문제와 중요도 높은 문제를 통해 학습상태를 점검하여 약점 을 확인하고 극복할 수 있도록 합니다.

■ 학습방법

1단계	2단계	3단계
약점 극복 실전테스트를 풀어봅니다.	p.274에 있는 정답 및 해설을 확인하여 채점 후 풀지 못했거나 틀린 문제는 정답 하단에 있는 학습점검표에 정리합니다.	학습점검표 하단의 맞힌 점수별 학습상태를 확인하여, 본인의 학습상태에 맞는 학습방법으로 복습합니다.

■ 출제비중

3~4문항	8~10문항	4~6문항	3~5문항	2~5문항
제1장 은행 및 본지점 간 외환실무	**제2장** 대고객 외환실무	**제3장** 특수한 외환상품	**제4장** 외국환회계	**제5장** 외국환업무와 관련된 컴플라이언스 업무 / 각종 위규사례

제2과목 **외국환거래실무**

·
·
·
·

약점 극복
실전테스트

01 다음 중 외화자금의 조달에 대한 설명으로 옳지 <u>않은</u> 것은?

① 은행은 해외지점의 내국수입유산스, 대출영업 지원을 위해 외화자금을 조달한다.

② 외화채권은 일반적으로 단기자금을 조달하기 위해 해외에서 발행하는 외화표시 국제채를 말한다.

③ 국제채는 외국채와 유로채로 구분되는데, 외국채는 발행국가의 법정통화로 발행되며, 유로채는 표시 통화국 이외의 지역에서 발행된다.

④ 은행은 필요한 경우 원/달러 스왑 등 파생상품을 이용하여 외화자금을 조달한다.

02 다음 중 외화유동성리스크 관리에 대한 설명으로 옳지 <u>않은</u> 것은?

① 은행의 국내 본·지점, 해외지점, 해외현지법인의 모든 자산과 부채를 대상으로 유동성 관리를 해야 한다.

② 은행의 외화 유동성 비율은 잔존만기 3개월 이하 외환 부채에 대한 외화자산의 비율이다.

③ 만기불일치 비율은 잔존만기 1개월 이내에 도래하는 부채가 자산을 초과하는 비율이 10%를 넘지 않도록 유지·관리하여야 한다.

④ 중장기 외화자금조달 비율의 감독기관 지도비율은 90% 이상이어야 한다.

03 다음 중 SWIFT에 대한 설명으로 옳지 <u>않은</u> 것은? [2점]

① SWIFT는 국제적인 은행 간 통신정보망으로서 벨기에 브뤼셀에 본부를 두고 있다.

② SWIFT의 메시지 타입은 3자리 수로 구성되어 있다.

③ SWIFT는 보안성, 신속성, 저렴한 비용 등의 장점이 있어 해외투자기관, 글로벌 기업 등이 이용하고 있다.

④ 수표발행은행이 수표지급은행에 수표가 발행되었다는 사실을 알려 주는 전신문은 MT103 이다.

제2장 | 대고객 외환실무

04 다음 중 외화예금에 대한 설명으로 옳지 <u>않은</u> 것은?

① 외화예금거래의 특징으로 환율변동에 따른 환리스크를 지닌다.

② 거주자계정으로 개설이 가능한 외화예금은 외화당좌예금, 외화보통예금, 외화통지예금, 외화정기예금, 외화정기적금에 한한다.

③ 대외계정으로 미화 2만불을 초과하는 외국통화를 예치하고자 할 경우에는 외국환신고(확인)필증을 받아야 한다.

④ 해외이주자계정 예치 가능 대상으로 해외이주자의 본인명의 재산, 재외동포의 본인명의 부동산 매각대금과 본인명의 국내예금, 신탁계정 관련 원리금이 있다.

05 외화예금계정 중 대외계정에 대한 설명으로 옳지 <u>않은</u> 것은?

① 대외계정은 비거주자, 개인인 외국인거주자 중 순수개인자격의 외국인거주자 등이 개설할 수 있다.

② 대외계정은 외국으로부터 송금된 대외지급수단과 취득 또는 보유가 인정된 대외지급수단을 예수할 수 있다.

③ 대외계정으로 개설이 가능한 외화예금은 외화당좌예금, 외화보통예금, 외화통지예금, 외화정기예금에 한한다.

④ 미화 2만불을 초과하는 외국통화 또는 외화표시 여행자수표를 예치하고자 하는 경우에는 외국환신고(확인)필증을 받아야 한다.

06 다음 중 외화예금에 대한 설명으로 옳은 것은? [2점]

① 외화예금의 이자 계산기간은 입금일부터 지급일까지로 한다.

② 원칙적으로 외화당좌예금은 이자를 지급하지 않으나, 외화별단예금은 이자를 지급한다.

③ 외화예금의 원리금을 원화로 지급하는 경우에는 지급 당시의 대고객 전신환매도율을 적용한다.

④ 외화정기예금의 이자율은 가입기간에 따라 가입 당시 정해진 이율을 만기에 지급한다.

07 다음 중 당발송금에 대한 설명으로 옳은 것은?

① 거래외국환은행지정거래에 의해 미화 5백불의 송금은 지정된 은행에서만 송금 가능하다.

② 축의금 또는 국제시험 응시료, 도서구입비 등 소액을 송금하는 경우에는 송금처리가 가장 빠르고 저렴한 송금수표(D/D)방식을 사용한다.

③ 송금의뢰인에게 퇴결대금을 원화로 지급 시 적용되는 환율은 송금 당시의 대고객 전신환매입율이다.

④ 해외 송금 과정에서 거래가 의심스럽다고 판단되는 경우 STR을 수행해야 한다.

08 은행 A는 국민인 거주자 B에게 미국에서 미화 12만불이 내도됨을 통지하고 취득경위를 입증하는 서류의 제출을 안내하였으나, 거주자 B는 취득경위 입증서류의 제출이 불가능하다고 한다. 이 경우 은행 A는 (A)를 받고 (B)로 간주하여 매입이 가능하다. 다음 중 괄호 안에 들어갈 말로 옳은 것은?

	A	B
①	영수확인서	증여거래
②	지급신청서	이전거래
③	영수확인서	이전거래
④	지급신청서	증여거래

09 다음 중 은행에서 매입할 수 있는 외국통화를 모두 묶은 것은?

> 가. 매입은행이 환율을 고시하는 외국통화
> 나. 손상화폐
> 다. 통화 발행국으로부터 수출입이 제한된 통화
> 라. 유럽경제동맹 소속국가가 EURO 통화 발행 전 사용하던 통화
> 마. 환위험이 높은 통화

① 가, 라　　　　　　　　　② 가, 마

③ 가, 나, 마　　　　　　　④ 가, 다, 라

10 다음 중 외국통화의 매도 시 유의사항으로 옳지 <u>않은</u> 것은? [2점]

① 해외체재자나 해외유학생경비 목적으로 미화 1만불을 초과하여 외국통화를 매각하는 경우에는 외국환신고(확인)필증을 발행·교부하여야 한다.

② 외국인거주자에게 1백만원 이하의 외국통화를 매각하는 경우에는 매각사실 기재를 생략할 수 있다.

③ 비거주자에 대한 재환전 시 증빙서류는 발행일자나 기간에 제한이 없다.

④ 재환전 증빙서류에 의한 재환전인 경우에는 재환전 증빙서류를 회수하여야 한다.

11 다음 중 외국환신고(확인)필증을 발행·교부하는 경우로 옳지 <u>않은</u> 것은?

① 해외체재자나 해외유학생 경비 목적으로 미화 1만불을 초과하여 외국통화를 매각한 경우

② 외국인 거주자나 비거주자에게 미화 2만불을 초과하여 외국통화를 매각한 경우

③ 해외이주비, 재외동포의 국내재산반출 지급을 위해 미화 1만불을 초과하여 외국통화를 매각한 경우

④ 해외여행자에게 미화 1만불을 초과하여 외국통화를 매각한 경우

12 다음 중 옵션가치에 영향을 미치는 주요 변수가 <u>아닌</u> 것은?

① 현물환율 ② 환금성

③ 내재변동성 ④ 행사환율

13 다음에서 설명하는 통화옵션 합성상품은 무엇인가?

> • Call과 Put을 섞어서 팔기도 하고 사기도 해서 구성하는 포지션이다.
> • 비용을 최소화하면서 보유하는 자산에 대해 환율 하락 시 손실을 일정 부분 방어할 수 있다.
> • 일정 범위에서 파생상품만으로는 손실도 이익도 없는 구조를 보인다.

① 레인지 포워드 ② 타겟 포워드

③ 시걸 옵션 ④ 인핸스드 포워드

14 다음 중 해외펀드상품에 대한 설명으로 옳지 <u>않은</u> 것은?

① 펀드의 60% 이상을 주식으로 운용하는 펀드를 주식형 펀드라고 한다.

② 모집기간이 지나면 가입할 수 없는 펀드를 폐쇄형 펀드라고 한다.

③ 부동산 펀드는 주식형 펀드로, 선박펀드에 비해 수익률은 떨어질 수 있으나 훨씬 안정적이다.

④ 해외 뮤추얼펀드는 존속기간에 제한이 없으며, 장기투자를 할 경우 보다 안정적인 수입을 얻을 수 있는 장점이 있다.

15 다음 중 해외펀드의 상담전략에 대한 옳은 설명으로 모두 묶인 것은?

> 가. 분산투자를 통해 리스크를 최소화할 수 있음을 설명한다.
> 나. 단기적으로 투자하는 것이 유리하다고 설명한다.
> 다. 정기적으로 투자하여 주식의 평균매입단가를 안정적으로 유지할 것을 추천한다.
> 라. 거액의 투자는 현장정보의 접근성이 어려워 변화에 따른 대처능력이 떨어질 수 있음을 설명한다.
> 마. 지금 투자하는 것보다는 전문가의 조언을 통해 수익성이 높을 때 투자할 것을 권유한다.

① 가, 나, 다 ② 가, 다, 라
③ 가, 다, 마 ④ 나, 라, 마

제4장 | 외국환회계

16 다음에서 설명하는 외화재무상태표 계정명은 무엇인가?

> 외국환은행이 고객이 보유한 외국환을 매입하여 추심 중에 있는 외화자금이 예치환거래은행에 개설되어 있는 당방계정이나 해외본지점계정에 입금될 때까지 일시적으로 처리하는 경과계정과목이다.

① 매입외환 ② 매도외환
③ 외화증권 ④ 미지급외환

---

17 다음 중 외화자산계정에 해당하는 계정과목은?

① 외화예치금 ② 매도외환
③ 미지급외환 ④ 외화콜머니

18 다음 중 경과계정과목으로만 모두 묶인 것은?

> 가. 수출환어음
>
> 나. 외화표시 내국신용장어음
>
> 다. 외화대출
>
> 라. 외화출자전환채권

① 가, 나　　　　　　　　　　② 가, 라

③ 다, 라　　　　　　　　　　④ 가, 나, 라

19 다음 중 직접투자 신고 시 주요 점검사항에 대한 설명으로 적절하지 <u>않은</u> 것은?

① 개인이나 개인사업자인 경우 해외이주 수속 중이거나 영주권 취득을 목적으로 하는 투자가 아니어야 한다.

② 거액의 외국인 투자금을 은행으로 송금하겠다며 접근하는 사기가 발생할 수 있으므로 반드시 대리권을 위임받은 법무법인을 통해 투자 관련 업무를 진행해야 한다.

③ 외국인직접투자신고 시 투자신고인은 외국인투자가이며 대리인이 신고할 경우에는 공증받은 외국인투자가의 위임장을 첨부해야 한다.

④ 해외직접투자는 원칙적으로 사후신고이다.

20 다음 중 환율변동에 따른 환포지션의 내용에 대한 연결이 <u>잘못</u> 짝지어진 것은?

① 환율 상승 – 매입초과 포지션 – 환차익

② 환율 하락 – 스퀘어 포지션 – 환리스크 없음

③ 환율 상승 – 매도초과 포지션 – 환차익

④ 환율 하락 – 매도초과 포지션 – 환차익

21 다음 중 외국환업무에 대한 설명으로 옳지 <u>않은</u> 것은? [2점]

　□　① 외국환이란 대외지급수단, 외화증권, 외화파생상품 및 외화채권을 말한다.

　　② 외국환업무를 업으로 영위하고자 하는 자는 기획재정부장관에게 등록하여야 한다.

　　③ 외국환은행이 비거주자로부터 미화 5천만불 초과 외화자금을 상환기간 1년을 초과하여 차입하는 경우에는 한국은행총재에게 신고하여야 한다.

　　④ 잔존만기 3개월 이내 부채에 대한 잔존만기 3개월 이내 자산의 비율은 100분의 85 이상으로 관리하여야 한다.

22 다음 중 외환 지급·수령의 절차에 대한 설명으로 적절하지 <u>않은</u> 것은?

　□　① 재외동포 재산반출 시 신청서와 지급증빙서류를 지정거래 외국환은행장에게 제출해야 한다.

　　② 해외여행경비는 휴대수출, 외국환은행을 통한 지급 및 신용카드 등으로 지급할 수 있다.

　　③ 거주자 또는 비거주자의 1만불 초과 지급수단의 휴대 수입의 경우 관할세관장에게 신고해야 한다.

　　④ 거주자 또는 비거주자가 외국환은행을 통하지 않는 지급등의 신고를 한 경우 관할세관장에게 신고해야 한다.

23 다음 중 내국신용장의 개설조건으로 틀린 것은? [2점]

　□　① 양도가 불가능한 취소불능신용장이어야 한다.

　　② 매매기준율로 환산한 외화금액 부기한 내국신용장의 금액은 물품대금 전액이다.

　　③ 유효기일은 물품의 인도기일에 최장 10일을 가산한 기일 이내이어야 한다.

　　④ 서류제시기간은 물품수령증명서 발급일로부터 최장 5영업일 범위에서 책정된 것이어야 한다.

24 수출환어음 매입 및 추심 시 필요한 경우 배서를 하여야 한다. 다음 서류 중 매입은행의 배서가 필요한 것으로 모두 묶인 것은?

> 가. 환어음
> 나. 보험서류
> 다. B/L

① 가

② 가, 나

③ 나, 다

④ 가, 나, 다

25 다음 중 부동산 취득 관련 신고에 대한 설명으로 옳지 <u>않은</u> 것은?

☐

① 거주자가 비거주자로부터 상속·유증·증여로 부동산에 관한 권리를 취득하는 경우 한국은행 총재에게 신고해야 한다.

② 거주자 본인(배우자 포함)이 해외에서 2년 이상 체재할 목적으로 주거용 주택을 취득하는 경우 외국환은행장에 신고수리해야 한다.

③ 비거주자가 외국으로부터 휴대수입 또는 송금된 자금으로 국내부동산 또는 이에 관한 권리를 취득하는 경우 외국환은행장에 신고해야 한다.

④ 거주자가 거주자 또는 비거주자와 외국의 부동산·시설물 등의 이용·사용 또는 이에 관한 권리의 취득에 따른 회원권을 매입하는 경우 외국환은행장에 신고해야 한다.

■ 정답

제1장 은행 및 본지점 간 외환실무
p. 264

01 ②   02 ④   03 ④

제2장 대고객 외환실무
p. 265

04 ①   05 ③   06 ④   07 ④   08 ③   09 ②   10 ③   11 ②

제3장 특수한 외환상품
p. 268

12 ②   13 ①   14 ③   15 ②

제4장 외국환회계
p. 269

16 ①   17 ①   18 ④   19 ④   20 ③

제5장 외국환업무와 관련된 컴플라이언스 업무 / 각종 위규사례
p. 271

21 ③   22 ④   23 ②   24 ①   25 ①

맞힌 점수, 틀린 문제 번호와 풀지 못한 문제 번호를 적어보고, 맞힌 점수에 따라 자신의 학습상태를 점검할 수 있습니다. 틀린 문제와 풀지 못한 문제는 꼭 복습하도록 합니다.

구 분	맞힌 점수	틀린 문제 번호	풀지 못한 문제 번호
1장 은행 및 본지점 간 외환실무	/ 4		
2장 대고객 외환실무	/ 10		
3장 특수한 외환상품	/ 4		
4장 외국환회계	/ 5		
5장 외국환업무와 관련된 컴플라이언스 업무 / 각종 위규사례	/ 7		
계	/ 30		

[맞힌 점수별 학습상태 확인하기]

11점 이하 : 과락 예상입니다. 지금까지 풀어본 문제(개념완성문제, 출제예상문제, 약점 극복 실전테스트) 중 틀린 문제에 대한 오답 이유를 꼼꼼히 보고 '하루 10분 개념완성 자료집'을 암기하세요.

12 ~ 17점 : 과락 위험이 있을 수 있으니 체크한 부분과 더불어 '하루 10분 개념완성 자료집'도 함께 학습하세요.

18점 이상 : 틀린 문제 및 풀지 못한 문제 위주로 보충 후 마무리 학습으로 100% 합격에 도전하세요.

제1장 | 은행 및 본지점 간 외환실무

01 정답 ②

외화채권은 일반적으로 중장기자금을 조달하기 위해 해외에서 발행하는 외화표시 국제채를 말한다.

02 정답 ④

중장기 외화자금조달 비율의 감독기관 지도비율은 100% 이상이어야 한다.

03 정답 ④

수표발행은행이 수표지급은행에 수표가 발행되었다는 사실을 알려 주는 전신문은 MT110이다.

제2장 | 대고객 외환실무

04 정답 ①

외화예금거래의 특징으로 환율변동에 따른 환리스크를 헤지할 수 있다.

05 정답 ③

외화정기적금도 대외계정으로 개설이 가능하다.

06 정답 ④

① 외화예금의 이자 계산기간은 입금일부터 지급일 전일까지로 한다.
② 원칙적으로 외화당좌예금과 외화별단예금은 이자를 지급하지 않는다.
③ 외화예금의 원리금을 원화로 지급하는 경우에는 지급 당시의 대고객 전신환매입률을 적용한다.

07 정답 ④

① 미화 5천불 이하의 소액송금이나, 용역대가, 수입대금 송금 등은 거래은행 지정 없이 송금이 가능하다.
② 송금처리가 가장 빠르고 저렴한 당발송금의 방식은 전신송금(T/T)방식이다.
③ 송금의뢰인에게 퇴결대금을 원화로 지급 시 적용되는 환율은 지급 당시의 대고객 전신환매입율이다.

08 정답 ③

외국인거주자를 제외한 거주자가 미화 10만불 초과 대외지급수단을 수령하는 경우로서 취득경위를 입증하는 서류를 제출하지 않은 경우에는 (영수확인서)를 받고 (이전거래)로 간주하여 매입한다.

09 정답 ②

'가, 마'는 은행에서 매입할 수 있는 외국통화이다.
나, 다, 라. 은행에서 매입이 제한되는 통화에 해당한다.

10 정답 ③

비거주자에 대한 재환전 시 증빙서류는 반드시 최근 입국일 이후 발행된 것이어야 한다.

11 정답 ②

외국인 거주자나 비거주자에게 미화 1만불을 초과하여 외국통화 및 여행자수표를 매각한 경우에는 외국환신고(확인)필증을 발행·교부하여야 한다.

제3장 | 특수한 외환상품

12 정답 ②

옵션가치에 영향을 미치는 주요 변수에는 현물환율, 내재변동성, 행사환율, 만기, 양국의 이자율 등이 있다.

13 정답 ①

레인지 포워드에 대한 설명이다.

14 정답 ③

선박펀드는 주식형 펀드로, 부동산 펀드에 비해 수익률은 떨어질 수 있으나 훨씬 안정적이다.

15 정답 ②

'가, 다, 라'는 해외펀드 상담전략에 대한 옳은 설명이다.
나. 장기적으로 투자하는 것이 유리하다고 설명한다.
마. 언제 투자하는 것이 좋은지 묻지 말고 지금 투자할 것을 권유해야 한다.

제4장 | 외국환회계

16 정답 ①

매입외환에 대한 설명이다.

17 정답 ①

② ③ ④ 외화부채계정에 해당한다.

18 정답 ④

'가, 나, 라'는 경과계정과목에 해당한다.
다. 결제계정과목에 해당한다.

19 정답 ④

해외직접투자는 원칙적으로 사전신고이다.

20 정답 ③

환율 상승 시 매도초과 포지션에서는 환차손이 발생한다.

제5장 | 외국환업무와 관련된 컴플라이언스 업무/ 각종 위규사례

21 정답 ③

외국환은행이 비거주자로부터 미화 5천만불 초과 외화자금을 상환기간 1년을 초과하여 차입하는 경우 기획재정부장관에게 신고하여야 한다.

22 정답 ④

거주자 또는 비거주자가 외국환은행을 통하지 않는 지급 등의 신고를 한 경우 한국은행총재에게 신고해야 한다.

23 정답 ②

내국신용장의 금액은 물품대금 전액이지만, 매매기준율로 환산한 외화금액 부기한 내국신용장의 경우에는 부기외화금액을 판매대금추심의뢰서의 매입일 현재의 매매기준율로 환산한 금액으로 하여야 한다.

24 정답 ①

'가'는 매입은행의 배서가 필요하다.
나, 다. 매입은행의 배서가 불필요하다.

25 정답 ①

거주자가 비거주자로부터 상속·유증·증여로 부동산에 관한 권리를 취득하는 경우 신고예외이다.

해커스 **외환전문역** I **종** 최종핵심정리문제집

제3과목
환리스크관리

[총 20문항]

약점 극복 실전테스트
약점 극복 실전테스트 정답·해설·학습점검

■ 출제경향 및 학습전략

외환거래와 외환시장은 제3과목 전체 20문제 중 총 2~4문제 정도 출제된다.

외환거래와 외환시장은 대체로 외환과 관련된 기본 내용을 묻는 문제가 평이하게 출제되고 있으므로 큰 어려움이 없는 파트이다. 특히 외환시장과 외환거래의 특징, 환율의 표시와 호가 그리고 외환포지션은 시험에 자주 출제되고 있으므로 개념을 이해하는 방향으로 학습해야 한다.

■ 빈출포인트

구 분	문제번호	빈출포인트	출제빈도	페이지
외환거래와 외환시장 (30%)	01	외환거래와 외환시장의 특징	★★★	p. 282
	02	외환거래의 형태	★★	p. 282
환 율 (45%)	03	환율의 개요	★★	p. 283
	04	환율고시	★★★	p. 283
포지션 (20%)	05	외환포지션	★★★	p. 284
외환시장 분석 (5%)	06	달러/원 환율 변동요인	★★★	p. 285

제3과목 **환리스크관리**

:

제1장
외환거래와 외환시장

✓ 개념완성문제를 통해 외환전문역 Ⅰ종 시험에 나오는 개념을 이해할 수 있습니다.

✓ 다시 봐야 할 문제(틀린 문제, 풀지 못한 문제, 헷갈리는 문제 등)는 문제 번호 하단의 네모박스(□)에 체크하여 반복 학습할 수 있습니다.

외환거래와 외환시장의 특징

출제빈도 ★★★

01 다음 중 외환시장의 특징에 대한 설명으로 옳지 <u>않은</u> 것은?

□

① 모든 시장정보와 가격결정 메커니즘이 동조화되어 가는 범세계적 시장이다.

② 세계 주요 외환시장의 외환거래 시간이 중복 또는 연결됨으로써 24시간 외환거래가 이루어지는 시장이다.

③ 지정된 거래소 시장에서 외국환거래가 이루어지는 장내시장이다.

④ 외환시장에 모든 참가자들의 거래 결과는 제로섬(Zero Sum)이다.

외환거래의 형태

출제빈도 ★★

02 다음 중 외환거래에 대한 설명으로 옳지 <u>않은</u> 것은?

□

① 외환거래의 목적은 크게 실수요 목적, 환리스크 관리 목적 및 환투기 목적 등이 있다.

② 현물환거래는 거래일로부터 2영업일이 지난 후에 결제가 이루어진다.

③ 외환거래의 대부분은 투기 목적의 거래이다.

④ 외국 간의 수출입 무역거래나 해외투자 등의 자본거래에서는 실수요 목적의 외환거래가 이루어진다.

정답 및 해설

01　③　외국환매매는 대부분 일정한 거래장소나 시간에 구애받지 않는 장외시장을 통해 거래된다.

02　②　현물환거래는 주로 거래일로부터 2영업일이 결제일이며, 넓은 의미로는 당일물거래(T), 익일물거래(T+1)도 포함된다.

환율의 개요

출제빈도 ★ ★

03 우리나라 환율구조 중 은행이 고시하는 환율 가운데 가장 기본이 되는 것으로 환어음 결제를 전신으로 할 때 적용되는 환율은?

① 매매기준율

② 은행 간 매매율

③ 전신환 매매율

④ 현찰 매매율

환율고시

출제빈도 ★ ★ ★

04 은행이 달러/원(USD/KRW) 환율을 1010.53/65로 고시하고 있다. 국내 수입기업이 수입대금을 지불하기 위해서 달러를 매입할 경우 적용받는 환율은 무엇인가?

① Bid rate, 1010.53

② Offered rate, 1010.65

③ Bid rate, 1010.65

④ Offered rate, 1010.53

정답 및 해설

03 ③ 대고객 매매율 중 전신환 매매율에 대한 설명이다.

04 ② 국내 수입기업(Calling Party)이 달러를 매입할 경우 은행(Quoting Party)이 고시한 환율 중 매도환율(Offered rate)인 1010.65가 적용된다.

05 다음 (   ) 안에 들어갈 말로 바르게 나열된 것은?

> • 반도체를 외국으로부터 수입하는 기업은 달러 (A)이 발생하므로 달러/원 환율이 상승하면 순자산 가치가 감소하여 외환차손을 볼 수 있다.
> • 환리스크를 제거하기 위해서는 종합포지션을 (B)으로 관리하여야 한다.

	A	B
①	Long Position	Open Position
②	Long Position	Square Position
③	Short Position	Open Position
④	Short Position	Square Position

정답 및 해설

05 ④ • 수입기업은 외화를 지불할 의무가 있어 환율 상승 시 환차손이 발생하므로, (Short Position)을 취하고 있는 것과 같다.
    • 환리스크를 제거하기 위해서는 종합포지션을 외환매입액과 외환매도액이 일치하도록 (Square Position)으로 관리하여야 한다.

06 다음 중 달러/원 환율 변동요인으로 볼 수 <u>없는</u> 것은?

① 외국인의 국내 직·간접투자

② 내국인의 국내투자

③ NDF 거래

④ 기업수급 및 거주자 외화예금 동향

정답 및 해설

06 ② 내국인의 국내투자는 외환거래에 해당되지 않으므로 달러/원 환율 변동요인으로 볼 수 없다.

✓ 출제예상문제를 통해 다양한 외환전문역 Ⅰ종 문제를 풀어볼 수 있습니다.

✓ 다시 봐야 할 문제(틀린 문제, 풀지 못한 문제, 헷갈리는 문제 등)는 문제 번호 하단의 네모박스(□)에 체크하여 반복 학습할 수 있습니다.

출제빈도 ★★

01 다음 중 외환거래에 대한 설명으로 옳지 않은 것은?

□

① 서로 다른 나라 사이의 결제수단으로서 외환이 사용된다.

② 외환거래에서는 이종통화 간의 교환비율인 환율이 개입되므로 환리스크가 존재한다.

③ 대부분의 외환거래는 환리스크를 관리할 목적으로 거래된다.

④ 투기적 목적의 외환거래는 환율을 예측하여 외환매매 차익을 얻는 것을 말하며, 외환시장에 풍부한 유동성을 제공한다.

출제빈도 ★★★　최신출제유형

02 다음 중 외환시장의 특징에 관한 설명으로 옳지 않은 것은?

□

① 국제외환시장에서 대부분의 통화에 대하여 환율표시 기준으로 미국 달러를 사용하고 있다.

② 대부분의 외환시장은 지정된 거래소 시장에서 거래가 이루어지는 장내시장이다.

③ 외환시장은 외환규제의 완화 및 정보통신 기술의 성장에 의해 모든 시장정보와 가격결정 메커니즘이 동조화되어 가는 현상이 심화되고 있다.

④ 각 시간대별로 모든 국가를 경유하여 주요 외환시장의 공휴일을 제외하고는 하루 24시간 연속적으로 거래되는 시장이다.

출제빈도 ★

03 다음 중 외환시장 참가자에 대한 설명으로 옳지 않은 것은?

□

① 기업과 개인은 대외거래에 따라 외환의 매매가 필요하다.

② 은행은 고객들의 외환거래 중개자 또는 은행 자체 포지션 관리와 투기적 목적을 위하여 외환거래를 한다.

③ 외환 브로커는 은행과 은행 사이의 외환거래를 중개하여 외환거래 비용을 줄일 수 있도록 한다.

④ 환율변동을 이용하여 이득을 취하는 투기자는 외환시장의 유동성에 부정적인 영향을 미친다.

출제빈도 ★★

04 다음 중 우리나라 환율제도에 대한 내용으로 옳지 <u>않은</u> 것은?

① 외환의 거래 주체에 따라 대고객 환율과 은행 간 환율로 분류된다.

② 외환거래 시 가변통화(VC)를 기준으로 매입 또는 매도를 호가한다.

③ 매도환율(Offered rate)은 은행 입장에서 고객에게 달러를 매도하는 경우 적용되는 환율을 나타낸다.

④ 현물환율(Spot Exchange rate)은 외환거래의 계약일로부터 2영업일 이내에 결제가 이루어지는 환율을 나타낸다.

출제빈도 ★★

05 다음 중 우리나라의 환율구조에 대한 설명으로 옳지 <u>않은</u> 것은?

① 매매기준율은 미국 달러와 원화 사이의 대고객 외환거래에 기준이 되는 환율이다.

② 대고객 매매율은 당일자 매매기준율 또는 재정된 매매기준율 및 은행 간 매매율을 감안하여 은행이 자율적으로 결정한다.

③ 은행이 고시하는 환율 중 가장 기본이 되는 환율은 현찰매매율이다.

④ 여행자수표매도율은 판매위탁회사의 위탁수수료 및 관리비용 등을 감안하기 때문에 일반적으로 전신환매도율보다 높다.

정답 및 해설

01 ③ 외환거래는 투기적 목적의 외환거래가 대부분이다.

02 ② 대부분의 외환시장은 일정한 거래장소나 시간에 구애받지 않는 장외시장을 통해 거래된다.

03 ④ 투기자는 외환시장의 유동성을 제공한다는 측면에서 긍정적인 영향을 미친다.

04 ② 외환거래 시 기준통화(FC)를 기준으로 매입 또는 매도를 호가한다.

05 ③ 은행이 고시하는 환율 중 가장 기본이 되는 환율은 전신환매매율이다.

06 외환거래 시 환율표시방법에 대한 다음 설명 중 옳은 것은?

① 국내통화 한 단위와 교환될 수 있는 외국통화 단위 수로 환율을 표시하는 방법을 직접표
시법이라고 한다.

② 달러를 기준통화로 하고 그에 해당하는 상대국 통화 단위로 환율을 표시하는 방법을 미국
식 표시법이라고 한다.

③ Bid rate와 Offered rate를 동시에 고려하는 Two-way Quotation을 환율고시의 관행
으로 한다.

④ 매입환율(Bid rate)은 전광판의 '사실 때' 환율을 나타낸다.

07 외환거래의 스프레드(Spread)에 대한 다음 설명 중 옳지 <u>않은</u> 것은?

① 스프레드란 매입환율과 매도환율의 차이를 말한다.

② 환율고시자(Quoting Party) 입장에서는 수익이 된다.

③ 통화의 유동성이 낮을수록 스프레드가 커진다.

④ 환율추종자(Calling Party) 입장에서는 스프레드 폭이 넓을수록 유리하다.

08 스프레드의 결정요인에 대한 설명으로 옳지 <u>않은</u> 것은?

① 환율의 변동 폭이 클수록 스프레드는 커진다.

② 거래규모가 클수록 스프레드는 작아진다.

③ 환율추종자(Calling Party) 입장에서는 수익이 된다.

④ 호가 스프레드가 커질수록 거래가 발생할 확률이 낮아진다.

09 은행에서 고시하는 USD/KRW 환율이 다음과 같이 주어질 경우, 고객이 달러를 매입하기
□ 위해 어느 은행과 거래하는 것이 가장 유리한가?

① 1,085.20/1,085.40

② 1,085.10/1,085.60

③ 1,085.00/1,085.50

④ 1,084.90/1,085.70

10 다음은 은행이 고시하는 GBP/KRW 환율이다. 국내 A기업이 영국에 있는 B기업부터 수령한
□ 수출대금 1억파운드를 은행에 매도할 경우 어느 은행과 거래하는 것이 가장 유리한가?

① 1,642.70/1,643.20

② 1,642.50/1,643.00

③ 1,642.60/1,642.80

④ 1,642.10/1,642.90

정답 및 해설

06 ③ ① 간접표시법에 대한 설명이다. 직접표시법이란 외국통화 한 단위와 교환될 수 있는 국내통화 단위 수로 환율을 표시하는
방법이다.
② 유럽식 표시법에 대한 설명이다. 미국식 표시법은 일부 영연방국가 통화(영국 파운드, 호주 달러 등) 및 유로를 기준통
화로 하고 그에 해당하는 상대국 통화 단위로 환율을 표시하는 방법이다.
④ 매입환율(Bid rate)은 전광판의 '파실 때' 환율을 의미하며, 은행 입장에서 고객으로부터 기준통화 달러를 매입하는 경
우에 적용되는 환율이다.

07 ④ 환율추종자(Calling Party) 입장에서는 스프레드 폭이 좁을수록 유리하다.

08 ③ 스프레드는 환율추종자(Calling Party) 입장에서는 비용이 된다.

09 ① 고객 입장에서 달러 매입은 은행 입장에서 달러 매도이므로 매도환율(Offered rate)이 가장 낮은 1,085.40원으로 달러를 매
입하는 것이 가장 유리하다.

10 ① 기업 입장에서 파운드 매도는 은행 입장에서는 파운드 매입이므로 매입환율(Bid rate)이 가장 높은 1,642.70원을 기준으로 1억
파운드를 매도하는 것이 가장 유리하다.

11 은행에서 각 통화의 환율을 다음과 같이 고시하고 있다면 원화로 환산하였을 때, 가장 많은
□ 원화가 필요한 환율은?

USD/KRW = 1,100	USD/JPY = 80
GBP/USD = 1.20	AUD/USD = 1.05

① 1USD   ② 100JPY

③ 1GBP   ④ 1AUD

12 다음 중 외환거래에 대한 설명으로 옳은 것은?
□ ① GBP/USD는 올바른 환율표시방법이다.

② 고객 입장에서 달러 매입 시 Offered rate를 가장 높게 호가하는 은행과 거래하는 것이
   유리하다.

③ GBP/USD 현물환율이 1.51에서 1.55로 올라가면 미국달러는 강세가 된 것이다.

④ 은행이 USD/JPY 환율을 118.10/40으로 고시하였다면 고객은 1달러를 118.40엔으로
   매도할 수 있다.

13 다음 중 외환거래에 대한 설명으로 옳지 않은 것은?
□ ① 외환거래에는 환율이 개입되므로 환율변동에 따른 환리스크가 존재한다.

② 은행 간 외환거래는 원칙적으로 거래일로부터 익영업일 후에 결제가 이루어지는 현물환
   거래(Value Spot)로 이루어진다.

③ Quoting Party는 Market Maker 역할을 수행하고 Calling Party는 Market Follower
   역할을 수행한다.

④ USD/KRW 환율이 1,100원에서 1,000원으로 하락하였다면 원화는 강세가 된 것이다.

14 **외환포지션에 대한 다음 설명 중 옳지 않은 것은?**

☐
① 환리스크를 제거하기 위해서는 종합포지션을 Square Position으로 관리하여야 한다.

② 특정 통화에 대한 외환매도액이 외환매입액을 초과하면 Short Position이라고 한다.

③ Long Position의 경우에는 환율이 상승하면 환차익이 발생한다.

④ 외화부채가 외화자산보다 많은 경우를 Long Position이라고 한다.

15 **외환포지션에 대한 다음 설명 중 사실과 거리가 먼 것은?**

☐
① 현재 외화예금 잔고가 3백만달러이고 금일 중 결제 예정인 수입대금이 1백만달러인 경우, 2백만달러에 대해서 Long Position이 발생된다.

② 국내 수출기업은 달러 Long Position이 발생하므로 USD/KRW 환율이 상승하면 외환차손이 발생한다.

③ Short Position을 보유한 기업은 기준통화 환율이 하락하면 환차익이 발생한다.

④ 외화자산과 외화부채의 금액이 같은 Square Position은 환율변동에 따른 환리스크가 존재하지 않는다.

정답 및 해설

11 ② 100JPY가 원화로 환산하였을 때 가장 많은 원화가 필요하다.
- 100JPY = 100/80USD = 1.25USD
∴ 1.25USD × 1,100KRW = 1,375KRW
① 1USD = 1,100KRW
③ 1GBP = 1.20USD ⇨ 1.20USD × 1,100KRW = 1,320KRW
④ 1AUD = 1.05USD ⇨ 1.05USD × 1,100KRW = 1,155KRW

12 ① ② 고객 입장에서 달러 매입 시 매도환율(Offered rate)을 가장 낮게 호가하는 은행과 거래하는 것이 유리하다.
③ GBP/USD 환율이 올라가면 미국달러는 약세가 되고 파운드는 강세가 된다.
④ 고객은 1달러를 118.40엔으로 매입할 수 있고, 118.10엔으로 매도할 수 있다.

13 ② 은행 간 외환거래는 원칙적으로 거래일로부터 2영업일인 시점에 결제가 이루어지는 현물환거래(Value Spot)로 이루어진다.

14 ④ 외화자산이 외화부채보다 많은 경우를 Long Position이라고 하고, 외화부채가 외화자산보다 많은 경우를 Short Position이라고 한다.

15 ② 국내 수출기업은 달러 Long Position이 발생하므로 USD/KRW 환율이 상승하면 외환차익이 발생한다.

16 다음 중 외환포지션의 종류에 대한 설명으로 옳지 <u>않은</u> 것은?

① 현금포지션(Cash Position)은 외환거래에 대한 자금의 인수도가 완결된 외환매입액과 외환매도액의 차액으로서 외국환은행의 외화 당좌예금계정에 남아 있는 예치잔액을 말한다.

② 현물환포지션(Spot Position)은 외환매매는 이루어졌으나 아직 현금화되지 않은 외환을 제외한 외환포지션을 말한다.

③ 선물환포지션(Forward Position)은 선물환거래로 생기는 외환매입액과 외환매도액의 차이를 말하며 현재의 외화자산 또는 부채에 영향을 미치지 않는다.

④ 종합포지션(Overall Position)은 현금포지션, 현물환포지션 및 선물환포지션을 모두 합하여 산출한 외환매입액과 외환매도액의 차액을 말한다.

17 다음 (　　) 안에 들어갈 말로 바르게 나열된 것은?

> • 외환거래 이후 특정 통화에 대해 외환매입액이 외환매도액을 초과하면, 외화표시 자산이 외화표시 부채를 초과하게 되는데, 이를 (A)이라고 한다.
> • (B)인 경우, 환율변동은 투기적인 외환딜러에게 아무런 기회를 제공하지 못한다.

	A	B
①	Long Position	Open Position
②	Long Position	Square Position
③	Short Position	Open Position
④	Short Position	Square Position

18 다음 중 주요 달러/원 환율 변동요인에 해당하지 <u>않는</u> 것은?

① 내국인의 해외투자

② 해외 외환시장 동향

③ 외환당국의 외환정책 및 의지

④ 비거주자 외화예금 동향

19 다음 중 달러/원 환율 하락의 이유로 옳은 것은?

① 달러/위안 환율이 큰 폭으로 하락하였다.

② 외국인이 국내주식에서 받은 배당금을 해외로 송금하였다.

③ 외국인투자자들이 국내 채권을 대량으로 매도하였다.

④ 국내기업들의 해외 원자재 수입물량이 크게 증가하였다.

20 NDF거래에 대한 다음 설명 중 옳지 <u>않은</u> 것은?

① 거래일에 계약환율을 정하고 만기일에 전일 매매기준율과 계약환율과의 차액을 원화로 정산하는 거래이다.

② 일반 선물환거래에 비하여 거래의 편리성과 낮은 결제위험을 가진다는 장점이 있다.

③ NDF거래는 역외시장에서 거래되며, 실수요 목적뿐만 아니라 환투기 목적으로도 이용된다.

④ 우리나라에서 외환거래가 끝난 뒤에도 런던이나 뉴욕 등에서 활발하게 거래되며, 뉴욕의 NDF 종가는 다음 날 달러/원 개장가에도 영향을 미친다.

정답 및 해설

16 ② 현물환포지션은 아직 현금화되지 않은 외환까지 고려한 포지션이다.

17 ② • 외환거래 이후 특정 통화에 대해 외환매입액이 외환매도액을 초과하면, 외화표시 자산이 외화표시 부채를 초과하게 되는데, 이를 (Long Position)이라고 한다.
　　• (Square Position)인 경우, 환율변동은 투기적인 외환딜러에게 아무런 기회를 제공하지 못한다.

18 ④ 비거주자가 아닌 거주자의 외화예금 동향이 주요 달러/원 환율 변동요인이다.

19 ① ②③④ 달러/원 환율 상승의 이유에 해당한다.

20 ① NDF거래는 만기일에 차액을 달러로 정산한다.

■ 출제경향 및 학습전략

환리스크관리는 제3과목 전체 20문제 중 총 2~4문제 정도 출제된다.

환리스크관리는 제1장 외환거래와 외환시장과 유사하게 기본적인 내용에 대해서 평이하게 출제되고 있으므로 큰 어려움 없이 대비할 수 있다. 특히 환리스크 유형과 환리스크 내·외부적 관리기법, VaR(환리스크 측정기법) 등은 출제비중이 높으므로 꼼꼼히 익혀두도록 한다.

■ 빈출포인트

구 분	문제번호	빈출포인트	출제빈도	페이지
환리스크의 개념 (40%)	01	환리스크의 개요	★★★	p. 296
환리스크관리의 실행방안 (50%)	02~03	환리스크의 내·외부적 관리기법	★★★	p. 296~297
	04	VaR를 이용한 환리스크의 측정	★★	p. 297
	05	환리스크 관리조직	★★	p. 298
외환거래의 한도 (10%)	06	은행의 대고객 외환거래 한도	★★	p. 299

제3과목 **환리스크관리**

:
:
:

제2장
환리스크관리

✓ 개념완성문제를 통해 외환전문역 Ⅰ종 시험에 나오는 개념을 이해할 수 있습니다.

✓ 다시 봐야 할 문제(틀린 문제, 풀지 못한 문제, 헷갈리는 문제 등)는 문제 번호 하단의 네모박스(□)에 체크하여 반복 학습할 수 있습니다.

환리스크의 개요

출제빈도 ★★★

01 다음 사례에서 설명하는 환리스크는 무엇인가?
□

> 수출기업 A사는 원가가 1,000원인 제품을 1달러에 수출하고 있으며 환율이 1,050원이 되면 50원의 이익을 기대할 수 있다. 만약 단기간에 달러/원 환율이 950원으로 급락하게 되면 A사는 채산성을 맞추지 못하게 되어 수출 단가를 인상하여야 한다. 이 경우 A사는 가격경쟁력과 매출이 떨어지게 되고 순이익 확보가 어려워진다.

① 무역환리스크

② 환산환리스크

③ 거래환리스크

④ 영업환리스크

환리스크의 내·외부적 관리기법

출제빈도 ★★★

02 다음 중 환리스크에 대한 내부적 관리기법이 <u>아닌</u> 것은?
□
① 환변동보험

② 상 계

③ 매 칭

④ 리딩과 래깅

정답 및 해설

01 ④ 해당 사례는 환율변동에 따라 기업의 영업이익이 변동할 가능성에 대한 설명이므로, 영업환리스크에 해당한다.

02 ① 환변동보험은 환리스크에 대한 외부적 관리기법에 해당한다.

출제빈도 ★★★

03 다음 중 환리스크의 외부적 관리기법으로 볼 수 <u>없는</u> 것은?

☐ ① 선물환거래

② 통화 포트폴리오 전략

③ 환변동보험

④ 통화선물

출제빈도 ★★

04 다음 중 환리스크를 측정하는 수단인 VaR에 관한 내용으로 옳지 <u>않은</u> 것은?

☐ ① 정상적인 시장조건하에서 주어진 신뢰수준과 일정 기간 동안에 시장리스크로 인하여 발생할 수 있는 최대 손실예상액을 말한다.

② VaR은 환노출 규모, 환율변동성, 신뢰수준, 환리스크 측정기간에 의해 결정된다.

③ 과거의 가격변동 정보에 의존하여 미래의 손실예상액을 산출하기 때문에 시장의 움직임이 불안정할 경우 적용하기 어려운 한계점이 있다.

④ 신뢰수준이 높아지고 측정기간이 짧아질수록 VaR은 증가한다.

용어 알아두기

신뢰수준 추정구간에 특정 값이 존재할 확률을 의미한다.

정답 및 해설

03 ② 통화 포트폴리오 전략은 환리스크의 내부적 관리기법에 해당한다.

04 ④ 신뢰수준이 높아지고 측정기간이 길어질수록 VaR은 증가한다.

05 다음 중 전문인력에 의해 외부적 환리스크 관리기법을 이용하여 불필요한 거래를 막을 수 있고 규모의 경제를 통한 대은행 교섭력에 유리할 수 있는 가장 발전적인 조직은 무엇인가?

① 집중식 관리조직

② 분산식 관리조직

③ 절충식 관리조직

④ 계층적 관리조직

정답 및 해설

05 ① 집중식 관리조직에 대한 설명이다.

출제빈도 ★ ★

06 대고객 외환거래의 한도설정 및 관리에 대한 설명으로 옳지 않은 것은?

① 대고객 외환거래의 한도를 설정하고 관리하기 위해 외환거래 위험평가액을 기준으로 한다.

② 대고객 외환거래의 한도를 설정한 후 개별거래로 인한 외환포지션은 개별거래의 장부가치로 평가된다.

③ 개별거래의 기간 및 개별거래의 빈도 등을 고려하여 외환거래 한도를 설정한다.

④ 개별기업의 신용리스크는 외환거래 한도설정의 기준이 된다.

정답 및 해설

06 ② 대고객 외환거래의 한도를 설정한 후 개별거래로 인한 외환포지션은 개별거래의 시장가치로 평가된다.

✓ 출제예상문제를 통해 다양한 외환전문역 Ⅰ종 문제를 풀어볼 수 있습니다.

✓ 다시 봐야 할 문제(틀린 문제, 풀지 못한 문제, 헷갈리는 문제 등)는 문제 번호 하단의 네모박스(□)에 체크하여 반복 학습할 수 있습니다.

출제빈도 ★★★　최신출제유형

01 다음 중 환리스크에 대한 설명으로 옳지 <u>않은</u> 것은?

　① 환리스크는 거래환리스크, 환산환리스크, 영업환리스크로 구분된다.

　② 외환의 보유기간이 길수록, 환율변동성이 클수록 환리스크의 크기는 감소한다.

　③ 외화표시 자금의 차입이나 대출 시 계약시점과 결제시점 사이의 환율변동으로 인해 자국통화로 환산한 결제금액이 변동할 수 있는 불확실성을 거래환리스크라고 한다.

　④ 예상하지 못한 환율변동으로 인해 기업의 현금흐름 및 영업이익이 변동하게 될 가능성을 영업환리스크라고 한다.

출제빈도 ★★★

02 다음 중 환리스크 개요에 대한 설명으로 옳지 <u>않은</u> 것은?

　① 오픈 포지션의 규모가 클수록 기업이 부담하게 되는 환리스크는 증가한다.

　② 환산환리스크는 같은 금액의 외화부채를 보유하고 있는 기업이 지난해 말과 올해 말에 재무제표를 작성할 때 원화금액이 달라질 수 있는 가능성을 말한다.

　③ 영업환리스크를 적절히 관리하지 못했을 경우 회사의 경영전반을 압박할 수 있는 피해를 입을 수 있다.

　④ 예상하지 못한 급격한 환율변동으로 인하여 영업에 실질적으로 영향을 주어 현금흐름 및 영업이익이 변동하게 될 위험을 거래환리스크라고 한다.

출제빈도 ★★★　최신출제유형

03 1개월 후 1백만달러를 수취하는 조건으로 수출계약을 체결한 국내수출기업이 1개월 후의 환율변동으로 인하여 예상수익을 달성하지 못하였다. 이에 따른 환리스크를 무엇이라고 하는가?

　① 거래환리스크　　　　　　　　　　② 영업환리스크

　③ 환산환리스크　　　　　　　　　　④ 무역환리스크

04 **다음 중 환리스크에 대한 설명으로 옳지 <u>않은</u> 것은?**

① 환리스크는 환산환리스크, 거래환리스크 및 영업환리스크 세 가지로 구분된다.

② 환산환리스크는 기업의 재무제표에 당기손익으로 반영된다.

③ 환산환리스크의 외화환산손익은 자산과 부채의 변동으로 인한 손실을 말한다.

④ 환리스크의 크기는 오픈 포지션의 규모, 환율변동성과 보유기간에 의해 결정된다.

05 **다음 중 환리스크에 대한 설명으로 옳지 <u>않은</u> 것은?**

① 환율변동성이 클수록 순자산가치가 크게 변동하여 환리스크가 증가한다.

② 환리스크 헤지는 기업이 무역이나 외화자금거래 등으로 이미 보유하고 있는 외환포지션에 반대되는 포지션을 취하는 거래를 말한다.

③ 1개월 뒤 100만달러를 수취할 예정인 수출기업은 선물환매입을 통해 환리스크를 제거할 수 있다.

④ 환변동보험은 기업이 환율변동으로 입게 되는 손실을 보상하고 이익을 환수하는 보험제도이다.

정답 및 해설

01 ② 외환의 보유기간이 길수록, 환율변동성이 클수록 환리스크의 크기는 커진다.

02 ④ 영업환리스크에 대한 설명이다.

03 ① 해당 사례는 환율변동으로 인한 결제금액의 불확실성이 존재함으로 거래환리스크에 해당한다.

04 ③ 환변동을 장부상에 표시한 것이기 때문에 자산과 부채의 변동으로 인한 손실이 아니다.

05 ③ 외화수령 예정인 수출기업은 환율 하락에 대한 위험에 노출되어 있으므로, 반대거래인 선물환매도를 통해 환리스크를 제거할 수 있다.

06 다음 중 환리스크의 내부적 관리기법으로 볼 수 <u>없는</u> 것은?

① 매 칭

② 상 계

③ 헤 지

④ 통화 포트폴리오 전략

07 달러/원 환율의 상승이 예상되는 경우 기업의 조치방법으로 옳지 <u>않은</u> 것은?

① 내부적 관리기법을 실시하고도 관리하지 못하는 환리스크를 금융기관을 통해 헤지한다.

② 수출입기업이 수출입거래 자금의 통화와 만기를 동일하게 하는 매칭 전략을 활용한다.

③ 수입기업은 수입대금 등 영수자금의 네고를 지연시키는 래깅 전략을 활용한다.

④ 다국적 기업의 본사와 지사가 상호 간 채권과 채무를 일정기간이 경과한 후에 상계한 뒤 잔액만을 결제하는 방법을 활용한다.

08 환리스크가 발생하는 기업의 거래형태로 옳지 <u>않은</u> 것은?

① 국내에서 제품을 생산하여 수출하는 기업의 경우 원가와 매출의 통화가 달라 환리스크가 발생할 수 있다.

② 외화 내국신용장에 의한 거래의 경우 물품에 대한 대가를 외화로 주고받기 때문에 환리스크가 발생할 수 있다.

③ 외화로 표시된 부채나 자산이 있는 기업의 경우 외화자산의 회수나 부채의 상환시점에 환율이 변동할 수 있기 때문에 환차손익이 발생할 수 있다.

④ 국내기업이 해외로부터 원자재를 수입할 때 수입상에게 수입대행을 의뢰하는 경우에는 환리스크가 발생하지 않는다.

09 환리스크의 3대 결정요인에 해당하지 <u>않는</u> 것은?

① 환율변동성

② 환율예측의 정확도

③ 오픈 포지션의 규모

④ 오픈 포지션의 보유기간

10 환리스크를 측정하기 위한 기법으로 널리 활용되고 있는 VaR(Value at Risk)에 대한 다음 설명 중 옳지 <u>않은</u> 것은?

① 정상적인 시장조건하에서 주어진 신뢰수준과 일정 기간 동안에 향후 시장리스크로 인해 발생할 수 있는 최대 손실예상금액을 말한다.

② VaR은 환율변동성, 신뢰구간, 환리스크 측정기간 및 환노출 규모에 의해 결정된다.

③ 과거의 가격변동 정보를 가지고 미래의 손실예상액을 산출하는 기법이다.

④ 총외환손실한도가 VaR로 산출한 외환손실가능액을 초과하면 환노출 규모를 축소하기 위한 헤지가 필요하다.

11 정상적인 시장조건하에서 A기업의 환위험을 측정한 결과 해당 기간이 100일이고, 99% 신뢰구간으로 산출한 일별 VaR이 1억원으로 측정되었다. 다음 중 측정 결과를 해석한 내용으로 적절한 것은?

① 100일 동안 환손실이 1억원을 초과하여 발생할 가능성이 1%이다.

② 100일 동안 환손실이 1억원 이내에서 발생할 가능성이 1%이다.

③ 100일 동안 환손실이 1억원을 초과하여 발생할 가능성이 99%이다.

④ 어느 경우에도 1억원 이상의 환손실은 발생하지 않는다.

정답 및 해설

06 ③ 헤지는 선물환거래 등으로 오픈 포지션의 반대 포지션을 취하여 환리스크를 관리하는 기법으로 내부적 환리스크 관리기법 이라 볼 수 없다.

07 ③ 수출기업은 향후 달러가치가 상승할 것으로 예상하면 수출대금 등 영수자금의 네고를 지연시키는 래깅 전략을 활용할 수 있다.

08 ④ 국내기업이 해외로부터 원자재를 수입할 때 수입상에게 수입대행을 의뢰하는 경우에도 환리스크가 발생할 수 있다.

09 ② 환율변동성, 오픈 포지션의 규모, 오픈 포지션의 보유기간은 환리스크의 3대 결정요인이다.

10 ④ 총외환손실한도가 외환손실가능액을 초과하면 환리스크는 잘 관리되고 있다고 판단한다.

11 ① 해당 기간이 100일이고, 99% 신뢰구간으로 산출한 일별 VaR이 1억원이라면 이는 100일 동안의 실제 외환손실액이 1억원을 초과할 확률이 1%라는 것을 의미한다.

12 금융감독원에서 시행하고 있는 기업 외환리스크 관리방안으로 거리가 먼 것은?

① 금융감독원은 은행이 기업의 환리스크 관리현황을 적절히 관리하고 있는지를 평가한 후 그 내용을 은행의 경영실태평가 시 자산건전성 부문 평가항목의 비계량지표에 반영한다.

② 은행이 환리스크 관리실태를 평가해야 하는 대상은 외감기업으로 총여신 10억원 이상인 기업 중 외화자산 또는 외화부채가 100만달러를 초과하고 총자산 대비 외화자산 또는 외화부채가 10%를 초과하는 기업이다.

③ 한도설정은 외환리스크 한도설정, Open Position 한도설정, 매매목적 파생상품거래 한도설정 등으로 세분화되어 있다.

④ 은행은 거래기업에 대한 신용조사 시 환리스크 관리상태를 평가하여 이를 신용평가시스템에 일정 비율 범위 내에서 자율적으로 반영하도록 하고 있다.

13 다음 중 환리스크 관리조직에 대한 설명으로 옳지 않은 것은?

① 중앙관리조직이 기업 전체의 환리스크를 관리하고 각 부서는 제한된 범위 내에서 자본포지션의 환리스크를 관리하는 관리조직을 절충식 관리조직이라 한다.

② 집중식 관리조직은 분산식 관리조직보다 신속한 환리스크관리가 어렵다.

③ 분산식 관리조직은 전문인력에 의해 불필요한 외부적 관리기법을 이용하는 거래를 제거할 수 있는 가장 발전적인 조직이다.

④ 분산식 관리조직은 각 영업단위가 일정한 원칙하에 환리스크를 자율적으로 관리하는 조직이다.

14 다음 중 환리스크 관리조직에 대한 설명으로 옳지 않은 것은?

① 환리스크 관리조직은 집중식 또는 분산식으로 이루어진다.

② 사내선물환제도는 전문인력을 갖춘 분산식 관리조직이 환리스크 관리를 위해 적절하게 사용할 수 있는 방안 중의 하나이다.

③ 절충식 관리조직은 집중식 관리조직과 분산식 관리조직을 절충한 조직이다.

④ 집중식 관리조직은 회사 전체적 입장에서 환리스크를 관리할 수 있다.

15 외환거래의 한도설정에 대한 다음 설명 중 옳지 <u>않은</u> 것은?

① 외환거래의 한도설정은 외환거래 액면금액에 기준을 둔다.

② 외환거래내용 및 거래금액의 크기 등을 고려하여 외환거래 한도를 설정한다.

③ 한도를 설정한 후에 개별거래로 인한 외환포지션은 개별거래의 시장가치로 평가한다.

④ 기업이 은행과 외환거래를 실행한 이후에 외환포지션에서 발생하는 시장리스크는 기업의 신용리스크와 일치한다.

16 외환거래의 한도설정 시 외환거래 위험평가액을 기준으로 두고 함께 고려해야 할 사항으로 옳지 <u>않은</u> 것은?

① 개별기업의 신용리스크 ② 개별거래의 금액 크기

③ 개별기업의 운용리스크 ④ 개별거래의 빈도

정답 및 해설

12 ② 은행이 환리스크 관리실태를 평가해야 하는 대상은 외감기업으로 총여신 10억원 이상인 기업 중 외화자산 또는 외화부채가 100만달러를 초과하거나 총자산 대비 외화자산 또는 외화부채가 10%를 초과하는 기업이다.

13 ③ 집중식 관리조직에 대한 설명이다.

14 ② 사내선물환제도는 대표적인 집중식 관리조직에 해당한다.

15 ① 외환거래의 한도설정은 외환거래 위험평가액에 기준을 둔다.

16 ③ 개별기업의 운용리스크는 외환거래 한도설정 시 고려되는 사항이 아니다.

■ 출제경향 및 학습전략

선물환거래와 외환스왑은 제3과목 전체 20문제 중 총 3~5문제 정도 출제된다.

선물환거래와 외환스왑은 생소한 개념들이 많이 출제되므로 하나하나 꼼꼼히 살펴보면서 학습하는 것이 중요하다. 선물환율 및 스왑포인트를 구하는 계산 문제도 1문제 이상씩 출제되고 있으므로 풀이방법을 반드시 익혀둘 필요가 있다. 또한, 외환스왑의 목적과 거래 메커니즘이 자주 출제되므로 반드시 학습해야 한다.

■ 빈출포인트

구 분	문제번호	빈출포인트	출제빈도	페이지
선물환거래 (65%)	01	선물환거래의 개요	★★	p. 308
	02	선물환율의 개요	★★	p. 308
	03	스왑포인트의 산출	★★★	p. 309
	04~05	선물환율의 산출	★★★	p. 309~310
외환스왑 (35%)	06	외환스왑의 개요	★★★	p. 310
	07	외환스왑의 조건과 종류	★★	p. 311

제3과목 **환리스크관리**

· · · · · ·

제3장
선물환거래와 외환스왑

✓ 개념완성문제를 통해 외환전문역 Ⅰ종 시험에 나오는 개념을 이해할 수 있습니다.

✓ 다시 봐야 할 문제(틀린 문제, 풀지 못한 문제, 헷갈리는 문제 등)는 문제 번호 하단의 네모박스(□)에 체크하여 반복 학습할 수 있습니다.

선물환거래의 개요

출제빈도 ★★

01 다음 중 선물환거래에 대한 설명으로 옳지 않은 것은?

□

① 선물환거래는 미래의 일정한 시점에 일정 환율로 한 나라의 통화를 다른 나라의 통화를 대가로 매매하는 거래이다.

② 선물환거래의 만기일은 계약체결일로부터 3영업일 이후이다.

③ 달러를 수취할 예정인 수출기업의 포지션은 Long Position이므로, 환율변동에 따른 위험을 헤지하기 위해서는 선물환거래를 매도하여야 한다.

④ 기업 또는 금융기관은 환리스크를 제거하기 위한 목적으로만 선물환거래를 활용한다.

선물환율의 개요

출제빈도 ★★

02 다음 중 선물환율에 대한 설명으로 옳지 않은 것은?

□

① 선물환율은 외환시장의 현물환율과 두 통화의 이자율 차이를 환율로 표시한 스왑포인트에 의해 결정된다.

② 스왑포인트는 선물환율과 동일하게 Two-way Quotation으로 고시된다.

③ 달러/원 환율에서 기준통화인 달러의 이자율이 가변통화인 원화에 비해 저금리일 경우, 이를 디스카운트(Discount)라고 한다.

④ 기준통화의 금리가 가변통화의 금리보다 높으면 선물환율이 현물환율보다 낮다.

정답 및 해설

01 ④ 선물환거래는 환리스크를 제거하기 위한 헤지 목적 이외에 투기 목적으로도 활용되며, 이러한 투기자로 인하여 선물환거래 시장에 유동성이 제공된다.

02 ③ 기준통화(달러)의 이자율이 가변통화(원화)에 비하여 낮을 경우, 이를 프리미엄이라고 한다.

출제빈도 ★★★

03 달러/엔 현물환율과 달러 및 엔화의 금리가 다음과 같을 때, 3개월 스왑포인트의 Offered rate를 구하면 얼마인가?

USD/JPY	119.44/120.04
USD 3개월 금리	2.33%/2.53%
JPY 3개월 금리	0.02%/0.12%

① -64.74

② -65.94

③ -70.14

④ -71.90

선물환율의 산출

출제빈도 ★★★

04 USD/JPY 은행 간 현물환시장과 외환스왑시장이 다음과 같이 고시되고 있을 때 A기업이 3개월 만기로 달러를 매입할 수 있는 선물환율은?

USD/JPY 현물환율	118.75/89
USD/JPY 3개월 스왑포인트	63/-60

① 118.12

② 118.26

③ 118.29

④ 118.48

정답 및 해설

03 ② Offered rate=120.04 × [{(0.12%-2.33%) × 90/360}/(1+2.33% × 90/360)]=-65.94

04 ③ A기업이 은행으로부터 3개월 만기로 달러를 매입하는 경우에는 현물환율의 Offered rate가 적용되며, 스왑포인트는 3개월 Offered rate가 적용된다. 따라서 선물환율은 현물환율과 스왑포인트의 합이므로 118.89+(-0.60)=118.29가 된다.

05 다음과 같은 조건에서 A기업이 10월 20일 만기로 원화를 대가로 달러를 매입하려고 한다면 선물환율은 얼마인가? (단, 10월 7일부터 11월 7일은 31일임)

출제빈도 ★★★

USD/KRW 현물환율(8/7)	1020.50/70
USD/KRW 2개월 스왑포인트(10/7)	30/50
USD/KRW 3개월 스왑포인트(11/7)	80/105

① 1021.43

② 1021.80

③ 1022.60

④ 1022.95

06 다음 중 외환스왑에 대한 설명으로 옳지 <u>않은</u> 것은?

출제빈도 ★★★

① 외환스왑은 해당 기간 동안 다른 통화의 자금을 창출하여 사용하는 일종의 자금거래이다.

② 은행 간 외환스왑거래에서 Far date에 적용하는 환율은 통상 거래시점의 Spot rate의 중간율을 사용하는 것이 일반적이다.

③ 외환스왑은 중도에 이자의 교환이 발생하지 않는다.

④ Far date에서 Quoting Party가 달러 매도 포지션이면 스왑포인트의 Offered rate를 적용한다.

정답 및 해설

05 ① A기업이 달러를 매입할 경우에는 현물환율과 스왑포인트 모두 Offered rate가 적용되며, 스왑포인트는 비역월 만기일 선물 환거래이므로 보간법을 활용하여 산출한다.

$$\frac{105-50}{11월\ 7일-10월\ 7일} = \frac{f_3-50}{10월\ 20일-10월\ 7일} \Rightarrow \frac{55}{31} = \frac{f_3-50}{13} \Rightarrow f_3 ≒ 73.06$$

∴ 선물환율 = 1020.70 + 0.7306 = 1021.4306

06 ② 은행 간 외환스왑거래에서 Near date에 적용하는 환율은 통상 거래시점의 현물환율(Spot rate)의 중간율을 적용하고, Far date에는 Near date의 환율에서 스왑포인트를 가감한 환율을 적용한다.

07 다음 중 외환스왑의 조건에 대한 설명으로 옳지 <u>않은</u> 것은?

① Far date에는 Near date에 매도한 기준통화를 매입한다.

② 가변통화를 기준으로 거래하였을 경우에는 Near date와 Far date에 각각 반대방향으로 거래되는 가변통화의 금액은 같다.

③ 특별히 Near date의 매입 또는 매도와 Far date의 매도 또는 매입의 거래상대방이 다른 경우를 Engineered Swap이라고 한다.

④ 반드시 동시에 기표(Booking)될 필요는 없다.

정답 및 해설

07 ④ 반드시 동시에 기표(Booking)되어야 한다.

✓ 출제예상문제를 통해 다양한 외환전문역 Ⅰ종 문제를 풀어볼 수 있습니다.

✓ 다시 봐야 할 문제(틀린 문제, 풀지 못한 문제, 헷갈리는 문제 등)는 문제 번호 하단의 네모박스(□)에 체크하여 반복 학습할 수 있습니다.

출제빈도 ★★

01 선물환거래에 대한 다음 설명 중 옳지 <u>않은</u> 것은?

① 계약체결일로부터 2영업일 이후인 만기일에 선물환율로 한 나라의 통화를 다른 나라 통화를 대가로 사거나 파는 거래이다.

② 계약일에서 결제일까지 계약시점에서 결정된 환율로 거래함으로써 환율변동으로 인한 위험을 회피할 수 있다.

③ 선물환거래 시 적용하는 선물환율은 현물환율에 두 통화의 이자율 차이를 반영한 스왑포인트를 가감하여 산출한다.

④ 스왑포인트를 고시하는 은행이나 브로커들은 정형화된 역월 만기일 선물환거래를 주로 사용한다.

출제빈도 ★★

02 선물환거래에 대한 다음 설명 중 옳지 <u>않은</u> 것은?

① 역월 만기일 선물환거래는 만기일이 정해지므로 Calender Week 또는 Calender Month라고도 부른다.

② 대고객거래의 대부분은 미래 특정일을 만기일로 하는 비역월 만기일 선물환거래를 사용한다.

③ 향후 환율 하락 예상 시 실수요가 동반되지 않더라도 투기적 목적으로 달러를 매도한 후 환율 하락 시 같은 만기에 맞추어 해당 금액의 달러를 매입하면 만기에 외환차익을 확보할 수 있다.

④ 수출대금을 달러로 수취할 예정인 수출기업이 환율변동에 따른 위험을 헤지하기 위해서는 달러 선물환거래를 매입하여야 한다.

출제빈도 ★★

03 외환시장에서 수출기업이 환리스크관리를 위해 은행과 USD/KRW 선물환거래를 체결하였다면, 다음 설명 중 옳지 않은 것은?

① 거래 후 평가손익을 일일정산하여 증거금 계좌로 결제한다.

② 선물환율이 현물환율보다 높은 것은 원화의 금리가 달러에 비하여 높기 때문이다.

③ 선물환거래 만기 결제방식과 NDF거래의 만기 결제방식은 서로 다르다.

④ 수출기업은 자신이 원하는 선물환 만기일을 임의로 정하여 거래할 수 있다.

출제빈도 ★

04 선물환율에 대한 다음 설명 중 옳지 않은 것은?

① 선물환율 자체고시(Outright Forward rate)방법은 현물환율과 함께 두 통화의 이자율 차이인 스왑포인트로 표시하는 방법이다.

② 선물환거래의 만기가 짧은 경우에는 현물환율의 변동이 두 통화의 이자율 차이의 변화보다 크다.

③ 고금리 통화의 선물환율이 현물환율에 비해 낮게 형성된 교환조건을 디스카운트(Discount)라고 한다.

④ 선물환율과 현물환율의 차이를 스왑포인트라고 한다.

정답 및 해설

01 ① 선물환거래의 만기일은 계약체결일로부터 3영업일 이후에 시작된다.

02 ④ 달러를 수취할 예정인 수출기업의 포지션은 Long Position이므로, 환율변동에 따른 위험을 헤지하기 위해서는 달러 선물환거래를 매도하여야 한다.

03 ① 선물환거래는 은행과 기업(고객)과의 개별 계약으로서 일일정산제도 및 증거금제도는 적용되지 않는다.

04 ① 스왑포인트 고시방법에 대한 설명이다. 선물환율 자체고시(Outright Forward rate)방법은 현물환율과 같이 은행이 주로 고객과 거래하기 위해 산출한 선물환율 자체를 고시하는 방법이다.

05 다음 선물환거래에 대한 설명에서 (가), (나)에 들어갈 내용을 순서대로 나열한 것은?

> • USD/JPY 외환시장 가격이 현물환율 105.64, 선물환율 106.80으로 고시되어 있으면 (가) 상태이다.
> • EUR/JPY 환율에서 유로화 이자율이 엔화 이자율보다 높으면 (나) 상태이다.

	가	나		가	나
①	프리미엄	프리미엄	②	디스카운트	디스카운트
③	프리미엄	디스카운트	④	디스카운트	프리미엄

06 USD/KRW의 현물환율과 스왑포인트가 아래와 같이 고시되어 있다. 다음 설명 중 옳지 않은 것은?

USD/KRW Spot rate	1,060/1,061
USD/KRW 1M Swap point	200/260
USD/KRW 3M Swap point	550/650
USD/KRW 6M Swap point	900/1,000

① 달러는 프리미엄 상태이다.

② 고객이 3개월 선물환거래로 달러를 매도할 수 있는 가격은 1065.50이다.

③ 선물환거래에서는 은행과 고객 사이에 매일 손익정산을 하지 않는다.

④ 원화금리보다 달러금리가 높다.

07 달러/엔 현물환율과 달러 및 엔화의 금리가 다음과 같을 때, 3개월 스왑포인트의 Offered rate를 산출하는 과정에 대한 설명으로 옳은 것은?

USD/JPY	121.20/121.33
USD 3개월 금리	2.05%/2.11%
JPY 3개월 금리	0.16%/0.24%

① 현물환율 121.20엔을 적용한다.

② 달러 3개월 금리는 2.11%를 적용한다.

③ 엔화 3개월 금리는 0.16%를 적용한다.

④ 산출한 Offered rate 값은 −54.62pips이다.

08

□

현물환시장과 선물환시장에서 다음과 같이 고시되고 있을 때 A기업이 은행으로부터 3개월 만기로 달러를 매입할 수 있는 선물환율은 얼마인가?

USD/KRW Spot rate	1,102.00/30
USD/KRW 3M Swap point	150/250

① 1,103.50

② 1,103.80

③ 1,104.50

④ 1,104.80

정답 및 해설

05 ③ • USD/JPY 외환시장 가격이 현물환율 105.64, 선물환율 106.80으로 고시되어 있으면 (프리미엄) 상태이다.

• EUR/JPY 환율에서 유로화 이자율이 엔화 이자율보다 높으면 (디스카운트) 상태이다.

06 ④ 스왑포인트가 양(+)의 값이므로 선물환율이 현물환율보다 높다. 따라서 프리미엄 상태이며, 달리 해석하면 가변통화인 원화금리가 기준통화인 달러금리보다 높다는 의미이다.

07 ④ Offered rate = 121.33 × [{(0.24% − 2.05%) × 90/360}/(1 + 2.05% × 90/360)] = −54.62

① USD/JPY의 스왑포인트의 Offered rate를 구하기 위해서는 현물환율의 매도환율(Offered rate)인 121.33엔을 적용한다.

② 기준통화(FC)인 달러금리의 Bid rate(2.05%)를 적용한다.

③ 가변통화(VC)인 엔화금리의 Offered rate(0.24%)를 적용한다.

08 ④ A기업이 은행으로부터 3개월 만기로 달러를 매입하는 경우 매도환율(Offered rate)이 적용된다.

따라서 선물환율은 1,102.30 + 2.5 = 1,104.800이 된다.

09 USD/KRW 현물환율과 달러 및 원화의 금리가 다음과 같을 때 1개월 스왑포인트의 Offered rate를 구하기 위해서 사용되는 환율과 이자율이 올바르게 짝지어진 것은?

☐

USD/KRW Spot rate	1,102.00/1,102.20
USD 1개월 금리	2.00%/2.15%
KRW 1개월 금리	4.12%/4.36%

① 1,102.00, 2.00%, 4.36% 　② 1,102.00, 2.15%, 4.12%

③ 1,102.20, 2.00%, 4.36% 　④ 1,102.20, 2.15%, 4.12%

10 GBP/USD 현물환율과 Swap point가 다음과 같을 때 2개월 만기 선물환율은 얼마인가?

☐

GBP/USD Spot rate	1.57/1.63
GBP/USD 1M Swap point	30/25
GBP/USD 2M Swap point	38/33
GBP/USD 3M Swap point	43/37

① GBP/USD 1.19/1.30 　② GBP/USD 1.27/1.38

③ GBP/USD 1.87/1.93 　④ GBP/USD 1.95/1.96

11 20X1년 3월 30일 현재 B은행은 USD/KRW 스왑포인트를 다음과 같이 고시하였다. 이때 C기업이 1개월 만기 선물환으로 달러를 매입한다면 거래환율은 얼마인가?

☐

USD/KRW Spot rate	1,104.50/1,104.85
1M USD/KRW Swap point	+50/+75
3M USD/KRW Swap point	+125/+180

① 1,105.00 　② 1,105.25

③ 1,105.60 　④ 1,106.65

12 다음 중 스왑포인트에 대한 설명으로 옳지 <u>않은</u> 것은?

① 선물환율과 현물환율의 차이이다.

② 현물환율과 스왑포인트만 알면 결제일이 현물환거래 만기일보다 짧은 당일물 및 익일물과 같은 Ante-spot거래의 환율도 산출할 수 있다.

③ 이자율평형이론이 적용되는 경우 양 통화 간의 이자율 차이와 일치한다.

④ 국내은행의 외화자금사정이 단기적으로 악화되는 경우 은행은 외화조달을 위해 현물환을 매입하고 선물환을 매도하므로 스왑포인트가 낮아진다.

정답 및 해설

09 ③ 스왑포인트의 Offered rate를 구하기 위해서는 현물환율의 Offered rate, 기준통화(FC)인 USD 금리의 Bid rate와 가변통화 (VC)인 KRW 금리의 Offered rate를 사용해서 계산한다.

10 ① 2개월 만기 스왑포인트의 Bid rate 값이 Offered rate 값보다 크므로 선물환율은 현물환율에서 스왑포인트를 차감하여 구한다.
  • Bid rate = 1.57 − 0.38 = 1.19
  • Offered rate = 1.63 − 0.33 = 1.30

11 ③ C기업이 은행으로부터 1개월 만기로 달러를 매입하는 경우 매도환율(Offered rate)이 적용된다.
  따라서 C기업이 달러를 매입하기 위해서는 1,104.85 + 0.75 = 1,105.60원을 지불하여야 한다.

12 ② Ante-spot거래의 환율은 현물환율과 스왑포인트가 주어져도 산출할 수 없다.

출제빈도 ★★★ 최신출제유형

13 다음과 같이 현물환시장과 선물스왑시장이 고시되고 있을 때 K기업이 20X1년 3월 17일을 만기로 원화 수입대금을 헤지하기 위해 달러를 대가로 원화를 매입할 경우 은행이 K기업에게 제시할 선물환율은 얼마인가? (단, 매월의 일수는 30일로 함)

USD/KRW	1,105.00/1,105.20		
USD/KRW Swap point			
Term	만기	Bid rate/Offered rate	
3M	20X1. 2. 17.	88/92	
6M	20X1. 5. 17.	114/120	

① 1,105.97

② 1,106.01

③ 1,106.17

④ 1,106.21

출제빈도 ★★★

14 다음과 같은 시장상황하에서 1년 만기 USD/JPY 스왑포인트의 Bid rate와 Offered rate를 계산한 결과가 옳은 것은? (단, Days/360은 365/360으로 함)

USD/JPY 현물환율	118.73/118.85
USD 1년 만기 금리	2.54/2.88
JPY 1년 만기 금리	0.03/0.09

	Bid rate	Offered rate
①	− 322.49	− 292.61
②	− 287.81	− 333.35
③	− 333.35	− 287.81
④	− 292.61	− 322.49

출제빈도 ★★★ 최신출제유형

15 다음 중 외환스왑에 대한 설명으로 옳지 <u>않은</u> 것은?

① 두 개의 거래가 서로 반대로 일어나 전체 포지션은 스퀘어가 되므로 환리스크가 없다.

② 통상 Near date에 거래시점의 현물환율 Mid rate를 적용한다.

③ 달러를 보유하고 있지 않아도 USD sell & buy against KRW FX Swap을 통해서 환리스크 없이 달러를 조달하는 효과를 얻을 수 있다.

④ 수입기업이 보유하고 있던 달러로 대금을 결제하려는 경우 USD sell & buy against KRW FX Swap을 통해 대금결제의 만기를 일치시킬 수 있다.

16 기업들이 익영업일부터 제2영업일까지의 외화 현금흐름의 불일치를 환리스크 없이 해소하기
위한 외환스왑을 무엇이라 하는가?

① O/N Swap   ② T/N Swap

③ S/N Swap   ④ Engineered Swap

정답 및 해설

13 ① 현물환거래에서 달러 매도 시 Quoting Party의 Bid rate인 1,105.00을 적용한다. 외환스왑시장에서는 3개월 스왑포인트의 Bid rate인 0.88과 6개월 스왑포인트의 Bid rate인 1.14를 보간법을 이용하여 3월 17일 만기의 스왑포인트를 구한다.

- $\dfrac{1.14-0.88}{90} = \dfrac{f-0.88}{30} \Rightarrow f=0.97$

∴ 선물환율＝현물환율＋스왑포인트
$\qquad\qquad = 1,105.00 + 0.97 = 1,105.97$

14 ③ • Bid rate＝118.73 × [(0.03%−2.88%) × 365/360]/(1+2.88% × 365/360)＝−333.35
- Offered rate＝118.85 × [(0.09%−2.54%) × 365/360]/(1+2.54% × 365/360)＝−287.81

15 ③ 환리스크 없이 달러를 조달하는 효과를 얻으려면 USD buy & sell against KRW FX Swap을 하여야 한다.

16 ② ① O/N Swap거래는 오늘부터 익영업일까지의 외환스왑을 말한다.
③ S/N Swap거래는 제2영업일부터 제3영업일까지의 외환스왑을 말한다.
④ Engineered Swap은 현물환거래와 선물환거래의 거래상대방이 다른 경우를 말한다.

17 외환스왑의 장점에 해당되는 내용으로 모두 묶인 것은?

> 가. 거래당사자 간에 해당 통화의 실질적인 교환이 일어나므로 거래상대방에 대한 신용위험을 최소화
> 할 수 있다.
> 나. 외환스왑이 갖는 장점으로 인해 주요 통화에 대한 외환스왑의 유동성은 매우 풍부하다.
> 다. 은행을 통해 외환스왑을 하는 경우 은행 간 금리를 적용한다.

① 가

② 가, 나

③ 나, 다

④ 가, 나, 다

18 다음 중 외환스왑의 조건에 대한 설명으로 옳지 <u>않은</u> 것은?

① Near date에 기준통화 또는 가변통화를 매입 또는 매도한다.

② 일반적으로 거래상대방은 같다.

③ 기준통화를 기준으로 거래하는 경우에는 Near date와 Far date에 각각 반대방향으로
거래되는 기준통화의 금액은 일반적으로 다르다.

④ Near date와 Far date의 거래는 동시에 체결된다.

19 A기업은 1개월 후 미국으로 수출한 대가로 달러가 입금될 예정이어서 선물환 매도거래를 하였으나, 자금계획이 변경되어 기존 선물환거래 만기일 2일 전에 입금될 것으로 판단되었다. 이와 같은 선물환 매도거래와 외화수취시기의 단기적 불일치를 해결하기 위해 사용하는 스왑거래로 옳은 것은?

① USD 변동금리 수취, KRW 고정금리 지급 스왑

② USD 변동금리 지급, KRW 고정금리 수취 스왑

③ USD buy & sell against KRW 외환스왑

④ USD sell & buy against KRW 외환스왑

정답 및 해설

17 ④ '가, 나, 다' 모두 외환스왑의 장점에 해당한다.

18 ③ Near date와 Far date에 각각 반대방향으로 거래되는 기준통화의 금액은 같다.

19 ④ 기존 선물환거래 만기일 2일 전에 입금되는 달러는 잉여자금이 되고, 선물환으로 매도한 달러를 지급할 수 없게 되어 현금흐름에 문제가 생기므로 USD sell & buy against KRW 외환스왑을 사용한다.

■ 출제경향 및 학습전략

선물은 제3과목 전체 20문제 중 총 2~4문제 정도 출제된다.

선물은 주로 일반적인 선물거래의 개념과 특징에 대해서 주로 출제되고 있으며, 우리나라에 상장되어 있는
통화선물의 계약 명세에 대해 비교하는 문제도 출제되고 있다. 학습해야 할 분량이 적고, 문제의 난도가 상대
적으로 낮은 편에 속하므로 본 교재에서 다루고 있는 주요내용을 익혀둔다면 시험을 충분히 대비할 수 있다.

■ 빈출포인트

구 분	문제번호	빈출포인트	출제빈도	페이지
선물거래의 개요 (85%)	01	선물거래와 선도거래의 비교	★★★	p. 324
	02	선물거래의 특징	★★★	p. 324
통화선물의 현황 (15%)	03	주요 통화선물 현황	★★	p. 325

제3과목 **환리스크관리**

제4장
선 물

✔ 개념완성문제를 통해 외환전문역 I 종 시험에 나오는 개념을 이해할 수 있습니다.

✔ 다시 봐야 할 문제(틀린 문제, 풀지 못한 문제, 헷갈리는 문제 등)는 문제 번호 하단의 네모박스(□)에 체크하여 반복 학습할 수 있습니다.

선물거래와 선도거래의 비교

출제빈도 ★★★

01 다음 중 선물거래와 선도거래에 대한 설명으로 옳지 <u>않은</u> 것은?

□

① 선물거래는 매일 가격변동에 따라 거래자의 손익을 확정하는 일일정산제도를 두어 유동성을 증가시키고 계약불이행 위험을 방지한다.

② 선물거래가 이루어지는 거래소에 상장되어 있는 상품은 기초자산, 거래단위, 결제단위, 결제월 등이 표준화되어 있다.

③ 개인 또는 신용도가 떨어지는 중소기업들이 선도거래의 시장참가자가 되는 것은 불가능하다.

④ 선도거래는 공개호가 또는 전산거래방식에 의해 거래된다.

선물거래의 특징

출제빈도 ★★★

02 다음 중 통화선물의 특징에 대한 설명으로 옳지 <u>않은</u> 것은?

□

① 조직화된 거래소에서 자격이 있는 회원의 중개를 통해서 거래가 된다.

② 표준화된 선물계약을 기준으로 거래가 이루어진다.

③ 소액의 증거금만 예치하면 현물거래와 동일한 금액의 거래를 할 수 있어 레버리지 효과를 누릴 수 있다.

④ 통화선물거래 시 마진콜을 받았을 경우 유지증거금 수준으로 추가증거금을 납입하여야 한다.

정답 및 해설

01 ④ 공개호가 또는 전산거래방식에 의해 거래되는 것은 선물거래이다.

02 ④ 마진콜을 받았을 경우, 유지증거금이 아닌 개시증거금 수준이 되도록 추가증거금을 납입하면 된다.

03 다음 중 한국거래소에서 거래되는 통화선물거래에 대한 설명으로 옳지 <u>않은</u> 것은?

① 한국거래소에는 미국달러선물, 엔선물 및 유로선물이 거래되고 있다.

② 12월 5일(첫 번째 월요일) 현재 미국달러선물 9월물은 상장결제월의 하나이다.

③ 유로선물 1계약을 매입한 뒤 유로선물 가격이 0.10원 상승하면 1천원의 이익이 발생한다.

④ 엔선물의 결제방법은 차액결제방식이다.

정답 및 해설

03　④　한국거래소에 상장되어 있는 통화선물거래 결제방식은 모두 인수도결제방식이다.

✓ 출제예상문제를 통해 다양한 외환전문역 Ⅰ종 문제를 풀어볼 수 있습니다.

✓ 다시 봐야 할 문제(틀린 문제, 풀지 못한 문제, 헷갈리는 문제 등)는 문제 번호 하단의 네모박스(□)에 체크하여 반복 학습할 수 있습니다.

출제빈도 ★★★ 최신출제유형

01 다음 중 선물거래와 선도거래에 대한 설명으로 옳지 <u>않은</u> 것은?

□

① 선물거래의 경우 청산소가 선물계약의 이행을 보장하기 때문에 상대방에 대한 신용리스크로부터 자유롭다.

② 선도거래에서 개인 또는 신용도가 떨어지는 중소기업들이 시장참가자가 되는 것이 불가능하다.

③ 선도거래에서는 계약의 대부분을 만기일 이전 반대매매를 통해 청산한다.

④ 선물거래는 표준화된 선물계약을 기준으로 거래되므로 원활한 대량거래가 용이하고 시장 유동성이 풍부하다.

출제빈도 ★★★

02 선물거래에 대한 내용으로만 모두 묶인 것은?

□

> 가. 공개호가방식 또는 전산거래방식으로 거래된다.
>
> 나. 금리선도계약이나 선물환계약과 같이 거래당사자 간에 사적인 계약에 의해 자유롭게 거래된다.
>
> 다. 일일정산제도와 증거금제도가 결제이행을 보증해 주므로 신용위험이 존재하지 않는다.
>
> 라. 일반적으로 계약의 대부분이 만기일에 실물인수도로 청산된다.

① 가, 나　　　　　　　　　　　② 가, 다

③ 나, 라　　　　　　　　　　　④ 다, 라

출제빈도 ★★★ 최신출제유형

03 다음 중 선물거래에 대한 설명으로 옳지 <u>않은</u> 것은?

□

① 계약조건이 표준화되어 있어 대량거래가 용이해 유동성이 풍부하다.

② 모든 선물거래는 계약상 증거금 적립의무가 있다.

③ 대부분의 계약이 만기일에 실물에 대한 인수도가 이루어진다.

④ 거래소를 통한 일일정산이 이루어진다.

출제빈도 ★★★

04 다음 중 선물거래의 특징으로 옳지 않은 것은?

① 조직화된 거래소와 청산소가 존재하는 장내파생상품거래이다.

② 매일의 가격변동에 따른 매입자와 매도자의 손익의 일일대차가 0이 되도록 일일정산한다.

③ 소액의 증거금만 예치하면 현물거래와 동일한 금액의 거래를 할 수 있으므로 투자금액에 대한 기대수익률이 매우 높은 레버리지 효과가 있다.

④ 증거금이 유지증거금 수준 이하로 떨어지는 경우 유지증거금 수준까지 추가증거금을 예치하여야 한다.

정답 및 해설

01 ③ 선물거래에 해당하는 설명이다. 선도거래에서는 계약 대부분이 만기일에 실물인수도로 청산된다.

02 ② '가, 다'는 선물거래에 해당하는 설명이다.
나, 라. 선도거래에 해당하는 설명이다.

03 ③ 선물거래의 경우 대부분의 계약이 만기일 이전에 청산되고, 소수의 계약만 만기일에 실물인수도가 이루어진다.

04 ④ 증거금이 유지증거금 수준 이하로 떨어지는 경우 개시증거금(= 주문증거금) 수준까지 추가증거금을 예치하여야 한다.

05 다음 증거금(Margin)제도에 대한 설명에서 (가)~(다)에 들어갈 내용을 순서대로 나열한 것은?

> • 증거금의 협의의 의미는 청산회원이 (가)에 대한 계약이행 보증을 위해 청산소 또는 거래소에 항상 예금으로 유지해야 하는 금액을 말한다.
> • 거래체결 이후 항시 최소한 유지하여야 하는 증거금을 (나)이라 하며, 일반적으로 (다) 수준을 (나) 수준의 약 1.5배 내외에서 설정한다.

	가	나	다
①	결제계약	추가증거금	유지증거금
②	결제계약	유지증거금	주문증거금
③	미결제계약	유지증거금	주문증거금
④	미결제계약	유지증거금	추가증거금

06 선물거래의 계약이행 보증을 위한 장치로 모두 묶인 것은?

> 가. 공개호가   나. 거래상품의 표준화
> 다. 청산소   라. 일일정산제도
> 마. 증거금제도

① 라, 마

② 다, 라, 마

③ 나, 다, 라, 마

④ 가, 나, 다, 라, 마

07 다음 중 선물거래의 기능에 대한 설명으로 옳지 않은 것은?

① 투기자로부터 헤저에게 가격변동에 따른 위험을 이전시키는 기능을 한다.

② 현재시점의 선물계약가격이 만기시점의 현물가격에 대한 기대치를 나타내는 가격예시의 기능을 한다.

③ 선물거래의 레버리지 효과로 인해 투기성 자금의 시장유입을 촉진하여 시장을 활성화시키는 기능을 한다.

④ 동일한 자산에 대한 현물시장과 선물시장에 형성된 가격에 불균형이 존재할 경우 차익거래를 통해 효율적으로 자원을 배분하는 기능을 한다.

08 다음 중 선물거래의 주요 특징으로 옳지 <u>않은</u> 것은?

□

① 기초자산 가치의 변동이 예상될 때 기초자산을 직접거래하는 대신 선물을 이용한 방향성 매매가 가능하다.

② 거래방법과 거래조건이 계약당사자 간의 합의에 의해 자유롭게 결정된다.

③ 거래소 회원 또는 중개인이 시장을 조성한다.

④ 현재 선물거래를 위해서는 최소 1,500만원의 기본예탁금을 현금, 유가증권 등으로 납입하여야 한다.

정답 및 해설

05　③　• 증거금의 협의의 의미는 청산회원이 (미결제계약)에 대한 계약이행 보증을 위해 청산소 또는 거래소에 항상 예금으로 유지해야 하는 금액을 말한다.
　　　　• 거래체결 이후 항시 최소한 유지하여야 하는 증거금을 (유지증거금)이라 하며, 일반적으로 (주문증거금) 수준을 (유지증거금) 수준의 약 1.5배 내외에서 설정한다.

06　②　'다, 라, 마'는 선물거래 시 결제불이행으로 인한 신용위험을 방지하기 위하여 마련된 계약이행 보증장치에 해당한다.
　　　　가, 나, 계약이행 보증과는 무관한 내용이다.

07　①　통화선물은 헤저로부터 가격변동에 따른 위험을 감수하면서 수익을 올리려는 투기자에게 위험을 이전시키는 기능을 한다.

08　②　통화선물거래는 공개호가 또는 전산거래방식으로 거래되며 거래단위, 결제월 등의 거래조건들이 표준화되어 있다.

09 통화선물의 주요 계약조건에 대하여 (가)~(다)에 들어갈 내용이 올바르게 연결된 것은?

> • (가)란 선물거래에서 거래되는 상품의 기본 거래단위로서 선물계약 1건의 크기를 나타낸다.
> • (나)이란 직전일의 결제가격을 기준으로 해당일 거래 중 등락할 수 있는 상하 최대한의 가격변동 범위를 사전에 정한 것을 말한다.
> • (다)란/이란 선물계약의 매입 또는 매도 주문 시 제시가격의 최소 가격변동단위이며, 각 선물거래소마다 상품별로 그 크기를 표준화시켜 거래의 원활을 꾀한다.

	가	나	다
①	최소호가단위	최소변동금액	계약단위
②	최소호가단위	가격제한폭	최소변동금액
③	계약단위	최소변동금액	최소호가단위
④	계약단위	가격제한폭	최소호가단위

10 다음 중 우리나라에서 거래되는 통화선물에 대한 설명으로 옳은 것은?

① 일반 개인이나 중소기업이 통화선물시장에 접근하기는 어렵다.
② 거래당사자 간의 직접적인 거래이기 때문에 거래가격은 일반인에게 공개되지 않는다.
③ 최종 거래일이 공휴일인 경우에는 순차적으로 앞당긴다.
④ 미국달러선물의 경우 계약당 정해진 증거금을 납입하여야 하며, 주문증거금의 60%까지 대용증권으로 납입 가능하다.

11 우리나라에서 거래되는 미국달러선물의 계약 명세에 대한 설명으로 옳지 <u>않은</u> 것은?

① 미국달러선물의 거래단위는 US$10,000이다.
② 미국달러선물의 최소가격변동폭은 0.10원이다.
③ 미국달러선물의 가격제한폭은 기준가격 대비 상하 ±5.25%이다.
④ 미국달러선물의 결제방법은 인수도결제를 따른다.

12 우리나라에 상장되어 있는 통화선물 간의 공통점에 해당하는 것으로 모두 묶인 것은?

가. 결제월	나. 상장결제월
다. 최소가격변동금액	라. 결제방법
마. 가격제한폭	

① 다, 라

② 가, 다, 마

③ 나, 라, 마

④ 가, 나, 다, 라

정답 및 해설

09 ④ • (계약단위)란 선물거래에서 거래되는 상품의 기본 거래단위로서 선물계약 1건의 크기를 나타낸다.
    • (가격제한폭)이란 직전일의 결제가격을 기준으로 해당일 거래 중 등락할 수 있는 상하 최대한의 가격변동 범위를 사전에 정한 것을 말한다.
    • (최소호가단위)란 선물계약의 매입 또는 매도 주문 시 제시가격의 최소 가격변동단위이며, 각 선물거래소마다 상품별로 그 크기를 표준화시켜 거래의 원활을 꾀한다.

10 ③ ① 통화선물거래는 장내거래이므로 증거금만 납부하면 신용에 관계없이 일반 개인이나 중소기업도 접근이 가능하다.
    ② 선물거래는 선물거래소를 통한 간접거래이기 때문에 거래가격은 거래소의 전광판에 즉시 공개적으로 호가된다.
    ④ 미국달러선물의 경우 주문증거금의 70%까지 대용증권으로 납입이 가능하다.

11 ③ 미국달러선물의 가격제한폭은 기준가격 대비 상하 ±4.5%이다.

12 ① '다, 라'는 우리나라에서 거래되는 미국달러선물, 유로선물, 엔선물, 위안선물 모두 동일하다.
    가. 미국달러선물의 경우 분기월 중 12개, 그 밖의 월 중 8개이고, 나머지는 분기월 중 4개와 그 밖의 월 중 4개이다.
    나. 미국달러선물의 경우 총 20개(1년 이내 매월, 1년 초과 매 분기월 상장)이고, 나머지는 1년 이내의 8개 결제월이다. (단, 위안선물의 경우 6개 연속 결제월(1개월~6개월), 2개 분기월(9개월, 12개월)임)
    마. 미국달러선물과 위안선물의 경우 기준가격 대비 상하 ±4.5%이고, 엔선물과 유로선물의 경우 기준가격 대비 상하 ±5.25%이다.

■ 출제경향 및 학습전략

스왑은 제3과목 전체 20문제 중 총 3~4문제 정도 출제된다.

스왑은 파생상품 중에서도 복잡한 구조를 가지고 있는 상품으로서 학습하는 데 어려움이 있다. 하지만 통화스왑만을 다루고 있기 때문에 크게 부담을 가질 필요는 없다. 특히, 통화스왑의 거래 매커니즘과 거래전략에 대해서 확실하게 이해한다면 실제 시험을 잘 대비할 수 있으며, 그중에서 통화스왑의 가격을 산출하는 방법은 반드시 학습해야 한다.

■ 빈출포인트

구 분	문제번호	빈출포인트	출제빈도	페이지
스왑의 개요 (28%)	01	스왑의 개념	★★	p. 334
통화스왑 (72%)	02	통화스왑의 개요	★★	p. 334
	03	통화스왑의 가격 고시	★★★	p. 335
	04	통화스왑의 가격	★★★	p. 335
	05	스왑거래의 비교	★★★	p. 336

제3과목 **환리스크관리**

· · · · ·

제5장
스 왑

✔ 개념완성문제를 통해 외환전문역 Ⅰ종 시험에 나오는 개념을 이해할 수 있습니다.

✔ 다시 봐야 할 문제(틀린 문제, 풀지 못한 문제, 헷갈리는 문제 등)는 문제 번호 하단의 네모박스(□)에 체크하여 반복 학습할 수 있습니다.

스왑의 개념

출제빈도 ★★

01 다음 중 스왑에 대한 설명으로 옳지 <u>않은</u> 것은?

□
① 거래당사자가 서로 약정한 현금흐름을 일정 기간 동안 교환하는 계약을 의미한다.

② 스왑을 통해 금리 및 환리스크를 헤지할 수 있으며 이를 통해 시장효율성을 증대시킬 수 있다.

③ 서로 다른 통화의 원금과 이자를 교환하는 거래를 통화스왑이라 한다.

④ 스왑브로커는 스왑거래를 하려는 상대방이 있으면 신용위험과 시장위험을 적극적으로 감수하면서 가격제시자로서의 역할을 수행한다.

통화스왑의 개요

출제빈도 ★★

02 A기업은 1년 전 거래은행으로부터 3년 만기로 1억엔을 고정금리 2%로 차입하였다. 2년간 달러/엔 환율이 하락할 것으로 예상된다면, 이를 헤지하기 위한 가장 적절한 방법은?

□
① 외환스왑 ② 통화스왑

③ 통화선물 ④ 통화옵션

정답 및 해설

01 ④ 스왑시장 참가자 중 은행은 가격제시자로서의 역할을 하고 있으며, 스왑브로커는 은행 간의 스왑거래를 중개하여 거래비용을 줄이는 역할을 하고 있다.

02 ② A기업은 스왑은행과 통화스왑을 통해 현재 보유하고 있는 엔차입을 달러차입으로 전환하면 달러/엔 환율 하락위험을 헤지할 수 있다.

---

03 2년 전에 5년 만기로 1천만달러를 변동금리+1%로 차입한 A국내기업이 향후 3년간 달러/원 환율 상승과 달러 금리 상승 위험을 헤지하려고 할 때, 다음과 같이 스왑가격이 고시될 경우 해당 통화스왑거래에서 적용되는 고정금리는 무엇인가?

SEMI/ACT365	2Y	3Y	4Y	5Y
USD/KRW	3.57/3.54	3.65/3.63	3.72/3.69	3.89/3.85

① 3.57%

② 3.63%

③ 3.65%

④ 3.72%

04 3년 만기 달러/원 베이시스 통화스왑이 −10/−14이고 3년 만기 원화 이자율스왑이 2.40/2.34일 때 3년 만기 달러/원 통화스왑의 가격은? (단, Mid rate는 고려하지 않음)

① 2.28/2.16

② 2.30/2.20

③ 2.32/2.20

④ 2.35/2.25

정답 및 해설

03　③　A국내기업은 향후 3년 동안 1천만달러를 변동금리로 차입하였으므로, 이를 헤지하기 위해 변동금리를 수취하고 고정금리를 지급하는 통화스왑을 체결하여야 한다. 따라서 A국내기업은 고시된 통화스왑 가격 중 3Y Receive인 3.65가 적용된다.

04　②　• 은행이 원화 고정금리를 수취하는 통화스왑의 가격은 각 고시가격의 Receive의 합이다.
　　　　　2.40%+(−0.10%)=2.30%
　　　　• 은행이 원화 고정금리를 지급하는 통화스왑의 가격은 각 고시가격의 Pay의 합이다.
　　　　　2.34%+(−0.14%)=2.20%
　　　　∴ 통화스왑의 가격=2.30/2.20

출제빈도 ★ ★ ★

05 통화스왑과 외환스왑에 대한 다음 설명 중 옳지 <u>않은</u> 것은?

☐

① 통화스왑의 경우 초기와 만기에 원금을 교환할 때 적용하는 환율이 서로 다르다.

② 통화스왑은 만기 10년 이상의 장기자금 조달 및 환리스크 헤지수단으로 이용된다.

③ 은행 간 외환스왑시장에서 활발하게 거래되는 외환스왑의 만기는 주로 1년 내외이다.

④ 외환스왑의 경우 중도에 이자교환 없이 원금의 교환만 발생한다.

정답 및 해설

05 ① 통화스왑의 경우 초기와 만기의 원금 교환 시 적용환율이 모두 거래 당시의 현물환율로 같다.

fn.Hackers.com

✓ 출제예상문제를 통해 다양한 외환전문역 Ⅰ종 문제를 풀어볼 수 있습니다.

✓ 다시 봐야 할 문제(틀린 문제, 풀지 못한 문제, 헷갈리는 문제 등)는 문제 번호 하단의 네모박스(□)에 체크하여 반복 학습할 수 있습니다.

출제빈도 ★★

01 다음 중 스왑에 대한 설명으로 옳지 <u>않은</u> 것은?

□

① 환율 및 금리 등의 변동성이 증가하면서 위험관리를 위한 헤지방안으로 스왑을 활용한다.

② 통화스왑을 활용하여 금융과 세법상의 각종 규제를 회피할 수 있다.

③ 은행은 상대방에 대한 신용위험과 시장위험을 적극적으로 감수하면서 Market Maker로 서의 역할을 한다.

④ 스왑은 다른 장외거래와 달리 신용도가 낮은 기업도 활용할 수 있다는 장점이 있다.

출제빈도 ★★

02 다음 중 스왑가격의 정의로 적절한 것은?

□

① 스왑거래에서 변동금리와 교환되는 고정금리를 말한다.

② 스왑거래에서 고정금리와 교환되는 변동금리를 말한다.

③ 스왑시장에서 딜러에게 지불하는 중개수수료를 말한다.

④ 변동금리에 부가되는 스프레드를 말한다.

출제빈도 ★★★ 　최신출제유형

03 다음 중 통화스왑에 대한 설명으로 옳은 것은?

□

① 같은 통화 사이의 차액결제의 형태로 이자교환이 이루어진다.

② 초기 원금교환은 필수사항이고 만기 원금교환은 선택사항이다.

③ 교환하는 금리에 따라 변동금리 대 변동금리 스왑, 고정금리 대 변동금리 스왑, 고정금리 대 고정금리 스왑으로 분류한다.

④ 만기 원금교환 시에는 만기시점의 현물환율을 적용한다.

04 출제빈도 ★★ 최신출제유형

다음 중 통화스왑에 대한 설명으로 옳지 않은 것은?

① 초기 원금교환은 이자교환과 만기 원금교환의 현금흐름과 반대로 일어난다.

② 두 거래당사자가 정해진 일정 기간 동안 서로 다른 통화로 표시된 원금과 각각의 원금에 대한 이자를 주기적으로 상호 교환하기로 합의하는 계약이다.

③ 환리스크와 금리리스크를 모두 회피할 수 있는 거래수단이다.

④ 만기 원금교환 시 적용되는 환율에 해당 두 통화 사이의 이자율 차이가 적용된다.

05 출제빈도 ★★★ 최신출제유형

A기업은 1천만달러를 3년 만기 변동금리 + 0.5%로 차입하였다. 향후 3년간 환율과 금리의 안정 여부가 불확실하여 통화스왑거래로 헤지하고자 한다. 다음과 같이 고시된 통화스왑 가격 중 A기업이 적용받을 수 있는 고정금리는 무엇인가?

SEMI/ACT365	2Y	3Y	4Y	5Y
USD/KRW	2.85/2.81	2.94/2.89	3.09/3.03	3.13/3.18

① 2.85%

② 2.89%

③ 2.94%

④ 3.09%

정답 및 해설

01 ④ 다른 장외거래처럼 스왑을 거래할 때 상대방에 대한 신용위험이 있기 때문에 신용도가 높은 금융기관이나 기업만 사용할 수 있다.

02 ① 스왑가격은 변동금리와 교환되는 고정금리를 의미한다.

03 ③ ① 통화스왑은 서로 다른 통화에 대한 이자를 교환하는 방식이므로 차액결제가 이루어지지 않는다.
② 초기 원금교환은 선택사항이고 만기 원금교환은 필수사항이다.
④ 두 통화 사이의 원금교환 시 적용되는 환율은 초기와 만기에서 모두 스왑 계약시점의 현물환율을 적용한다.

04 ④ 만기 원금교환 시 적용되는 환율은 스왑 계약시점의 현물환율이므로 두 통화 사이의 이자율 차이가 적용되지 않는다.

05 ③ A기업은 향후 3년 동안 1천만 달러를 변동금리로 차입하였으므로, 이를 헤지하기 위해 변동금리를 수취하고 고정금리를 지급하는 통화스왑을 체결하여야 한다. 따라서 A기업은 고시된 통화스왑 가격 중 3Y Receive인 2.94%가 적용된다.

06 3년 만기 USD/KRW 베이시스 통화스왑이 −7/−11이고 3년 만기 KRW 이자율스왑이
1.89/1.82라면 A은행의 3년 만기 USD/KRW 고정금리 대 변동금리 통화스왑 가격은 얼마인가?
(단, Mid rate는 고려하지 않음)

① 1.80/1.70   ② 1.82/1.71

③ 1.84/1.74   ④ 1.86/1.75

07 1년 만기 달러/엔 베이시스 통화스왑이 −1/−7이고 1년 만기 엔화 이자율스왑이 0.87/
0.83이라면, 스프레드를 보다 경쟁적으로 하기 위해 적용되는 스왑은행의 3년 만기 달러/엔
고정금리 대 변동금리 통화스왑 가격은 얼마인가?

① 0.80/1.76   ② 0.82/1.78

③ 0.83/0.79   ④ 0.88/0.76

08 A기업은 미국달러를 보유할 계획을 가지고 있다. 만약 USD FRN을 직접 투자하는 것 대신에
EUR Bond를 매입하고 EUR/USD 통화스왑을 통해 환리스크 및 금리리스크를 헤지하는 방
법을 택한다면 얻을 수 있는 이익은 얼마인가? (단, Conversion Factor는 고려하지 않음)

EUR Bond	만기 3년, 연 3%
USD FRN	만기 3년, 6M 변동금리 + 0.7%
EUR/USD 통화스왑 가격	EUR 연 3%, 6M 변동금리 + 1.5%

① 0.5%   ② 0.7%

③ 0.8%   ④ 1.1%

09 국내의 A은행이 달러를 보유하기 위하여 달러 변동금리채권에 투자한다면, USD/KRW 환리
스크 및 금리리스크를 모두 헤지할 수 있는 통화스왑 조건으로 가장 적절한 것은?

① 달러 고정금리 지급, 원화 고정금리 수취

② 달러 고정금리 지급, 원화 변동금리 수취

③ 달러 변동금리 지급, 원화 변동금리 수취

④ 달러 변동금리 지급, 원화 고정금리 수취

정답 및 해설

06 ② • A은행이 고정금리를 수취하는 통화스왑 가격

구 분	수 취	지 급
달러/원 베이시스스왑	USD 변동금리	KRW CD − 0.07%
원화 이자율스왑	KRW CD	1.89%
통화스왑	1.82%	USD 변동금리

• A은행이 고정금리를 지급하는 통화스왑 가격

구 분	수 취	지 급
달러/원 베이시스스왑	KRW CD − 0.11%	USD 변동금리
원화 이자율스왑	1.82%	KRW CD
통화스왑	USD 변동금리	1.71%

∴ 3년 만기 달러/원 고정금리 대 변동금리 통화스왑 가격은 1.82/1.71이다.

07 ③ 스왑은행은 스프레드를 보다 경쟁적으로 하기 위해 Mid rate를 활용하여 고시하는 것이 일반적이다.
• Mid rate = [(−1) + (−7)]/2 = −4
• Receive = 0.87 + (−0.04) = 0.83
• Pay = 0.83 + (−0.04) = 0.79
∴ 통화스왑 가격 = 0.83/0.79

08 ③ A기업이 USD FRN에 직접 투자한 것과 같은 효과를 보기 위해서는 EUR Bond를 매입함과 동시에 EUR 고정금리를 지급
하고, USD 변동금리를 수취하는 통화스왑을 함께 거래하면 된다. 이와 같이 거래할 경우에는 EUR Bond로부터 발생된
3%이자를 통화스왑 거래상대방에게 전달하고 자신은 6M 변동금리 + 1.5%를 수취하므로, 직접 USD FRN에 투자한 것보다
0.8%[6M 변동금리 + 1.5% − (6M 변동금리 + 0.7%)] 더 이익을 얻을 수 있다.

09 ④ A은행이 달러 변동금리채권에 투자한다면 달러 변동금리를 수취하게 되므로 환리스크 및 금리리스크에 노출된다. 따라서
이를 제거하기 위해서는 달러 변동금리를 지급하고 원화 고정금리를 수취하는 통화스왑을 체결함으로써 환리스크와 금리
리스크를 모두 헤지할 수 있다.

10 A기업은 금리조건이 6M 변동금리＋0.7%, 잔존만기가 3년인 천만달러를 차입하였다. 향후 USD/KRW 환율이 상승할 것으로 예상되어 통화스왑거래를 하고자 한다. 아래과 같이 스왑가격이 고시되었을 때, 통화스왑거래에 대한 다음 설명 중 옳은 것은? (USD/KRW Spot rate 는 1,100.00임)

SEMI/ACT365	1Y	3Y	5Y
USD/KRW	3.18/13	3.27/21	3.45/39

① A기업은 환율 하락 위험을 헤지를 하기 위하여 고정금리 Pay 금리스왑을 하여야 한다.

② 통화스왑거래 초기에는 A기업이 천만달러를 수취하고 110억원을 지급하는 원금교환이 발생된다.

③ 이자교환 시 A기업은 은행으로부터 6M 변동금리 flat을 수취하고 3.21% 원화 고정금리를 지급한다.

④ A기업은 통화스왑을 통하여 3.91%의 고정금리를 차입하는 효과를 얻을 수 있다. (Conversion Factor를 고려하지 않음)

11 외환스왑과 통화스왑에 대한 다음 설명 중 옳지 <u>않은</u> 것은?

① 외환스왑은 단기자금을 조달하는 수단인 반면 통화스왑은 장기자금을 조달하는 수단이다.

② 외환스왑의 경우 원금교환과 이자교환이 모두 발생하지만 통화스왑은 중간에 이자교환 없이 원금의 교환만 발생한다.

③ 통화스왑에서 가장 많이 거래되는 유형은 달러 변동금리와 상대 통화의 고정금리로 이루어지는 거래이다.

④ 외환스왑의 경우 만기 원금교환 시 적용되는 환율에 해당 두 통화 사이의 이자율 차이가 적용된다.

12 스왑거래에 대한 다음 설명 중 옳지 않은 것은?

☐ ① 외환스왑과 통화스왑 모두 계약기간 동안 거래당사자끼리 한 나라 통화를 다른 나라 통화로 바꿔 사용한 후 만기에 다시 교환하는 거래이다.

② 외환스왑은 만기가 주로 1년 내외이지만 통화스왑의 경우 10년 이상까지도 가능하다.

③ 통화스왑에서 가장 많이 거래되는 형태는 변동금리와 변동금리 통화스왑(Cross Currency Basis Swap)이다.

④ 통화스왑은 계약기간 동안 해당 통화의 이자를 주기적으로 수취하기 때문에 초기 원금교환의 환율과 만기 원금교환의 환율은 거래 당시의 현물환율로 서로 같다.

정답 및 해설

10 ④ A기업은 고정금리 Receive 통화스왑을 통해 고정금리 3.27%를 지급하고 6M 변동금리 flat을 수취하고, 차입자금에서 6M 변동금리 + 0.7%를 지급하여야 하므로, 최종적으로 6M 변동금리는 상쇄되고, 3.27% + 0.7% = 3.97%만큼 고정금리로 차입하는 효과를 얻을 수 있다.
　　① A기업은 환율상승위험을 헤지하기 위하여 고정금리 Receive 통화스왑을 하여야 한다.
　　② 통화스왑거래 초기에는 A기업은 천만달러를 지급하고 110억원을 수취하는 원금교환이 발생한다. (단, 선택적으로 원금교환을 하지 않을 수 있음)
　　③ A기업은 3년 만기 차입과 동일한 만기인 3년 만기 Receive인 3.27%를 지급하여야 한다.

11 ② 외환스왑의 경우 중간에 이자교환 없이 원금의 교환만 발생하는 반면 통화스왑은 원금교환과 이자교환이 모두 발생한다. (단, 초기 원금교환은 선택사항이고 만기 원금교환은 필수사항임)

12 ③ 통화스왑에서 가장 많이 거래되는 형태는 고정금리와 변동금리 통화스왑이며, 일반적으로 달러 변동금리와 상대 통화의 고정금리로 이루어진다.

■ 출제경향 및 학습전략

옵션은 제3과목 전체 20문제 중 총 4~6문제 정도 출제된다.

옵션은 기본개념과 전략에 대해 묻는 문제가 자주 출제된다. 특정 상황에서 노출된 위험을 제거하기 위한 옵션전략이 무엇인지, 옵션전략을 구사하기 위해서 어떠한 상품들로 구성해야 되는지, 장외 통화옵션전략에는 어떤 것이 있는지 등 다양하게 학습해야 할 부분이 있다. 하지만 옵션에 대한 기초적인 개념을 탄탄히 다지면서 각 전략을 익혀둔다면 실제 시험은 큰 어려움 없이 대비할 수 있다.

■ 빈출포인트

구 분	문제번호	빈출포인트	출제빈도	페이지
옵션의 기초 (48%)	01	옵션의 개요	★★	p. 346
	02	옵션의 가치	★★★	p. 346
	03	옵션프리미엄	★★★	p. 347
옵션전략 (40%)	04	방향성 관련 옵션전략	★★	p. 347
	05~06	변동성 관련 옵션전략	★★★	p. 348
	07~08	이색옵션	★★★	p. 349
장외 통화옵션전략 (12%)	09	레인지 포워드 전략	★★★	p. 350
	10	타겟 포워드 전략	★	p. 351

제3과목 **환리스크관리**

· · · · · ·

제6장
옵 션

✔ 개념완성문제를 통해 외환전문역 Ⅰ종 시험에 나오는 개념을 이해할 수 있습니다.

✔ 다시 봐야 할 문제(틀린 문제, 풀지 못한 문제, 헷갈리는 문제 등)는 문제 번호 하단의 네모박스(□)에 체크하여 반복 학습할 수 있습니다.

옵션의 개요 출제빈도 ★★

01 **다음 중 옵션에 대한 설명으로 옳지 않은 것은?**

□

① 콜옵션 매입은 옵션매도자로부터 약정된 기일에 약정된 가격으로 기초자산을 매입할 수 있는 권리를 사는 것이다.

② 선물환거래는 손실이 무한대이지만 옵션은 옵션프리미엄만큼 한정되어 있다.

③ 장외시장에서 은행 간 거래나 대고객거래의 대부분은 European Option으로 거래된다.

④ 기초자산을 현물환율로 하는 통화옵션의 경우에는 행사가격을 주로 동일한 만기의 선물환율을 기준으로 정한다.

옵션의 가치 출제빈도 ★★★

02 **3개월 만기 달러/원 선물환율이 1,100원이라면 달러/원 옵션시장에서 같은 만기를 가진 옵션의 행사가격이 1,080원인 콜옵션과 1,095원인 풋옵션의 내재가치는 각각 얼마인가?**

□

① −20원/−5원 ② −20원/5원

③ 20원/0원 ④ 20원/5원

정답 및 해설

01 ② 옵션은 매입 포지션에서는 손실이 옵션프리미엄으로 한정되지만, 매도 포지션에서는 무한대이다.

02 ③ • 콜옵션의 내재가치 = Max[(기초자산가격 − 행사가격), 0] = Max[(1,100 − 1,080), 0] = 20원
 • 풋옵션의 내재가치 = Max[(행사가격 − 기초자산가격), 0] = Max[(1,095 − 1,100), 0] = 0원

03 다음 중 옵션프리미엄의 결정요소에 대한 설명으로 옳지 <u>않은</u> 것은?

① 콜옵션의 경우 행사가격이 낮을수록 프리미엄은 상승한다.

② 콜옵션과 풋옵션 모두 만기일이 길어질수록 프리미엄은 상승한다.

③ 기초자산가격이 하락할수록 풋옵션 프리미엄은 상승한다.

④ 변동성이 증가할수록 콜옵션의 프리미엄은 상승하나 풋옵션의 프리미엄은 감소한다.

방향성 관련 옵션전략

04 행사가격이 1,090원인 콜옵션을 매입하기 위해 원금의 2%에 해당하는 옵션프리미엄을 지급해야 하는 경우 콜옵션 매입자의 손익분기점은 얼마인가?

① 1,068.20원

② 1,072.30원

③ 1,100.50원

④ 1,111.80원

정답 및 해설

03 ④   변동성이 증가할수록 콜옵션과 풋옵션 프리미엄은 모두 상승한다.

04 ④   콜옵션이 만기에 이익이 발생하기 위해서는 환율이 최소한 프리미엄(1,090 × 2% = 21.8원) 이상 상승하여야 한다. 손익분기점은 행사가격에서 프리미엄을 합한 가격이므로 1,111.80(= 1,090 + 21.8)원이 된다.

05 수직 강세 스프레드 전략에 대한 다음 설명 중 옳지 <u>않은</u> 것은?

① 환율 약세 시 손실이 발생하며, 환율 강세 시 이익이 발생한다.

② 이익의 크기는 제한이 없지만 손실의 크기는 제한적이다.

③ 불 콜 스프레드는 낮은 행사가격의 콜옵션을 매입하고 높은 행사가격의 콜옵션을 매도하여 구성하며 초기에 옵션프리미엄에 따른 현금유출이 발생한다.

④ 불 풋 스프레드는 낮은 행사가격의 풋옵션을 매입하고 높은 행사가격의 풋옵션을 매도하여 구성하며 초기에 옵션프리미엄에 따른 현금유입이 발생한다.

> **용어 알아두기**
> **스프레드** 거래하는 기초자산은 동일하지만 만기나 행사가격이 서로 다른 두 개 이상의 옵션을 한쪽에서는 매입
> **(Spread)** 하고 동시에 다른 쪽에서는 매도하는 전략을 말한다.

06 환율 하락 시 이익이 발생하며 전략 실행 초기에 현금 순유출이 발생하는 스프레드 전략은 무엇인가?

① 수직 강세 콜 스프레드　　　　　　② 수직 강세 풋 스프레드

③ 수직 약세 콜 스프레드　　　　　　④ 수직 약세 풋 스프레드

> **용어 알아두기**
> **수직 스프레드** 스프레드 전략 중 행사가격이 서로 다른 두 개 이상의 옵션을 동시에 매입하고 매도하는
> **(Vertical Spread)** 전략을 말한다.

정답 및 해설

05　②　수직 강세 스프레드는 동일한 종류의 옵션을 동시에 매입하고 매도하는 전략이므로 이익과 손실 모두 일정 수준에서 제한된다.

06　④　수직 약세 풋 스프레드 전략에 대한 설명이다.

07 **다음 중 경로종속옵션에 포함되지 <u>않는</u> 이색옵션은?**

  ① 평균환율옵션(Average rate Option)

  ② 룩백옵션(Look Back Option)

  ③ 배리어옵션(Barrier Option)

  ④ 바스켓옵션(Basket Option)

08 **이색옵션에 대한 다음 설명 중 옳지 <u>않은</u> 것은?**

  ① 평균환율옵션의 프리미엄은 표준적인 옵션의 프리미엄보다 저렴하다.

  ② 룩백옵션은 계약일에 행사가격이 결정되지 않고 만기시점에 옵션기간 중의 환율 최고치 또는 최저치를 행사가격으로 한다.

  ③ 낙아웃옵션에서는 배리어를 행사가격보다 높게 설정해야 하며, 낙인옵션에서는 배리어를 행사가격보다 낮게 설정해야 한다.

  ④ 선택옵션은 옵션매입자가 만기일 이전에 특정 시점에서 옵션의 종류를 선택할 수 있다.

정답 및 해설

07 ④ 바스켓옵션은 다중기초자산옵션에 포함되는 이색옵션이다.

08 ③ 낙아웃옵션과 낙인옵션은 모두 배리어를 행사가격보다 높거나 낮게 설정할 수 있다.

09 3개월 만기 달러/원 선물환율이 1,100원일 때 행사가격이 1,130원인 콜옵션을 매입하고 행사가격이 1,090원인 풋옵션을 매도하여 제로 코스트로 레인지 포워드(Range Forward) 전략을 수립한 수입기업에 대한 다음 설명 중 옳지 <u>않은</u> 것은?

① 만기일에 달러/원 환율이 1,080원이 되면 달러를 1,080원에 매입하여 결제할 수 있다.

② 만기일에 달러/원 환율이 1,120원이 되면 달러를 1,120원에 매입하여 결제할 수 있다.

③ 만기일에 달러/원 환율이 1,140원이 되면 달러를 1,130원에 매입하여 결제할 수 있다.

④ 만기의 달러/원 환율이 1,300원으로 같이 크게 상승하면 선물환거래로 헤지한 것보다 불리하다.

정답 및 해설

09 ① 만기일에 달러/원 환율이 1,080원이 되면 달러를 1,090원에 매입하여 결제할 수 있다.

10 다음 괄호에 해당하는 장외 통화옵션전략은 무엇인가?

> (   )은 국내 수입기업이 앞으로 환율이 상승할 것으로 예상하여 향후 수입대금 지급에 따른 환율위험을 제거하기 위해 활용하는 전략으로서 동일한 계약환율(행사가격)로 내가격 콜옵션 1계약을 매입하고 외가격 풋옵션 2계약을 매도하는 포지션을 통해 제로 코스트를 취하고, 선물환율보다 유리한 계약환율로 거래할 수 있는 전략이다.

① Range Forward 전략

② Target Forward 전략

③ Profit Taking Forward 전략

④ Seagull 전략

정답 및 해설

10 ② 타겟 포워드(Target Forward) 전략에 대한 설명이다.

✓ 출제예상문제를 통해 다양한 외환전문역 Ⅰ종 문제를 풀어볼 수 있습니다.

✓ 다시 봐야 할 문제(틀린 문제, 풀지 못한 문제, 헷갈리는 문제 등)는 문제 번호 하단의 네모박스(□)에 체크하여 반복 학습할 수 있습니다.

출제빈도 ★★   최신출제유형

01 다음 중 옵션에 대한 설명으로 옳은 것은?

□
① 옵션매입자가 옵션을 만기에만 행사할 수 있는 아메리칸 타입과 만기까지 언제라도 권리를 행사할 수 있는 유로피안 타입이 있다.

② 장외시장에서의 은행 간 거래나 대고객거래의 대부분은 유로피안 타입이다.

③ 콜옵션은 옵션매입자가 옵션매도자에게 기초자산을 약정된 기일에 행사가격으로 매도할 수 있는 권리를 가지는 상품이다.

④ 풋옵션의 경우 행사가격이 기초자산의 가격보다 높으면 외가격 옵션이고 행사가격이 기초자산의 가격보다 낮으면 내가격 옵션이 된다.

출제빈도 ★★

02 다음 중 옵션에 대한 설명으로 옳지 <u>않은</u> 것은?

□
① 옵션의 프리미엄은 내재가치와 시간가치로 구성된다.

② 옵션매입자는 옵션매도자에게 옵션프리미엄을 옵션계약일로부터 2영업일 후에 지급한다.

③ 콜옵션의 경우 기초자산가격이 행사가격을 넘어 상승하기 시작하면 시간가치가 상승하여 프리미엄이 증가한다.

④ 선도형 파생상품과 달리 옵션의 경우 매입자는 권리만을, 매도자는 의무만을 가진다.

출제빈도 ★★

03 현재 외환시장에서 달러/원 3개월 만기 선물환율이 1,150원에 거래되고 있다. A수출기업이
□ 달러 통화옵션을 행사가격 1,170원, 옵션프리미엄 30원에 풋옵션을 매입하였다면 이 옵션은 어떤 상태에 있는가?

① 내가격(In-The-Money) 옵션

② 외가격(Out-of-The-Money) 옵션

③ 등가격(At-The-Money) 옵션

④ 심외가격(Deep Out-of-The-Money) 옵션

출제빈도 ★

04 유로피안 옵션과 아메리칸 옵션에 대한 다음 설명 중 옳지 <u>않은</u> 것은?

① 미국에서 거래되는 대부분의 옵션은 아메리칸 옵션이다.

② 유럽에서 거래되는 대부분의 옵션은 유로피안 옵션이다.

③ 옵션기간 만기 전 아메리칸 옵션의 권리를 행사하는 것은 그 옵션의 시간가치를 포기하는 것이다.

④ 유로피안 옵션은 만기 전 권리를 행사할 수 없다.

출제빈도 ★★★ 최신출제유형

05 현재 3개월 만기 선물환율이 1,150원일 때 만기가 3개월이고 행사가격이 1,180원인 풋옵션이 50원에 거래되고 있다면 시간가치는 얼마인가?

① 0원 ② 20원

③ 30원 ④ 50원

정답 및 해설

01 ② ① 옵션매입자가 옵션을 만기에만 행사할 수 있는 유로피안 타입과 옵션 만기까지 언제라도 권리를 행사할 수 있는 아메리칸 타입이 있다.
③ 풋옵션에 관한 설명이다. 콜옵션은 옵션매입자가 옵션매도자로부터 기초자산을 약정된 기일에 행사가격으로 매입할 수 있는 권리를 가지는 상품이다.
④ 콜옵션에 해당하는 설명이다. 풋옵션의 경우에는 콜옵션과 반대로 행사가격이 기초자산의 가격보다 높으면 내가격 옵션이고 행사가격이 기초자산가격보다 낮으면 외가격 옵션이다.

02 ③ 콜옵션의 경우 기초자산가격이 행사가격을 넘어 상승하기 시작하면 내재가치가 상승하여 프리미엄이 증가한다. 반대로 시간가치는 기초자산가격의 상승에 따라 줄어든다.

03 ① 풋옵션의 경우 같은 만기의 선물환율이 행사가격보다 낮은 상황이므로 내가격 상태의 옵션이다.

04 ① 미국에서 거래되는 대부분의 옵션은 유로피안 옵션이다.

05 ② 현재 같은 만기의 선물환율이 풋옵션의 행사가격보다 작으므로 내가격(ITM) 상태의 옵션이다.
  • Put Option의 내재가치 = Max[X − S, 0]
      = Max[1,180 − 1,150, 0] = Max[30, 0] = 30원
  • 옵션프리미엄 = 내재가치 + 시간가치
  ∴ 시간가치 = 옵션프리미엄 − 내재가치 = 50원 − 30원 = 20원

06 다음 중 옵션프리미엄을 결정하는 요소로 모두 묶인 것은?

□

가. 행사가격	나. 잔존만기
다. 옵션계약수	라. 변동성
마. 옵션매도자의 상환능력	

① 가, 나, 라 ② 다, 라, 마

③ 가, 다, 라, 마 ④ 가, 나, 다, 라, 마

07 달러/원의 선물환율이 1,190원에 거래되는데, 달러/원 옵션시장에서 같은 만기를 가진 옵션의 행사가격이 1,150원인 콜옵션과 1,170원인 풋옵션의 내재가치는 각각 얼마인가?

□

① -40원/-20원 ② -40원/20원

③ 40원/0원 ④ 40원/-20원

08 행사가격이 1,150원인 풋옵션을 매입하기 위해 원금의 1%에 해당하는 옵션프리미엄을 지급해야 하는 경우 풋옵션 매입자의 손익분기점은 얼마인가?

□

① 1,138.50원 ② 1,148.85원

③ 1,150.00원 ④ 1,161.50원

09 다음에서 설명하는 옵션전략은 무엇인가?

> 향후 환율이 하락하길 바라지만 환율이 오를 경우 발생하게 될 환리스크를 관리하기 위한 전략으로 만일 환율이 하락하면 손실을 사전에 지불한 옵션프리미엄으로 제한하려는 전략이다. 특히 현재 거래되고 있는 시장변동성이 낮다고 생각하는 경우에 더욱 적절하다.

① 콜옵션 매입
② 콜옵션 매도
③ 풋옵션 매입
④ 풋옵션 매도

10 다음에서 설명하는 통화옵션전략은 무엇인가?

> 향후 환율이 하락할 것으로 예상하는 수출기업 등이 롱 포지션을 헤지하기 위한 선물환매도의 대안으로 적절한 전략이다. 만일 예상과 달리 환율이 상승하면 손실은 사전에 지불한 옵션프리미엄으로 한정된다. 현재 거래되고 있는 시장변동성이 낮다고 생각하는 경우에 더욱 적절하다.

① 콜옵션 매입
② 콜옵션 매도
③ 풋옵션 매입
④ 풋옵션 매도

정답 및 해설

06 ① 옵션프리미엄은 행사가격, 잔존만기, 기초자산, 변동성, 무위험이자율 등으로 인하여 결정된다.

07 ③ • 콜옵션의 내재가치 = Max[S − X, 0]
  = Max[(1,190 − 1,150), 0] = Max[40, 0] = 40원
• 풋옵션의 내재가치 = Max[X − S, 0]
  = Max[(1,170 − 1,190), 0] = Max[−20, 0] = 0원

08 ① 풋옵션이 만기에 이익이 발생하기 위해서는 환율이 최소한 프리미엄(1,150 × 1% = 11.5원) 이상 하락하여야 한다. 손익분기점은 행사가격에서 프리미엄을 차감한 가격으로 1,138.50(= 1,150 − 11.5)원이 된다.

09 ① 콜옵션 매입 전략에 해당하는 설명이다.

10 ③ 풋옵션 매입 전략에 해당하는 설명이다.

11 1개월 후 100만달러를 수취할 예정인 A수출기업이 환리스크를 헤지하기 위해 할 수 있는
가장 적절한 전략은 무엇인가?

① 달러콜옵션 매입 또는 달러선물환 매입

② 달러콜옵션 매입 또는 달러선물환 매도

③ 달러풋옵션 매입 또는 달러선물환 매입

④ 달러풋옵션 매입 또는 달러선물환 매도

12 1개월 후 100만달러를 지급할 예정인 B수입기업이 환리스크를 헤지하기 위해 할 수 있는
가장 적절한 전략은 무엇인가?

① 달러콜옵션 매입 또는 달러선물환 매입

② 달러콜옵션 매입 또는 달러선물환 매도

③ 달러풋옵션 매입 또는 달러선물환 매입

④ 달러풋옵션 매입 또는 달러선물환 매도

13 다음 중 옵션을 이용한 스프레드 전략에 대한 설명으로 옳지 <u>않은</u> 것은?

① 수직 스프레드는 행사가격이 서로 다른 두 개 이상의 옵션을 동시에 매입하고 매도하는
전략을 말한다.

② 베어 풋 스프레드는 낮은 행사가격의 풋옵션을 매도하고 높은 행사가격의 풋옵션을 매입
하여 전략을 구성하며 초기에 옵션프리미엄에 의한 순유출이 발생한다.

③ 불 콜 스프레드는 기초자산가격이 상승할 것으로 예상할 때 취하는 전략으로 낮은 행사가
격의 콜옵션을 매입하고 높은 행사가격의 콜옵션을 매도하여 구성한다.

④ 콜 백 스프레드는 기초자산가격이 상승할 것으로 예상할 때 취하는 전략으로 매도하고
매입하는 콜옵션의 비율이 1 : N인 경우를 말한다.

14 환율 상승 시 이익이 발생하며 포지션을 구축하였을 때 현금 순유입이 발생하는 수직 스프레드 전략은 무엇인가?

① Bull Call Spread ② Bull Put Spread

③ Bear Put Spread ④ Bear Call Spread

출제빈도 ★ ★ ★ 최신출제유형

15 일정한 금액의 달러를 1,200원에 매입할 수 있는 옵션으로서 만기가 되기 전 1,150원에 도달하면 효력이 발생하는 옵션은 무엇인가?

① 낙아웃 콜옵션 ② 낙아웃 풋옵션

③ 낙인 콜옵션 ④ 낙인 풋옵션

정답 및 해설

11 ④ 수출기업이 환율 하락 위험을 헤지하기 위해 통화옵션의 경우에는 풋옵션 매입 또는 콜옵션 매도 전략을 사용하여야 하고, 통화선물의 경우에는 매도헤지 전략을 사용하여야 한다.

12 ① 수입기업이 환율 상승 위험을 헤지하기 위해 통화옵션의 경우에는 콜옵션 매입 또는 풋옵션 매도 전략을 사용하여야 하고, 통화선물의 경우에는 매입헤지 전략을 사용하여야 한다.

13 ④ Ratio Vertical Spread 전략에 대한 설명이다. Call Back Spread 전략은 기초자산가격이 하락할 것으로 예상할 경우에도 사용하는 전략이다.

14 ② 수직 강세 풋 스프레드(Bull Put Spread) 전략에 대한 설명이다.

15 ③ 옵션 계약기간 동안 기초자산가격이 배리어 가격에 도달하여야 비로소 권리가 유효하게 되는 낙인옵션(Knock-in Option)에 대한 설명이다.

16 다음 중 이색옵션에 대한 설명으로 옳지 <u>않은</u> 것은?

① Knock-out Option은 향후 환율에 대한 견해가 정확하다면 Plain Vanilla옵션과 똑같은 헤지효과를 누리면서도 프리미엄을 절약할 수 있는 좋은 전략이다.

② Rainbow Call Option의 수익은 기초자산가격들의 가중평균에 의해서 결정된다.

③ Compound Option은 2개의 만기와 2개의 행사가격을 가지며, 기존옵션을 직접 매입하는 것보다 비용이 저렴하다.

④ Knock-in Option은 기초자산가격이 배리어에 도달하면 옵션이 유효해지는 전략으로 낙인 배리어가 행사가격보다 높으면 up&in이라 하고 행사가격보다 낮으면 down&in이라고 한다.

17 다음 중 이색옵션에 대한 설명으로 옳은 것은?

① Digital Option은 만기일에 옵션이 얼마만큼 내가격 상태에 있느냐에 따라 수익이 결정된다.

② Chooser Option은 옵션의 종류를 선택한 후에는 한 가지 옵션만 보유할 수 있기 때문에 비용면에서는 보다 유리하다.

③ Average rate Option은 동일 조건의 표준적인 콜·풋옵션에 비하여 옵션프리미엄이 높다.

④ Look Back Option을 매입하여 이익을 거두기 위해서는 체결 시에 예상 환율변동보다 실제의 환율변동이 낮아야 하는 것이 필요조건이 된다.

18 향후 환율이 일정한 범위 내에서 움직일 것으로 예상하는 수입기업이 취하는 Range Forward 전략으로 옳은 것은?

① 행사가격이 낮은 콜옵션 매입 + 행사가격이 높은 풋옵션 매도

② 행사가격이 낮은 콜옵션 매도 + 행사가격이 높은 풋옵션 매입

③ 행사가격이 높은 콜옵션 매입 + 행사가격이 낮은 풋옵션 매도

④ 행사가격이 높은 콜옵션 매도 + 행사가격이 낮은 풋옵션 매입

19 3개월 만기 달러/원 선물환율이 1,090원일 때 Zero Cost로 행사가격이 1,120원인 외가격 달러콜옵션을 매도하고 행사가격이 1,070원인 외가격 달러풋옵션을 매입하여 Range Forward 전략을 수립한 수출기업에 대한 다음 설명 중 옳지 <u>않은</u> 것은?

① 향후 환율이 일정 범위 내에서 안정적일 것으로 예상할 때 사용하는 전략이다.

② 만기일에 달러/원 환율이 1,060원이 되면 달러를 1,070원에 매도하여 결제할 수 있다.

③ 만기일에 달러/원 환율이 1,100원이 되면 달러를 1,100원에 매도하여 결제할 수 있다.

④ 만기일에 달러/원 환율이 1,130원이 되면 달러를 1,130원에 매도하여 결제할 수 있다.

20 향후 환율이 상승할 것으로 예상하는 수출기업이 예를 들어 만기가 같은 내가격 달러풋옵션을 1천만달러 매입하고, 동시에 같은 행사가격의 외가격 달러콜옵션을 2천만달러 매도하여 제로 코스트로 수립하는 전략은 무엇인가?

① Target Forward   ② Range Forward

③ Profit Taking Forward   ④ Seagull

정답 및 해설

16 ② 바스켓옵션(Basket Option)에 대한 설명이다. Rainbow Call Option의 수익은 둘 이상의 기초자산가격 중에서 가장 높은 가격에 의해서 결정되고, Rainbow Put Option의 수익은 둘 이상의 기초자산의 가격 중에서 가장 낮은 가격에 의해서 결정된다.

17 ② ① 정액수수옵션(Digital Option)은 만기일에 내가격 상태이면 사전에 약정된 금액을 전액 지급받으나, 그렇지 않을 경우에는 지급받지 않는다. 따라서 해당 옵션의 수익 결정에 있어 얼마만큼 내가격 상태에 있는지 여부는 중요하지 않다.
③ 평균환율옵션(Average rate Option)의 만기시점에서의 가치는 옵션 계약기간 중의 평균환율과 행사가격의 차이로 결정되므로 환율변동에 따른 옵션가치의 변화는 매우 완만하기 때문에 평균환율옵션의 프리미엄은 동일한 조건의 표준적인 콜·풋옵션에 비해서 저렴하다.
④ 룩백옵션(Look Back Option)을 매입하여 이익을 거두기 위해서는 체결 시에 예상 환율변동보다 실제의 환율변동이 높아야 하는 것이 필요조건이 된다.

18 ③ 향후 환율이 일정한 범위 내에서 움직일 것으로 예상하는 수입기업이 취하는 Range Forward 전략은 행사가격이 높은 콜옵션을 매입하고 동시에 행사가격이 낮은 풋옵션을 매도하여 Zero Cost로 구성하는 전략이다.

19 ④ 만기일에 달러/원 환율이 1,130원이 되면 달러를 1,120원에 매도하여 결제할 수 있다.

20 ① 타겟 포워드(Target Forward)에 대한 설명이다.

■ 학습안내

약점 극복 실전테스트는 외환전문역 Ⅰ종 시험에서 잘 틀리는 문제와 자주 출제되어 매우 중요한 문제들로 과목별 시험의 1배수를 구성하였습니다. 개념완성문제 및 출제예상문제에서 외환전문역 Ⅰ종의 전반적인 문제를 풀이했다면, 약점 극복 실전테스트에서는 틀리기 쉬운 문제와 중요도 높은 문제를 통해 학습상태를 점검하여 약점을 확인하고 극복할 수 있도록 합니다.

■ 학습방법

1단계		2단계		3단계
약점 극복 실전테스트를 풀어봅니다.	▶	p.368에 있는 정답 및 해설을 확인하여 채점 후 풀지 못했거나 틀린 문제는 정답 하단에 있는 학습점검표에 정리합니다.	▶	학습점검표 하단의 맞힌 점수별 학습상태를 확인하여, 본인의 학습상태에 맞는 학습방법으로 복습합니다.

■ 출제비중

2~4문항	2~4문항	3~5문항	2~4문항	3~4문항	4~6문항
제1장 외환거래와 외환시장	제2장 환리스크 관리	제3장 선물환거래와 외환스왑	제4장 선 물	제5장 스 왑	제6장 옵 션

제3과목 **환리스크관리**

· · · · ·

약점 극복
실전테스트

제1장 | 외환거래와 외환시장

01 다음 중 외환에 대한 설명으로 옳지 <u>않은</u> 것은?

① 외환은 통화가 다른 나라 사이의 결제수단인 환율이 개입되므로 환리스크가 발생한다.

② 외환거래의 장소는 전세계에 걸쳐 있으며, 거래통화가 다양하기 때문에 환의 결제구조가 매우 복잡하게 구성되어 있다.

③ 외환거래의 목적은 실수요 목적, 환리스크 관리 목적, 투기적 목적으로 구분할 수 있다.

④ 외환시장의 규모 측면에서 투기적 외환거래보다 무역거래나 국제자본거래에 의한 외환 거래가 더 많다.

02 달러/원(USD/KRW) 환율이 A은행에서는 1020.38/67로, B은행에서는 1020.25/82로 고시 하고 있을 경우 다음 설명 중 옳지 <u>않은</u> 것은?

① 수입기업이 달러로 대금을 지급할 경우에 A은행에서 거래하는 것이 유리하다.

② 수출기업은 향후 환율이 낮아질 것을 예상하여 보유하고 있는 달러를 매도할 경우, A은행 의 고시환율이 가장 유리하다.

③ B은행은 A은행보다 더 많은 거래를 할 수 있는 가능성이 높다.

④ A은행은 외환거래에 있어 위험을 감수하는 대가가 B은행보다 적다.

03 기업이 수출 등으로 많은 대외거래를 한 후, 특정 통화에 대해 외환매입액이 외환매도액을 초 과할 경우 어떠한 외환포지션 상태에 있는가?

① Long Position

② Short Position

③ Square Position

④ Overall Position

제2장 | 환리스크관리

04 다음 중 기업의 안정적인 경영을 위협할 수 있는 환리스크의 결정요인으로 볼 수 <u>없는</u> 것은?

① 오픈 포지션의 규모   ② 환율변동성

③ 보유기간   ④ 무위험이자율

05 외환거래의 한도관리에 대한 설명으로 옳은 것은?

① 외환거래의 한도설정은 외환거래의 액면금액을 기준으로 한다.

② 개별기업의 운영리스크, 거래금액의 크기, 개별거래 빈도 등을 고려하여 외환거래 한도를 설정한다.

③ 외환거래 한도설정 후 개별거래로 인한 외환포지션은 개별거래의 시장가치로 평가한다.

④ 다수의 외환거래 중 일부 외환포지션에서 발생하는 시장가치의 하락분의 합은 금융기관에 대한 기업의 시장리스크가 된다.

제3장 | 선물환거래와 외환스왑

06 다음 중 달러 매입 선물환거래를 하는 것이 가장 적절한 자로 모두 묶인 것은?

가. USD/KRW 환율이 상승할 것으로 예상하는 투기자

나. 현재 100만달러를 보유하고 있는 자

다. 3개월 뒤에 달러로 수취할 수출대금의 환리스크를 헤지하고자 하는 자

라. 6개월 후에 달러로 지급 예정인 수입대금에 대한 환리스크를 헤지하고자 하는 자

① 가, 다   ② 가, 라

③ 나, 다   ④ 나, 라

07 현물환율과 스왑포인트가 다음과 같이 고시되고 있다. A기업이 5월 10일을 만기로 원화 수입 대금을 헤지하기 위해 달러를 대가로 원화를 매입할 경우 은행이 A기업에게 제시할 신물환 율은 얼마인가?

USD/KRW		1,085.30/1,087.50	
USD/KRW Swap Point			
Term	만 기	Bid rate/Offered rate	
3M	4.30	78/80	
4M	5.30	106/112	

① 1,086.17 ② 1,086.28

③ 1,089.35 ④ 1,090.12

08 외환스왑에 대한 설명으로 옳지 않은 것은?

① 외환스왑은 두 개의 거래가 서로 반대로 일어나 전체 포지션은 스퀘어가 되므로 환리스 크가 없다.

② 외환스왑은 중도에 이자의 교환이 발생하지 않는다.

③ 외환스왑에서 매입과 매도의 기준이 되는 날짜는 Near date이다.

④ Near date에 적용할 환율은 은행 간 거래에서 거래시점의 현물환율의 Mid rate를 사용 하는 것이 일반적이다.

09 다음 중 외환스왑의 장점에 해당하지 않는 것은?

① 두 거래상대방이 실제로 통화를 주고받으므로 신용위험이 적다.

② 신용도가 낮은 기업이더라도 외환스왑을 통해 은행 간 금리를 누릴 수 있다.

③ 외환스왑시장은 모든 통화에 대하여 유동성이 풍부하다.

④ 같은 금액의 두 외환거래를 서로 반대로 동시에 거래하므로 환리스크가 없다.

10 다음 중 선물거래와 선도거래를 비교한 내용으로 옳지 **않은** 것은?

① 선물거래는 Bid-Offer 스프레드가 거래비용으로 따르는 반면, 선도거래에서는 정해진 수수료를 지불해야 한다.

② 선물거래는 당사자가 적립금을 납입하는 데 비해, 선도거래는 증거금을 납입하지 않아도 된다.

③ 선물거래는 거래상대방이 알려져 있지 않은 반면, 선도거래는 거래상대방이 알려져 있다.

④ 선물거래는 만기월의 특정일을 결제일로 정하는 반면, 선도거래는 결제일을 거래당사자 간 협의에 의해 결정한다.

11 다음 중 선물거래의 증거금제도에 대한 설명으로 옳지 **않은** 것은?

① 증거금제도는 선물거래상대방의 계약불이행으로 매입자와 매도자를 보호하기 위하여 운영하고 있다.

② 증거금이란 청산회원이 미결제계약에 대한 계약이행 보증을 위해 청산소에 항상 예금으로 유지해야 하는 금액을 의미한다.

③ 주문증거금은 거래소별로 다르지만 일반적으로는 현금 이외에 유가증권 등으로도 예치가 가능하다.

④ 선물거래자가 마진콜을 받을 경우에는 유지증거금 수준이 되도록 부족한 자금을 추가 예치하여야 한다.

12 다음과 같은 상황에 있는 기업들이 환리스크를 헤지할 수 있는 방법으로 올바르게 연결한 것은?

> 가. 4개월 후 수입대금 2백만달러를 지급할 예정인 A수입기업
> 나. 3개월 후 수출대금 3백만달러를 수취할 예정인 B수출기업
> 다. 외화보유금액을 지속적으로 유지할 예정인 C은행

	가	나	다
①	달러선물 매도	달러선물 매입	달러선물 매입
②	달러선물 매입	달러선물 매도	달러선물 매도
③	달러선물 매도	달러선물 매입	달러선물 매도
④	달러선물 매입	달러선물 매도	달러선물 매입

13 국내기업이 1년 전 5년 만기로 1천만달러를 변동금리＋100bp로 차입하였다고 할 때, 향후 4년간 달러/원 환율상승 위험과 금리리스크를 헤지하려고 한다면 가장 적절한 방법은 무엇인가?

① 통화옵션

② 외환스왑

③ 통화스왑

④ 통화선물

14 통화스왑에 대한 설명으로 옳지 <u>않은</u> 것은?

① 통화스왑에서의 이자교환은 동일한 통화 사이에서 교환이 발생하므로 차액결제 형태로 이루어진다.

② 통화스왑을 거래할 때 초기 원금교환은 선택사항이고 만기 원금교환은 필수사항이다.

③ 만기 원금교환의 환율은 스왑 계약시점의 현물환율로 일어난다.

④ 통화스왑은 고정금리와 변동금리로 이자가 교환되는 형태로 가장 많이 거래된다.

15 3년 만기 달러/엔 베이시스 통화스왑이 −8/−14이고 3년 만기 엔화 이자율스왑이 1.40/1.34이라면 A은행의 3년 만기 달러/엔 고정금리 대 변동금리 통화스왑 가격은 얼마인가? (단, Mid rate는 고려하지 않음)

① 1.30/1.18

② 1.32/1.20

③ 1.42/1.32

④ 1.45/1.40

16 USD/KRW 선물환율이 1,200원이며 USD/KRW 옵션시장에서 선물환율과 같은 만기를 가진 콜옵션은 행사가격이 1,120원, 옵션프리미엄은 150원에 그리고 풋옵션은 행사가격이 1,320원, 옵션프리미엄은 180원에 거래되고 있다. 두 옵션의 시간가치는 각각 얼마인가?

① 50원, 70원

② 60원, 80원

③ 70원, 60원

④ 70원, 80원

17 1개월 후 달러로 수입결제를 해야 하는 수입기업은 환리스크를 헤지하려고 한다. 다음 중 적절한 전략으로 모두 묶인 것은?

가. 선물환거래 매도	나. 선물환거래 매입
다. 콜옵션 매입	라. 콜옵션 매도
마. 풋옵션 매입	바. 풋옵션 매도

① 가, 다, 바　　　　　　　　　　② 가, 라, 마

③ 나, 다, 바　　　　　　　　　　④ 나, 라, 마

18 다음 중 환리스크관리를 위한 통화옵션전략에 대한 설명으로 옳지 <u>않은</u> 것은?

① 스프레드 전략은 만기나 행사가격이 서로 다른 두 개 또는 그 이상의 옵션을 동시에 매입, 매도하는 전략을 의미한다.

② 기초자산가격이 상승할 것으로 예상할 경우에는 약세 스프레드 전략을 취하여야 한다.

③ 낙인옵션은 환율이 미리 설정한 배리어에 도달하면 옵션의 효력이 발생하는 것으로 환율에 대한 견해가 정확하다면 표준형 전략과 같은 헤지효과를 누릴 수 있다.

④ 정액수수옵션은 만기일에 얼마만큼 내가격상태에 있는지는 의미가 없으며, 내가격인지 아닌지 여부가 중요하다.

19 다음에 제시된 이색옵션 중 경로종속옵션에 해당하는 것은?

① 디지털옵션　　　　　　　　　　② 낙아웃옵션

③ 복합옵션　　　　　　　　　　　④ 무지개옵션

20 향후 기초자산가격에 대한 예상과 변동성에 대한 예상이 모두 불확실할 경우에 취할 수 있는 전략으로 옳은 것은?

① 콜옵션 매입 또는 풋옵션 매도

② 레이쇼 버티컬 스프레드

③ 베어 풋 스프레드 또는 불 콜 스프레드

④ 아무런 전략을 취하지 않음

정답·해설·학습점검 약점 극복 실전테스트 | 제3과목

■ 정답

제1장 외환거래와 외환시장

p. 362

01 ④   02 ③   03 ①

제2장 환리스크관리

p. 363

04 ④   05 ③

제3장 선물환거래와 외환스왑

p. 363

06 ②   07 ①   08 ③   09 ③

제4장 선 물

p. 365

10 ①   11 ④   12 ②

제5장 스 왑

p. 366

13 ③   14 ①   15 ②

제6장 옵 션

p. 366

16 ③   17 ③   18 ②   19 ②   20 ④

맞힌 점수, 틀린 문제 번호와 풀지 못한 문제 번호를 적어보고, 맞힌 점수에 따라 자신의 학습상태를 점검할 수 있습니다. 틀린 문제와 풀지 못한 문제는 꼭 복습하도록 합니다.

구 분	맞힌 개수	틀린 문제 번호	풀지 못한 문제 번호
1장 외환거래와 외환시장	/3		
2장 환리스크관리	/2		
3장 선물환거래와 외환스왑	/4		
4장 선 물	/3		
5장 스 왑	/3		
6장 옵 션	/5		
계	/20		

[맞힌 점수별 학습상태 확인하기]

7점 이하 : 과락 예상입니다. 지금까지 풀어본 문제(개념완성문제, 출제예상문제, 약점 극복 실전테스트) 중 틀린 문제에 대한 오답 이유를 꼼꼼히 보고 '하루 10분 개념완성 자료집'을 암기하세요.

8 ~ 11점 : 과락 위험이 있을 수 있으니 체크한 부분과 더불어 '하루 10분 개념완성 자료집'도 함께 학습하세요.

12점 이상 : 틀린 문제 및 풀지 못한 문제 위주로 보충 후 마무리 학습으로 100% 합격에 도전하세요.

제1장 | 외환거래와 외환시장

01 정답 ④

무역거래나 국제자본거래에 의한 외환거래보다 투기적 외환거래가 더 많다. 실제로 외환거래의 95% 이상은 투기적 목적에 따른 거래로 추정된다.

02 정답 ③

A은행의 스프레드는 0.67 - 0.38 = 0.29, B은행의 스프레드는 0.82 - 0.25 = 0.57이다. 스프레드가 작을수록 외환거래에서 우위를 가질 수 있으므로, A은행이 B은행보다 더 많은 거래를 할 수 있는 가능성이 높다.

03 정답 ①

특정 통화에 대해서 외환매입액이 외환매도액을 초과하면 외화표시 자산이 외화표시 부채를 초과하게 되는데 이러한 상태를 롱포지션(Long Position)이라 한다.

제2장 | 환리스크관리

04 정답 ④

환리스크의 결정요인은 오픈 포지션의 규모, 환율변동성, 보유기간이다.

05 정답 ③

① 외환거래의 한도설정은 외환거래의 위험평가액을 기준으로 한다.
② 개별기업의 신용리스크, 거래금액의 크기, 개별거래 빈도 등을 고려하여 외환거래 한도를 설정한다.
④ 기업과 은행 간의 외환거래를 실행한 이후에 외환포지션에서 발생한 시장가치 하락은 금융기관에 대한 기업의 신용리스크가 된다.

제3장 | 선물환거래와 외환스왑

06 정답 ②

향후 달러 강세가 예상될 경우에 달러 매입 선물환거래를 하는 것이 적절하다. 따라서 환율이 상승할 것으로 예상하는 투기자와 향후 달러를 지급해야 할 수입기업에게 적절한 거래가 된다.

07 정답 ①

현물환거래에서 달러 매도 시 Quoting Party의 Bid rate인 1,085.30을 적용한다. 외환스왑시장에서는 A기업의 만기일과 일치하는 스왑포인트가 없으므로, 3개월 스왑포인트의 Bid rate인 0.78과 4개월 스왑포인트의 Bid rate인 1.06을 보간법을 이용하여 5월 10일 만기의 스왑포인트를 구하여야 한다.
(1.06 - 0.78) / (5월 30일 - 4월 30일)
= (f - 0.78) / (5월 10일 - 4월 30일) ⇨ f = 0.87
∴ 선물환율 = 현물환 + 스왑포인트
= 1,085.30 + 0.87 = 1,086.17

08 정답 ③

외환스왑에서 매입과 매도의 기준이 되는 날짜는 Far Date이다.

09 정답 ③

달러/엔이나 유로/엔과 같은 주요 통화에 대한 외환스왑시장이 풍부한 유동성을 가지고 있는 점은 장점이나, 모든 통화에 대해서 거래가 활발한 것은 아니다.

제4장 | 선 물

10 정답 ①

선물거래의 거래비용은 정해진 수수료로 하는 반면, 선도거래는 Bid-Offer 스프레드가 거래비용으로 따른다.

11 정답 ④

마진콜을 받을 경우에는 유지증거금이 아닌 주문증거금 수준이 되도록 부족분을 추가 예치하여야 한다.

12 정답 ②

가. 수입대금을 지급할 예정인 A수입기업은 향후 환율 상승에 대한 위험이 있으므로, 달러선물을 매입함으로써 헤지가 가능하다.

나. 수출대금을 수취할 예정인 B수출기업은 향후 환율 하락에 대한 위험이 있으므로, 달러선물을 매도함으로써 헤지가 가능하다.

다. 지속적으로 외화를 보유할 예정인 C은행은 향후 환율하락에 대한 위험이 있으므로, 달러선물을 매도함으로써 헤지가 가능하다.

제5장 | 스 왑

13 정답 ③

고정금리 대 변동금리 통화스왑을 통해 환율상승 위험과 금리리스크를 효과적으로 헤지가 가능하다.

14 정답 ①

통화스왑에서의 이자교환은 서로 다른 통화의 교환이므로 차액에 의한 결제는 이루어지지 않는다.

15 정답 ②

- A은행의 커버거래에 따른 엔화 고정금리 수취의 통화스왑 가격

구 분	수 취	지 급
달러/엔 베이시스 스왑	USD 변동금리	JPY Libor −0.08%
엔화 이자율 스왑	JPY 변동금리	1.40%
통화스왑	1.32%	USD 변동금리

- A은행의 커버거래에 따른 엔화 고정금리 지급의 통화스왑 가격

구 분	수 취	지 급
달러/엔 베이시스 스왑	JPY 변동금리 −0.14%	USD 변동금리
엔화 이자율 스왑	1.34%	JPY 변동금리
통화스왑	USD 변동금리	1.20%

- 3년 만기 달러/엔 고정금리 대 변동금리 통화스왑 가격 = 1.32/1.20

제6장 | 옵 션

16 정답 ③

옵션의 시간가치는 옵션프리미엄(가치)에 내재가치를 차감하여 구한다.

- 콜옵션의 시간가치
= 150원 − (1,200원 − 1,120원) = 70원
- 풋옵션의 시간가치
= 180원 − (1,320원 − 1,200원) = 60원

17 정답 ③

수입기업은 향후 달러로 결제해야 하므로 숏포지션이 발생된다. 따라서 숏포지션의 반대 포지션이 될 수 있는 선물환거래 매입, 콜옵션 매입, 풋옵션 매도(환율변동성이 낮을 경우)가 적절하다.

18 정답 ②

기초자산가격이 하락할 것으로 예상할 경우에는 약세 스프레드 전략을, 반대로 기초자산가격이 상승할 것으로 예상할 경우에는 강세 스프레드 전략을 취하여야 한다.

19 정답 ②

경로종속옵션에는 평균환율옵션, 룩백옵션, 배리어옵션(낙아웃옵션, 낙인옵션) 등이 있다.

20 정답 ④

기초자산가격 또는 그 변동성에 대해서 아무런 예측을 하지 못할 경우에는 아무런 전략을 취하지 않는 것이 가장 적절하다.

제1회 적중 실전모의고사 OMR 답안지

성 명

합격의 기준, 해커스금융
fn.Hackers.com

| 교시 | ① ② |
| 문제형 | ① ② |

주민등록번호

수험번호

감독관 확인란

1	① ② ③ ④	21	① ② ③ ④	41	① ② ③ ④	61	① ② ③ ④
2	① ② ③ ④	22	① ② ③ ④	42	① ② ③ ④	62	① ② ③ ④
3	① ② ③ ④	23	① ② ③ ④	43	① ② ③ ④	63	① ② ③ ④
4	① ② ③ ④	24	① ② ③ ④	44	① ② ③ ④	64	① ② ③ ④
5	① ② ③ ④	25	① ② ③ ④	45	① ② ③ ④	65	① ② ③ ④
6	① ② ③ ④	26	① ② ③ ④	46	① ② ③ ④	66	① ② ③ ④
7	① ② ③ ④	27	① ② ③ ④	47	① ② ③ ④	67	① ② ③ ④
8	① ② ③ ④	28	① ② ③ ④	48	① ② ③ ④	68	① ② ③ ④
9	① ② ③ ④	29	① ② ③ ④	49	① ② ③ ④	69	① ② ③ ④
10	① ② ③ ④	30	① ② ③ ④	50	① ② ③ ④	70	① ② ③ ④
11	① ② ③ ④	31	① ② ③ ④	51	① ② ③ ④	71	① ② ③ ④
12	① ② ③ ④	32	① ② ③ ④	52	① ② ③ ④	72	① ② ③ ④
13	① ② ③ ④	33	① ② ③ ④	53	① ② ③ ④	73	① ② ③ ④
14	① ② ③ ④	34	① ② ③ ④	54	① ② ③ ④	74	① ② ③ ④
15	① ② ③ ④	35	① ② ③ ④	55	① ② ③ ④	75	① ② ③ ④
16	① ② ③ ④	36	① ② ③ ④	56	① ② ③ ④	76	① ② ③ ④
17	① ② ③ ④	37	① ② ③ ④	57	① ② ③ ④	77	① ② ③ ④
18	① ② ③ ④	38	① ② ③ ④	58	① ② ③ ④	78	① ② ③ ④
19	① ② ③ ④	39	① ② ③ ④	59	① ② ③ ④	79	① ② ③ ④
20	① ② ③ ④	40	① ② ③ ④	60	① ② ③ ④	80	① ② ③ ④

제2회 직종 실전모의고사 OMR 답안지

1	① ② ③ ④	21	① ② ③ ④	41	① ② ③ ④	61	① ② ③ ④
2	① ② ③ ④	22	① ② ③ ④	42	① ② ③ ④	62	① ② ③ ④
3	① ② ③ ④	23	① ② ③ ④	43	① ② ③ ④	63	① ② ③ ④
4	① ② ③ ④	24	① ② ③ ④	44	① ② ③ ④	64	① ② ③ ④
5	① ② ③ ④	25	① ② ③ ④	45	① ② ③ ④	65	① ② ③ ④
6	① ② ③ ④	26	① ② ③ ④	46	① ② ③ ④	66	① ② ③ ④
7	① ② ③ ④	27	① ② ③ ④	47	① ② ③ ④	67	① ② ③ ④
8	① ② ③ ④	28	① ② ③ ④	48	① ② ③ ④	68	① ② ③ ④
9	① ② ③ ④	29	① ② ③ ④	49	① ② ③ ④	69	① ② ③ ④
10	① ② ③ ④	30	① ② ③ ④	50	① ② ③ ④	70	① ② ③ ④
11	① ② ③ ④	31	① ② ③ ④	51	① ② ③ ④	71	① ② ③ ④
12	① ② ③ ④	32	① ② ③ ④	52	① ② ③ ④	72	① ② ③ ④
13	① ② ③ ④	33	① ② ③ ④	53	① ② ③ ④	73	① ② ③ ④
14	① ② ③ ④	34	① ② ③ ④	54	① ② ③ ④	74	① ② ③ ④
15	① ② ③ ④	35	① ② ③ ④	55	① ② ③ ④	75	① ② ③ ④
16	① ② ③ ④	36	① ② ③ ④	56	① ② ③ ④	76	① ② ③ ④
17	① ② ③ ④	37	① ② ③ ④	57	① ② ③ ④	77	① ② ③ ④
18	① ② ③ ④	38	① ② ③ ④	58	① ② ③ ④	78	① ② ③ ④
19	① ② ③ ④	39	① ② ③ ④	59	① ② ③ ④	79	① ② ③ ④
20	① ② ③ ④	40	① ② ③ ④	60	① ② ③ ④	80	① ② ③ ④

* 필기도구는 검정색 펜(연필류 제외)을 이용하고, 정답을 정해진 칸에 까맣게 칠하시오.

성 명

교시 ① ②

문제형 ① ②

주민등록번호

수험번호

감독관 확인란

해커스
외환전문역 I 종

개정 10판 2쇄 발행 2024년 12월 2일

개정 10판 1쇄 발행 2024년 5월 16일

지은이	민영기, 해커스 금융아카데미 공편저
펴낸곳	해커스패스
펴낸이	해커스금융 출판팀

주소	서울특별시 강남구 강남대로 428 해커스금융
고객센터	02-537-5000
교재 관련 문의	publishing@hackers.com
	해커스금융 사이트(fn.Hackers.com) 교재 Q&A 게시판
동영상강의	fn.Hackers.com

ISBN	979-11-7244-010-7 (13320)
Serial Number	10-02-01

**금융자격증 1위,
해커스금융(fn.Hackers.com)**

해커스금융

· 시험에 나올 핵심 내용을 정리한 **하루 10분 개념완성 자료집**
· **금융자격증 무료 강의, 1:1 질문/답변 서비스, 무료 시험후기/합격수기** 등 다양한 금융 학습 콘텐츠
· 내 점수와 석차를 확인하는 **무료 바로 채점 및 성적 분석 서비스**
· 외환전문역 전문 교수님의 **본 교재 인강**(교재 내 할인쿠폰 수록)

해커스금융 단기 합격생이 말하는
은행/외환자격증 합격의 비밀!

해커스금융과 함께하면
다음 합격의 주인공은 바로 여러분입니다.

첫 시험 1달 합격
김*식
신용분석사

더도 말고 덜도 말고 이 인강과 책 2권이면 충분합니다!

비전공자인 제가 1달 만에 합격할 수 있었던 이유는 **교재와 인강**이 알찼기 때문입니다.
교수님께서 일상생활에서의 **사례를 접목**하면서 쉽게 설명해주고
그것이 **연상기억**이 되면서 문제의 프로세스를 쉽게 까먹지 않을 수 있었습니다.

40일 단기 합격!
김*희
은행FP
(자산관리사)

해커스에서 주어지는 혜택만 따라가도 합격 가능합니다!

아무래도 **타 사이트와 차별되는 퀄리티 높은 요약정리집**이나 수준 높은 모의고사같은
부분 때문에 해커스금융을 추천합니다. 타 사이트는 이 정도로 금융자격증 자료 지원에
적극적이지 않은 것으로 알고 있습니다. 해커스가 각종 자격증 취득 사이트 중에서
1위인 것이 그냥은 아니라고 느꼈습니다.

첫 시험 2주 합격!
배*철
외환전문역 I종

해커스금융 덕에 한번에 합격했습니다!

다양하고 새로운 알찬 기타 과정들과 함께 **교수님의 역량**을 들어 추천하고 싶습니다.
해외에서 외환딜러로 수십년 일해오신 경력과 함께 타의 추종을 불허하는 다양한 비유들을
들음으로써 자칫하여 **이해가 되기 어려운 부분들도 한번에 이해 되게** 설명을 해주십니다.

해커스
외환전문역 I종

시험에 출제될 문제만 엄선한

적중 실전모의고사

실전모의고사 2회분 + 정답 및 해설

해커스금융 | fn.Hackers.com

· 본 교재 인강(할인쿠폰 수록)
· 이론정리+문제풀이 무료 인강

 특별
제공
· 하루 10분 개념완성 자료집
· 무료 바로 채점 및 성적 분석 서비스

🏛 해커스금융

해커스
외환전문역 I종

적중 실전모의고사

실전모의고사 2회분 + 정답 및 해설

ⒽⒽ 해커스금융

제1과목 ▪ 외환관리실무

* 배점 : 50점(1점×20문제, 2점×15문제)

1 다음 중 외국환거래법이 적용되는 거래로 적절하지 **않은** 것은?　　　　　　　　　　[2점]

① 대한민국과 외국 간의 지급 및 영수거래

② 대한민국 내에서 국민과 내국법인과의 외국환거래

③ 국내에 본사를 두고 있는 법인의 대리인이 외국에서 법인의 재산 또는 업무에 관하여 행한 거래

④ 외국에 있는 개인과 외국에 본사를 두고 있는 법인의 외국통화거래

2 환전영업자의 등록 및 변경, 폐지 등 관련 업무는 다음 중 어느 기관이 담당하는가?

① 관세청

② 외국환은행

③ 기획재정부

④ 금융위원회

3 다음 중 거주자에 해당하지 **않는** 자는?

① 국내에서 영업활동에 종사하고 있는 자

② 국내에 주된 사무소가 있는 단체 또는 기관

③ 국내에 있는 외국정부의 공관에 근무하는 외교관

④ 출입국관리사무소로부터 국내거소증을 발급받은 외국인

4 다음 대외거래의 형태 중 자본거래가 **아닌** 것은?

① 예금(신탁)

② 투자수익

③ 해외직접투자

④ 외국인투자

5 여행경비 등 지급수단등의 수출입 관련 휴대출입국 시 다음 중 어느 기관에 신고하여야 하는가?

① 외국환은행

② 한국은행

③ 관할세관

④ 금융감독원

6 외국환거래당사자의 신고 및 절차에 대한 설명으로 옳지 **않은** 것은?

① 법인을 위해 해당 소속 임직원이 대리하여 신고인이 되는 경우에는 대리위임장을 제출하여야 한다.

② 동일한 거래에 대해 당사자가 2인 이상인 경우에 그 당사자의 연명으로 신고하거나 대표자를 정하여 대표자 명의로 신고할 수 있다.

③ 신고서는 국문으로 작성하여 제출하여야 하고, 신고는 우편으로도 할 수 있다.

④ 신고는 당해 행위 또는 거래를 착수 또는 개시하기 전에 이루어져야 한다.

7 다음 중 외국환은행의 대고객 매매율 적용 사례에 대한 설명이 잘못 연결된 것은?　　　　[2점]

① 전신환 매도율 – 해외로부터 송금된 외화를 매입하여 고객에게 원화로 지급 시

② 현찰 매도율 – 고객에게 원화를 대가로 외화현찰 매도 시

③ 현찰 매입률 – 고객의 외화현찰을 받고 원화 지급 시

④ 전신환 매도율 – 고객의 원화를 받아 외화 예금에 입금 시

8 다음 중 영수확인서 징구제도에 대한 설명으로 옳지 않은 것은?

① 거주자를 대상으로 하며, 외국인거주자 및 비거주자는 제외한다.

② 외국통화 또는 외화수표의 매입은 영수확인서 징구대상이 아니다.

③ 외국환은행은 제출받은 영수확인서를 10년간 보관하여야 한다.

④ 영수확인서에 기재된 영수사유에도 불구하고 단순 이전거래로 간주하여 매입처리한다.

9 다음 중 외국환의 소지목적 매각에 대한 설명으로 옳지 않은 것은?   [2점]

① 외국인거주자를 제외한 국민인 거주자를 대상으로 하며, 국내법인 및 단체도 포함된다.

② 매각한도에 제한이 없으며, 거래은행을 지정하여 매각할 필요도 없다.

③ 외화현찰은 매각이 가능하지만, 여행자수표의 매각은 불가능하다.

④ 동일자 기준으로 1만불 초과 시 국세청 및 관세청에 통보된다.

10 다음 중 외국환은행의 대출에 대한 설명으로 옳지 않은 것은?

① 거주자 외화대출은 원칙상 금액 또는 용도에 제한이 없으나, 한국은행 외국환거래업무취급세칙에서 용도를 제한하고 있다.

② 비거주자 외화대출은 원칙상 제한이 없으나, 다른 거주자의 담보제공이나 보증이 있는 경우에는 대출을 받고자 하는 비거주자가 한국은행총재에게 신고하여야 한다.

③ 거주자 원화대출의 경우 외국인거주자도 제한 없이 원화대출을 받을 수 있으나, 해외송금 시에는 한국은행의 신고를 거쳐야 한다.

④ 비거주자 원화대출에서 동일인 기준 대출액이 100억원 이하인 경우는 신고예외사항에 해당한다.

11 역외계정에 대한 설명으로 옳지 않은 것은? [2점]

① 외국환은행이 역외계정에 예치목적으로 미화 5천만불을 초과하는 외화증권을 상환기간 1년 초과의 조건으로 발행하고자 하는 경우 기획재정부장관에게 신고하여야 한다.

② 직전 회계연도 중 역외외화자산평잔의 10% 범위 내에서 자금이체를 하는 경우 기획재정부장관의 허가를 받아야 한다.

③ 외국환은행이 비거주자로부터 외화자금을 조달하여 비거주자를 상대로 운용하는 역외계정을 설치한 경우 일반계정과 구분계리해야 한다.

④ 외국환은행의 장은 당해 법인의 당월중 역외계정의 자산 및 부채상황을 익월 10일까지 한국은행총재 및 금융감독원장에게 보고하여야 한다.

12 일반 환전영업자의 대고객 업무에 대한 설명으로 옳지 않은 것은?   [2점]

① 환전영업자는 거주자나 비거주자로부터 원화를 대가로 외국통화 및 여행자수표를 매입할 수 있다.

② 외국인거주자 또는 비거주자로부터 외국통화 등을 매입하는 경우에는 1회에 한하여 외국환매입증명서를 발행·교부하여야 한다. (단, 미화 2천불 이하는 면제)

③ 환전영업자의 동일자 2천불 초과 외국환 매각은 거주자에게만 가능하고, 거주자가 당초 매각한 실적 범위 내에서 재환전만 가능하다.

④ 환전영업자는 동일자·동일인 미화 1만불 초과의 외국통화를 매입하는 경우 매각신청서 사본을 익월 10일 이내에 국세청장 및 관세청장에게 통보하여야 한다.

13 다음 중 증빙서류의 제출이 면제되는 지급으로만 모두 묶인 것은?

가. 생활비	나. 회원권 구매
다. 경조사비	라. 해외부동산 취득

① 가, 나, 다   ② 가, 나, 라

③ 가, 다, 라   ④ 나, 다, 라

14 다음 중 외국인거주자 및 비거주자의 대외지급 절차를 비교한 내용으로 옳지 않은 것은? [2점]

① 외국인거주자는 전체 매각실적 범위 내에서 재환전이 가능하지만, 비거주자는 최근 입국 후 매각실적 범위 내에서만 재환전이 가능하다.

② 외국인거주자가 국내에서의 고용, 근무에 따라 취득한 국내 보수는 연간 누계 미화 5만불 범위 내에서 증빙서류가 없는 경우에도 송금 및 환전이 가능하다.

③ 해외여행경비의 지급은 미화 1만불 이내에 한하며, 여권상에 환전사실을 기재하여야 한다.

④ 외국인이 5년 이상 국내에 거주한 경우에는 해외유학생경비 또는 해외체재비 지급이 가능하다.

15 해외이주비에 대한 설명으로 옳지 않은 것은?

① 해외이주비의 지급을 재외동포의 국내재산반출과 중복하여 적용할 수 없다.

② 해외이주비의 지급기한은 국내이주의 경우 해외이주신고확인서 발급일부터 3년 이내까지이다.

③ 해외이주예정자는 해외이주비의 지급 후 3년 이내에 영주권, 시민권, 비이민투자비자, 은퇴비자를 취득하였음을 입증하는 서류를 제출해야 한다.

④ 건당 1만불 초과 지급 시 자동적으로 국세청, 관세청 및 금융감독원에 전산통보된다.

16 다음 외국환거래 내용 중 관세청장 앞 통보대상으로만 모두 묶인 것은? [2점]

가. 수출입대금의 지급 또는 영수
나. 해외체재자의 해외유학경비 지급금액이 연간 미화 10만불 초과 시
다. 건당 미화 1만불을 초과하는 해외이주비의 지급
라. 외국환은행을 통한 용역대가의 지급 또는 영수

① 가, 나, 다   ② 가, 나, 라

③ 가, 다, 라   ④ 나, 다, 라

17 다음 중 상계에 대한 설명으로 옳지 않은 것은?

① 상계를 실시한 자는 관계증빙서류를 5년간 보관하여야 한다.

② 일방의 금액이 미화 5천불 이하의 소액상계인 경우 신고가 면제된다.

③ 거주자 간의 외화표시 채권 또는 채무를 상계하고자 하는 경우에는 외국환은행의 장에게 신고하여야 한다.

④ 다국적기업의 상계센터를 통하여 상계하거나 다수의 당사자의 채권 또는 채무를 상계하고자 하는 경우에는 한국은행총재에게 신고하여야 한다.

18 다음 중 상호계산의 신고대상기관으로 옳은 것은?

① 기획재정부

② 외국환은행

③ 한국은행

④ 신용협동조합

19 다음 무역거래 중 한국은행신고대상 기준금액이 계약건당 5만불 초과인 경우가 <u>아닌</u> 것은?

① 본지사 간 D/A 3년 초과 수출거래

② 수출선수금 영수 1년 후 물품수출

③ 금 수입 후 미가공 재수출로 수입 시 30일 이후 결제조건

④ 수입대금 사전 송금 1년 후 물품수입

20 다음의 경우는 어느 기관에 신고하여야 하는가?

> 외항운송업자와 승객 간에 외국항로에 취항하는 항공기 또는 선박 안에서 매입·매각한 물품대금을 외화현찰이나 외화수표로 직접 지급 또는 영수하는 경우

① 한국은행

② 외국환은행

③ 기획재정부

④ 신고예외사항

21 다음 중 지급수단등의 수출입에 대한 규정상 지급수단등에 해당하는 것으로만 모두 묶인 것은?

> 가. 외화현찰　　　　나. 원화증권
> 다. 채 권　　　　　　라. 여행자수표
> 마. 귀금속(금, 금제품)

① 가, 나, 라　　　　② 가, 다, 마

③ 나, 다, 라　　　　④ 나, 라, 마

22 예금계정에 대한 설명으로 옳지 <u>않은</u> 것은? [2점]

① 대외계정은 비거주자, 외국인거주자 및 재외공관 직원이 개설하는 외화예금계정으로 예치에 제한이 없고, 처분에 제한이 있다.

② 해외이주자계정에는 당좌예금, 보통예금, 통지예금, 정기예금이 있으며, 정기적금은 포함되지 않는다.

③ 예금계정의 거주성 구분은 외국환거래법령에 따르며 소득세법에서 정한 구분과는 다르다.

④ 거주자계정에 외화자금으로 동일자 2만불을 초과하여 예치할 경우 취득경위를 입증할 수 있는 서류를 제출하여야 한다.

23 예금거래 시 착안사항에 대한 설명으로 옳지 않은 것은? [2점]

① 외화예금은 신규 개설 시 계정구분을 명확히 하여야 한다.

② 비거주자는 원화적금이 허용되지 않는다.

③ 외국인거주자는 비거주자 원화계정의 개설은 가능하지만, 비거주자 자유원계정의 개설은 허용되지 않는다.

④ 비거주자 자유원계정의 자금은 해외송금 시 제한이 없지만 국내에서 원화로 지급 시 제한사항이 있으므로 허용된 경우에 한해 원화로 인출할 수 있다.

24 다음은 외국인투자기업의 단기차입한도에 대한 설명이다. 괄호 안에 들어갈 내용으로 올바른 것은? [2점]

> • 고도기술업체의 경우 외국인투자금액 이내에서 단기차입이 가능하다. 다만, 고도기술업체 중 외국인투자비율이 (A)인 기업은 외국인투자금액의 (B) 이내로 제한된다.
> • 일반제조업체의 경우 외국인투자금액의 (C) 범위 내에서 단기차입이 가능하다.

	A	B	C
①	1/2 미만	75%	50%
②	1/3 미만	50%	75%
③	1/2 미만	50%	75%
④	1/3 미만	75%	50%

25 교포 등에 대한 여신의 대상자가 아닌 것은? [2점]

① 미국에서 유학 중인 시민권자
② 영국에서 유학 중인 영주권자
③ 캐나다에 업무상 파견된 해외파견자
④ 국민인 비거주자가 전액출자하여 설립한 현지법인

26 다음은 해외 골프회원권의 매매내용 통보에 대한 설명이다. 괄호 안에 들어갈 말로 올바르게 짝지은 것은? [2점]

> 외국환은행은 해외 골프회원권의 취득금액이 건당 미화 (   )을 초과하는 경우에는 (   )에게 그 회원권의 매매내용을 (   )까지 통보하여야 한다.

① 5만불 – 국세청장 및 관세청장 – 익월 20일
② 10만불 – 금융감독원장 – 익월 10일
③ 10만불 – 금융감독원장 – 익월 20일
④ 10만불 – 국세청장 및 관세청장 – 익월 10일

27 다음 중 증권발행의 신고에 대한 설명으로 옳지 않은 것은? [2점]

① 거주자가 외국에서 원화증권을 발행하기 위해서는 기획재정부장관에게 신고하여야 한다.
② 거주자가 국내에서 외화증권을 발행하기 위해서는 기획재정부장관에게 신고하여야 한다.
③ 비거주자가 국내에서 원화증권을 발행하기 위해서는 기획재정부장관에게 신고하여야 한다.
④ 비거주자가 외국에서 원화증권을 발행하기 위해서는 기획재정부장관에게 신고하여야 한다.

28 다음 중 비거주자의 증권취득 신고에 대한 설명으로 옳지 않은 것은?

① 투자전용계정을 통한 투자절차에 의하여 원화증권을 취득하는 것은 신고예외거래에 해당한다.
② 외국인투자촉진법의 규정에 의하여 인정된 외국인투자를 위해 비거주자가 거주자로부터 증권을 취득하는 것은 외국환은행에 신고하여야 할 사항이다.
③ 외국환은행에 신고하여야 하는 사항 중 비거주자가 거주자로부터 주식을 취득하는 경우에는 지정거래은행을 등록할 필요가 없다.
④ 신고예외거래 및 외국환은행 신고대상을 제외하고 비거주자가 거주자로부터 증권을 취득하고자 하는 경우에는 한국은행총재에게 신고하여야 한다.

29 다음 중 거주자의 외국 부동산 취득목적과 신고수리기관의 연결이 잘못 짝지어진 것은?

① 개인의 주거용 주택 소유권 – 지정거래 외국환은행
② 법인의 해외 단순보유 목적의 부동산 소유권 – 지정거래 외국환은행
③ 소유권과 임차권을 제외한 부동산에 대한 물권 취득 – 지정거래 외국환은행
④ 투자목적의 부동산 임차권(임차보증금이 미화 1만불을 초과) 취득 – 지정거래 외국환은행

30 다음 중 외국기업의 국내지사 및 국내 직접투자법인을 비교한 내용으로 옳은 것은? [2점]

① 외국기업 국내지사는 비거주자가 국내에서 영업활동을 위한 사무소 또는 비영업적 기능만을 수행하는 지점을 설치하는 업무를 수행한다.

② 외국기업 국내법인은 외국환거래법 및 동시행령 등으로 규율한다.

③ 외국기업 국내지사의 경우 해외본사로부터의 영업기금 도입은 지정거래은행 앞으로 직접 송금한 외화자금에 한한다.

④ 외국기업 국내지사는 증빙서류만 있으면 모든 은행에서 송금이 가능하다.

31 다음 중 해외직접투자의 대상으로 옳지 <u>않은</u> 것은? [2점]

① 외국법인에 대한 출자지분이 12%인 투자

② 투자비율이 7%이면서 임원을 파견한 경우

③ 외국법인에 대한 상환기간 3년의 금전대여

④ 투자비율이 5%이면서 6개월의 원자재 매매계약 체결

32 다음 중 사후관리보고서와 보고기한이 <u>잘못</u> 짝지어진 것은?

① 외화증권취득보고서 – 투자 후 6월

② 연간사업실적보고서 – 회계종료 후 5월

③ 대부채권회수보고서 – 회계종료 후 5월

④ 투자사업청산보고서 – 청산자금 영수 후 즉시

33 해외지사의 설치자격에 대한 설명으로 옳지 <u>않은</u> 것은?

① 과거 1년간 외화획득 실적이 1백만불 이상인 자는 해외지점을 설치할 수 있다.

② 과거 1년간 유치관광객이 5천명 이상인 국제여행 알선업자는 해외사무소를 설치할 수 있다.

③ 과거 1년간 외화획득 실적이 30만불 이상인 자는 해외사무소를 설치할 수 있다.

④ 무역업을 영위하는 법인으로서 설립 후 1년을 경과한 자는 해외사무소를 설치할 수 있다.

34 다음 중 외국인투자신고의 진행과정을 올바르게 나열한 것은?

> 가. 투자신고
> 나. 투자상담
> 다. 법인설립등기
> 라. 투자기업등록
> 마. 투자자금도입

① 가 ⇨ 나 ⇨ 라 ⇨ 마 ⇨ 다

② 가 ⇨ 나 ⇨ 마 ⇨ 라 ⇨ 마

③ 나 ⇨ 가 ⇨ 마 ⇨ 다 ⇨ 라

④ 나 ⇨ 가 ⇨ 마 ⇨ 라 ⇨ 다

35 우리나라 대외무역법상 수출입실적에 대한 설명으로 가장 적절한 것은?

① 수출실적의 인정 범위는 유상·무상으로 거래되는 모든 일반수출을 포함한다.

② 내국신용장 또는 구매확인서에 의한 공급도 수출실적으로 인정된다.

③ 수입실적의 인정금액은 수입통관액(FOB가격 기준)으로 한다.

④ 외국인수수입의 경우 수출입실적 인정시점은 대금입금일이다.

36 다음 중 단기 외화자금의 조달방식에 해당하지 <u>않는</u> 것은?

① 통화스왑

② Call money

③ Credit line

④ 한국은행 외화수탁금

37 다음 중 SWIFT의 특징에 대한 설명으로 옳지 <u>않은</u> 것은?

① SWIFT 시스템은 24시간 365일 가동된다.

② 전문발송 후 즉시 수신자에게 전달이 가능하다.

③ TELEX를 통한 전문 송수신보다 통신비용이 저렴하다.

④ LOG-IN KEY 또는 SELECT KEY 없이도 접속이 가능하다.

38 당방은행이 고객의 해외송금 요청에 따라 선방은행계좌로 자금을 입금하였으나, 선방은행이 관련 지급지시를 받지 못해 예치금계좌에서 차기하지 못한 경우에 발생하는 미달환의 유형은 어느 것인가?

① They debited but we didn't credit.

② They credited but we didn't debit.

③ We debited but they didn't credit.

④ We credited but they didn't debit.

39 외화예금거래의 특징에 대해 옳은 설명으로 모두 묶은 것은?

> 가. 계정별로 가입주체와 예치 가능한 범위는 제한되어 있으나 처분은 자유롭다.
> 나. 환율변동에 따른 헤지수단을 제공한다.
> 다. 외화예금을 원화로 입금하는 경우에는 입금 당시의 대고객 전신환매도율을 적용한다.
> 라. 외화예금은 통화의 종류에 상관없이 동일한 금리가 적용된다.

① 가, 나   ② 가, 다

③ 나, 다   ④ 다, 라

40 다음 중 외화예금의 대외계정에 대한 설명으로 옳지 <u>않은</u> 것은?   [2점]

① 대외계정은 외국으로의 송금, 다른 외화예금계정 및 외화신탁계정으로 이체 등을 위해 처분이 가능하다.

② 국제기구의 공무로 입국하는 비거주자가 미화 1만불을 초과하는 대외지급수단으로 인출하는 경우에는 외국환신고(확인)필증을 발행·교부하여야 한다.

③ 국민인 비거주자에게 내국지급수단을 대가로 대외계정을 처분할 때 당해 외국환의 처분목적을 알 수 없는 경우에는 해외자산 반입으로 간주하여 처분이 가능하다.

④ 외국인거주자가 대외계정 처분 시 외국환은행의 장은 1회에 한해 외국환매입증명서 또는 외국환매입영수증·계산서 1부를 발행·교부하여야 한다.

41 다음 중 외화예금에 대한 설명으로 옳은 것은?

[2점]

① 재외동포가 본인 명의의 부동산을 처분하여 취득한 내국지급수단을 대가로 외국환은행으로부터 매입한 대외지급수단을 예치하고자 하는 경우에는 예금등 자금출처확인서를 받아야 한다.

② 거주자계정 예치 시 수취인의 소재불명으로 인하여 송금된 날로부터 3영업일 이내에 영수사유를 알 수 없는 경우에는 다음 영업일 이후 영수확인서를 받고 이전거래로 간주하여 예치 가능하다.

③ 거주자가 외국에서 발행한 외화표시 여행자수표를 휴대반입한 경우로서 동일자·동일인·동일점포 기준 미화 1만불을 초과하여 매입하는 경우에는 관할세관의 장이 발행하는 외국환신고(확인)필증을 받아야 한다.

④ 대외계정은 비거주자, 순수 개인자격의 외국인거주자, 대한민국 정부의 재외공관 근무자 및 그 동거가족이 개설할 수 있는 계정이다.

42 다음 중 당발송금에 대한 설명으로 옳지 않은 것은?

① 유럽국가로 해외송금 시 자금결제의 자동화를 위해서 유럽국가 내 통일된 수취은행코드인 ABA NO.를 송금신청서에 기재한다.

② 원화를 대가로 송금한 경우에는 송금시점의 전신환매도율을 적용한 대금과 송금수수료, 전신료를 받는다.

③ 거주자의 지급증빙서류미제출 지급, 해외유학비 지급등 거래외국환은행 지정이 필요한 송금인 경우에는 거래외국환은행지정(변경)신청서를 받아 전산에 등록한다.

④ 수취인의 수취불능에 따른 퇴결 시에는 해외 중계은행으로부터 퇴결수수료가 공제되어 퇴결대금이 지급된다.

43 외국통화의 매입에 대한 설명 중 옳지 않은 것은?

① 외국통화 매입대금을 원화로 지급하는 경우에는 지급시점의 대고객 현찰매입율을 적용한다.

② 미화 1만불 상당액을 초과하여 외국통화를 매입한 경우에는 국세청장과 관세청장에게 통보해야 한다.

③ 외국인거주자로부터 외국환을 매입하는 경우에는 1회에 한하여 외국환매입증명서 등 매입을 증명할 수 있는 서류 1부를 발행하여 교부해야 한다.

④ 외국환매입증명서는 영수증 또는 계산서와 중복 발행이 가능하다.

44 다음 중 환전영업자의 외국환업무에 대한 설명으로 옳지 않은 것은?

① 환전영업자는 외국통화 등을 매입하는 경우 동일자·동일인 기준 미화 3만불을 초과하는 경우 당해 외국통화 등의 취득을 신고하여야 한다.

② 환전영업자는 동일자·동일인 기준 미화 2천불 이하의 외국통화를 외국환매각신청서 및 외국환매입증명서 없이 매각할 수 있다.

③ 환전영업자는 고객으로부터 매입한 외국통화 또는 여행자수표 중 비거주자에게 재환전하고 남은 잔액을 직접 보유할 수 있다.

④ 환전영업자가 고객과의 거래내용을 기록한 뒤 담당자에게 서명 또는 날인을 받은 환전장부는 당해 연도 이후 5년간 보관하여야 한다.

45 다음 중 외국통화의 지급과 관련된 내용으로 옳지 않은 것은?

① 외국통화 매도대금을 원화로 받을 경우에는 취급 당시의 대고객 현찰매도율을 적용하여 받는다.

② 고객이 해외로부터 송금받은 대금을 외국통화로 지급 요청하는 경우에는 별도로 외화현찰수수료를 받지 않는다.

③ 외국현찰을 고객에게 교부할 때에는 위폐감별기를 사용하여 진폐임을 확인한 후 지급한다.

④ 발행 대상에 해당하는 경우에는 반드시 외국환신고(확인)필증을 발행한다.

46 다음 중 외화수표의 사후관리에 대한 설명으로 옳지 <u>않은</u> 것은?

① 외화수표의 앞면 위·변조의 경우 지급은행의 결제일로부터 3년까지 부도로 인한 수표대금 반환 청구가 가능하다.

② 추심 전 매입한 외화수표가 대외발송일로부터 60일까지 입금되지 않는 경우 부도로 등록한다.

③ 외화수표의 부도사유에는 잔액부족, 지급정지, 선일자 발행, 서명불비 등이 있다.

④ 부도대금 원금을 원화로 회수할 경우에는 회수 당시의 전신환매도율을 적용한다.

47 해커스은행의 사원 A는 처음 업무를 담당하게 되어 팀장으로부터 외화수표에 대해 배우고 있다. 다음 중 외화수표의 종류에 대한 설명으로 옳지 <u>않은</u> 것은?

① 은행수표는 수표 앞면에 기업·개인의 이름·주소 등의 표시가 없다.

② 은행이 발급한 것이 명백한 수표는 발행은행이 외국환거래은행인지 여부에 관계없이 은행수표로 인정된다.

③ 여행자수표는 여행지에서 수표를 사용할 경우에 Counter Signature란에 서명하면 현금과 동일하게 사용할 수 있다.

④ 은행이 서명한 머니 오더(Money Order)는 Bank Money Order 또는 International Money Order 라고 한다.

48 다음 중 단기금융시장에 대한 옳은 설명으로 모두 묶인 것은? [2점]

> 가. 단기금융시장의 금융수단에는 재정증권, 기업 어음, 환매조건부채권, 전환사채 등이 있다.
> 나. 금융 중개기능이 강화된 시장이다.
> 다. 단기 상업 내지 무역금융 또는 운전자금 조달이 거래의 목적인 시장이다.
> 라. 금융통화당국이 직접적인 규제를 하지 않는다.

① 가, 나   ② 나, 다

③ 나, 라   ④ 다, 라

49 다음 통화옵션 합성상품 중 서로 다른 행사환율에서 콜옵션을 구매하고, 풋옵션을 매입하여 비용을 최소화하면서 보유자산에 대한 환율 손실을 일정 부분 방어할 수 있는 것은 무엇인가?

① 레인지 포워드

② 타겟 포워드

③ 시걸 옵션

④ 인핸스드 포워드

50 다음 중 뮤추얼펀드와 수익증권에 대한 비교 내용으로 옳지 <u>않은</u> 것은?

	구 분	뮤추얼펀드	수익증권
①	투자자 지위	주 주	수익자
②	판매가격	주당 순자산 가치	기준가격
③	설립규제	설립요건이 엄격함	상대적으로 용이함
④	통제제도	주주에 의한 자율규제	감독기관이 감독

51 다음 중 해외펀드 유형에 대한 설명 중 옳지 <u>않은</u> 것은? [2점]

① 펀드 오브 펀드는 여러 개의 채권형 펀드 또는 주식형 펀드를 하나의 펀드로 만든 상품이다.

② 주식형 펀드 중 어그레시브 그로스 펀드는 실제 가치보다 낮은 가격으로 거래되는 가치주식을 찾아내어 투자하는 펀드이다.

③ 채권형 펀드 중 하이일드 채권 펀드는 국제 기준 투자등급 BB 이하의 미국 하이일드 채권에 집중 투자하는 펀드이다.

④ 선박펀드는 주식형 펀드나 부동산 펀드에 비해 수익률은 떨어질 수 있으나 훨씬 안정적이다.

52 다음 중 해외펀드 투자 시 고려사항에 대한 설명으로 옳지 <u>않은</u> 것은?

① 해외펀드 투자는 환율차익을 목적으로 하여야 한다.

② 해외펀드는 장기적으로 투자하여야 한다.

③ 해외펀드는 분산투자함으로써 위험을 회피하여야 한다.

④ 해외펀드 투자상담 시 예상수익률을 제시해서는 안 된다.

53 다음 중 외국환회계의 특징에 대한 설명으로 <u>틀린</u> 것은?

① 외국환회계는 일반회계와 달리 외화재무상태표 외의 기타 재무제표는 작성하지 않는다.

② 외화재무상태표의 계정과목 배열은 일반회계와 같이 상대적 유동성배열법을 적용한다.

③ 외국환거래에서 발생되는 모든 손익은 발생 즉시 원화로 평가하여 원화손익으로 계상한다.

④ 부채계정의 경과계정과목에는 매입외환, 미결제외환, 외화출자전환채권이 있다.

54 다음 중 외화부채계정과목이 <u>아닌</u> 것은?

① 외화예수금

② 외화콜머니

③ 외화가수금

④ 외화타점예치금

55 다음에서 설명하는 계정과목은 무엇인가?

> • 동일한 외국환은행의 본점과 지점 또는 지점 상호간의 모든 외화표시 대차거래를 처리하는 계정과목이다.
> • 잔액이 차변에 표시될 수도 있고, 대변에 표시될 수도 있는 양변계정이다.
> • 차변잔액일 경우 자산계정, 대변잔액일 경우 부채계정이 된다.

① 매도외환　　　　　② 미결제외환

③ 외화본지점　　　　④ 외화차입금

56 환포지션에 대한 설명으로 옳지 <u>않은</u> 것은?

① 환율이 상승할 때 매입초과포지션에서 환차익이 발생한다.

② 매입초과포지션은 외화자산이 부채보다 많은 경우를 말한다.

③ 스퀘어포지션은 환율 또는 원화자금 흐름에 영향을 받지 않는다.

④ 환율변동에 따른 환차손은 매도초과포지션에서만 나타난다.

57 다음 중 외국환업무 취급 시 유의사항으로 거리가 <u>먼</u> 것은?

① 거주자에게 동일자·동일인 기준 미화 1만불을 초과하는 외국통화, 여행자수표를 매각한 경우 동 사실을 매월별로 익월 10일 이내에 국세청장 및 관세청장에게 통보하여야 한다.

② 외국환포지션 한도를 위반한 경우에는 위반한 날로부터 3영업일 이내에 한국은행에 이를 보고하여야 한다.

③ 외국환업무 취급기관은 외국환 매입초과액과 매각초과액의 한도 준수 여부를 매 영업일 잔액을 기준으로 확인하여야 한다.

④ 비거주자 상호 간의 거래나 행위에 따른 채권·채무를 결제할 때 거주자가 상계 등의 방법으로 채권·채무를 소멸시키거나 상쇄시키는 방법으로 결제하는 경우에는 그 지급 또는 수령의 방법을 기획재정부장관에게 미리 신고하여야 한다.

58 다음 중 수출환어음 매입 및 추심에 대한 설명으로 옳지 <u>않은</u> 것은?

① 환어음은 매입은행의 배서가 필요하나, 보험서류 및 B/L은 매입은행의 배서가 불필요하다.

② 매입은행이 신용장상의 지정은행으로 되어 있지 않은 경우 매입은행을 지정은행으로 조건변경 또는 자유매입신용장으로 조건변경 후 취급한다.

③ 수출환어음 매입 및 추심 시에 선적서류 발송지 (MAIL TO) 등을 정확하게 입력하여야 한다.

④ 신용장조건과 일치하지 않는 수출환어음은 추심 전 지급하되, 은행이 필요하다고 인정하는 경우에 한하여 추심 후 매입하여야 한다.

59 다음 중 수입신용장 개설 및 조건변경 등에 대한 설명으로 옳은 것은? [2점]

① 수입신용장 전체금액 중 일부금액에 대하여 L/G를 발급한 경우에는 수입물품금액 전체 중 일부 또는 수입신용장 전체금액 중 일부금액에 대하여 책임이 있다.

② 부도처리 시에는 신용장조건과의 불일치사항(하자)을 모두 기재하여야 하는 반면 L/G 발행 건에 대해서는 하자를 사유로 부도처리할 수 없다.

③ 수입신용장의 결제기일은 은행접수일로부터 5영업일 이내이다.

④ 일람불신용장의 만기일 연장은 인수은행의 동의가 있는 경우에 한해 당초 어음기간을 포함하여 180일 이내로 취급하고 가급적 단기간으로 운용한다.

60 직접투자 신고 시 주요 점검사항으로 옳은 것으로만 묶인 것은?

> 가. 3영업일 이내 발급된 주민등록등본을 확인하여 개인이나 개인사업자의 경우 해외이주 수속 중이거나 영주권 취득을 목적으로 하는 투자가 아님을 확인해야 한다.
> 나. 해외직접투자는 사후신고가 원칙이나, 외국인직접투자는 사전신고가 원칙이다.
> 다. 외국인직접투자 시 부득이 타인이 대신 송금하는 경우 송금정보란에 투자자 본인의 투자자금이라는 명시가 없는 때에는 외국인투자자금으로 인정되지 않을 수 있다.
> 라. 외국인직접투자 시 투자신고인은 은행이다.

① 가, 나   ② 가, 다
③ 나, 다   ④ 나, 라

제3과목 ▪ 환리스크관리

배점 : 20점(1점×20문제)

61 외환거래에 대한 설명으로 옳지 <u>않은</u> 것은?

① 외환은 통화 간의 교환비율인 환율이 개입되므로 환율변동에 따른 환리스크가 존재한다.

② 투기적 목적의 외환거래는 외환시장에 풍부한 유동성을 제공한다.

③ 외환시장의 참가자들은 달러나 유로 및 일부 영연방국가 통화를 기준통화로 하고 그에 해당하는 상대국 통화를 가변통화로 하여 거래를 한다.

④ 대부분의 외환거래에서는 미국식 표기법으로 환율이 표시된다.

62 외환시장 참가자에 대한 설명으로 옳지 <u>않은</u> 것은?

① 기업은 다른 나라와 무역이나 자본거래를 하기 위해 외환시장에 참가한다.

② 은행은 다양한 외환거래에 따른 반대거래를 하기 위해 외환시장에 참가한다.

③ 투기자는 외환차익을 얻기 위해 외환시장에 참가하며, 외환시장에 거래물량을 제공하는 점에서 긍정적 역할을 한다.

④ 일반 은행과 달리 중앙은행은 국제수지를 안정적으로 유지하려는 정부를 대신하는 역할을 할 뿐 외환시장 참가자로 보기 어렵다.

63 각각의 은행에서 USD/KRW 환율을 다음과 같이 고시할 경우 국내 수입기업이 달러로 수입대금을 결제하는 데 있어 어느 은행과 거래하는 것이 가장 유리한가?

① A은행 : 1,098.30/1,098.90

② B은행 : 1,098.20/1,098.80

③ C은행 : 1,099.10/1,099.80

④ D은행 : 1,098.60/1,099.30

64 다음 중 차액정산 선물환거래(NDF)에 대한 설명으로 옳지 <u>않은</u> 것은?

① 일반적인 선물환거래와 달리 두 거래당사자는 만기에 원금을 서로 교환하지 않는다.

② 낮은 결제위험을 가지는 장점이 있지만 거래과정이 복잡하다는 한계가 있다.

③ 환리스크 헤지 목적뿐만 아니라 환투기 목적으로도 많이 이용된다.

④ NDF의 거래량이 대규모인 경우가 많아 외환시장의 변동성이 커지는 때가 많다.

65 환리스크에 대한 설명으로 옳은 것은?

① 국내기업이 해외로부터 원자재를 수입할 때 수입대행을 의뢰하는 경우에는 환리스크에 노출되지 않는다.

② 예상하지 못한 급격한 환율변동으로 인해 판매량 등 영업에 실질적으로 영향을 주어 현금흐름 및 영업이익이 변동하게 될 가능성을 환산환리스크라고 한다.

③ 일반적으로 오픈 포지션의 규모가 작을수록, 보유기간이 길수록 환리스크가 커진다.

④ 기업은 이미 보유하고 있는 외환포지션에 반대되는 포지션을 취함으로써 환리스크를 헤지할 수 있다.

66 다음 중 기업이 여러 통화의 환리스크를 관리함에 있어서 각 통화의 환율변동이 서로 상쇄되는 효과를 활용한 환리스크관리기법은?

① 헤 지
② 통화 포트폴리오 전략
③ 상 계
④ 래 깅

67 다음 중 VaR(Value at Risk)에 대한 설명으로 옳지 않은 것은?

① 환리스크관리에 있어서 환리스크를 정확하게 측정하는 것이 중요하므로 금융감독원에서는 VaR을 사용할 것을 가이드하고 있다.
② VaR은 시장 움직임이 불안정하더라도 통계적 가정을 통해 합리적인 수준의 최대 손실예상액을 제시하는 장점이 있다.
③ VaR의 결정변수인 환율변동성, 신뢰구간, 환노출 규모 등이 커질수록 VaR도 커진다.
④ 총외환손실한도보다 VaR측정치가 더 크다면 환노출 규모를 축소하기 위한 헤지가 필요하다.

68 선물환거래에 대한 설명으로 옳지 않은 것은?

① 환리스크의 관리기법 중 외부적 관리기법에 해당하며 가장 보편적으로 사용된다.
② 선물환거래의 목적은 실수요를 기준으로 크게 헤지 목적과 투기 목적으로 구별할 수 있다.
③ 현물환거래와 달리 자금의 인수도가 미래 특정 시점에 이루어진다.
④ 수출기업이 수취할 예정인 달러 대금은 달러 매입 선물환거래로 환율변동 위험을 헤지할 수 있다.

69 달러/원 현물환율과 달러 및 원화의 금리가 다음과 같을 때, 3개월 스왑포인트의 Bid rate를 구하기 위해 사용되는 현물환율과 금리를 올바르게 연결한 것은?

USD/KRW	1,020.00/1,020.35
USD 3개월 금리	3.50%/3.72%
KRW 3개월 금리	4.32%/4.64%

① 1,020.00, 3.50%, 4.32%
② 1,020.00, 3.72%, 4.32%
③ 1,020.35, 3.50%, 4.64%
④ 1,020.35, 3.72%, 4.64%

70 A기업은 미국에 수출한 대가로 3개월 후에 달러를 수취할 예정이며 이를 위해 3개월 만기 선물환거래로 원화를 대가로 달러를 매도하였다. 선물환거래 상대방인 은행은 현물환거래를 통해 선물환거래 포지션을 커버하였다면, 해당 거래의 결과로 발생한 은행의 현금흐름 불일치를 해결하기 위한 거래로 적절한 것은?

① 달러 매도 선물환거래
② USD 예치, KRW 차입
③ USD buy & sell against KRW 외환스왑
④ USD sell & buy against KRW 외환스왑

71 다음 중 선도거래와 선물거래의 비교에 대한 설명으로 옳지 않은 것은?

① 선물거래는 거래소라는 물리적 장소를 통해 공개적으로 거래가 이루어지는 반면, 선도거래는 일정한 장소 없이 당사자 간의 직접거래로 이루어진다.

② 선물거래는 청산소라는 공적기구에 의해 계약이행이 보증된다는 점에서 선도거래와 차이가 있다.

③ 선도거래는 주로 만기에 현물인수도가 이루어지는 반면 선물거래에서는 주로 만기 이전에 반대매매를 통해 계약을 청산한다.

④ 선도거래와 선물거래를 하는 모든 거래자는 증거금을 납입해야만 거래가 가능하다.

72 다음 중 우리나라에서 거래되는 통화선물이 <u>아닌</u> 것은?

① 미국달러선물   ② 엔선물
③ 파운드선물   ④ 유로선물

73 스왑에 대한 다음 설명 중 옳지 <u>않은</u> 것은?

① 스왑은 거래당사자가 약정한 현금흐름을 교환하는 계약을 의미한다.

② 서로 다른 통화의 원금과 이자를 교환하는 스왑은 통화스왑이다.

③ Back-to-back loan은 통화스왑과 유사하지만 off balance sheet거래라는 점에서 차이가 있다.

④ 미래현금흐름을 다양하게 변화시켜 규제 회피나 상품개발 등 여러 목적으로 활용할 수 있다.

74 A기업은 금리조건이 6M 변동금리 +50bp, 잔존만기가 3년인 100만달러를 차입하였다. 향후 USD/KRW 환율이 상승할 것으로 예상되어 통화스왑거래를 하고자 한다. 아래와 같이 스왑가격이 고시되었을 때, 통화스왑거래에 대한 다음 설명 중 옳지 <u>않은</u> 것은? (USD/KRW Spot rate는 1,030.00임)

Tenor	SEMI/ACT365 USD/KRW	QUART/ACT365 KRW/KRW
1Y	2.32/26	3.25/19
3Y	2.75/65	3.73/67
5Y	3.42/37	4.56/48

① A기업은 환율 상승 위험을 헤지하기 위하여 고정금리 대 변동금리 통화스왑을 하여야 한다.

② 통화스왑거래 만기에는 A기업이 100만달러를 수취하고, 1,030,000,000원을 지급하는 원금교환이 발생된다.

③ 이자교환 시 A기업은 은행으로부터 6M 변동금리 flat을 수취하고, 2.65% 원화 고정금리를 지급한다.

④ A기업은 통화스왑을 통해 3.25%의 고정금리를 차입하는 효과를 얻을 수 있다. (단, conversion factor를 고려하지 않음)

75 다음 중 외환스왑과 통화스왑에 대한 설명으로 옳지 <u>않은</u> 것은?

① 외환스왑과 통화스왑은 스왑계약기간 동안 거래당사자끼리 한 나라의 통화를 다른 통화로 바꾸어 사용한다는 점에서 성격이 같다.

② 통화스왑은 외환스왑과 달리 Near date의 환율과 Far date의 환율이 서로 다르다.

③ 자금조달에 있어서 외환스왑은 단기자금조달에 주로 사용되는 반면, 통화스왑은 장기자금조달에 주로 사용된다.

④ 통화스왑은 외환스왑과 달리 스왑계약기간 중에 이자를 주기적으로 지급한다.

76 다음 중 옵션프리미엄의 결정요소에 대한 설명으로 옳지 <u>않은</u> 것은?

① 통화옵션의 기초자산인 환율이 상승하면 콜옵션의 프리미엄은 높아진다.

② 다른 조건이 동일할 경우 옵션 만기일이 많이 남아 있을수록 옵션프리미엄이 높아진다.

③ 환율변동성이 증가할수록 콜옵션 프리미엄은 상승하나, 풋옵션의 프리미엄은 감소한다.

④ 풋옵션일 경우 행사가격이 높을수록 옵션프리미엄이 커진다.

77 USD/KRW 3개월 선물환율이 1,100원에 거래되고 있다. USD/KRW 통화옵션시장에서 3개월 만기, 행사가격이 1,080원인 달러 콜옵션이 40원에 거래되고 있다면 이 콜옵션의 내재가치는 얼마인가?

① 0원   ② 10원

③ 20원   ④ 30원

78 수입대금을 지불하여야 할 A수입기업은 환리스크를 관리하기 위하여 선물환거래 대안으로 통화옵션을 고려하고 있다. 향후 환율 변동성의 전망은 낮을 것으로 예상하고 있으며, 초기비용의 부담을 원하지 않을 경우에 적절한 전략은 무엇인가?

① 콜옵션 매입

② 콜옵션 매도

③ 풋옵션 매입

④ 풋옵션 매도

79 다음에서 설명하는 스프레드 전략으로 옳은 것은?

> 만기일에 제한된 손실과 제한된 최대이익을 실현하는 전략으로서, 낮은 행사가격의 풋옵션을 매도하고 높은 행사가격의 풋옵션을 매입하는 스프레드 전략이다.

① Bear call spread 전략

② Bear put spread 전략

③ Call ratio vertical spread 전략

④ Butterfly spread 전략

80 A수입기업은 향후 3개월 동안 환율이 1,080~1,115원 범위 내에서 안정적일 것이라 예상하고 있으며, 환율변동에 따른 위험을 헤지하고자 레인지 포워드 전략을 수립하려고 한다. 다음에 제시된 옵션 중 레인지 포워드 전략을 구성할 수 있는 것끼리 올바르게 연결한 것은?

> 가. 행사가격이 1,140원인 외가격 달러 콜옵션 매수, 옵션프리미엄 20원
> 나. 행사가격이 1,080원인 내가격 달러 콜옵션 매도, 옵션프리미엄 100원
> 다. 행사가격이 1,140원인 내가격 달러 풋옵션 매수, 옵션프리미엄 100원
> 라. 행사가격이 1,080원인 외가격 달러 풋옵션 매도, 옵션프리미엄 20원

① 가, 나   ② 가, 라

③ 나, 다   ④ 다, 라

fn.Hackers.com

제2회 적중 실전모의고사

문제형: 수험번호: 성명:

제1과목 ▪ 외환관리실무
* 배점 : 50점(1점×20문제, 2점×15문제)

1 외국환거래법의 목적으로만 모두 묶인 것은?

> 가. 대외거래의 자유 규제
> 나. 시장기능의 활성화
> 다. 국제수지 균형
> 라. 외국환거래의 합리적 조정 또는 관리

① 가, 다   ② 나, 다
③ 나, 라   ④ 다, 라

2 다음 외국환관리기관의 업무 중 기획재정부의 업무로만 모두 묶인 것은?   [2점]

> 가. 외국환업무취급기관의 등록
> 나. 귀금속의 매매
> 다. 환전영업자의 등록
> 라. 외국환평형기금의 운용

① 가, 나   ② 가, 라
③ 나, 다   ④ 다, 라

3 다음 중 외국환거래법상 비거주자는?   [2점]

① 국내에 있는 미국대사관에 근무하는 외교관
② 서울에서 식당을 운영하는 외국인
③ 국내입국 후 1년째 부산에 거주하고 있는 외국인
④ 국내입국 후 바로 국내회사에 취업한 외국인

4 다음 중 외국환거래법령상 신고대상과 신고기관이 <u>잘못</u> 짝지어진 것은?

① 상호계산 – 외국환은행
② 대외지급수단매매 – 한국은행
③ 국내예금 – 한국은행
④ 지급수단등의 휴대출입국 – 외국환은행

5 지정거래 외국환은행에 대한 설명으로 옳지 <u>않은</u> 것은?

① 개인사업자는 대표자의 주민등록번호로 지정등록 하여야 한다.
② 거주자의 증빙서류미제출 지급을 위한 거래외국 환은행은 매년 신규 지정된다.
③ 거래외국환은행을 지정한 자는 지정 관리기간 내에 거래외국환은행 지정을 취소하거나 다른 외국 환은행으로 변경할 수 없다.
④ 법인의 경우 거래외국환은행의 지정은 부득이한 경우를 제외하고는 업체단위로 하여야 한다.

6 외국환은행이 외국환을 매입하고자 하는 경우에는 매각하고자 하는 자의 당해 외국환의 취득이 신고 등의 대상인지 여부를 확인하여야 할 의무가 있다. 다음 중 취득경위 확인의무가 면제되는 경우로만 모두 묶인 것은?   [2점]

> 가. 동일자·동일인 기준 미화 2만불 이하인 대외지 급수단을 매입하는 경우
> 나. 정부, 지방자치단체, 외국환업무취급기관 및 환 전영업자로부터 대외지급수단을 매입하는 경우
> 다. 거주자로부터 당해 거주자의 거주자계정 및 거 주자외화신탁계정에 예치된 외국환을 매입하는 경우
> 라. 외국에 있는 국제기구에서 근무하고 있는 대한민 국 국민으로부터 대외지급수단을 매입하는 경우

① 가, 나, 다   ② 가, 나, 라
③ 가, 다, 라   ④ 나, 다, 라

7 영수확인서 징구제도에 대한 설명으로 옳지 <u>않은</u> 것은? [2점]

① 영수확인서는 거래당사자가 직접 작성하여 외국 환은행에 제출하여야 하고, 제출방식에는 팩시밀리 또는 스캔방식을 포함한다.

② 영수확인서 징구제도는 외국으로부터 송금된 미화 10만불 초과의 대외지급수단을 매입하는 경우로서 취득경위를 입증하는 서류를 제출하지 아니한 경우에 한하여 적용된다.

③ 신고의무를 이행하지 않은 경우 등 법규를 위반한 자금 영수의 경우 영수확인서 징구방식으로 매입할 수 없고, 외국환거래법규위반사실보고서에 의거하여 외국환은행의 장에게 보고한 후 매입이 가능하다.

④ 영수자금 수취인의 소재불명 또는 연락두절로 인하여 송금된 날로부터 3영업일 이내에 영수사유를 알 수 없는 경우에는 징구를 생략하고 단순이전거래로 간주하여 매입처리한다.

8 비거주자에 대한 매각과 관련된 설명으로 옳지 <u>않은</u> 것은?

① 최근 입국일 이후 당해 체류기간 중 외국환을 매각한 실적 범위 내에서 재매각이 가능하다.

② 주둔군인에 대한 매각은 매각실적 이내로 한정하여 가능하다.

③ 비거주자 자유원계정을 처분하여 대외계정에 예치하기 위한 매각이 가능하다.

④ 매각실적이 없는 경우에는 미화 2만불 이내의 재매각이 가능하고, 이 경우 여권에 매각사실을 기재하여야 한다.

9 외국환은행이 국내에서 비거주자에게 원화자금을 대출하고자 하는 경우 외국환은행에 신고하여야 하는 것은?

① 국민인 비거주자에 대한 원화자금 대출

② 동일인 기준 100억원 이하의 원화자금 대출

③ 비거주자인 국내소재 외국공관 및 공관원 등에 대한 원화자금 대출

④ 비거주자 자유원계정을 개설한 비거주자에 대한 2영업일 이내의 결제자금을 위한 당좌대출

10 환전영업자에 대한 설명으로 옳지 <u>않은</u> 것은? [2점]

① 환전영업자로 등록을 하고자 하는 자는 관할세관장에게 환전업무등록신청서를 제출하여 신청하여야 한다.

② 일반 환전영업자는 거주자나 비거주자 모두로부터 원화를 대가로 외국통화 및 여행자수표를 매입할 수 있다.

③ 지정거래 외국환은행은 환전영업자로부터 외국통화 및 여행자수표를 제한없이 매입할 수 있다.

④ 환전영업자는 환전업무현황을 분기별로 익월 10일까지 한국은행에게 보고하여야 한다.

11 다음 중 송금방식 무역거래 시 증빙서류 제출면제 대상기업에 대한 설명으로 옳지 <u>않은</u> 것은?

① 전년도 수출실적이 3천만불 이상인 기업을 대상으로 한다.

② 대상기업은 수출실적이 감소하는 경우 면제대상에서 제외된다.

③ 송금방식 수출대금의 영수 및 송금방식 수입대금의 지급 시 계약서 등 증빙서류의 제출을 면제한다.

④ 증빙서류의 제출을 면제하는 대신 해당 기업들은 관련 증빙서류를 5년간 보관하여야 한다.

12 다음 중 외국인거주자의 대외지급에 대한 설명으로 옳지 <u>않은</u> 것은? [2점]

① 외국인거주자가 외국으로부터 송금한 자금으로 매각한 실적이 있는 경우 당초 외화금액 범위 이내에서 대외지급이 가능하다.

② 외국인거주자는 국내보수, 소득에 대하여 증빙서류가 없는 경우에도 연간누계 미화 5만불 범위 내에서 지정거래은행 등록만으로 대외지급이 가능하다.

③ 외국인거주자에 대한 해외여행경비 지급은 미화 1만불 이내에 한하며, 송금은 허용하나 환전지급은 불가능하다.

④ 외국인이 5년 이상 국내에 거주한 경우에는 해외유학생경비 또는 해외체재비 지급이 가능하다.

13 다음 중 해외여행경비에 대한 설명으로 옳지 <u>않은</u> 것은?

① 일반해외여행자는 증빙서류가 없는 경우에도 신분증만 있으면 금액에 제한 없이 여행경비를 환전할 수 있다.

② 일반해외여행경비는 증빙서류가 있는 경우 휴대수출 이외에 송금까지 허용된다.

③ 해외유학생은 매학기별로 외국교육기관의 장이 발급하는 재학증명서 등의 재학사실을 입증할 수 있는 서류를 제출하여야 한다.

④ 해외유학경비 지급의 경우 학력제한이 없으며 연령에 따른 지급금액의 제한도 없다.

14 다음 외국환거래의 내용 중 국세청장 앞 통보대상으로만 모두 묶인 것은? [2점]

> 가. 증빙서류미제출 지급등의 금액이 연간 미화 1만불 초과 시
> 나. 외국환은행을 통한 용역대가의 지급 또는 영수
> 다. 수출입대금의 지급 및 영수
> 라. 해외유학경비 지급금액이 연간 10만불 초과 시

① 가, 다   ② 가, 라

③ 나, 다   ④ 다, 라

15 다음 무역거래 중 수출대금과 수입대금을 서로 상계하는 경우 신고예외거래가 <u>아닌</u> 것은?

① 연계무역

② 중계무역

③ 위탁가공무역

④ 수탁가공무역

16 다음은 무역거래 시 한국은행의 신고대상에 대한 설명이다. 괄호 안에 들어갈 숫자를 모두 합하면 얼마인가?

> 계약 건당 (   )만불 초과 D/A 방식 또는 O/A 방식에 의한 수출거래로서 결제기간이 물품의 선적 후 또는 수출환어음의 일람 후 (   )년을 초과하는 경우

① 6   ② 7
③ 8   ④ 9

17 다음 제3자 지급등의 방법 중 신고예외 거래대상이 <u>아닌</u> 것은?   [2점]

① 거래당사자인 거주자가 제3자인 비거주자에게 지급하는 경우
② 거래당사자인 거주자가 제3자인 비거주자로부터 영수하는 경우
③ 거래당사자인 거주자가 제3자인 거주자에게 지급하는 경우
④ 제3자인 거주자가 거래당사자인 비거주자로부터 영수하는 경우

18 다음 중 일반해외여행자가 1만불을 초과하는 대외지급수단을 휴대수출하여 지급하는 경우 신고대상기관으로 옳은 것은?

① 지정거래 외국환은행의 장
② 한국은행총재
③ 관할세관의 장
④ 국세청장

19 지급수단등의 수출입에 대한 내용으로 옳지 <u>않은</u> 것은?

① 지급수단등이란 대외지급수단, 내국지급수단, 원화증권 및 외화증권이 해당되며, 채권은 제외된다.
② 미화 1만불 이하의 지급수단등을 수입하는 경우 신고를 요하지 않으나, 1만불 계산에서 원화당좌수표는 제외한다.
③ 약속어음, 환어음, 신용장을 수입하는 경우에는 금액에 관계없이 신고를 요하지 않는다.
④ 일반해외여행경비 또는 단체해외여행경비의 경우 1만불 초과 휴대출국 시 외국환신고(확인)필증이 발행·교부된다.

20 거주자계정에 대한 설명으로 옳지 <u>않은</u> 것은?

① 거주자에는 외국인거주자의 개인사업자계정이 포함된다.
② 외국으로부터 타발송금된 외화자금이나 대외지급이 인정된 외화자금으로 자금의 출처를 확인하여 제한적으로 예치가 가능하다.
③ 외화재원으로 동일자 2만불 초과 예치 시 취득경위 입증서류를 제출하여야 하며, 미제출 시 이전거래로 간주된다.
④ 동일자 1만불 초과 외화현찰이나 여행자수표(T/C)로 인출 시에는 국세청장에게 통보된다.

21 다음 중 비거주자 자유원계정과 비거주자 원화계정에 대한 설명으로 옳지 <u>않은</u> 것은? [2점]

① 비거주자 자유원계정은 비거주자가 개설하는 원화계정으로 대외송금에 제약이 없고, 예치에 제한이 있다.

② 외국인거주자는 비거주자 자유원계정의 개설은 가능하나, 비거주자 원화계정의 개설은 허용되지 않는다.

③ 비거주자 원화계정은 비거주자가 국내에서 취득한 원화자금이면 모두 자유롭게 예치할 수 있다.

④ 비거주자 원화계정은 내국지급수단으로 인출하거나 다른 모든 원화계정으로 이체가 가능하며, 원금 및 발생이자의 해외송금에 제한이 없다.

22 다음은 해외예금 신고에 대한 내용이다. 괄호 안에 알맞은 말을 순서대로 나열한 것은? [2점]

거주자가 국내에서 송금한 자금으로 건당 미화 5만불을 초과하여 예치하고자 하는 경우에는 (   )에게 예금거래 신고를 하고, 5만불 이하로 예치하고자 하는 경우에는 (   )에게 신고하여야 한다.

① 한국은행총재 – 지정거래 외국환은행의 장

② 기획재정부장관 – 외국환은행의 장

③ 한국은행총재 – 기획재정부장관

④ 지정거래 외국환은행의 장 – 한국은행총재

23 다음 중 해외차입의 신고기관에 대한 연결이 잘못 짝지어진 것은? [2점]

① 영리법인의 과거 1년 누계 5천만불 이하 외화차입 – 외국환은행

② 영리법인의 과거 1년 누계 5천만불 초과 외화차입 – 한국은행

③ 정유·액화천연가스 수입업자의 외화차입 – 외국환은행

④ 개인(개인사업자 포함) 및 비영리법인의 외화차입 – 한국은행

24 다음은 교포 등에 대한 여신에 대한 내용이다. 괄호 안에 알맞은 말을 올바르게 나열한 것은?

교포 등에 대한 여신에서 차주 동일인 (   )만불까지는 (   )의 신고로 처리한다.

① 10 – 한국은행

② 50 – 지정거래 외국환은행

③ 10 – 지정거래 외국환은행

④ 50 – 한국은행

25 다음 중 거주자가 해외 골프회원권이나 기타 이용권을 취득하고자 하는 경우에 신고대상기관으로 옳은 것은?

① 기획재정부

② 한국은행

③ 외국환은행

④ 금융위원회

26 다음 중 증권의 발행에 대한 설명으로 옳지 <u>않은</u> 것은?

① 거주자가 국내에서 외화증권을 발행하고자 하는 경우에는 신고를 요하지 아니한다.

② 영리법인이 과거 1년간 누계 미화 3천만불까지 해외에서 증권을 발행하고자 하는 경우에는 지정거래 외국환은행에 신고하여야 한다.

③ 비거주자가 외국에서 원화증권(원화연계증권 포함)을 발행하고자 하는 경우에는 기획재정부장관에게 신고하여야 한다.

④ 거주자가 외국에서 원화증권을 발행하고자 하는 경우에는 지정거래 외국환은행의 장에게 신고하여야 한다.

27 외국인이 상장유가증권에 투자하고자 하는 경우 금융감독원에 투자등록증 발급신청을 하여 투자자등록번호(ID)를 부여받아야 한다. 다음 중 투자자등록이 필요한 자는? [2점]

① 외국인비거주자

② 국민인 거주자

③ 국민인 비거주자

④ 외국인거주자

28 다음 중 해외부동산 취득의 내신고(수리)절차에 대한 설명으로 옳지 <u>않은</u> 것은?

① 신고수리 한도금액은 매매대금의 10% 이내로서 최대 미화 20만불까지이다.

② 내신고수리를 받은 자는 내신고수리일로부터 3개월 이내에 본신고를 하거나 불이행 시 지급된 자금을 국내로 회수하여야 한다.

③ 해외부동산 분양대금의 청약 또는 매매물건이 확정되었으나 부득이한 사유로 인하여 해외부동산 매매계약서를 제출할 수 없는 경우에 한하여 내신고(수리)할 수 있다.

④ 매매계약서, 내신고수리서, 감정평가서, 납세증명서 등 기본제출서류일체와 추가제출서류인 현지모기지론 관련서류 등을 제출하여야 한다.

29 다음 중 외국기업 국내지사의 영업기금으로 인정할 수 <u>없는</u> 경우로만 모두 묶은 것은? [2점]

| 가. 지정거래 외국환은행을 통해 자금을 영수한 경우 |
| 나. 휴대수입한 자금의 경우 |
| 다. 외화자금인 경우 |
| 라. 송금처가 본사가 아닌 경우 |

① 가, 다

② 가, 라

③ 나, 라

④ 다, 라

30 다음 중 현지금융의 수혜를 받을 수 있는 경우는?

① 국내개인이 해외투자한 경우

② 국내법인이 해외투자한 경우

③ 비독립채산제지점

④ 해외사무소

31 다음 중 해외직접투자의 신고절차에 대한 설명으로 옳지 <u>않은</u> 것은?

① 해외직접투자 시 투자자별로 거래외국환은행에 지정등록한다.

② 일반법인은 투자금액에 제한이 없으나, 개인(개인사업자 포함)은 연간 누계 100만불 이하로 투자금액이 제한된다.

③ 공동투자 시 투자비율이 각각 10% 미만인 경우 반드시 1개의 지정거래은행에서 동시에 신고하여야 한다.

④ 해외직접투자 신고 시 신고필증을 교부하며, 유효기간은 신고일로부터 1년까지이다.

32 다음 중 해외직접투자와 해외지사를 비교한 내용으로 옳지 <u>않은</u> 것은?

① 해외직접투자의 경우 개인은 투자가 가능하나, 비영리법인은 제한적으로만 투자가 가능하다.

② 해외지사의 경우 개인은 투자가 불가하나, 비영리단체는 지점만 투자가 가능하다.

③ 해외직접투자의 경우 주채권은행, 여신최다은행 순으로 거래은행을 지정한다.

④ 해외사무소는 무역업을 신고한 법인으로 1년을 경과하거나, 과거 1년간 30만불 이상 외화획득 여부 등으로 자격을 확인한다.

33 다음 중 외국인투자의 대상인 것은? (투자금액은 1억원 이상임)　　　　　　　　　　　　　[2점]

① 미국인의 한국 법인에 대한 투자비율이 9%인 경우로서, 다른 경제관계는 없는 경우

② 중국인의 한국 법인에 대한 투자비율이 7%이고, 임원이 아닌 직원을 파견한 경우

③ 일본인의 한국 법인에 대한 투자비율이 5%이고, 향후 6개월간 원자재 공급계약을 체결하는 경우

④ 캐나다인의 한국 법인에 대한 투자비율이 3%이고, 기술의 제공 및 공동연구개발계약을 체결한 경우

34 다음 중 외국인 직접투자의 절차에 대한 설명으로 옳지 <u>않은</u> 것은?

① 투자신고 시 개인은 여권, 법인은 영업허가서 등의 실명증표로서 외국인투자자임을 증명하여야 한다.

② 외국인투자자가 국내에서 대출받은 자금으로 출자하는 경우에는 외자도입으로 볼 수 없다.

③ 수탁은행본점은 타발송금, 휴대수입자금, 대외계정예치자금 등 출자목적물이 정당한 외자의 도입인지를 확인하여야 한다.

④ 외국인투자신고절차는 수탁은행본점이 외국인투자기업등록증명서를 발행·교부함으로써 종료된다.

35 미국기업이 국내 A기업으로부터 컴퓨터시스템설계 자문 서비스를 받고 컨설팅료를 지급한 경우 수출입실적 확인 및 증명을 받을 수 있는 곳으로 가장 적절한 것은?　　　　　　　　　　　　[2점]

① 외국환은행

② 한국무역협회

③ 대한무역투자진흥공사

④ 산업자원부

제2과목 ▪ 외국환거래실무

* 배점 : 30점(1점×20문제, 2점×5문제)

36 다음 중 외화자금관리에 대한 설명으로 옳지 <u>않은</u> 것은?

① 외화자금은 안정성, 유동성, 수익성의 세 가지 원칙하에 관리되어야 하며, 자금예치 시 안정성을 우선적으로 고려하여야 한다.

② 단기자금의 경우 주로 외화예금 또는 국내 외화자금 시장에서 조달하는 Call Money 등으로 조달한다.

③ 중장기자금 조달의 경우 국제 금융시장에서 증권발행 또는 차입금 등의 형태로 자금을 조달한다.

④ 은행 간 외화대출금은 외화콜론과 은행 간 외화대여금으로 구분되는데, 외화콜론은 만기가 90일을 초과하는 대여금을 말한다.

37 다음 중 외화 유동성리스크 관리에 대한 설명으로 옳지 <u>않은</u> 것은?

① 국내지점, 해외지점, 해외현지법인의 모든 자산과 부채를 대상으로 한다.

② 선진국 내에서도 유동성리스크량의 계량적 측정방법이 정립되지 않아서 유동성 관련 비율 또는 유동성갭 등의 지표를 이용한다.

③ 유동성갭 비율은 만기구간별로 배분되는 자산에서 부채를 차감하여 구한 유동성갭을 자산으로 나누어 산출한다.

④ 스왑거래 중 미결제 통화선도 계약분은 외화자산과 부채의 범위에 해당하지 않는다.

38 다음 중 SWIFT를 통한 외신관리에 대한 설명으로 옳은 것은?

① SWIFT는 보안성과 신속성이 뛰어나나, TELEX에 비해 비용이 비싸다.

② SWIFT는 전문내용이 표준화되어 있고, 전문분류 등이 시스템에 의해 자동으로 처리된다.

③ 송금은행이 지급은행으로 고객의 송금사실을 통지하는 경우에는 전신문 MT202를 사용한다.

④ 전신문 MT103의 경우 추심거래에 따른 대금 지급지시 전신문으로 사용할 수 있다.

39 다음 중 외국환대사에 대한 설명으로 옳지 <u>않은</u> 것은?

① 외국환대사란 은행 간의 거래내역을 확인하여 예치환거래은행별, 통화별로 거래내용을 일치시켜 나가는 일련의 과정을 의미한다.

② 당방거래의 입출금기록과 상대은행의 거래내역이 일치하지 않아, 정리가 되지 않고 남아있는 환을 미달환이라고 한다.

③ "We debited but they didn't credit."은 당방은행이 선방은행 계좌에 대기처리하였으나, 선방은행에서 차기하지 않은 경우를 말한다.

④ 미달환은 착오나 누락에 의해서도 발생이 되므로 지속적인 사후관리가 필요하다.

40 다음 중 대외계정을 개설할 수 <u>없는</u> 사람은?

① 비거주자

② 순수 개인자격의 외국인거주자

③ 개인사업자 자격의 외국인거주자

④ 대한민국 정부의 재외공관 근무자

41 다음 중 외화예금의 종류에 대한 설명으로 **틀린** 것은? [2점]

① 외화보통예금의 결산은 연 2회 또는 4회 실시하며, 결산이자는 결산일에 원금에 더한다.

② 외화별단예금은 장기 미결된 외화송금, 수취인 불명의 외화송금, 기타 일시적인 외화예수금을 대상으로 하며, 원칙적으로 이자를 지급하지 않는다.

③ 외화정기예금은 은행 입장에서 안정적인 단기 외화자금을 조달할 수 있으며, 고객 입장에서는 외화자금 운용수단으로 사용한다.

④ 외화당좌예금은 원칙적으로 이자를 지급하지 않으며, 원화당좌예금과 달리 수표나 어음을 지급하지 않는다.

42 다음 중 당발송금에 대한 설명으로 **틀린** 것은?

① 해외송금 시 송금의뢰인에 대한 실명을 확인해야 한다.

② 유럽지역으로 송금 시 송금신청서에 ROUTING NO. 코드를 기재해야 한다.

③ 외국환은행은 해외송금이 자금세탁을 위한 거래인지 등에 대해 세심한 주의를 기울여야 한다.

④ 송금의뢰인에게 퇴결대금을 원화로 지급할 경우 적용되는 환율은 지급시점의 대고객 전신환매입율이다.

43 다음 중 타발송금 지급 시 업무처리방법에 대한 설명으로 옳은 것은?

① 외국인 또는 비거주자가 내국지급수단을 대가로 외국으로부터 수령(영수)한 대외지급수단을 매입하는 경우로서 처분목적을 알 수 없는 경우 이전 거래로 간주하여 매입이 가능하다.

② 타발송금 지급 시에는 증빙서류의 징구 없이 취득사유만 확인하도록 한다.

③ 외국인거주자를 제외한 거주자가 미화 10만불 초과 대외지급수단을 수령(영수)하는 경우로서 취득경위를 입증하는 서류를 제출하지 않은 경우에는 영수확인서를 받고 해외재산반입으로 간주하여 매입이 가능하다.

④ 국내에 있는 외국정부의 공관과 국제기구, 외국환업무취급기관 및 환전영업자가 영수하는 경우에는 취득경위 입증서류 제출이 생략 가능하다.

44 다음 중 거주자에 대한 외국통화 매각사유로 옳지 **않은** 것은?

① 해외여행경비 지급

② 해외체재자 및 해외유학생 경비 지급

③ 외국인거주자에 대한 소지목적매각

④ 해외이주예정자의 해외이주비 지급

45 다음 중 환전영업자의 외국환업무에 대한 설명으로 옳은 것은?

① 환전영업자란 외국통화의 매입 또는 매도, 해외에서 발행된 여행자수표의 매입업무만을 수행하기 위해 외국환은행에 등록한 자를 말한다.

② 국내 거주자인 개인이나 법인은 누구나 환전영업자가 될 수 있으며, 반드시 영업장을 가지고 있어야 하는 것은 아니다.

③ 환전업무 등록 내용 중 환전영업자의 명칭, 영업장 소재지를 변경하고자 하는 경우에는 변경신고를 할 필요가 없다.

④ 환전영업자는 환전장부 사본을 매 반기별로 다음 달 10일까지 관세청장에게 제출하여야 한다.

46 다음 중 외화수표에 대한 설명으로 옳지 <u>않은</u> 것은?

① 은행수표(Banker's Check, Cashier's Check)는 환거래은행이 발행한 수표로서 우리나라의 자기앞수표와 유사하다.

② 머니 오더(Money Order)는 수표발행 신청인이 액면 금액과 수수료를 지불하면 발행하여 주는 수표이다.

③ 국고수표(Treasury Check)는 각 국가의 재무성이 발행하는 수표이고 유효기간은 발행일로부터 6개월이다.

④ 개인수표(Personal Check)는 예금주가 은행을 지급인으로 발행한 수표이다.

47 다음 중 외화수표의 부도관리에 대한 설명으로 옳지 <u>않은</u> 것은?

① 해외 지급은행에서 부도사실을 통지받거나, 추심 전 매입한 외화수표가 대외 발송일로부터 60일까지 입금되지 않는 경우 부도로 등록하고 관리하여야 한다.

② 부도 등록사유가 발생하면 본부 주무부서는 부도사실을 전산 등록하고 매입의뢰인에게 통지하여야 한다.

③ 추심 전 매입한 외화수표가 부도처리된 경우 즉시 매입의뢰인으로부터 부도대금의 원금과 이자를 회수한다.

④ 부도대금 원금을 원화로 회수할 경우에는 회수 당시의 전신환매도율을 적용한다.

48 외화수표에 대한 설명으로 옳은 것은? [2점]

① 미 재무성 수표의 유효기간은 발행일로부터 6개월이다.

② 캐나다 국고수표, 미 재무성 국고수표는 추심 전 매입만 가능하다.

③ 수표발행인은 외화수표의 뒷면 배서 위조의 경우 지급일로부터 5년 이내에는 언제든지 지급은행에 이의를 제기하여 부도처리할 수 있다.

④ 추심 전 매입한 외화수표가 예정대체일로부터 3개월이 경과할 때까지 입금되지 않은 경우에는 사후관리를 하여야 한다.

49 다음 중 국제금융시장에 대한 설명으로 옳지 <u>않은</u> 것은?

① 국제적으로 또는 국가 간에 직접적으로 또는 금융기관을 통하여 간접적으로 장단기 금융거래가 대량적, 반복적으로 이루어지는 시장을 의미한다.

② 중장기 자본시장은 일반은행 주도하에 주로 금융중개에 중점을 둔 간접금융 형태를 취한다.

③ 외환시장에서는 교역국 간의 타국가의 통화 교환을 통하여 실제 환율을 결정해주고 국가 간의 구매력 이전을 가능하게 함으로써 국제수지 및 국제투자를 원활하게 해준다.

④ 단기금융시장은 이자율이 완전경쟁하에서 결정되기 때문에 자금의 효율적 배분 및 사용을 촉진해주고 금융의 자동조절기능이 발휘될 수 있는 여건을 마련해 준다.

50 다음 중 3개의 행사가격과 4개의 서로 다른 만기손익구조 구간으로 구성되는 통화옵션 합성상품은?

① 레인지 포워드(Range Forward)

② 타겟 포워드(Target Forward)

③ 시걸 옵션(Seagull Option)

④ 인핸스드 포워드(Enhanced Forward)

51 다음 중 뮤추얼펀드와 수익증권을 비교한 내용으로 옳지 <u>않은</u> 것은? [2점]

① 뮤추얼펀드의 투자자는 회사의 주주이나, 수익증권의 투자자는 수익자이다.

② 뮤추얼펀드는 증권투자회사가 발행하나, 수익증권은 투자신탁운용회사가 발행한다.

③ 뮤추얼펀드는 법인(주식회사)의 형태로 설립되나, 수익증권은 신탁관계를 기초로 설립된다.

④ 뮤추얼펀드(개방형)의 경우 투자자가 판매회사를 통해 주식운용사에 환매청구함으로써 환매할 수 있고, 수익증권은 투자자가 판매회사에 펀드를 매도함으로써 환매할 수 있다.

52 다음 중 해외펀드상품 중 펀드 오브 펀드에 대한 설명으로 옳지 <u>않은</u> 것은? [2점]

① 적은 비용으로 다양한 펀드에 투자할 수 있다.

② 환율의 영향을 거의 받지 않아 환위험을 헤지할 수 있다.

③ 여러 개의 펀드에 분산투자함으로써 집중투자 시 발생하는 컨트리 리스크를 분산시킬 수 있다.

④ 대부분 수익률과 안정성이 뛰어난 펀드를 대상으로 하므로 중장기 투자일 경우 높은 수익을 기대할 수 있다.

53 다음 중 만기 때 주가지수가 설정일보다 높거나 같으면 미리 설정된 수익률을 지급하는 ELS펀드의 워런트 유형은 무엇인가?

① 낙아웃형

② 디지털형

③ 불스프레드형

④ 리버스컨버터블형

54 다음은 어떤 외국환계정에 대한 설명인가?

> 외국환은행이 고객으로부터 받은 송금대금 또는 여행자수표 판매대금 등이 외국에서 실제 지급되거나 위탁은행에 동 대금이 결제되기 전까지 그동안에 발생한 대외채무를 잠정적으로 처리하는 경과계정과목이다.

① 매입외환

② 매도외환

③ 미결제외환

④ 미지급외환

55 다음 중 신용위험부담 보상적 성격의 수수료만으로 모두 묶인 것은? [2점]

> 가. 수출신용장 통지수수료
> 나. 수입신용장 개설수수료
> 다. 수출신용장 확인수수료
> 라. 내국신용장 취급수수료
> 마. 수입물품선취보증료(L/G보증료)

① 가, 다, 마   ② 가, 라, 마

③ 나, 다, 라   ④ 나, 다, 마

56 환포지션의 조정에 대한 내용으로 옳지 <u>않은</u> 것은?

① 건별로 Cover거래를 하지 않은 포지션의 환매 처리 후 잔액포지션에 대해 당일 매매기준율로 본부와 반대거래를 하는 것을 일괄 Cover거래라고 한다.

② 외국환은행의 외국환 매입과 매도를 통하여 환포지션의 불균형을 자동적으로 조정하는 방법을 환매리(Exchange Marry)라고 한다.

③ 건별 Cover거래 시 포지션 조정시점에 영업점 외환매매손익이 확정된다.

④ 일괄 Cover거래 시 영업점 외환매매손익은 일계마감 후 포지션 Cover 종료 시 확정되며, 이 경우 일중 환율변동에 따른 환리스크는 본부가 부담한다.

57 다음 중 수출환어음 매입 및 추심에 대한 설명으로 옳지 <u>않은</u> 것은?

① 수출환어음 매입(추심)일자는 선적일자, 수출신고필증일자보다 앞서야 한다.

② 매입은행이 신용장상의 지정은행이 아닌 경우 매입은행을 지정은행으로 조건변경 또는 자유매입신용장으로 조건변경 후 취급하여야 한다.

③ 매입은행을 지정은행으로 조건변경할 수 없는 경우 추심 후 지급이 원칙이다.

④ 수출환어음의 매입 시 매입절차를 완료하기 전에 매입신청자에게 미리 매입대금을 지급해서는 안 된다.

58 다음 중 수입신용장 만기일 연장에 대한 설명으로 옳은 것은?

① 일람불 L/C의 경우 원칙적으로 최초 만기일 후 180일 이내에서 만기일 연장이 가능하다.

② 일람불 L/C의 경우 서류제시은행을 통한 수출자의 연장동의 전문을 접수한 후에 만기일 연장이 가능하다.

③ Banker's Usance L/C의 경우 인수은행의 동의가 없다면 당초 어음기간을 포함하여 180일 이내에 만기일 연장이 가능하다.

④ Shipper's Usance L/C의 경우 만기 2주일 전까지 서류제시은행을 통한 수출자의 연장동의 전문 접수 후 만기일 연장이 가능하다.

59 다음 중 해외직접투자 시 투자자의 자격이 있는 자는?

① 신용불량자

② 조세체납자

③ 해외이주 수속 중인 개인

④ 국내법인

60 다음 중 한국은행에 신고하지 <u>않아도</u> 되는 경우는?

① 거주자가 제3자 지급등을 하고자 하는 경우

② 거주자가 비거주자로부터 외화증권을 취득하는 경우

③ 국민인 거주자가 1만불을 초과하는 지급수단을 휴대수출하는 경우

④ 비거주자가 거주자로부터 원화차입 후 대외지급을 위해 외국환매입거래를 하는 경우

제3과목 ▪ 환리스크관리

*배점 : 20점(1점×20문제)

61 외환시장에 대한 설명으로 옳지 <u>않은</u> 것은?

① 외환시장에서는 한 나라의 통화에 대한 상대국의 통화의 교환비율인 환율이 가격으로 표시된다.

② 외환시장은 외환거래에 대한 규제완화와 전자통신 기술의 발전으로 인하여 모든 시장정보와 가격결정 매커니즘이 동조화되어 가는 현상이 심화되고 있다.

③ 외환시장 참가자는 주말 및 공휴일을 포함하여 하루 24시간 끊임없이 거래를 할 수 있다.

④ 외환시장에서는 교역상대국이 다양해짐에 따라 달러를 경유하지 않는 크로스거래도 활성화되고 있는 추세이다.

62 달러/원 환율 변동요인 중 가장 거리가 <u>먼</u> 것은?

① 외국인의 국내 직·간접 투자

② 단기자금시장 동향

③ 외환당국의 외환정책 및 의지

④ 기업의 수급 및 거주자 외화예금 동향

63 다음 사례에 해당하는 환리스크는 무엇인가?

> A수출기업은 미국에 있는 B수입기업과 무역계약을 체결하였다. 이 계약은 A수출기업이 생산하는 원가 2,000원인 제품을 1백만개 수출하고 3개월 후에 2백만달러를 수취하는 조건이다. 현재, 같은 만기의 선물환율이 1,030원으로 거래되고 있어 향후 3천만원의 이익이 예상된다. 그러나 3개월 후에 수출대금을 수취할 때 환율이 1,010원으로 떨어지면 이전에 예상했던 이익을 달성하지 못한다.

① 거래환리스크   ② 영업환리스크

③ 환산환리스크   ④ 무역환리스크

64 다음 환리스크관리기법 중 내부적 관리기법에 대한 설명으로 옳지 <u>않은</u> 것은?

① 기업에서 별도의 커버거래 없이 내부적인 재무관리를 통해 환리스크를 본원적 또는 사전적으로 예방 및 축소하려는 환리스크관리기법을 의미한다.

② 상계는 기업의 본사와 지사 또는 지사 상호 간의 채권·채무를 일정 기간 경과 후 상계차감하여 잔액만을 결제하는 기법을 말한다.

③ 매칭은 자금수급의 결제기간을 인위적으로 조정하여 외화자금의 현금흐름을 일치시킴으로써 외화자금 현금흐름의 불일치에서 발생하는 외환차손 위험을 제거하는 기법을 말한다.

④ 통화 포트폴리오 전략은 수출입을 영위하는 기업이 자신이 원하는 통화로 무역거래를 할 수 있을 때만 가능한 전략이므로 한계가 있다.

65 다음 중 환리스크관리조직에 대한 설명으로 옳지 <u>않은</u> 것은?

① 회사 전체적인 입장에서 환리스크를 관리할 수 있고 다양한 외부적 및 내부적 관리기법을 효율적으로 사용할 수 있는 조직은 집중식 관리조직이다.

② 분산식 관리조직은 환리스크를 각 영업단위가 일정한 원칙에 따라 자율적으로 관리해나가는 조직이다.

③ 전문인력에 의해 불필요한 외부적 관리기법을 이용하는 거래를 막을 수 있고 규모의 경제를 통한 대은행 교섭력 등에 유리한 조직은 절충식 관리조직이다.

④ 사내선물환제도는 전문부서에서 기업 전체의 환익스포저를 신속·정확하게 파악하고 이를 관리함으로써 각 영업부서의 본연의 사업행위를 안정적으로 수행할 수 있도록 하는 제도이다.

66 다음 중 계약일에 선물환율을 정하고 만기일에 전일 매매기준율과 선물환율과의 차액만을 주로 달러를 통해 정산하는 거래를 무엇이라 하는가?

① 선물환거래
② 외환스왑
③ NDF거래
④ 통화옵션

67 선물환율에 대한 설명으로 옳지 <u>않은</u> 것은?

① 선물환율은 선물환거래에 적용되는 환율로서 만기일에 두 통화를 교환하는 비율을 의미한다.
② 선물환율은 현물환율과 두 통화의 이자율 차이를 환율로 표시한 스왑포인트에 의해 결정된다.
③ 스왑포인트는 절대값으로 산출되므로 선물환율은 항상 현물환율보다 높다.
④ 기준통화(FC)의 이자율이 가변통화(VC)의 이자율에 비해 낮을 경우를 프리미엄이라고 한다.

68 USD/KRW에 대하여 은행 간 현물환시장과 외환스왑시장에서 다음과 같이 고시하고 있다면, A기업이 3개월 만기로 달러를 대가로 원화를 매입할 수 있는 선물환율은 얼마인가?

| USD/KRW 현물환율 | 1018.63/73 |
| USD/KRW 3개월 스왑포인트 | -53/-50 |

① 1018.10   ② 1018.26
③ 1018.29   ④ 1018.48

69 외환스왑의 조건에 대한 설명으로 옳지 <u>않은</u> 것은?

① Near date에 기준통화 또는 가변통화를 매입 또는 매도한다.
② Near date와 Far date에 각각 반대방향으로 거래되는 기준통화의 금액은 같다.
③ Near date와 Far date의 거래가 동시에 체결된다.
④ 외환스왑의 거래상대방은 반드시 동일해야 한다.

70 통화선물에 대한 설명으로 옳지 <u>않은</u> 것은?

① 통화선물은 선도계약과 달리 거래소에서 지정한 표준화된 선물계약을 기준으로 거래가 이루어진다.
② 통화선물은 소액의 증거금만으로도 현물거래와 동일한 금액의 거래를 할 수 있어 투자금액에 대한 기대수익률이 매우 높은 레버리지 효과를 누릴 수 있다.
③ 주문증거금은 일반적으로 현금 이외의 방법으로는 예치가 불가능하다.
④ 거래소에서 매일매일 가격변동에 따른 매입자와 매도자의 손익으로부터 발생되는 일일대차를 0으로 만드는 일일정산제도가 적용된다.

71 한국거래소에 상장되어 있는 주요 통화선물의 계약조건에 대한 설명으로 옳지 <u>않은</u> 것은?

① 미국달러선물의 거래단위는 US$10,000이며, 최소가격변동금액은 1,000원이다.
② 미국달러선물 및 엔선물의 결제방법은 차액결제 방식이다.
③ 엔선물의 거래시간은 09:00~15:45이며, 최종거래일의 경우 09:00~11:30이다.
④ 유로선물의 가격표시는 1유로당 원화이며, 최소가격변동폭은 0.10원이다.

72 다음의 괄호에 들어갈 내용으로 적절하게 나열된 것은?

> 선물시장의 구조 자체가 가격변동의 위험을 원하지 않는 (　　　)로/으로부터 가격변동 위험을 감수하면서 보다 높은 이익을 추구하려는 (　　　)로/으로의 이전을 가능하게 하는 것을 위험전가 기능이라 한다.

① 중앙은행 – 브로커
② 헤저 – 투기자
③ 투기자 – 브로커
④ 헤저 – 중앙은행

73 다음 중 스왑에 대한 설명으로 옳지 않은 것은?

① 스왑은 신용도가 높은 금융기관이나 기업만 사용할 수 있다.
② 이자율 및 환리스크를 관리하는 헤지 목적 이외에도 자금조달비용 절감이나 자산부채관리 차원에서도 스왑을 활용하고 있다.
③ 스왑브로커는 상대방에 대한 신용위험과 시장위험을 적극적으로 감수하면서 Market Maker로서의 역할을 한다.
④ 통화스왑은 하나의 금융계약이기 때문에 초기 원금교환, 이자교환 및 만기 원금교환의 현금흐름으로 이루어진다.

74 A기업은 자산을 미국달러로 보유하려고 한다. USD FRN을 직접 투자하는 것 대신에 EUR Bond를 매입하고 EUR/USD 통화스왑을 통해 환리스크 및 금리리스크를 헤지하는 방법을 택한다면 얻을 수 있는 이익은 얼마인가? (단, Conversion Factor는 고려하지 않음)

> • EUR Bond : 만기 3년, 연 2%
> • USD FRN : 만기 3년, 6M 변동금리 + 0.5%
> • EUR/USD 현물환율 : 1.20
> • EUR/USD 통화스왑 가격
> 　: EUR 연 2%, 6M 변동금리 + 1%

① 0.5%　　　　　② 0.7%
③ 0.9%　　　　　④ 1.1%

75 국내의 A은행이 달러를 보유하기 위하여 달러 변동금리채권에 투자할 경우, USD/KRW 환리스크 및 금리리스크를 모두 헤지할 수 있는 통화스왑조건으로 가장 적절한 것은?

① 달러 고정금리 지급, 원화 변동금리 수취
② 달러 변동금리 지급, 원화 고정금리 수취
③ 달러 고정금리 지급, 원화 고정금리 수취
④ 달러 변동금리 지급, 원화 변동금리 수취

76 옵션에 대한 설명으로 옳지 않은 것은?

① 콜옵션 매입이란 매입자가 매도자로부터 기초자산을 약정된 기일에 약정된 가격으로 매입할 수 있는 권리를 가지는 상품이다.
② 통화옵션의 행사가격이 통화옵션의 만기와 동일한 만기를 가진 선물환율과 같은 수준으로 설정되는 경우를 등가격 상태라 한다.
③ 옵션계약일로부터 만기일 중 언제라도 권리행사가 가능한 옵션을 아메리칸 옵션이라 한다.
④ 옵션프리미엄은 옵션매입자가 매도자에게 옵션거래에 대한 대가로 지불하게 되는 비용으로서, 옵션계약일 당일에 지급된다.

77 현재 외환시장에서 달러/원 3개월 만기 선물환율이 1,060원에 거래되고 있을 경우 달러옵션 행사가격이 1,200원인 풋옵션을 프리미엄 300원에 매수하였다. 이 옵션은 어떤 상태에 있는 옵션인가?

① 내가격(In-The-Money) 옵션
② 외가격(Out-of-The-Money) 옵션
③ 등가격(At-The-Money) 옵션
④ 심외가격(Deep out-of-The-Money) 옵션

78 통화옵션 프리미엄을 결정하는 요소로 모두 묶인 것은?

| 가. 환율변동성 |
| 나. 행사가격 |
| 다. 옵션계약수 |
| 라. 현물환율 |
| 마. 스왑포인트 |

① 가, 나, 라

② 다, 라, 마

③ 가, 나, 라, 마

④ 가, 나, 다, 라, 마

79 통화옵션 전략에 대한 설명으로 옳지 않은 것은?

① 레인지 포워드 전략은 만기환율이 일정 범위 내에서 좁게 형성될 것으로 예측되는 경우 수출기업이 활용할 수 있는 전략으로, 수입기업은 활용할 수 없다는 한계가 있다.

② 타겟 포워드 전략은 선물환율보다 유리한 계약환율로 일정 금액을 헤지할 수 있다.

③ 배리어 포워드 전략은 만기일 환율이 배리어에 도달하면 낙아웃 또는 낙인되면서 불확실성이 커질 수 있는 전략이다.

④ 낙아웃 포워드 전략은 만기일에 환율이 배리어에 도달하지 않으면 일반 선물환율보다 유리한 계약환율로 거래할 거래할 수 있는 전략이다.

80 3개월 만기 달러/원 선물환율이 1,070원일 때 행사가격이 1,080원인 외가격 달러 콜옵션을 매입하고 행사가격이 1,060원인 외가격 달러 풋옵션을 매도하여 Zero Cost로 레인지 포워드 전략을 수립한 수입기업에 대한 다음 설명 중 옳지 않은 것은?

① 향후 환율이 일정 범위 내에서 안정적일 것으로 예상할 때 사용하는 전략이다.

② 만기일에 달러/원 환율이 1,030원이 되면 달러를 1,060원에 매입하여 결제할 수 있다.

③ 만기일에 달러/원 환율이 1,070원이 되면 달러를 1,080원에 매입하여 결제할 수 있다.

④ 만기일에 달러/원 환율이 1,100원이 되면 달러를 1,080원에 매입하여 결제할 수 있다.

제1회 적중 실전모의고사

제1과목 ▪ 외환관리실무

1 ④	2 ①	3 ③	4 ②	5 ③
6 ①	7 ①	8 ③	9 ③	10 ④
11 ②	12 ③	13 ①	14 ②	15 ②
16 ③	17 ③	18 ②	19 ④	20 ④
21 ①	22 ①	23 ③	24 ④	25 ①
26 ④	27 ②	28 ②	29 ③	30 ②
31 ①	32 ②	33 ③	34 ③	35 ②

제2과목 ▪ 외국환거래실무

36 ①	37 ④	38 ④	39 ③	40 ②
41 ④	42 ①	43 ④	44 ①	45 ②
46 ①	47 ②	48 ②	49 ①	50 ②
51 ②	52 ②	53 ④	54 ④	55 ①
56 ④	57 ②	58 ④	59 ②	60 ②

제3과목 ▪ 환리스크관리

61 ④	62 ④	63 ②	64 ②	65 ④
66 ②	67 ②	68 ④	69 ②	70 ③
71 ④	72 ③	73 ④	74 ③	75 ②
76 ③	77 ③	78 ④	79 ②	80 ②

제1과목 ▪ 외환관리실무

[1~6] 외국환거래 총론

1 외국에 있는 개인과 외국에 본사를 두고 있는 법인의 내국통화거래에서 외국환거래법이 적용된다.

2 환전영업자의 등록 및 변경, 폐지, 취소 관련 업무는 관세청이 담당한다.

3 국내에 있는 외국정부의 공관에 근무하는 외교관은 비거주자에 해당한다.

4 투자수익은 경상거래 중 무역외거래(소득·이자)에 해당한다.

5 여행경비 등 지급수단등의 수출입 관련 휴대출입국 시에는 관할세관에 신고하여야 한다.

6 법인을 위하여 해당 소속 임직원이 대리하여 신고인이 되는 경우에는 그 대리인이 신고인이 될 수 있으므로 대리위임장을 제출할 필요가 없다.

[7~12] 외국환은행의 외국환매매와 대출 및 보증등 / 전문외국환업무취급업자의 외국환업무

7 전신환 매입률에 대한 설명이다. 전신환 매도율은 고객의 원화를 대가로 외화현찰이 아닌 외화를 매도하는 것으로, 주로 전신환으로 해외 외화송금 시에 적용한다.

8 외국환은행은 영수확인서를 5년간 보관하여야 한다.

9 외화현찰은 물론 여행자수표도 매각 가능하다. 2002년 7월 여행자수표의 매각을 허용하여 해외여행 예정자도 사전에 외화를 환전하여 보관하다가 필요시에 사용할 수 있게 되었다.

10 비거주자 원화대출에서 동일인 기준 대출액이 10억원 이하인 경우는 신고예외사항에 해당한다.

11 직전 회계연도 중 역외외화자산평잔의 10% 범위 내에서 자금이체를 하는 경우 기획재정부장관의 허가를 받지 않아도 된다.

12 환전영업자의 동일자 2천불 초과 외국환 매각은 비거주자에게만 가능하고, 비거주자가 당초 매각한 실적 범위 내에서 재환전만 가능하다.

[13~16] 지급과 영수

13 '가, 나, 다'는 증빙서류의 제출이 면제된다.
라. 해외부동산 취득은 증빙서류의 제출이 면제되지 않는다.

14 증빙서류가 없는 경우 연간 누계 5만불의 범위 내에서 송금만 허용되고, 환전은 허용되지 않는다.

15 해외이주예정자는 해외이주비의 지급 후 1년 이내에 영주권 등을 취득하였음을 입증하는 서류를 제출해야 한다.

16 '가, 다, 라'는 관세청장 앞 통보대상이다
나. 국세청장 및 금융감독원장 앞 통보대상이다.

[17~21] 지급등의 방법 / 지급수단등의 수출입

17 거주자 간의 외화표시 채권 또는 채무를 상계하는 경우에는 신고가 면제된다.

18 상호계산은 외국환은행을 정하여 지정등록 후 신고해야 한다.

19 수입대금을 사전 송금하고 1년 후에 물품을 수입하는 경우는 계약 건당 2만불을 초과하는 경우에 해당한다.

20 외항운송업자와 승객 간에 외국항로에 취항하는 항공기 또는 선박 안에서 매입·매각한 물품대금을 외화 현찰이나 외화수표로 직접 지급 또는 영수하는 경우는 신고예외사항에 해당한다.

21 '가, 나, 라'는 지급수단등에 해당된다.
다. 채권은 지급수단에 해당되지 않는다.
마. 귀금속(금, 금제품)은 지급수단에 해당되지 않는다.

[22~30] 자본거래

22 대외계정은 예치에 제한이 있고, 처분에 제한이 없다.

23 외국인거주자는 비거주자 자유원계정의 개설은 가능하지만, 비거주자 원화계정의 개설은 허용되지 않는다.

24 • 고도기술업체의 경우 외국인투자금액 이내에서 단기차입이 가능하다. 다만, 고도기술업체 중 외국인투자비율이 (1/3 미만)인 기업은 외국인투자금액의 (75%) 이내로 제한된다.
• 일반제조업체의 경우 외국인투자금액의 (50%) 범위 내에서 단기차입이 가능하다.

25 교포 등에 대한 여신의 대상자는 국민인 비거주자(영주권자, 해외파견·출장자, 유학생 등 해외체재자), 국민인 거주자(일반여행자 제외) 또는 국민인 비거주자가 전액출자하여 현지에 설립한 법인을 말한다. 시민권자는 대상에서 제외된다.

26 외국환은행은 해외 골프회원권의 취득금액이 건당 미화 (10만불)을 초과하는 경우에는 (국세청장 및 관세청장)에게 그 매매내용을 (익월 10일)까지 통보하여야 한다.

27 거주자가 국내에서 외화증권을 발행할 때에는 신고할 필요가 없다.

28 외국인투자촉진법의 규정에 의하여 인정된 외국인투자를 위해 비거주자가 거주자로부터 증권을 취득하는 경우에는 신고를 요하지 않는다.

29 소유권과 임차권을 제외한 부동산에 대한 물권의 취득은 한국은행의 신고수리사항이다.

30 ① 외국기업 국내지사는 비거주자가 국내에서 영업활동을 위한 지점 또는 비영업적 기능만을 수행하는 사무소를 설치하는 업무를 수행한다.
② 외국기업 국내법인은 외국인투자촉진법 및 동시행령 등으로 규율한다.
④ 외국기업 국내법인은 증빙서류만 있으면 모든 은행에서 송금이 가능하다.

[31~33] 현지금융 / 해외직접투자

31 투자비율이 10% 미만이면서 외국인직접투자의 대상이 되려면 1년 이상의 원자재(또는 제품) 매매계약을 체결하여야 한다.

32 대부채권회수보고서의 보고기한은 원리금회수 후 즉시이다.

33 과거 1년간 유치관광객이 8천명 이상인 국제여행알선업자는 해외사무소를 설치할 수 있다.

[34~35] 보고·검사 및 사후관리·제재/
외국인 국내 직접투자(외국인투자촉진법)/
대외무역법규

34 '나 ⇨ 가 ⇨ 마 ⇨ 다 ⇨ 라' 순이다.
외국인투자신고는 '투자상담 ⇨ 투자신고 ⇨ 투자자금도입 ⇨ 법인설립등기 ⇨ 투자기업등록' 순으로 진행된다.

35 ① 수출실적의 인정 범위는 유상으로 거래되는 일반수출(대북한 유상반출실적 포함)을 포함한다.
③ 수입실적의 인정금액은 수입통관액(CIF가격 기준)으로 한다.
④ 외국인수수입의 경우 수출입실적 인정시점은 대금지급일이며, 외국인도수출의 수출입실적 인정시점은 대금입금일이다.

제2과목 ▪ 외국환거래실무

[36~38] 은행 및 본지점 간 외환실무

36 통화스왑은 중장기적으로 필요한 외화자금을 조달하는 방식이다.

37 SWIFT는 LOG-IN KEY 및 SELECT KEY를 입력하여야만 접속이 가능하므로 보안성이 뛰어나다.

38 미달환의 유형 중 "We credited but they didn't debit."은 당방은행이 선방은행계좌에 대기처리하였으나 선방은행에서 차기하지 않은 경우에 해당한다.

39 '나, 다'는 옳은 설명이다.

　가. 계정별로 가입주체가 지정되어 있으며, 예치 또는 처분이 가능한 범위가 제한되어 있다.

　라. 외화예금은 다양한 통화로 예치가 가능하지만 통화의 종류에 따라 예금리가 달리 적용된다.

40 국내에 있는 외국정부의 공관 또는 국제기구에 근무하는 외교관, 외국정부 또는 국제기구의 공무로 입국하는 자에 해당하는 비거주자가 인출하는 경우에는 외국환신고(확인)필증을 발행·교부하지 아니한다.

41 ① 예금등 자금출처확인서는 부동산 이외의 본인 명의 국내재산반출로서 지급누계금액이 미화 10만불을 초과하는 경우에 받을 수 있다. 반출대상 재산이 부동산 처분대금인 경우에는 부동산매각자금확인서를 받는다.

　② 다음 영업일 이후 영수확인서를 받지 않고 이전거래로 간주하여 예치가 가능하다.

　③ 외국에서 발행한 외화표시 여행자수표를 휴대반입한 경우로서 동일자·동일인·동일점포 기준 미화 2만불을 초과하여 매입하는 경우에는 관할세관의 장이 발행하는 외국환신고(확인)필증을 받아야 한다.

42 ABA NO.는 미국 내 통일된 수취계좌번호 체계이다. 유럽국가로 해외송금 시 자금결제의 자동화를 위해 필요한 유럽국가 내 통일된 수취계좌번호 체계는 IBAN CODE이다.

43 외국환매입증명서 발행 시에는 계산서 또는 영수증을 회수하여 중복 발행되지 않도록 유의하여야 한다.

44 환전영업자는 거주자 또는 비거주자로부터 동일자·동일인 기준 미화 2만불을 초과하여 외국통화 등을 매입하는 경우 당해 외국통화 등의 취득이 신고 등의 대상인지 여부를 확인하고, 외국환매각신청서 사본을 익월 10일 이내에 국세청장 및 관세청장에게 통보하여야 한다.

45 고객이 동일 외화표시로 해외로부터 송금받은 대금이나 외화예금에서 인출한 자금으로 외국통화를 요청하는 경우에는 별도로 외화현찰수수료를 받는다.

46 외화수표의 앞면 위·변조의 경우 지급은행의 결제일로부터 1년까지 부도로 인한 수표대금 반환청구가 가능하다.

47 은행이 발행한 수표라도 환거래은행이 서명하고 발행한 수표만이 은행수표로 인정되며, 환거래은행이 아닌 은행이 발행한 은행수표는 수표상 서명을 확인할 수 없으므로 개인수표로 처리한다.

[48~52] 특수한 외환상품

48 '나, 다'는 단기금융시장에 대한 옳은 설명이다.

　가. 전환사채(CB)는 중장기 자본시장에서 발행된다.

　라. 금융통화당국은 단기금융시장에 참여하고 있는 금융기관에 대하여 직접적인 규제를 한다. 반면 중장기 자본시장에 참여하고 있는 금융기관에 대하여는 직접적인 규제를 하지 않는다. 즉, 금융통화당국은 단기금융시장 규제를 통하여 간접적으로 중장기 자본시장에 영향을 미친다.

49 레인지 포워드에 대한 설명이다.

50 수익증권은 설립요건이 엄격한 반면, 뮤추얼펀드는 계약형에 비해 용이하다.

51 주식형 펀드 중 미국 소형주 밸류 펀드에 대한 설명이다. 주식형 펀드 중 어그레시브 그로스 펀드는 전반적인 경기나 주식시장을 분석한 후 현재 시장상황에서 업종을 대표하는 우량주(대형 블루칩)에 투자한다.

52 해외펀드 투자는 환율차익을 목적으로 하는 투자가 아니다.

[53~56] 외국환회계

53 매입외환, 미결제외환, 외화출자전환채권은 자산계정의 경과계정과목에 해당한다.

54 외화타점예치금은 외화자산계정에 해당한다.

55 외화본지점에 대한 설명이다.

56 환차손은 환율이 상승할 때 매도초과포지션에서, 환율이 하락할 때 매입초과포지션에서 나타난다.

[57~60] 외국환업무와 관련된 컴플라이언스 업무／
　　　　　 각종 위규사례

57 외국환포지션 한도를 위반한 경우에는 위반한 날로부터 3영업일 이내에 금융감독원장에게 이를 보고하여야 한다.

58 신용장조건과 일치하지 않는 수출환어음은 추심 후 지급하되, 은행이 필요하다고 인정하는 경우에 한하여 추심 전 매입하여야 한다.

59 ① 수입신용장 전체금액 중 일부금액에 대하여 L/G를 발급한 경우라도 수입물품금액 전체 또는 수입신용장 전체금액에 대하여 책임이 있다.
③ 수입신용장의 결제기일은 은행접수 익일로부터 5영업일 이내이다.
④ Banker's Usance L/C의 만기일 연장과 연장기간에 대한 설명이다. 일람불신용장은 연장이 원칙적으로 불가하며, 서류제시은행을 통한 수출자의 연장 동의 전문 접수 후에만 연장이 가능하다.

60 '가, 다'는 옳은 설명이다.
나. 해외직접투자와 외국인직접투자 모두 사전신고가 원칙이다.
라. 외국인직접투자 시 투자신고인은 외국인투자자이다.

제3과목 ▪ 환리스크관리

[61~64] 외환거래와 외환시장

61 대부분의 외환거래에서 환율고시는 미국달러 1단위를 기준통화로 하고 이에 해당하는 외국통화의 단위 수로 표시하는 유럽식 표시법을 사용한다.

62 중앙은행은 자국통화가치를 조절하거나 외환시장을 안정시키는 역할로 일반 은행과는 다른 입장에서 외환시장에 참가한다고 볼 수 있다.

63 수입기업이 달러로 수입대금을 결제하기 위하여 은행에서 달러를 매입하여야 한다. 환율을 고시하는 은행의 입장에서는 달러를 매도하는 것이므로 수입기업은 고시환율 중 매도환율(Offered rate)이 가장 낮은 B은행(1,098.80)을 선택하는 것이 가장 유리하다.

64 NDF거래는 일반적인 선물환거래와 달리 거래가 편리하며, 낮은 결제위험을 가지는 장점이 있다.

[65~67] 환리스크관리

65 ① 수입이나 수출의 대행을 의뢰하는 기업도 환리스크에 노출된다.
② 영업환리스크에 대한 설명이다.
③ 일반적으로 오픈 포지션의 규모가 클수록, 보유기간이 길수록 환리스크가 커진다.

66 통화 포트폴리오 전략에 대한 설명이다.

67 VaR은 시장의 움직임이 안정적이라는 가정하에 산출되는 값이므로 시장 움직임이 불안정할 때에는 정확하게 반영하지 못하는 한계가 있다.

[68~70] 선물환거래와 외환스왑

68 수출기업이 수취할 예정인 달러 대금은 매입 포지션(Long Position)이므로 환율변동 위험을 헤지하기 위해서는 반대 포지션인 달러 매도 선물환거래를 하여야 한다.

69 스왑포인트의 Bid rate를 구하기 위해서는 현물환율의 Bid rate 1,020.00과 기준통화(FC)인 달러금리의 Offered rate 3.72%와 가변통화(VC)인 원화금리의 Bid rate 4.32%를 사용해야 한다.

70 은행의 입장에서 현물거래시점에는 −USD/+KRW, 선물환 만기시점에는 +USD/−KRW가 발생하므로 현금흐름의 불일치를 해결하기 위해서는 USD buy & sell against KRW 외환스왑(현물거래시점에서 +USD/−KRW, 선물환 만기시점에서 −USD/+KRW가 발생됨)을 하는 것이 가장 적절하다.

[71~72] 선 물

71 선물거래는 모든 거래자가 계약당 주문증거금 및 유지증거금을 적립하여야 거래가 가능하나, 선도거래의 경우 일반적으로 그렇지 아니하다. 단, 선도거래에서도 신용도가 낮을 경우에는 필요에 따라 증거금을 요구하기도 한다.

72 우리나라에서 거래되는 통화선물은 미국달러선물, 엔선물, 유로선물, 위안선물이다.

[73~75] 스 왑

73 Back-to-back loan은 현금흐름 측면에서는 통화스왑과 유사하지만, 대출계약이라는 점에서 on balance sheet거래에 해당하며, 이와 반대로 통화스왑은 off balance sheet거래에 해당한다.

74 고시된 스왑가격 중 좌측의 USD/KRW 스왑가격이 통화스왑가격이며, 우측에는 이자율스왑의 가격을 나타낸 것이다. A기업은 환율 상승 위험을 제거하기 위하여 변동금리를 수취하고 고정금리를 지급하는 통화스왑을 변동금리채권의 만기 3년과 동일한 기간으로 거래하여야 한다. 따라서 3Y receive 금리인 2.75%를 고정금리로 지급하여야 한다.

75 통화스왑은 이자를 주기적으로 지급하기 때문에 Near date의 환율과 Far date의 환율은 거래 당시의 현물환율로 서로 같다. 반면 외환스왑의 경우에는 이자를 지급하지 않으므로, Near date의 환율과 Far date의 환율이 서로 다르다.

76 환율변동성의 증가는 콜옵션 및 풋옵션 모두 프리미엄을 상승시킨다.

77 콜옵션의 내재가치 = Max[기초자산(S_t) − 행사가격(X), 0]
∴ 1,100원 − 1,080원 = 20원

78 A수입기업은 향후 수입대금을 지불할 예정이므로 환율 상승에 대한 위험이 있다. 따라서 환율 상승 위험을 헤지할 수 있는 대안으로 콜옵션 매입 또는 풋옵션 매도가 있다. 그러나 환율변동성이 낮고 초기에 비용부담을 원하지 않으므로 풋옵션 매도 포지션이 적절하다.

79 Bear put spread 전략에 대한 설명이다.

80 레인지 포워드 전략은 서로 다른 행사가격의 콜옵션과 풋옵션을 동시에 사고팔아서 옵션프리미엄을 같게 하여 제로 코스트 전략을 수립하는 것을 의미한다.
따라서 수입기업의 경우에는 향후 환율 상승에 대한 위험이 있으므로 '외가격 달러 콜옵션 매수 + 외가격 달러 풋옵션 매도'를 취하여 옵션프리미엄을 상쇄시킴으로써 제로 코스트를 달성할 수 있으며, 환율 상승 위험도 헤지할 수 있다.

제2회 적중 실전모의고사

제1과목 ▪ 외환관리실무

1 ②	2 ②	3 ①	4 ④	5 ③
6 ①	7 ③	8 ④	9 ②	10 ④
11 ②	12 ④	13 ④	14 ④	15 ②
16 ③	17 ①	18 ③	19 ④	20 ②
21 ④	22 ①	23 ②	24 ②	25 ①
26 ④	27 ④	28 ④	29 ②	30 ②
31 ②	32 ②	33 ④	34 ③	35 ②

제2과목 ▪ 외국환거래실무

36 ④	37 ④	38 ②	39 ③	40 ③
41 ①	42 ②	43 ④	44 ③	45 ④
46 ④	47 ②	48 ④	49 ②	50 ③
51 ④	52 ④	53 ②	54 ②	55 ④
56 ④	57 ①	58 ②	59 ④	60 ③

제3과목 ▪ 환리스크관리

61 ③	62 ②	63 ①	64 ③	65 ③
66 ③	67 ②	68 ①	69 ④	70 ③
71 ②	72 ②	73 ③	74 ①	75 ②
76 ④	77 ①	78 ③	79 ①	80 ③

제1과목 ▪ 외환관리실무

[1~5] 외국환거래 총론

1 '나, 다'는 외국환거래법의 목적에 해당한다.
　가. 외국환거래법은 대외거래의 자유를 보장한다.
　라. 외국환거래의 합리적 조정 또는 관리는 외국환관리법
　　이 외국환거래법으로 제정 시행되면서 삭제되었다.

2 '가, 라'는 기획재정부의 업무이다.
　나. 한국은행의 업무이다.
　다. 관할세관의 업무이다.

3 국내에 있는 미국대사관에 근무하는 외교관은 국내에
있는 외국정부의 공관에 근무하는 외교관으로서 비거
주자에 해당한다.
　② 서울에서 식당을 운영하는 외국인은 국내에서 영업
　　활동에 종사하고 있는 외국인으로서 거주자에 해
　　당한다.
　③ 국내입국 후 1년째 부산에 거주하고 있는 외국인은
　　6월 이상 국내에서 체재하고 있는 외국인으로서 거
　　주자에 해당한다.
　④ 국내입국 후 바로 국내회사에 취업한 외국인은 국
　　내에서 영업활동에 종사하고 있는 외국인으로서 거
　　주자에 해당한다.

4 지급수단등의 수출입과 관련한 휴대출입국 시 관할세
관에 신고해야 한다.

5 거래외국환은행을 지정한 자는 지정 관리기간 내에 거
래외국환은행 지정을 취소할 수 없으며, 다른 외국환
행으로의 변경만 허용된다.

[6~10] 외국환은행의 외국환매매와 대출 및 보증등 /
　　　전문외국환업무취급업자의 외국환업무

6 '가. 나. 다'는 취득경위 확인의무가 면제되는 경우에 해
당한다.
　라. 외국에 있는 국제기구에서 근무하고 있는 대한민국
　　국민으로부터 대외지급수단을 매입하는 경우는 취
　　득경위 확인의무가 면제되지 않는다.

7 신고의무를 이행하지 않은 경우 등 법규를 위반한 자
금 영수의 경우 영수확인서 징구방식으로 매입할 수 없
고, 외국환거래법규위반사실보고서에 의거하여 금융감
독원장에게 보고한 후 매입이 가능하다.

8 매각실적이 없는 경우에는 미화 1만불 이내의 재매각이
가능하고, 이 경우 여권에 매각사실을 기재하여야 한다.

9 동일인 기준 100억원 이하의 원화자금 대출의 경우 외
국환은행에 신고하여야 한다.
　① ③ ④ 신고를 요하지 않는 경우이다.

10 환전영업자는 지정거래 외국환은행에 신청하여 교부받
은 반기 외국환거래내역신청서·확인서를 첨부하여 환
전업무현황을 반기별로 익월 10일까지 관할세관장에게
보고하여야 한다.

11 대상기업은 수출실적이 감소하더라도 계속 면제대상에 해당한다.

12 해외여행경비의 지급은 송금 및 환전 모두 가능하다.

13 해외유학생은 매년도별로 외국교육기관의 장이 발급하는 재학증명서 등의 재학사실을 입증할 수 있는 서류를 제출하여야 한다.

14 '가, 라'는 국세청장 앞 통보대상에 해당한다.
　가. 증빙서류미제출 지급등의 금액이 연간 미화 1만불 초과 시 – 국세청장 앞 통보대상
　나. 각종 용역대가 지급 및 영수 – 관세청장 앞 통보대상
　다. 수출입대금의 지급 및 영수 – 관세청장 앞 통보대상
　라. 해외유학경비 지급금액이 연간 10만불 초과 시 – 국세청장, 금융감독원장 앞 통보대상

15 중계무역에 의한 상계는 신고예외사항이 아니다.

16 괄호 안의 숫자를 모두 합하면 '8'이다.
계약 건당 (5)만불 초과 D/A 방식 또는 O/A 방식에 의한 수출거래로서 결제기간이 물품의 선적 후 또는 수출환어음의 일람 후 (3)년을 초과하는 경우

17 거래당사자인 거주자가 제3자인 비거주자에게 지급하는 경우에는 한국은행에 신고하여야 한다.

18 일반해외여행자가 1만불을 초과하는 대외지급수단을 휴대수출하여 지급하는 경우에는 관할세관의 장에게 신고하여야 한다.

19 일반해외여행경비의 경우 외국환신고(확인)필증의 발행대상이 아니다.

20 거주자계정은 취득보유가 인정된 외화자금이나 내국지급수단인 원화재원으로 자유롭게 예치할 수 있다.

21 원금이 아닌 발생이자에 대해서는 해외송금에 제한이 없으나, 원금의 해외송금은 비거주자에 대한 매각한도 규정에 해당되는 경우에만 가능하다.

22 거주자가 국내에서 송금한 자금으로 건당 미화 5만불을 초과하여 예치하고자 하는 경우에는 (한국은행총재)에게 예금거래 신고를 하고, 5만불 이하로 예치하고자 하는 경우에는 (지정거래 외국환은행의 장)에게 신고하여야 한다.

23 영리법인의 과거 1년 누계 5천만불 초과 외화차입은 기획재정부장관에게 신고하여야 한다.

24 교포 등에 대한 여신에서 차주 동일인 (50)만불 까지는 (지정거래 외국환은행)의 신고로 처리한다.

25 거주자가 해외 골프회원권이나 기타 이용권을 취득하고자 하는 경우에는 외국환은행에 신고하여야 한다.

26 거주자가 외국에서 원화증권을 발행하고자 하는 경우에는 기획재정부장관에게 신고하여야 한다.

27 외국인비거주자는 투자자 등록이 필요하다.

28 제출서류에 매매계약서는 제외된다.

29 '나, 라'는 영업기금으로 인정할 수 없는 경우에 해당한다.
가, 다. 영업기금으로 인정된다.

30 ① ③ ④ 현지금융의 수혜를 받을 수 없는 경우에 해당한다.

31 일반법인 및 개인(개인사업자 포함)은 모두 투자금액에 제한이 없다.

32 해외지사의 경우 개인은 투자가 불가하나, 비영리단체는 사무소만 투자가 가능하다.

33 투자비율이 10% 미만이면서, 기술의 제공 및 공동연구 개발계약을 체결한 경우는 외국인투자에 해당한다.
　① 다른 경제관계가 없는 경우에는 투자비율이 10% 이상이어야 한다.
　② 투자비율이 10% 미만이면서, 임원파견 또는 임원을 선임할 수 있는 계약을 체결하여야 한다.
　③ 투자비율이 10% 미만이면서, 1년 이상의 기간 동안 원자재 또는 제품을 납품하거나 구매하는 계약을 체결하여야 한다.

34 영업점은 타발송금, 휴대수입자금, 대외계정예치자금 등 출자목적물이 정당한 외자의 도입인지를 확인하여야 한다.

35 용역의 수출입의 경우, 한국무역협회장으로부터 수출입실적 확인 및 증명을 받을 수 있다.

제2과목 · 외국환거래실무

[36~39] 은행 및 본지점 간 외환실무

36 외화콜론은 초단기자금을 운용하는 방식이며, 은행 간 외화대여금은 만기가 90일을 초과하는 대여금을 말한다.

37 스왑거래 중 미결제 통화선도 계약분은 외화자산과 부채의 범위에 해당한다.

38 ① SWIFT는 보안성과 신속성이 뛰어나며, TELEX에 비해 비용이 저렴하다.
③ 송금은행이 지급은행으로 고객의 송금사실을 통지하는 경우에는 전신문 MT103을 사용한다.
④ 전신문 MT103의 경우 추심거래에 따른 대금 지급지시 전신문으로 사용할 수 없다.

39 "We debited but they didn't credit."은 당방은행에서는 이미 차기하였으나, 선방은행에서 대기하지 않은 경우를 말한다.

[40~48] 대고객 외환실무

40 개인사업자 자격으로 예금거래를 하고자 하는 외국인 거주자는 거주자계정을 개설하여야 한다.

41 외화보통예금의 결산이자는 결산일의 다음 영업일에 원금에 더한다.

42 유럽지역으로 송금 시 송금신청서에 IBAN CODE를 기재하여야 한다.

43 ① 해외재산반입으로 간주하여 매입이 가능하다.
② 타발송금 지급 시에는 취득사유를 확인하고 필요한 경우에는 증빙서류를 징구하도록 한다.
③ 이전거래로 간주하여 매입하여야 한다.

44 거주자에 대한 매각사유 중 소지목적의 경우 국민인 거주자(외국인거주자 제외)를 대상으로 한다.

45 ① 환전영업자란 외국통화의 매입 또는 매도, 해외에서 발행된 여행자수표의 매입업무만을 수행하기 위해 관세청에 등록한 자를 말한다.
② 국내 거주자인 개인이나 법인은 누구나 환전영업자가 될 수 있으나, 일정한 영업장(영업장 크기의 제한은 없음)을 가지고 있어야 한다.
③ 환전업무 등록 내용 중 환전영업자의 명칭, 영업장 소재지를 변경하고자 하는 경우에는 관세청에 변경신고를 하여야 한다.

46 국고수표(Treasury Check)는 각 국가의 재무성이 발행하는 수표이다. 유효기간은 발행일로부터 1년이며, 추심이 불가하므로 매입거래만 가능하다.

47 부도 등록사유가 발생하면 본부 주무부서는 부도사실을 전산 등록하고 해당 영업점으로 통보하며, 부도 등록사실을 통보받은 영업점이 부도내역을 확인하고, 매입의뢰인에게 통지하여야 한다.

48 ① 미 재무성 수표의 유효기간은 발행일로부터 1년이다. 단, 기타수표의 경우 수표 면에 별도의 유효기간 표시가 없는 경우에는 발행일로부터 6개월이다.
③ 수표발행인은 앞면 위조 및 변조의 경우에는 지급일로부터 1년 이내, 뒷면 배서 위조의 경우에는 지급일로부터 3년 이내에는 언제든지 지급은행에 이의를 제기하여 부도처리할 수 있다.
④ 추심 전 매입한 외화수표가 예정대체일로부터 1개월이 경과할 때까지 입금되지 않는 경우에는 상대은행에 결제 여부를 확인하는 등의 사후관리를 하여야 한다.

[49~53] 특수한 외환상품

49 중장기 자본시장에서는 일반은행의 기능이 축소되고 투자은행, 유가증권 브로커 회사, 투자자문회사가 주축 기능을 수행하며, 금융중개보다는 직접금융 서비스에 중점을 둔다.

50 시걸 옵션은 3개의 행사가격과 4개의 서로 다른 만기 손익구조 구간을 갖는다.

51 뮤추얼펀드(개방형)의 경우 투자자가 판매회사에 펀드를 매도함으로써 환매할 수 있고, 수익증권의 경우 투자자가 판매회사를 통해 주식운용사에 환매청구함으로써 환매할 수 있다.

52 환율의 영향을 많이 받으므로 환위험을 지닌다.

53 디지털형은 주가지수 상승을 예상하는 고객에게 적합한 유형으로 만기 때 주가지수가 설정일보다 높거나 같으면 미리 설정된 수익률을 지급하는 구조이다.

[54~56] 외국환회계

54 매도외환에 대한 설명이다.

55 '나, 다, 마'는 신용위험부담 보상적 성격의 수수료에 해당한다.
가. 취급수수료적 성격의 수수료로서, 정액수수료에 해당한다.
라. 취급수수료적 성격의 수수료로서, 정률수수료에 해당한다.

56 일중 환율변동에 따른 환리스크는 영업점에서 부담한다.

[57~60] 외국환업무와 관련된 컴플라이언스 업무 /
　　　　각종 위규사례

57 수출환어음 매입(추심)일자는 선적일자, 수출신고필증
일자보다 앞서서는 안 된다.

58 ① 일람불 L/C의 경우 원칙적으로 만기일 연장이 불가
하다.
③ Banker's Usance L/C의 경우 인수은행의 동의가
있는 경우에 한하여 당초 어음기간을 포함하여 180
일 이내에 만기일 연장이 가능하다.
④ Shipper's Usance L/C의 경우 만기 1주일 전까지
서류제시은행을 통한 수출자의 연장동의 전문 접수
후 만기일 연장이 가능하다.

59 신용불량자, 조세체납자, 개인이나 개인사업자인 경우
와 해외이주 수속 중이거나 영주권 취득 목적인 투자자
는 해외직접투자의 투자자가 될 수 없다.

60 국민인 거주자가 1만불을 초과하는 지급수단을 휴대수
출하는 경우에는 관할세관장에게 신고하여야 한다.

제3과목 ▪ 환리스크관리

[61~62] 외환거래와 외환시장

61 외환시장에서는 토요일과 일요일 및 주요 외환시장의
공휴일은 거래가 이루어지지 않는다.

62 달러/원 환율 변동요인으로는 외국인의 국내 직·간접
투자, 내국인의 해외투자, 외환당국의 외환정책 및 의지,
해외 외환시장 동향, NDF거래, 국제수지, 기업의 수급
및 거주자 외화예금 동향 등이 있다.

[63~66] 환리스크관리

63 해당 사례는 수출 계약시점과 수출대금 결제시점 간의
환율변동으로 인하여 자국통화로 환산한 결제금액이
변동될 수 있는 불확실성을 내포하고 있으므로 거래환
리스크에 해당한다.

64 자금수급의 결제기간을 인위적으로 조정하는 환리스크
관리기법은 리딩과 래깅에 해당하며, 매칭은 외화자금
의 현금유입과 유출을 통화별 또는 만기별로 일치시킴
으로써 환리스크를 제거하는 기법을 의미한다.

65 전문인력에 의해서 불필요한 외부적 관리기법을 최소
화하고 규모의 경제를 통한 대은행 교섭력에 유리한 조
직은 집중식 관리조직이다.

66 차액정산 선물환거래(NDF)에 대한 설명이다.

[67~69] 선물환거래와 외환스왑

67 선물환율은 현물환율보다 높거나 낮을 수 있다.

68 현물환거래에서 A기업이 은행으로부터 3개월 만기로
원화를 매입하는 경우에는 Quoting Party의 매입률
(Bid rate)이 적용되며, 외환스왑시장에서는 선물환 거
래의 만기일과 같은 3개월 스왑포인트의 Bid rate가
적용된다. 따라서 선물환율은 현물환율과 스왑포인트
의 합이므로 1018.63 + (-0.53) = 1018.10이 된다.

69 외환스왑의 거래상대방은 동일해야 하나, 특별한 경
우에는 상대방을 달리할 수 있는데 이를 Engineered
Swap이라고 한다.

[70~72] 선 물

70 주문증거금을 개시증거금이라고도 하는데, 이는 일반적
으로 현금 이외에 유가증권 등으로도 예치가 가능하다.

71 한국거래소에 있는 미국달러선물 및 엔선물, 유로선물
등 모든 통화선물의 결제방법은 인수도결제방식이다.

72 선물시장의 구조 자체가 가격변동의 위험을 원하지 않
는 (헤저)로부터 가격변동 위험을 감수하면서 보다 높
은 이익을 추구하려는 (투기자)로의 이전을 위험전가
기능이라 한다.

[73~75] 스 왑

73 상대방에 대한 신용위험과 시장위험을 적극적으로 감
수하면서 Market Maker로서의 역할을 하는 스왑참가
자는 은행이다.

74 A기업이 USD FRN에 직접 투자한 것과 같은 효과를
보기 위해서는 EUR Bond를 매입함과 동시에 EUR 고
정금리를 지급하고, USD 변동금리를 수취하는 통화스
왑을 함께 거래하면 된다. 이와 같이 거래할 경우에는
EUR Bond로부터 발생된 2% 이자를 통화스왑 거래상
대방에게 전달하고 자신은 6M 변동금리 + 1%를 수취하
므로, 직접 USD FRN에 투자한 것보다 0.5%(6M 변동
금리 + 1% - (6M 변동금리 + 0.5%)) 더 이익을 얻을 수
있다.

75 달러 변동금리채권에 투자한다면 달러 변동금리를 수
취하게 된다. 따라서 환리스크 및 금리리스크를 제거하
기 위해서는 달러 변동금리를 지급하고 원화 고정금리
를 수취하는 통화스왑을 체결하여야 한다.

[76~80] 옵 션

76 옵션프리미엄은 옵션계약일로부터 2영업일 후에 지급된다.

77 풋옵션 매입포지션에서 기초가격이 행사가격보다 낮은 상태를 내가격 상태라고 한다. 따라서 기초가격인 선물환율이 1,060원에 거래되고, 풋옵션의 행사가격이 1,200원이므로 내가격 옵션이다.

78 통화옵션 프리미엄을 결정하는 요소로는 환율변동성, 행사가격, 현물환율, 스왑포인트, 잔존만기가 있다. 옵션계약수는 옵션프리미엄을 결정하는 요소가 아니다.

79 레인지 포워드 전략은 만기환율이 일정 범위 내에서 좁게 형성될 것으로 예측되는 경우 수출기업 또는 수입기업 모두 활용할 수 있는 전략이다.

80 레인지 포워드 전략을 구사할 때, 만기일의 달러/원 현물환율(1,070원)이 두 옵션의 행사가격 사이(1,060원 ~1,080원)일 경우에는 만기일 현물환율인 1,070원에 매입하여야 한다.